城市逐梦

失业风险与应对策略

URBAN DREAM

UNEMPLOYMENT RISK
AND COPING STRATEGIES

杨胜利 著

社会科学文献出版社
SOCIAL SCIENCES ACADEMIC PRESS (CHINA)

河北省社科基金项目“河北省城镇化高质量发展中流动人口职业健康的风险评估与保障机制（HB22RK001）”成果

河北大学燕赵文化高等研究院学科建设经费资助

序

乡城流动的梯度就业模式是当前农村劳动力转移就业的主要模式。改革开放以来，主要是劳动力市场供需结构不均衡导致人岗不匹配，进而引起各种就业问题，诸如下岗、失业、民工潮、返乡潮、大学生就业难、创新创业难等。不容忽视的是，经济结构的快速变化是造成劳动力市场供需失衡的主要原因。其在客观上改变了就业的经济环境，增大或加剧了失业风险，这样的风险可以说是一种客观的风险。

中国传统观念中的理想就业形态是安居乐业，但不乏被迫式的梯度流动就业，如走西口、闯关东、下南洋，都是在食不果腹、衣不遮体的情况下为了生计而梯度流动。流入地与流出地的差距在于是否能够生存下去。改革开放后，民工潮出现，梯度流动就业成为农村劳动力转移就业的主要形式，使被迫式的梯度流动就业转变为“赚更多钱”式的梯度流动就业，流入地与流出地的差距在于是否能够获得更高的收入。然而今天的统计发现，“市民化”式的梯度流动就业才是如今普遍的就业模式，就是这种“市民化”式的梯度流动就业模式诠释了当今中国流动人口的就业风险问题。

仔细推敲，这种“市民化”式梯度流动就业模式其实并未超脱安居乐业的传统就业法则。所谓市民化，主要表现为农民工对劳动权益保护、公共服务等诉求的增强。姑且认为公共服务享受得“多”代表市民化程度高，但它基本上是传统“安居”的今译。事实上城乡在劳动力供需上存在失衡现象，城市中缺乏劳动力，农村中存在相对剩余劳动力。务农是农民的主要职业，而农业较低的劳动生产率显然不能带来较高收入，这一点可以从农业部门和非农业部门存在较大的收入差距得到证明。实际上农村缺乏非农就业岗位是他们选择漂泊他乡梯度就业的主要原因，是“乐业”的现实表达。所以，所谓“市民化”式的跨城乡梯度就业仍然没有跳出“安居乐业”的窠臼。

又有新谈“农民工城市逐梦”云云，古之“安居乐业”已演化为今天农民工的“城市梦”，新生代农民工的务农技能已经基本丧失，农村似已不足挂怀。其实，按今天户籍和职业可以分离的新观念，“见世面”“长经验”“赚更多钱”不过是农民工梯度就业的一种时髦用词而已，究其最终诉求，多数人更为看中的还是城市中的“居”和“业”。至于农民工“城市逐梦”和城市对农民工人力资本的赏识实际上还是城乡二元机制的一种演绎，因为农民工能不能实现城市梦，还需看城市能不能接纳他们，能不能实现公共服务均等化。

虽然如此，新型城镇化快速推进过程中，城乡二元维度的梯度定式还是变成了流动人口就业风险的陷阱，它制造了城市中的新型二元机制：主要劳动力和次要劳动力市场。打破城乡就业均衡的最初动力源自城市工商业对劳动力的需求。改革开放以来，家庭联产承包责任制实行，农村出现了大量剩余劳动力，而东南沿海工商业的快速发展，带来了大量的用工需求，吸引了农村人口涌入就业。虽然城市中的就业岗位属于劳动密集型行业，但按照乐业的诉求，他们乐意并且能够胜任收入较低、技术要求不高、工作环境较差的低技能就业岗位。根据上海市总工会 2019 年统计数据，目前农民工已成为上海就业人群的主体，制造业、建筑业、服务业等劳动密集型行业和企业中，农民工占比已达 60%以上。这样一来，城市中户籍人口就业岗位被推挤上移，低技能岗位留给了农民工，形成了城市中的新型城乡二元机制。

新型城镇化的速度正在加快，城乡之间的梯度流动就业规模在较长一段时间内还会维持在高位。随着就业环境的日益复杂，就业形势越加严峻，流动人口面临的各种风险日益凸显。虽然就业是一种劳动力市场范畴内的活动，但是在经济新常态背景下，单靠个体努力克服就业风险绝非易事。也许我们需要耐心等待城市化质量的提升，几十年后当农村人口向城市流动不再是社会热潮，城乡差距逐渐弥合，农民工梯度流动就业也会消失。但是这意味着一定规模的农村人口要忍受较长一段时间在城乡之间往返流动，需要承受较大的失业风险，更不能实现城市梦，这对城市化质量是严重的损害，不利于美丽中国梦的实现。

总之，经济结构快速而深层次的变化创造了失业风险的客观环境；农村劳动力梯度流动就业是多维的，城乡相互叠加，也相互消解，而单向的梯度流动就业思维形成了农民工失业风险的焦虑。缓解农民工失业风险的焦虑，既要调节快速城市化带来的不良社会结构，推进公共服务均等化，建立覆盖农民工的失业风险预防和应对机制，也要推进乡村振兴，通过发展农村特色产业，增加农村就业岗位供给，带动更多的农村劳动力就地就近就业创业，进而实现就地城市化——安居乐业。

《城市逐梦——失业风险与应对策略》以人口迁移流动为主线，通过探讨城镇化、产业转型升级与失业的关系，对流动人口失业发生风险进行了评估。全书牢牢把握社会政策、宏观经济环境和群体特征对失业的影响，深入探索流动人口失业发生风险的一般规律，进而揭示关注流动人口失业问题的现实意义。该成果综合运用文献研究法、社会调查法、数理分析方法，研究内容分为三大块，即产业转型升级中流动人口失业现状和变动趋势，产业转型升级与流动人口失业的关系，流动人口失业预防与再就业促进机制研究。在人口流迁和失业发生风险的均衡中，将宏观政策与微观个体分析相结合，经济环境与社会环境相融合，科学分析，实地调研，实证检验。

具体来看，本书关注流动人口特征、变动规律和失业风险，对城镇化进程中流动人口失业发生机制和对策进行系统论述，主要包括以下三个方面。一是对新型城镇化进程中人口迁移流动和空间变动进行研究。基于宏观和微观相结合的视角，从产业转型升级和人口流迁的新特征以及流动人口失业问题两个方面着手，对其失业问题产生的原因进行分析。二是利用历史数据和调查数据，从人口流动和劳动供需平衡角度探析流动人口失业现状和失业风险形成机理。运用实证模型，揭示流动人口失业形成的微观机理以及群体差异，从收入差距、流动人口规模、产业转型升级、劳动力市场、行业垄断等角度检验流动人口失业机理的宏观理论假设。三是针对流动人口的个体特征，探讨其失业风险如何，失业后的待业时间多久，受哪些因素影响，失业后寻找工作的方式和就业服务的需求有哪些，失业后实现再就业需要哪些条件，以及如何针对流动人口的特征防止其失业发生等问题并提出建议。本书不仅对提升流动人口就业质量、落实“支持和规范发展新就业形态，继续对灵活就业人员给予社保补贴，推动放开在就业地参加社会保险的户籍限制，促进失业人员再就业”要求具有理论铺垫作用，而且可以预防和减少流动人口失业的发生，促进职业流动，有助于提升流动人口就业质量，推进城镇化进程，促进社会稳定。

本书出版之际，作为作者的导师，很高兴为本书作序，希望本书的出版能够对流动人口失业与社会保障改革问题的研究起到抛砖引玉的作用，也希望作者能够持之以恒，不断向社会奉献自己的科研成果，在该领域进一步深入研究，在学术研究和实际工作中取得更大成绩。

高向东

华东师范大学公共管理学院院长、教授

2022 年 5 月 26 日

前　言

在城镇化、工业化和现代化快速推进过程中，大量人口从农村流向城市、从欠发达地区流向发达地区寻找新的发展机会，形成了“农民工”“乡城流动人口”“城城流动人口”“外来务工人员”等背负特殊标签的群体。随着流动人口规模不断扩大，流动人口已成为我国劳动力市场的重要组成部分，是我国产业工人的主力军，是城市新市民。第七次全国人口普查公报（第七号）显示，全国流动人口总量为37582万人，与第六次人口普查相比增长了69.73%，占全国总人口的比重为26.04%。第七次全国人口普查公报（第二号）显示，全国居住在城镇的人口比重为63.89%，快速城市化过程中，流动人口呈现家庭化、稳定化、流入地居住长期化等新特点。实现与流入地户籍人口同等就业、同等收入、同等保障是人口流动之初具有的“梦想”。然而，作为城市中的弱势群体，流动人口就业问题尚未被充分重视。流动人口平均受教育年限为10.31年，社会保险参保率仅为8.22%，接受过技能培训的农民工比例仅为32.9%。流动人口就业也是工业化和城市化过程中一个筛选、赋权和管理的过程，具有内在的政府行为机理。城市中的教育培训、就业保障和职业流动机制只有适应了流动人口的新特点和流动目的，才能更好地推进就业质量提升，推动城市化进程和促进社会稳定。

从国际来看，“产业升级”一般指产业由低技术水平、低附加值状态向高技术水平、高附加值状态演变的趋势。产业转型升级对流动人口失业的影响机制可以概括为三个方面：一是技术替代效应；二是劳动力素质需求带来的结构性失业效应；三是社会化生产效应。产业转型升级不仅有效促进了我国经济增长，还使大量传统劳动密集型产业逐渐缩减规模或被淘汰，大量传统行业的就业人员面临着技能提升压力和失业风险压力。根据古典经济增长模型，资本、技术对劳动力存在挤出效应。产业转型升级过程中资本和技术的作用不断增强，减少了劳动力就业机会。无论是农业还是制造业和服务业，机器设备和新技术的采用极大地提高了劳动生产率，流水线取代手工劳动，会使大批工人失业。

一般而言，劳动力职业技能具有惯性，不能很快适应产业转型升级的需求。产业转型升级要求劳动者的知识结构、技能水平、心理素质/沟通能力、运用新生产工具的能力全面提升。而对于流动人口而言，其社会保险参保率低、缺少技能提升途径、学历低，难以适应产业转型升级的需求，成为结构性失业风险最大的人群。同时，产业升级也会促进生产社会化，工业革命以来，家庭手工业不断被社会化大生产所替代，劳动者越来越难以依靠传统的“父母带子女”“师傅带徒弟”“哥哥姐姐带弟弟妹妹”的方式实现技能提升。每一次产业升级都在改变生产力，推动生产关系升级，把劳动者不断推向社会化生产。社会化生产把劳动者技能提升和劳动保障渠道不断地由家庭、小作坊、微小企业推向社会。如果社会保障、就业培训和技能提升等公共政策不完善，产业转型升级就会带来失业率上升，即产业转型升级把人力资本提升的责任逐步推向社会，需要社会承担起更多的就业公共服务职责。

本书分为十一章，第一章至第四章为理论研究和流动人口失业现状特征研究，主要内容安排如下。第一章为导论，主要介绍研究背景和研究意义，对研究中涉及的核心概念进行界定，并对本书的研究方法和技术路线进行阐述。第二章为理论基础与文献综述，从产业转型升级对失业的影响、流动人口失业问题、宏观经济环境对流动人口失业的影响等角度对相关文献进行梳理。基于人口迁移流动理论、产业转型升级理论和失业理论等构建本书的理论研究框架。第三章介绍我国产业转型升级中流动人口失业现状，对流动人口失业率和户籍人口失业率进行对比分析，并深入探讨了流动人口失业后面临的困难和带来的社会问题。第四章主要基于实地调查对流动人口失业风险进行评价，介绍流动人口失业风险主观评价的现状，分析流动人口就业态度和就业渠道，并对流动人口失业风险自评的影响因素进行分析。

第五章至第七章为流动人口失业发生机制研究，主要内容安排如下。第五章基于人口流动的推拉理论对流动人口失业发生风险的形成机理进行实证检验。从流动人口的个体特征、流出地特征、流动过程和流入地的宏观经济社会特征等角度分析流动人口失业的原因，总结我国人口流动机制和失业之间的关系。第六章和第七章分别从产业转型升级角度和人力资本角度阐述了流动人口失业发生风险的形成机理，并做出了详细的理论分析和实证检验，探讨了流动人口失业发生风险变动趋势。

第八章至第十一章主要为流动人口就业服务需求研究与失业风险应对策略设计，基本内容安排如下。第八章主要分析了流动人口失业后再就业行为选择和流动趋势，思考了流动人口政策体系、人才流动、充分就业、城市化质量方面的改进措施。第九章分析了流动人口的群体特征、就业服务需求、群体差异和影响因素，并探讨了就业服务供给和失业预防作用。第十章将微观指标和宏观经济社会指标结合起来，构建了流动人口失业风险预警模型，以促进“人的城镇化”为出发点，通过 BP 神经网络模型对我国流动人口失业风险进行了系统仿真，并分析了流动人口失业风险空间差异和变动趋势。第十一章为对策思考，基于我国流动人口教育、健康、劳动权益、社会保障、家庭发展、就业服务、创新创业、工作特征等生活和就业现状及其与失业风险的关系，提出相应的对策建议。

总体来看，政府在推进城市化进程中，不仅要合理引导流动人口分布，促进劳动力资源优化配置，提高劳动生产率和规模效益，还要致力于推动公共服务均等化，从制度上保障流动人口劳动权益，将其纳入城镇就业和社会保障体系中，从失业前预防到失业后提供救助、引导就业，促进其就业质量提升，减少失业风险。户籍已经不是影响流动人口就业或失业的关键因素，人力资本、就业培训、技能成为产业转型升级中影响流动人口失业的最关键因素。所以应当提升流动人口人力资本，尤其是提升农村劳动力人力资本水平，打造流动的资本。对于已经流动多年的流动人口，应该通过政府、企业和个人共同努力，采用继续教育、在职培训、职业流动、待遇提升、工作环境改善等方式让其融入城市。针对中西部流动人口增多、失业风险较大的现实，应该推进中西部经济结构调整、劳动力市场机制建设、公共服务供给水平提升，推动协同发展。同时加快推进乡村振兴和城乡融合发展，使流动人口实现就地转移、就地就业、就地城市化。

本书撰写过程中，河北大学经济学院院长成新轩教授、中国人口学会副会长王金营教授、华东师范大学公共管理学院院长高向东教授给予了悉心指导，作者对此深表谢意。本书写作过程中河北大学人口学专业研究生陈欣、刘博涵、张景耀、冯丹宁和劳动经济学专业研究生王媛参与了资料收集、书稿校对等工作。编排过程中还得到社会科学文献出版社吴敏老师和张媛老师的多次指导和审阅，在此一并表示感谢。

目　录

第一章
导论

快速城市化过程中，流动人口呈现家庭化、稳定化、流入地居住长期化等新特点。失业作为劳动力市场供需失衡的一种表现，在产业转型升级中进一步凸显出来。人口流动是为了获得较高的收入和生活质量，失业与这一预期不符。同时，流动人口失业和再就业也是工业化和城市化中一个筛选、赋权和管理的过程，具有内在的政府行为机理。城市中的教育培训、就业保障和职业引导机制只有适应了流动人口的新特点和流动目的，才能更好地推进就业质量提升，推动城市化进程和促进社会稳定。因而，无论是在学理上还是在实践指导层面，探索产业转型升级中流动人口失业问题及应对策略都十分重要和必要。

一　研究背景

（一）流动人口在劳动力市场中的地位上升

在城镇化、工业化和现代化快速推进过程中，大量人口从农村流向城市、从欠发达地区流向发达地区寻找新的发展机会，形成了“农民工”“乡城流动人口”“城城流动人口”等群体。随着流动人口规模不断扩大，流动人口已成为我国劳动力市场的重要组成部分，是我国产业工人的主力军，是城市新市民。《2019年农民工监测调查报告》显示，2019年在本地从事非农产业或外出从业6个月及以上的农民工总量为29077万人，比2005年的9809万人增加了19268万人[①]，未来仍呈现增长趋势。2020年“七普”数据显示，我国流动人口总数已达3.76亿人，较“六普”的2.21亿人增加了1.55亿人，增幅达到惊人的70.14%，“乡土中国”向“迁徙中国”的形态转变已经形成。在全部农民工中新生代农民工所占比重为51.5%[②]，而在全部流动人口群体中新生代流动人口所占比重为59.8%[③]。以上数据虽然统计口径有别，但总体能够说明新生代流动人口已经成为流动人口的主体。与老一代农民工相比，新生代流动人口学历更高，对城市更加熟悉，在城市就业生活的倾向性更大。人口的跨区域梯度流动就业为我国工业化和城市化提供了充足的劳动力资源。流动人口主要分布在服务业、制造业或建筑业等低薪或高危行业，并且大部分都在私营企业就业。根据上海市总工会2019年统计数据，农民工已成为上海就业人群的主体，制造业、建筑业、服务业等劳动密集型行业企业中，农民工占比已达60%以上，这一比例远高于本地市民，即使工作环境较差，也没有阻挡流动人口工作的热情。人口的大规模流动不仅改变了我国的人口格局，也改变了我国的经济格局，大量流动人口为推动我国改革开放的不断深化、城乡一体化进程的加快和乡村振兴做出了巨大的贡献。

（二）流动人口群体属性发生了较大变动

从流动人口失业来看，其还具有自身的特殊性，在流动人口中超过80%的人为农民工。“养老靠家庭，就业靠土地”的传统理论和观念，认为流动人口是不存在失业问题的。而随着城市化的推进，越来越多的流动人口出现了在流入地长期居住的趋势，61.2%的流动人口打算在流入地长期居住，流入地平均居住年限接近5年。家庭式流动已成为人口流动的重要方

---

① 国家统计局：《2019年农民工监测调查报告》，2020年4月30日。

② 国家统计局：《2019年农民工监测调查报告》，2020年4月30日。

③ 国家卫生健康委员会：《中国流动人口发展报告2018》，2018年12月22日。

式，在流入地有 3 名家庭成员者的比例接近 32%，流动人口家庭平均有 1.4 个子女，这就意味着流动人口的流动性减弱。而流动人口由于自身就业能力受限，过度集中在技术含量较低、替代性较强、工作条件较差的岗位中，社会保险参保率仅为 8.22%，接受过技能培训的农民工比例仅为 32.9%。随着产业转型升级的加快，能够吸收低技能劳动力就业的行业纷纷转型，造成这些劳动力被释放出来无处可去，进而产生了结构性失业。在不返乡的情况下，一旦失去工作，就会成为失业人员，面临较大的生活压力，流动人口失业群体已经成为城市中的弱势群体，成为我国就业历史中的第三次冲击（第一次为大量返城知青下岗，第二次为国有企业职工下岗）。

（三）市民化进程中流动人口就业质量提升的必然性

农民工（乡城流动人口）市民化是指在城镇化的过程中使农民工获得与属地城市居民同等的“市民权利”，包括就业权、居住权、受教育权以及社会保障权等。在市民化过程中不仅要使农民工有业可就，还要使其实现稳定体面就业。打破城乡就业均衡的最初动力源自城市工商业对劳动力的需求。改革开放以来，家庭联产承包责任制实行，农村出现了大量剩余劳动力，而东南沿海工商业的快速发展，带来了大量的用工需求，吸引了农村人口涌入就业。虽然城市中的就业岗位属于劳动密集型行业，但按照乐业的诉求，他们乐意并且足以能够胜任收入较低、技术要求不高、工作环境较差的低技能就业岗位。但这样一来，城市中户籍人口就业岗位被推挤上移，低技能高风险岗位留给了农民工，形成了城市中的新型城乡二元机制。大多数流动人口与城镇本地职工相比，处于“同工不同酬”“同工不同时”“同工不同权”的“三同三不同”地位，流动人口难以享受公共就业服务和社会保障权益。党的十九大报告指出“提高就业质量”“提供全方位公共就业服务，促进高校毕业生等青年群体、农民工多渠道就业创业”。“以城市群为主体构建大中小城市和小城镇协调发展的城镇格局，加快农业转移人口市民化。”2019 年《中共中央 国务院关于坚持农业农村优先发展做好“三农”工作的若干意见》也指出，“加快农业转移人口市民化，推进城镇基本公共服务常住人口全覆盖”。党的十九届四中全会报告指出“健全有利于更充分更高质量就业的促进机制”。可见，提升流动人口应对失业风险的能力，既是提高就业质量的内在要求，也是推进市民化进程的重要途径。

（四）产业转型升级中流动人口失业发生的风险性

20 世纪 80 年代，随着改革开放步伐的加快，东南沿海工商业得到了快速发展，大量劳动密集型制造业和轻工业的发展带来了对劳动力需求的增长，出现了人口的大规模流动就业——“民工潮”。就业是大量流动人口进入城市之后能够留下来的关键因素，也是流动人口面临的最大的民生问题。为了尽快实现就业，他们从不挑剔工作岗位，而专业技术性不强的劳动密集型企业成为他们的主要就业领域。一般流动人口所从事的行业进入和退出壁垒较低，岗位和职业的替代性非常强，这使流动人口就业稳定性非常差，容易陷入频繁的就业—失业波动中，人力资本提升、工作经验积累和职业流动很难顺利实现。2008 年国际金融危机期间，沿海地区制造业和商贸业对外部经济的依存度较高，生产主要靠劳动力成本优势维持国外订单，处于产业链低端，缺乏国际竞争力，生产陷入困境，也导致大量流动人口失业，出现了“返乡潮”，金融危机之后，生产恢复，用工需求增加，又面临招工难的问题。受金融危机和“招工难”的影响，东南沿海大量企业在 2008 年金融危机之后开始产业升级，向拥有自主知识产权和核心技术的产业迈进，调结构、促转型成为实现经济可持续发展的核心抓手。2010 年颁布的《国务院关于加快培育和发展战略性新兴产业的决定》（国发〔2010〕32 号），明确指出“加快培育和发展战略性新兴产业是全面建设小康社会、实现可持续发展的必然选择；是推进产业结构升级、加快经济发展方式转变的重大举措”。今天我们面临着国际竞争的更大压力，2016 年中共中央、国务院印发《国家创新驱动发展战略纲要》，指出“到 2030 年跻身创新型国家前列，发展驱动力实现根本转换，经济社会发展水平和国际竞争力大幅提升，为建成经济强国和共同富裕社会奠定坚实基础”。产业转型升级、淘汰落后产业、供给侧结构性改革已经成为经济增长的关键因素，其发展步伐将进一步加快。一方面，经济发展方式转变、产业转型升级为劳动力提供了更高端更稳定的岗位和职业，从这一点来讲，产业转型升级有利于流动人口人力资本积累和就业质量提升。另一方面，产业转型升级带来劳动力资源重新配置，对高学历、高技能劳动力需求量增加，会带来摩擦性失业、结构性失业，不利于流动人口就业。这从侧面也说明大量流动人口的存在，为城市提供了充足的廉价劳动力，不利于激励企业进行产业升级。近年来，高学历流动人口规模虽逐渐增大，但在全部流动人口中所占比重依旧很小，受教育程度较低，成为流动人口实现稳定就业、体面就业的重要障碍。所以如果流动人口素质提升缓慢，他们在产业转型升级中面临的失业风险就会增大。

（五）新型城镇化背景下关注流动人口失业问题的重要性

改革开放以来，我国城镇化步伐不断加快，截至 2019 年我国城镇常住人口 84843 万人，占总人口的比重（常住人口城镇化）为 60.60%，其中流动人口 2.36 亿人，占城镇常住人口的 27.8%。城市户籍人口城镇化率只有 44.38%，超过 16.22%的人因户籍处于半城市化的状态，这不仅导致流动人口权益难以保障，也严重影响社会和谐与城市化质量。大量流动人口已经成为我国城镇人口的重要组成部分，但由于户籍制度，流动人口难以融入城市，难以在城市安居乐业，成为制约我国城镇化进程的关键因素。2014 年《国家新型城镇化规划（2014—2020 年）》明确指出，要“提高户籍人口城镇化水平，解决 1 亿人的落户问题”。同时李克强总理在 2018 年《政府工作报告》中提出了“促进约 1 亿农业转移人口落户城镇，改造约 1 亿人居住的城镇棚户区和城中村，引导约 1 亿人在中西部地区就近城镇化”的三个 1 亿人目标，这对解决流动人口的就业质量和失业风险问题提出了更高要求。大量流动人口游离在城市公共服务和社会福利之外，难以与流入地居民共享发展成果，但又担负着城市运行的基础工作，处于次级劳动力市场。这使流动人口面临着更大的社会风险和自然风险，往往在失业后处于徘徊和煎熬的境地。获得更好的社会保障和就业机会是他们的城市融入梦，也是他们对安居乐业的追求。2018 年《国家发展改革委关于实施 2018 年推进新型城镇化建设重点任务的通知》指出“以促进人的城镇化为核心、提高质量是新型城镇化的战略导向”，要“全面放宽城市落户条件，以居住证为载体向未落户人口提供城镇基本公共服务及办事便利，将符合条件的常住人口纳入公租房保障范围和住房公积金制度覆盖范围”。这对提升流动人口应对失业风险的能力起到了积极作用，但其作用机制是什么？效果怎么样？如何进一步推进户籍制度改革、推进公共服务均等化？这也是本课题要关注的问题。

（六）流动人口失业风险长期存在的可能性

早期研究发现，就业不足是流动人口面临的最大就业问题，而当前流动人口面临的最大就业问题是结构性风险，这包括内部风险和政策风险两方面。内部风险是指流动人口的异质性导致失业流动人口内部存在结构差异。农业户籍流动人口中，低学历流动人口、盲目外出流动人口、高龄流动人口都是失业的高发群体，也是容易被忽视的群体。政策风险是指当前部分宏观政策与国家促进就业的目标相违背，使部分本不会失业的流动人口面临失业的状态。当前大城市控制人口总量的政策，以及以个人而非家庭为单位的人口流动管理政策都不利于流动人口就业，使部分流动人口失业风险增大。从企业方面分析，缺乏相关立法规范及监管机制对企业进行约束，使得流动人口劳动合同签订率、社会保险参保率、收入水平、工作环境等仍处于较低水平，影响了流动人口人力资本积累，从而影响了流动人口的城市融入，使其长期处于城市边缘，享受不到应有的权利。随着流动人口尤其是新生代流动人口融入城市、扎根城市的意愿越来越强烈，其面临较大的失业风险而缺乏必要的保障，必然会导致流动人口对城市产生疏离感，影响城市的和谐发展。从制度方面来看，户籍制度曾一度成为限制劳动力流动就业的社会管理制度，并造成了城乡二元分割。这使得从业流动人口职业与行业集中分布，并且很难进入高技能劳动力市场，即便有能力，也常常被拒之门外。改革开放以来，户籍制度的影响被市场机制所削弱，但户籍制度尚未根本改变，户籍仍是公共服务资源分配的主要依据，劳动力市场分割依然存在。由于产业转型升级、户籍制度改革是一个长期演变的过程，流动人口这一概念不会在短期内消失，影响其失业的宏观经济环境和制度因素也不会在短期内结束，流动人口的权益得不到保障，整体抗风险能力较弱。所以流动人口失业风险具有长期性，需要关注其应对策略。

二　研究意义

（一）理论意义

1. 丰富人口迁移流动理论

本课题基于丰富翔实的流动人口数据，对产业转型升级中流动人口失业状况、失业发生风险的形成机理和应对策略进行系统研究，有助于丰富人口迁移流动理论。人口流动就业的理论在国际上已经有了较为完善的研究理论，其中最为典型的是“推—拉”理论、刘易斯转折点理论、人口红利理论等。目前关于产业转型升级中流动人口失业发生风险的研究还比较薄弱，一些研究虽然涉及产业转型升级对流动人口失业的影响，但没有具体到流动人口失业发生风险。当前流动人口规模、空间分布、内部结构正在发生较大变动，人口老龄化、人口城市化、人口流动家庭化、人口流动省内化等都导致流动人口失业发生风险不断上升。哪些群体失业发生风险更大？其直接关系整个社会失业发生风险的评估。以往研究很少将人口迁移流动与失业风险结合起来，这也是本课题要解决的问题。本研究从社会保障学、社会学和人口学等多角度对流动人口的失业问题进行分析，力图丰富和深化人口迁移流动理论。

2. 拓宽流动人口就业与失业的研究视角

随着经济社会的发展，人口流动呈现新特征、新趋向，如流动人口个人特征、行业特征、流动特征和居留意愿的变动，直接导致其就业风险变动，流动人口尤其是新生代流动人口在流入地定居意向增强，以往认为流动人口失去工作后会大规模返乡的观点已与流动人口居留意愿不符。以往研究更多的是对失业的事后帮扶研究，甚少涉及失业预防的内容，难以有效保障流动人口劳动权益。从质性研究的微观视角关注流动人口的个体特征以及失业特征，清晰刻画产业转型升级与流动人口失业发生风险的形成机理、影响因素之间的复杂关系及群体差异，以期对应对策略的制定和就业理论的拓展做出有益探索。

（二）现实意义

1. 有利于提升流动人口就业质量

在我国经济增长方式转变和产业结构优化升级过程中结构性失业和摩擦性失业增加，而失业问题直接关系流动人口就业质量的提升，也在一定程度上影响社会和谐与稳定。大量流动人口进入城市之后，受到公共服务覆盖面窄的限制，大多数城市偏重于保障本地居民充分就业，对外来务工人员就业权益重视程度不够，各种公共就业服务和劳动权益难以保障，导致流动人口失业风险不断增加。流动人口是我国经济社会发展中不可或缺的重要力量，但其普遍面临工资水平低、劳动强度大、工作环境差、社会保障与职业发展空间不足等问题，这些问题导致流动人口存在较大的失业风险，而在产业转型升级背景下这种风险进一步凸显出来。预防和降低流动人口失业风险，有利于激发劳动者生产积极性，优化劳动力资源配置，提高劳动生产率和社会创新能力，加快推动产业结构优化升级。研究产业转型升级中如何推动增加工资收入和福利、改善生产条件和环境以及加大人力资本投入，如何促进劳资关系更加稳定和谐，是提升流动人口就业质量的内在要求。

2. 有利于推进城镇化进程

改革开放以来，我国工业化和城镇化进程加快，带动了大量农村人口向城市流动，进而推动了城镇化进程。涌入城镇的大量流动人口虽然保留了“外来务工者”身份，但已慢慢融入城镇生活，接受城市现代文明。他们的思维习惯、工作方式、生活习惯也会逐渐“城市化”，最终完全转变成城市人口。流动人口已成为城市人口的重要来源和组成部分，流动人口稳定就业可以有效防止出现“民工潮”“民工荒”“技工荒”等现象，弥补劳动力市场的空缺。关注流动人口的失业问题不仅对流动人口的生存与发展至关重要，而且对提升城市化质量具有重要影响。解决流动人口的失业问题，让人口流得进来、留得下去是推进城镇化、市场化建设的需要，是国家关注民生问题的具体体现，是国家长治久安、人民安居乐业、家庭幸福安康的必要条件。

3. 有利于促进公共服务均等化

受我国城乡二元体制的影响，流动人口的权益与本地居民的权益相差较大。享受与流入地城镇居民同等公共服务待遇是流动人口在流动之初就有的梦想。本课题通过研究产业转型升级下流动人口的失业问题，分析流动人口的失业风险，预防、减少流动人口失业，对失业流动人口给予社会支持等政策设计，旨在缩小城乡差距。完善以促进基本公共服务均等化为目标的公共财政体系，加大对中西部地区转移支付力度，增强地方政府公共服务供给能力、改革户籍制度、提高受服务对象的知情权和参与权等都有利于促进公共服务均等化。集中利用有限的基本公共服务资源，提高基本公共服务的质量。进一步明确政府职责，建立健全考核体系，推动流动人口集聚地区政府在提供基本公共服务方面发挥更大作用。促使流动人口享有与城镇居民同等的社会保障，保障流动人口的合法权益，为流动人口创造一个公平、良好的工作和生活环境，促进社会公平正义，形成充满活力、安定有序的和谐社会。

三　基本概念界定

（一）流动人口

人口流动作为一种社会现象，很早就已经出现。其源于人们为了生活、生产的需要，不断移动，扩展自己的生存空间。但不同时期、不同经济发展阶段，人口流动的形式和规模大不相同。工业化以前，其主要表现为以迁徙、劳作和亲朋往来为主的小规模或短期流动。工业化时期，则是乡村—城市之间大规模、集约化、大范围、长期化流动。流动人口的定义也呈现多样性和分时期的特点，可以将其概括为以下几种：一是从行政管理的角度出发，依据是否具有某一地的常住户口来确定流动人口，认为流动人口是在调查地区滞留但没有当地常住户口的那一部分人，一般被称为暂住人口、人户分离人口等。[①] 二是从人口学角度，以常住地是否改变为唯一标准，认为暂时离开其常住地而非迁居的各种移动人口就是流动人口。[②] 三是从人口经济学角度，将流动人口定义为不改变常住户口进入某一地区从事社会经济活动的人口。[③] 四是从人口地理学的角度，认为流动人口是人口空间迁移变动的一种特殊形式，即在一定地理区域内发生短暂流动行为的那部分人。[④]

关于流动人口的定义国际上尚无统一看法，国际上一般用人口移动和迁移人口来反映人口流动。人口移动是指人口改变居住地，只要空间位置发生变动，都属于人口移动。从空间位置来看，流动人口属于移动人口，是移动人口的一种形式，人口移动还包括迁移人口和摆动人口。国家层面对迁移人口的定义是以居住为目的而进行跨一定区域界限的人口移动，一般移入某一地一年以上就可以成为该地居民。我国流动人口的定义也涉及时间，但由于流动人口与户籍制度密切相关，所以不能单独以居住时间来判断。我国在统计层面上认为流动人口是户籍登记地与现居住地分离，但在现居住地长期居住的人口。关于长期居住的理解，不同时期，时间长度也不一，1990 年“四普”时规定为一年及以上，2000 年“五普”和 2010 年“六普”时规定为半年及以上。

由此，可以看出流动人口的定义离不开户籍制度、城市地域空间、时间这些因素。本课题对流动人口的定义为：居住在调查所在地半年及以上，但没有所在地户口的从事各种活动的人口。

---

① 段成荣、邹湘江：《城镇人口过半的挑战与应对》，《人口研究》2012 年第 2 期，第 45~49 页。

② 王桂新、胡健：《城乡—区域双重分割下的城市流动人口社会距离研究》，《中国人口科学》2018 年第 6 期，第 43~54 页。

③ 李荣时：《对当前我国农村人口流动的再认识》，《人口研究》1996 年第 6 期，第 17~21 页。

④ 张善余：《基于出生地的中国人口迁移态势分析》，《市场与人口分析》2004 年第 3 期，第 1~5 页。

（二）失业

失业是达到就业年龄具备工作能力谋求工作但未得到就业机会的状态。《中华法学大辞典》中从广义和狭义角度对失业给予了界定。广义上指的是生产资料和劳动者分离的一种状态。在这种状态下，劳动者的生产潜能和主观能动性无法发挥，不仅浪费社会资源，还对社会经济发展造成负面影响。狭义上指的是有劳动能力的处于法定劳动年龄阶段的并有就业愿望的劳动者失去或没有得到有报酬的工作岗位的社会现象。根据失业产生的原因，可以把失业区分为：非自愿性失业（包括技术性失业、周期性失业）、自愿性失业（包括摩擦性失业、结构性失业）、隐蔽性失业等不同类型。

国际劳工组织（ILO）从失业主体视角详细阐述了失业概念，给众多国家和研究机构提供了借鉴。ILO 在 1982 年《关于经济活动人口、就业、失业和不充分就业统计的决议》中，将失业人口定义为“在参照期内无工作，但目前能够工作并寻找工作的某一特定年龄以上（通常是 16 岁及以上）的所有人口”。在 2013 年《关于工作、就业和不充分就业统计的决议》中，ILO 进一步将失业人口定义完善为“在一个指定的近期内没有工作，采取行动寻找工作，并准备一旦获得工作机会就马上准备开始工作的所有工作年龄段的人口”。根据 ILO 的最新定义，失业人口具备四个条件：第一，无工作，即不处于有报酬或有收入的职业或自营职业中；第二，本人有劳动能力；第三，正在要求就业，正在采取各种方式寻找工作；第四，本人在法定劳动年龄范围之内。

经济学领域对失业的解释是，“失业是指劳动者目前没有工作，而且在最近 4 周里，做过具体努力，去寻找工作，从一个工作岗位被解雇并在等待被重新雇佣或已找好工作，正等待下月去报到”。

我国在计划经济时期没有失业这一概念，1978 年面对城镇新生劳动力和返城知青带来的高失业率问题开始组织实施城镇待业统计。1994 年劳动部和国家统计局才使用城镇失业统计这一概念，1996 年在统计年鉴中开始启用城镇登记失业率这个指标。劳动部对城镇登记失业人员的定义是：在城镇常住人口中，在劳动年龄（16 周岁至退休年龄）内具有劳动能力，在报告期内无业并根据劳动部《就业登记规定》在当地劳动部门进行失业登记的人员。失业必须具备三个条件：一是劳动者有劳动能力；二是愿意就业；三是按规定进行了失业登记。城镇登记失业率的计算公式是：期末实有登记失业人数比上期末从业人员总数与期末实有登记失业人数之和。城镇登记失业统计只限城镇劳动者，不包括农村劳动者和进城务工的农民工，也不包含没有进行登记的失业人员。由于城镇登记失业的覆盖面较窄，1994 年国家统计局在人口调查中首次增加了经济活动人口、从业人员、失业人员等指标。1996 年正式建立了城镇劳动力抽样调查制度。国家统计局把抽样调查的失业人员定义为：城镇 16 岁及以上，具有劳动能力和下列条件的人员。一是在调查周内未从事为取得报酬或经营利润的劳动，也没有处于就业定义中暂时未工作状态；二是在某一特定时期内采取了某种方式寻找工作；三是当前如有工作机会可以在一个特定时期内应聘就业或从事自营职业。抽样调查的对象包括城镇中的流动人口在内。

我国在 2003 年 6 月出台了新的就业与失业标准。其规定，就业人员是指男在 16 岁至 60 岁，女在 16 岁至 55 岁的法定劳动年龄内，从事一定的社会经济活动，并取得合法劳动报酬或经营收入的人员。其中劳动报酬达到和超过当地最低工资标准的为充分就业，劳动时间少于法定工作时间，且劳动报酬低于当地最低工资标准、高于城市居民最低生活保障标准，本人愿意从事更多工作的为不充分就业。虽然从事一定的社会劳动但劳动报酬低于当地城市居民最低生活保障标准的，视同为失业。

鉴于此，本课题从提升新型城镇化质量，加快乡村振兴角度出发，认为失业问题应该放至城乡协调发展和人口合理流动的规律中加以研究。对失业的界定如下：失业人员是指法定劳动年龄（16~59 周岁）内，有工作能力，无业且要求就业而未能就业的人员。

（三）产业结构

产业是社会分工和生产力不断提高的产物，是利益相互联系、具有不同分工、由各个相关行业所组成的业态总称，尽管它们的经营方式、经营形态、企业模式和流通环节有所不同，但是，它们的经营对象和经营范围都是围绕共同产品而展开的，并且可以在构成业态的各个行业内部完成各自的循环。在经济研究和经济管理中经常使用的产业分类方法主要有两大部类分类法、三次产业分类法、资源密集度分类法与国际标准产业分类法。两大部类分类法就是按生产活动的性质及其产品属性对产业进行分类。按生产活动性质，把产业部门分为物质资料生产部门和非物质资料生产部门两大领域，前者指从事物质资料生产并创造物质产品的部门，包括农业、工业、建筑业、运输邮电业、商业等；后者指不从事物质资料生产而只提供非物质性服务的部门，包括科学、文化、教育、卫生、金融、保险、咨询等部门。三次产业分类法是根据社会生产活动历史发展的顺序对产业结构进行划分。产品直接取自自然界的部门称为第一产业，对初级产品进行再加工的部门称为第二产业，为生产和消费提供各种服务的部门称为第三产业。这种分类方法成为世界上较为通用的产业结构分类方法。资源密集度分类法是按照各产业所投入的占主要地位的资源来划分的。根据劳动力、资本和技术三种生产要素在各产业中的相对密集度，把产业划分为劳动密集型、资本密集型和技术密集型产业。国际标准产业分类法使不同国家的统计数据具有可比性，为此联合国发布《全部经济活动的国际标准产业分类》（ISIC），现在通行的是 1988 年第三次修订本。这套国际标准产业分类分为 A ~ Q 共 17 个部门，其中包括 99 个企业类别。这 17 个部门为：A. 农业、狩猎业和林业；B. 渔业；C. 采矿及采石；D. 制造业；E. 电、煤气和水的供应；F. 建筑业；G. 批发和零售、修理业；H. 旅馆和餐馆；I. 运输、仓储和通信；J. 金融中介；K. 房地产、租赁业；L. 公共管理和国防；M. 教育；N. 保健和社会工作；O. 社会和个人的服务；P. 家庭雇工；Q. 境外组织和机构。本书采用我国 2002 年修订的相关行业分类与代码的划分标准，将产业划分为以下类型（见表 1-1）。

表 1-1　我国产业类型划分

产业类型	行业类型
第一产业	农业、林业、牧业、渔业
第二产业	采矿业，制造业，电力、热力、燃气及水生产和供应业，建筑业
第三产业	批发和零售业，交通运输、仓储和邮政业，住宿和餐饮业，信息传输、软件和信息技术服务业，金融业，房地产业，租赁和商务服务业，科学研究和技术服务业，水利环境和公共设施管理业，居民服务、修理和其他服务业，教育，文化、体育和娱乐业，公共管理、社会保障和社会组织

资料来源：《国民经济行业分类与代码》（GB/T 4754-2002）。

（四）产业转型升级

从产业结构来看，产业转型升级是指产业结构从低附加值向高附加值、从高能耗高污染向低能耗低污染升级转化，产业结构向更有利于经济社会发展的方向不断优化。产业转型升级的关键是技术进步，在引进先进技术的基础上消化吸收，并加以研究、改进和创新，建立属于自己的技术体系。政府必须确立完善的行政法规对其加以引导，同时也需要资金和政策上的支持，需要把产业转型升级与职工培训、再就业相结合，使劳动力市场结构能够适应产业结构的进步。

目前，我国各地都在大力推进产业结构转型升级，并取得了积极进展，但部分地区存在一些误区，如认为转型升级就是淘汰传统产业尤其是一些夕阳产业转而发展新兴产业，因而羊群效应驱使许多产业盲目转型。发展新兴产业当然是产业转型升级的重要途径，但不是唯一途径。

事实上，产业转型升级中的“转型”，通常指的是支柱产业的转换，衡量的标准可以是产业结构的变化，也可以表示为产业投入要素的密度和比例的变化。其本质是原有要素在变化环境下的一种重新组合，是产出结构、技术结构和产业组织的变动，是经济发展的一种过程和一个质的飞跃。其核心是转变经济增长的“类型”，即把高投入、高消耗、高污染、低产出、低质量、低效益转变为低投入、低消耗、低污染、高产出、高质量、高效益，把粗放型经济增长转变为集约型经济增长。产业转型升级中的“升级”，既包括产业之间的升级，如在整个产业结构中由第一产业占优势比重逐步向第二、第三产业占优势比重推进；也包括产业内的升级，即某一产业内部的加工和再加工程度逐步向纵深发展，实现技术集约化，不断提高生产效率。当然不管是转型还是升级，其最终目标都是产业的资源消耗和环境污染更少，产出的利润更高。

由此可以看出，产业转型升级是产业结构从较低层次、较低附加值产业向高层次、高附加值产业转变，这也是学术界共识。从产业转型升级测量来看，部分学者使用了斯托科夫指数来测量，Kuznets 和 Kaldor 则提出用劳动力在产业间的转移来测定产业转型升级速度，劳动力从第一产业转移到第二产业然后向第三产业转移，是生产效率驱动的结果，在这一方面 lilien 指数是较好的测算方法。①

鉴于已有定义，本课题借鉴苏东水的做法②，将产业升级进一步划分为三个层次：一是产业的发展，即产业生产规模整体扩大，产值不断增加；二是产业结构升级，三大产业构成实现从第一产业为主到第二产业为主再到第三产业为主的升级转变过程；三是产业价值链升级，即实现价值链中生产环节由低附加值向高附加值的转移，从而提高技术效率和劳动生产率。本书中产业转型升级与产业升级概念通用，采用三层次划分法，研究产业转型升级对就业的影响，具体影响路径如图 1-1 所示。

（五）风险

风险的概念最早来源于危险的潜在性或财产价值的损失性。1921 年经济学家奈特在《风险、不确定性和利润》一书中首次明确提出了风险的概念，指出风险就是概率型随机事件的不确定性。德国社会学家乌尔里希·贝克 1986 年在《风险社会》一书中界定了社会风险，把现代社会称为风险社

---

① Leksandra Parteka, “Econonomic Growth, Structural Change and Quality Upgrading in New Member States,” EIBURS Project, European Investment Bank Working Paper, 2009.

② 苏东水主编《产业经济学》，高等教育出版社，2006，第 20~25 页。

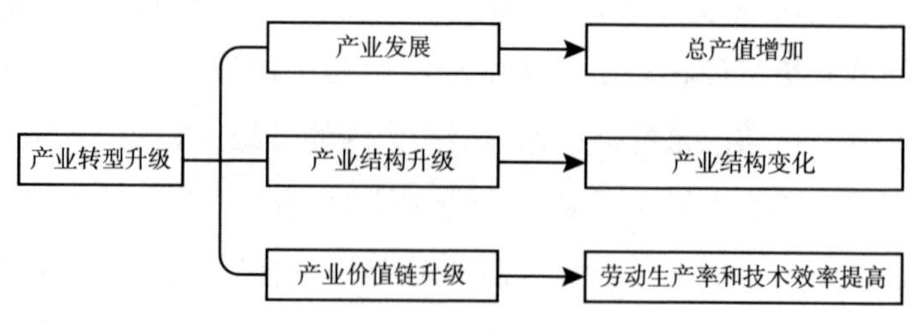

图 1-1　产业转型升级的三个层次

会。认为现代文明越发达、科技越进步，不确定性就越明显。风险是不愿意发生的事情发生的不确定的客观体现，风险不仅指实现决策时带来的损失，也指偏离决策目标的可能性。张海波将社会风险划分为两种，一是技术取向，将风险看成一种概率，采用期望频数进行统计；二是经济社会文化取向，将风险等同于一种社会后果。对风险发生和评估的研究大多采用了前者。① 本课题界定的风险是指对个人特征、制度因素、经济因素造成的失业现象发生可能性的衡量。流动人口失业发生风险是指流动人口因迁移流动、人口属性、社会属性、户籍制度、社会保障、产业转型升级等而发生失业的概率。

四　研究内容和技术路线

（一）研究内容

1. 产业转型升级中流动人口失业发生风险的理论研究

传统的人口流迁理论是建立在“产业稳定”前提下的人口空间变动研究，那么产业转型升级中流动人口失业发生风险是怎样的？本课题进一步考虑到产业转型升级、流动人口特征与失业发生风险的逻辑关系，对流动人口失业发生风险的形成机理进行理论分析。

① 莫荣：《中国失业预警：理论、技术和方法》，科学出版社，2011，第 66~79 页。

2. 产业转型升级中流动人口失业现状及其变动趋势研究

基于全国流动人口监测数据、人口普查数据、中国劳动力动态调查数据，以及北京、上海、天津等城市流动人口失业现状及其失业发生风险调查数据，对流动人口生存状况和失业特征进行分析。对流动人口个体、家庭、分布特征与居留意愿等群体特征，以及失业现状和失业趋势、就业特征与教育培训进行深入分析。

3. 产业转型升级中流动人口失业发生风险评估研究

基于宏观（产业转型升级对劳动力的需求、经济社会制度）和微观（流动人口特征）相结合的视角，构建流动人口失业发生风险评估指标体系，采用因子分析、客观赋权法、聚类分析等科学方法对流动人口失业发生风险进行评估。划分失业发生风险等级，确定预警阈值区间。

4. 产业转型升级中流动人口失业发生风险的影响因素实证分析

本课题主要利用历史数据和调查数据，纵向上采用 logistic 模型和倾向值加权回归模型，验证流动人口失业发生风险的微观机理以及群体差异。横向上利用空间滞后模型从收入差距、流动人口规模、产业转型升级、劳动力市场、行业垄断等角度检验流动人口失业发生风险的宏观理论假设。

5. 产业转型升级中流动人口失业预防和就业质量提升的策略研究

针对流动人口的特征，其失业发生风险如何？受哪些因素影响？流动人口技能培训和就业服务需求有哪些？流动人口实现就业需要哪些条件，以及如何针对流动人口的特征防止其失业发生等问题，都需要进一步通过定性和定量相结合的研究方法来解决。通过质性研究，针对流动人口失业发生风险的群体差异，探索有效的失业预防和救助措施。

（二）研究思路

本课题从产业转型升级中流动人口失业发生风险探究及原因溯源入手，考察流动人口的失业现状，预测其失业趋势，评估其失业风险，对产业转型升级中流动人口失业发生风险的理论假设做出检验。通过质性研究对流动人口失业现状、就业困难、教育培训、就业服务需求进行实证分析，并利用计量模型检验质性分析结果，通过系统动力学模型对失业预防和就业促进政策进行模拟，得出科学的应对策略。

（三）研究方法

本课题采用比较分析和历史分析相结合、定性分析和定量研究相结合、规范研究和实证研究相结合的方法对流动人口失业发生风险进行了全面探索和研究。

1. 比较分析和历史分析相结合

梳理现有产业转型升级与流动人口失业的实证研究，比较流动人口失业和城镇登记失业的差异。结合课题组已有历史数据、国家层面的调研数据和课题组开展的调查数据，提取、整理材料，了解流动人口特征及其失业现状，从中剖析产业转型升级中流动人口失业发生风险、就业困境及影响因素。

2. 定性分析和定量研究相结合

针对流动人口失业发生风险，通过问卷调查、深度访谈和案例分析，一方面掌握产业转型升级中流动人口失业发生风险和影响因素；另一方面了解流动人口就业结构、职业流动和服务需求等。调查采取分层抽样方法，在城市中选取典型样本，发放约5000份问卷，以不同城市中流动人口比例确定具体调查量。与典型地区的相关职能部门开展座谈和访谈，深入了解当地流动人口失业状况和相关应对措施。

3. 规范研究和实证研究相结合

通过交叉统计对不同人口属性、不同就业属性和不同地区的流动人口失业率进行测算。采用因子分析、聚类分析等方法探索流动人口失业发生风险的特征，建立起失业发生风险的度量表。利用计量模型对流动人口失业发生风险进行分析；采用logistic模型、倾向值加权回归模型、空间滞后模型，对产业转型升级中流动人口失业发生风险的微宏观机理进行检验。在此基础上，通过系统动力学模型，对流动人口失业系统及各子系统（人口流动系统、失业预防系统、就业促进系统、经济社会系统、劳动力市场系统、产业转型升级系统）之间的关系进行政策模拟，探究可行性对策。

五　研究特色

本课题的研究特色可以概括为以下三个方面。

首先，目前关于产业转型升级中流动人口失业发生风险的研究还比较薄弱，一些研究虽然涉及产业转型升级对流动人口失业的影响，但没有具体到流动人口失业发生风险。本课题构建产业转型升级与流动人口失业发生风险的理论分析框架。课题紧紧围绕“产业转型升级”和“流动人口失业发生风险”两个关键点展开研究。目前关于流动人口失业的研究还比较少，从产业转型升级角度对其展开研究更是少之又少，而流动人口作为城市中的弱势群体，在产业转型升级中失业的风险较大，本课题将二者结合起来，突破了“重失业后，轻失业前”的研究范式，开展创新性研究。

其次，流动人口存在个体特征、行业特征、流动特征和居留意愿的差异，流动人口失业风险也存在明显的群体差异。哪些群体失业发生风险更大？这直接关系产业转型升级中流动人口失业发生风险的评估。以往研究很少将宏观产业转型升级因素和微观流动人口个体因素结合起来系统研究，这也是本课题要解决的问题。本课题建立产业转型升级中流动人口失业发生风险的度量表。在掌握产业转型升级和流动人口个体特征、就业特征、居留意愿、流出地和流入地特征的基础上，科学设定指标权重，对流动人口失业发生风险进行等级划分、度量、识别和预警管理。

最后，通过已有研究可以看出流动人口呈现家庭式流动趋势，在流入地定居意向增强，认为流动人口失去工作后会大规模返乡的观点已与流动人口居留意愿不符。以往研究更多的是对失业的事后研究，没有涉及失业预防的内容，难以有效保障流动人口劳动权益。本课题基于流动人口个体特征，设计失业预防与就业促进策略。根据流动人口失业现状和失业发生风险的等级，分析产业转型升级中流动人口失业发生风险的影响因素，为人口迁移流动、失业预防和就业质量提升提供了决策参考。

第二章　理论基础与文献综述

为更好地研究流动人口失业问题，本部分将对人口迁移流动及失业机制进行文献综述。首先对人口迁移流动理论、产业转型升级理论和失业理论进行梳理，通过总结前人研究，分别从经济属性、人口属性角度概括影响流动人口失业的因素，梳理产业转型升级与流动人口失业的关系，进而构建本课题研究的理论框架模型。

一　理论基础

（一）人口迁移流动理论

1. 人口迁移流动的推力和拉力理论

“推—拉”理论是研究人口迁移流动的经典理论。该理论最早来源于拉文斯坦（E. G. Ravenstein）的“迁移定律”。拉文斯坦认为人们进行迁移的主要目的是改善自己的经济状况，并对人口迁移的机制、结构、空间特征规律分别进行总结，提出了著名的人口迁移七大定律。1938 年，赫伯尔（R. Herberle）第一次系统总结了“推—拉”理论概念，他认为人口迁移是由一系列“力”引起的，一部分为推力，另一部分为拉力。该理论认为，人口迁移是迁出地的推力或排斥力和迁入地的拉力或吸引力共同作用的结果。从迁移者个体的行为决策过程来看，“推—拉”理论的成立包含两个基本假设：一是假设人们的迁移行为是一种理性的选择，二是认为迁移者对原驻地和迁入地的信息有较为充分的了解。只有这样才能根据两地之间的推力和拉力，从比较利益的角度出发做出相应的选择。博格（D. J. Bogue）就人口流动原因研究提出了“推—拉”理论，他认为人口流动的目的是改善生活条件，流入地有利于改善生活条件的因素成为拉力，而流出地不利的生活条件就是推力，人口流动就由这两股力量前拉后推所决定。[①] 1966 年，李（A. E. Lee）补充了“推—拉”理论。他将影响迁移行为的因素归纳为四个方面：与迁入地有关的因素；与迁出地有关的因素；各种中间障碍，包括距离远近、物质障碍、语言文化的差异及本人对于这些因素的价值判断；个人因素。[②]

2. 刘易斯的人口迁移流动理论

1954 年，美国经济学家刘易斯（W. A. Lewis）发表了著名的《劳动力无限供给条件下的经济发展》一文，探讨了一个国家从二元经济结构转变为一元经济结构的问题。刘易斯认为在经济发展的早期阶段，大多数国家的经济是二元的。发展中国家同时存在以传统生产方式为主、劳动生产率低的农业部门和城市中以制造业为主、生产率较高的现代化部门。其中，农业部门是发展中国家生产部门的代表，而现代化部门所占比重不高。农业部门劳动者的收入很低，只能维持自己和家庭最低限度的生活需求，现代化部门技术更先进、生产率高，其劳动者工资高于农业部门劳动者。在发展中国家的农业部门中，人口相对于资本及自然资源来说过多，以至于这一部门的劳动生产率很低，甚至为负数。在这样的国家中，传统部门存在着大量“隐性失业”的问题，劳动力的供给是无限的。[③]

在刘易斯的二元经济模型中，曲线 MPL 代表边际劳动生产率，L 代表劳动力数量，W 代表工资，传统农业部门 B 所能提供的维持生存的工资为

---

① D. J. Bogue, “The Study of Population: An Inventory Appraisal,” *Internal Migration*, 1959 (3): 45-65.

② 佟新：《人口社会学》，北京大学出版社，2010，第 66~79 页。

③ 〔英〕威廉·阿瑟·刘易斯：《二元经济论》，施炜译，北京经济学院出版社，1989，第 77~83 页。

W_0，现代工业部门 A 提供的工资为 W_1，$W_1>W_0$。A 部门吸收 B 部门的剩余劳动力分别为 L_0、L_1、L_2（见图 2-1）。刘易斯认为要想解决隐性失业问题，就必须通过资本积累使现代工业部门不断发展，这样传统部门的剩余劳动力就会不断地被吸引到现代工业部门。在最初的阶段现代工业部门十分弱小，资本匮乏、边际劳动生产率较低，只能吸收传统农业部门的少量剩余劳动力，此时经济剩余也比较低。随着资本家不断将利润转化为农业资本，边际劳动生产率逐渐提高，雇佣的劳动力数量也相应增加，传统农业部门又有一部分剩余劳动力被吸收到现代工业部门中。刘易斯认为只要传统农业部门中存在剩余劳动力，这一过程就会一直持续下去，直到到达某点，这个点上传统农业部门的剩余劳动力消失，故而边际生产率提高，这时传统部门的劳动者收入水平也会相应提高。此时如果现代工业部门想雇佣更多劳动力就必须提高工资水平，劳动力的供给也趋于正常，工农业实现均衡发展，这个点被称为刘易斯转折点。总之，传统部门劳动力的非农转化使二元经济结构逐步消减，推动不发达经济向发达经济转变。

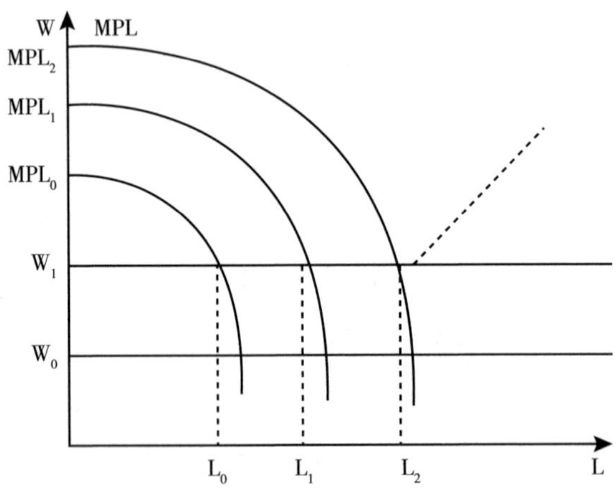

图 2-1　刘易斯二元经济模型中 A 部门的劳动力变化

刘易斯模型的重要意义在于明确了结构转换对经济发展的重要性，为农业剩余劳动力转移提供了一种新思路。但刘易斯模型具有明显的理论缺陷：

第一，刘易斯模型的假设之一就是农业中存在大量边际生产率为零甚至为负的剩余劳动力。在以家庭为基本生产经营单位的前提下，这种情况是不可能发生的。第二，刘易斯模型成立的第二个假设是供给能够自动创造需求，即工业部门生产的工业品不存在供过于求的情况，但实际情况是农业人口由于收入低可能根本无力购买过多的工业品。在一个封闭的经济体内，需求不足会成为限制工业发展的“瓶颈”。第三，假设现代工业部门的劳动与资本比例是刚性的，这显然与实际情况相悖。第四，模型强调现代工业部门扩张对农业剩余劳动力转移的作用，却忽视了农业部门发展及科技进步的作用，刘易斯实际上强调的是一种非均衡发展策略，这与其他二元结构主义者相悖。第五，强调发展中国家工业部门自身的资本积累而忽视了外资对发展中国家农业剩余劳动力的吸收作用。第六，假定农业存在剩余劳动力而城市不存在失业，这也不符合发展中国家的实际情况。正是由于刘易斯模型存在上述不足，一些学者开始对刘易斯模型进行修正。

从失业管理来看，刘易斯提出了“二元结构理论”，他认为不仅农村存在失业，城市也存在失业。一方面，由于城乡收入差距过大，农村人口为了高薪资大量涌入城市中寻求就业机会，而他们的工资要求比城市人口低，故而造成大量城市人口失业；另一方面，虽然投资力度不断加大，但是工作机会并没有随着投资力度的加大而增多。刘易斯认为劳动力的无限供给是增加国民收入最切实可行的办法，资本主义部门应该把剩余价值再投资，从而吸收更多的劳动力到工业部门就业。

3. 托达罗的人口迁移流动理论

20 世纪 60 年代以来，随着发展中国家城镇化的推进，人口流动呈现更加复杂的情况。城镇失业问题日益严重，而农村人口流入城镇的速度却持续加快，这种事实导致刘易斯模型中充分就业的假定受到了越来越多的质疑。1969 年，美国发展经济学家托达罗（M. P. Todaro）提出了以农村劳动力进城所获“期望收益”来解释这一问题的观点，即“托达罗模型”。该模型认为城乡预期收入差距的扩大是发展中国家农村人口迁移规模持续扩大的主要原因。托达罗指出，农业劳动力从农村向城市转移不只是因为城乡之间的收入存在差距，还因为城市存在不充分就业即失业的情况。也就是说，即使城乡之间的收入差距较大，但城市中失业率上升或较高时农村劳动力也不会简单地做出向城市迁移的决定。托达罗的劳动力转移模型如下：

$$d = W_{\pi} - R \qquad (2-1)$$

$$M = f(d), f' > 0 \qquad (2-2)$$

公式 2-1 中，d 是城乡预期收入差距，π 是就业概率，W 为城市的实际工资率，R 是农村实际的市场收入。公式 2-2 中，农村劳动力的流动规模用 M 表示，农村劳动力的流动规模是预期收入差距的增函数用 $f'>0$ 来表示。托达罗认为城乡预期收入差距等于就业概率、城市实际工资率的乘积与农村市场上实际收入的差值，即预期收入差距的增函数是农村劳动力的流动规模。

托达罗的劳动力转移模型主要研究农村人口向城市流动与城市失业问题的相关性。模型指出，劳动力转移到城市后的就业问题不仅不能通过城市工业化来解决，反而会导致城市工业化发展速度加快，越来越多的就业机会被创造，失业人口却更多。托达罗认为，政府在推进城市工业化的同时，要促进资本要素向农村流动，改变“重城轻乡”和“轻农业、重工业”的发展战略，重视农业发展，改善农村人口的生活状态。根据托达罗模型，农村劳动力的流动并不是对实际收入差距的反映，而是对城乡预期收入差距的反映。城市中失业率过高会降低农村劳动力向城市转移的动力，使得农村剩余劳动力增多，城市劳动力出现“刘易斯拐点”。托达罗模型指出，缩小城乡差距要通过扩大农村就业机会来实现，单纯地扩大城市就业机会则会吸引更多农村劳动力进城打工，使城市人口失业更加严重。发展无差别教育是促进农村就业的重要措施之一，还可以通过改善农村的卫生、公共服务及交通设施来大力促进农村经济开发。解决城市失业问题不能单一地靠扩大城市就业机会来完成，还要综合考虑农村的发展情况。

4. 新迁移理论

新古典经济学家将经济学中的供求关系引入了人口迁移研究中，认为劳动力供求的区域差异会引起不同区域之间劳动力的调整，人口迁移则是这一调整过程的体现。根据舒尔茨（T. W. Schultz）的人力资本理论，对于个人来说迁移被视为一种在个人人力资本上的投资，这种个人投资可以增加自身的经济效益进而提高生活水平。多数研究表明，人口迁移主要是在市场调节下移民对经济机会的选择。谢赫（M. A. Sheikh）通过调查加拿大各省区发现迁移率与人均收入正相关。① 约瑟夫（Z. Jozsef）发现在美国 39 个都市统计区中，人口净迁入量与人均收入弱正相关。② 新迁移理论假定个人是迁移过程中的最小单位，而实际研究则发现个人决策往往与家庭有很大关系，进而产生了新家庭迁移理论。该理论认为个体的迁移决策是由家庭成员共同决定的，迁移决策（特别是短期迁移）是一种最大化经济利益和最小化风险的家庭策略，而周期性往返迁移则是为了充分利用城市和农村（家庭）资源。人的迁移行为不仅受个人预期收入的影响，还会受到家庭因素的影响。

新迁移理论认为，人们在最初迁移决策时会考虑众多因素，不仅包括收入差异，还包括市场条件、社会网络、制度、社区发展、公共服务等重要因素。新迁移理论在流动人口失业管理中具有很大的政策和理论意义。首先，与之前的理论相比，农业劳动力流动不仅不会造成农业衰退，反而会促进农业发展。这是因为农业劳动力外出挣得的收入改善了信贷市场失灵的状况、增加了农业生产投入、促进了农村就业，同时规避了自然和市场风险。其次，家庭劳动力之间是相互关联的，不是无关的，这样在家庭内部可以实现资源配置的帕累托最优，减少劳动力的“隐性失业”。最后，面对相同的城乡收入差距，不同的家庭具有不同的收入预期，也会由此做出不同的迁移决策，只要相对剥夺和规避风险的理由成立，就存在迁移的动力。政府可以将干涉重点从城乡劳动力市场与价格转向农村发展和农民迁移流动的动力方

---

① M. A. Sheikh, “Stabilization and Nonfederal Behaviors in an Open Federal State: An Econometric Study of the Fixed Exchange Rate, Canadian Case,” *Empirical Economics*, 1977 (2): 195-211.

② Z. Jozsef, “Structured Populations: The Stabilizing Effect of the Inflow of Newborns from an External Source and the Net Growth Rate,” *Applied Mathematics and Computation*, 2008 (199): 547-558.

面。政府可以采取发展农村市场体系、改善农民信贷和保险条件、优化农村居民收入分配、增加转移支付等政策来减缓劳动力流动。

（二）产业转型升级理论

1. 产业结构优化理论

（1）“配第—克拉克”定理

产业结构理论的思想源于 17 世纪，根据是否考虑外贸因素对产业结构的影响将其分为封闭型产业结构理论和开放型产业结构理论。针对产业结构与就业结构的相关性研究，英国古典经济学家威廉·配第和克拉克共同提出了“配第—克拉克”定理，并对不同时期的 40 多个国家和地区在三次产业中的劳动投入产出资料进行整理与归纳，得出随着经济发展和人均国民收入水平的提高，第一产业产值比重和就业比重逐渐下降，第二产业产值比重和就业比重逐渐上升的结论。当经济发展到更高水平时，第三产业产值比重和就业比重也开始不断提高，劳动力先由第一产业向第二产业转移，然后再向第三产业转移。“配第—克拉克”定理表明，在经济越发达、人均收入水平越高的国家，农业劳动力在总劳动力中所占的比重就越小，在工业和服务业中所占的比重就越大；反之在人均收入水平越低的国家，农业劳动力所占的比重就越大，在第二和第三产业中所占的比重就越小。

“配第—克拉克”定理有三个重要条件：第一，该定律涉及三次产业分类法，在该基本框架下，将一个国家的全部经济活动划分为第一产业、第二产业和第三产业，这一划分方法，不仅可以明确一个国家中劳动力在各产业的分布情况，也可以分别比较不同经济发展水平国家劳动力在各产业中的相对比重；第二，这一定律采用动态分析方法，以所考察国家随时间推移而发生的变化为依据，比较不同国家在不同人均国民收入水平下的劳动力分布情况；第三，该定律以劳动力这一指标分析产业结构演变规律，其考察对象是劳动力在各产业中的分布情况。“配第—克拉克”定理的出现表明经济分析已经渗透到产业结构层次方面，并且在一定程度上说明了产业结构与就业结构之间的关系。

（2）库兹涅茨法则

进入 20 世纪 70 年代后，美国经济学家库兹涅茨在继承前人研究成果的基础上进一步从劳动结构和部门产值结构两个方面对人均产值与结构变动的关系做了更彻底的考察。早在 1941 年，他在《国民收入及其构成》中就阐述了国民收入与产业结构间的重要联系。他通过对大量历史经济资料的研究得出了一个重要结论，即库兹涅茨产业结构论：产业结构和劳动力的部门结构将趋于下降，政府消费在国民生产总值中所占比重趋于上升，个人消费比重趋于下降。在该理论中，他把克拉克单纯的“时间序列”转变为直接的“经济增长”概念，即在人均产品一定或增加的情况下人口持续增加。同时，人口与人均产品双方的增加缺一不可，而所谓持续增加，是指不会因短期变动而消失的大幅度提高。而后，他将产业结构重新划分为农业部门、工业部门和服务部门，并使用了“产业的相对国民收入”这一概念进一步分析产业结构，由此使得“配第—克拉克”定理的地位在现代经济社会中更趋稳固。其指出产业结构变动受人均国民收入（GNP）变动的影响，人们将这种变动规律称为库兹涅茨人均收入影响论。从工业化发展阶段来看，产业结构的演进历经了五个阶段，如表 2-1 所示。

表 2-1　工业化过程中第一、第二、第三产业的演变规律

产业	前工业化时期	工业化初期	工业化中期	工业化后期	后工业化时期
第一产业	主导地位	比重下降			
第二产业	有一定发展	较大发展	第一位	逐渐下降	
第三产业	几乎为零	一定发展	逐渐上升	快速增长	产业知识化

（3）霍夫曼经验法则

与克拉克同时代的德国经济学家霍夫曼对近 20 个国家 1880～1929 年消费品工业和固定资本比重的数据进行了归纳，尤其是对重工业化问题进行了开创性研究。他提出的工业化阶段理论认为，工业化过程中各工业部门的成长率并不相同，因而形成了工业部门间特定的结构变化，且这种变化具有一般倾向。研究发现，虽然各国工业化的时间不同且发展水平各异，但都表现出一个共同趋势，即固定资本净产值在整个工业净产值中所占份额稳定上升，并呈现大体相同的阶段性质。他提出了被称为“霍夫曼经验法则”的工业化阶段理论，并用“消费品工业净产值/资本品工业净产值”的比值将工业化划分为四个阶段。他认为工业化的发展会经历如下四个阶段，详见表 2-2。

表 2-2 霍夫曼工业化阶段及霍夫曼比例

工业化阶段	第一阶段	第二阶段	第三阶段	第四阶段
霍夫曼比例	5∶1	2.5∶1	1∶1	<1

（4）钱纳里—赛尔奎因产业结构理论

1975 年出版的《发展的型式 1950—1970》一书中，钱纳里与赛尔奎因研究了不同经济发展阶段劳动力转移与经济发展水平之间的关系。[①] 他们选择以 27 个变量定义的 10 个基本过程对经济发展中结构转换的一般过程进行描述，通过大量数据分析和处理得出了“多国模式”。对于劳动力就业结构的转变，“多国模式”表明，劳动力在农业中所占份额随着人均国民收入水平的提高而快速下降，而在工业和服务业中所占比重则明显上升。这是各个国家经济发展过程中出现的一种共同趋势。另外，“多国模式”也证实了就业结构转换滞后理论，即在发展中国家的经济发展过程中，产值结构转换普遍先于就业结构转换。在发展中国家，现代工业部门对劳动力的需求弹性较低，农业剩余劳动力首先会被吸收到那些劳动比较密集、技术不太先进的工业部门，而不可能一开始就被吸收到采用最新技术的现代工业部门。当劳动力供给出现减少时，工资开始上涨，人均收入上升，虽然现代工业部门已经占据主导地位，但是农业劳动生产率和技术水平没有达到相当水平，从而出现产业结构与就业结构的不协调。钱纳里—赛尔奎因的就业结构转换滞后理论表明，投资和技术进步主要集中于工业和服务业部门，而剩余劳动力则主要集中在农业部门。这一理论的提出具有重要的现实意义，如果就业结构滞后的

① 〔美〕霍利斯·钱纳里等：《发展的型式 1950—1970》，李新华等译，经济科学出版社，1988，第 51 页。

时间过长，不但会造成严重的失业，也不利于产业结构新一轮调整升级。这说明准确测算就业结构滞后时间对于解决产业结构与就业结构之间的协调性问题具有重要意义。

2. 产业结构合理化理论

（1）产业结构合理化的内容

产业结构合理化是指产业与产业之间协调能力的加强和关联水平的提高，协调是产业结构合理化的中心内容。产业结构的协调不是指产业之间的绝对均衡，而是指产业之间有较强的互补关系与相互转换能力。产业间是否处于协调状态一般可以从以下几个方面进行观察和分析[①]：第一，产业素质之间是否协调。即相关产业之间是否存在技术水平的断层和劳动生产率的强烈反差。如果存在断层或强烈反差，产业之间就会产生较大的摩擦，进而表现为不协调。第二，供给和需求是否相适应。在需求正常变动的前提下，产业结构的协调将使其具有较强的适应性和应变能力，即通过自身结构的调整适应新的需求变动，使供给和需求之间无论是在数量上还是结构上的差距都逐渐缩小，弱化供需矛盾。相反，如果对于需求的正常变动，供给迟迟不能做出反应，造成长时间的供需不平衡，就说明产业间的结构不协调。第三，产业之间的联系方式是否协调。产业之间存在着投入与产出的关系，表明产业之间相互依赖、相互影响。如果产业间能够做到相互服务和促进，那么它们之间的这种联系方式就是协调的。第四，各产业之间的相对地位是否协调。在一定经济发展阶段，各产业相应的增长速度不同，因而其在产业结构中所处的地位是不同的，形成了各产业的有序排列组合。如果各产业主次不分、轻重不分，甚至出现产业结构的逆转，则说明各产业之间的相对地位是不协调的。

（2）产业结构合理化的判断方法

①国际标准结构法。即以钱纳里、库兹涅茨等学者对产业结构演进规律的分析结果为标准产业结构，将某一国家的产业结构与相同国民生产总值下的标准结构进行比较，偏差较大时则认为该国的产业结构是不合理的。此种

---

① 苏东水主编《产业经济学》，高等教育出版社，2006，第 60~70 页。

方法只能进行大致判断，不能凭此认定产业结构是否合理。

②需求判断法。在市场经济条件下，经济活动的目的是满足市场需求。因此，产业结构作为一个资源转换系统，基本要求就是它的产出能满足市场需求，故而对市场需求的适应成为判断产业结构合理的标准之一。产出结构和市场需求结构总会存在一定的总量偏差和结构偏差，当两者接近或大体接近时，认为产业结构合理。

③产业间比例判断法。经济增长是在各产业协调发展的基础上实现的，产业之间比例平衡是经济增长的基本条件。产业间比例是否协调，反映了各产业之间的比例是否合理。比例协调的产业结构，应当不存在明显的长线产业和短线产业，更不能存在瓶颈产业。

④资源利用效率判断法。产业结构的功能就是将输入的各种生产要素按市场的需求转换为不同的产出。能否对资源进行合理而有效的利用，是判断一个产业结构是否合理的重要标志。资源的合理利用包括两个方面：一是提高资源的使用效率，在此方面，技术进步是关键。二是充分利用系统内外的各种资源。这里，系统内部的创新和对外部环境的利用就变得尤为重要。

3. 产业价值链理论

价值链的概念是哈佛大学商学院教授迈克尔·波特（M. E. Porter）在1985年出版的《竞争优势》一书中提出的。他认为，每一个企业都是在设计、生产、销售、发送和辅助其产品的过程中进行种种活动的集合体。所有这些活动可以用一个价值链来表明。[①] 按照他的逻辑，每个企业都处在产业链中的某一环节，一个企业想要赢得并维持竞争优势不仅取决于其内部价值链，还取决于企业的价值链与其供应商、销售商以及顾客的价值链之间的联结。对应波特的价值链定义，企业间的这种价值链关系，仅从价值的角度来分析产业链和企业竞争中进行的一系列经济活动，就被称为产业价值链。产业价值链与产业链、价值链之间的关系在于利用价值链的分析方法来考察产业链，它以产业链为基础，从整体角度分析产业链中各环节的价值创造活动

① 〔美〕迈克尔·波特：《竞争优势》，陈小悦译，华夏出版社，2005，第85~90页。

及影响价值创造的核心因素。

当价值链理论的分析对象由一个特定的企业转向整个产业时，就形成了产业价值链。价值链与产业价值链从不同的角度说明价值创造过程，前者侧重价值创造环节，后者则涉及组织的职能及关系。产业价值链包含产业层面企业价值融合的更庞大的价值系统，每个企业的价值链包含在更大的价值活动群中，继而实现整个产业链的价值创造。产业链的价值活动囊括了产业链中企业所有的价值活动，但这些活动并不是简单的叠加，而是在产业链的价值组织形式下发现并创造价值的。在产业价值链尚未形成以前，各企业的价值链是相互独立的，彼此之间的价值联动也不紧密。经过产业整合之后，当企业进入一个产业价值链系统中，产业链会利用企业间价值联动的创新来创造新的价值。

（三）失业理论

1. 失业管理理论

国外对于失业的研究集中在失业的发生机制上，较为经典的西方失业理论有传统失业理论、发展经济学派失业理论、货币学派失业理论、凯恩斯失业理论、新凯恩斯工资理论、隐蔽失业理论、职业搜索匹配理论等。传统失业理论认为资本主义社会在完全竞争的前提下，若劳动者的工资可以随着劳动力的供需而自由上升或下降，那么市场的价格机制就会自发进行调节从而实现均衡的充分就业。发展经济学派失业理论主要研究二元经济发展模式下的失业现象，该理论认为传统的农业部门由于劳动生产率较低存在着大量的非公开性失业，劳动生产率较高的现代工业部门会吸引农业部门的劳动力。货币学派失业理论认为宏观政策难以消除现代社会中的自然失业率，主张依靠市场自发调节降低自然失业率以达到增加就业的目的。凯恩斯失业理论以有效需求理论为基础，认为有效需求不足导致“非自愿失业”的存在。新凯恩斯工资理论则认为工资是黏性的，可以进行调整，也论证了失业在劳动力市场上发生的必然性，强调市场经济体制下政府干预经济的重要意义。其管理政策包括：扩张的财政政策（通过举债扩大政府开支）、变动的货币政策（经济衰退时实行通货膨胀）、对外贸易干预政策（扩大出口、限制进口）、调节国民收入再分配政策（促进消费倾向）。隐蔽失业理论认为人口增长快、经济落后的农业国家或者农业地区容易产生隐蔽失业。职业搜索匹配理论认为劳动力市场存在供需匹配的过程，在任一时点上，劳动力市场会创造新的工作岗位，失业者可以根据供需状况进入新的工作岗位。此外，以科学劳动价值论为基础的马克思失业理论认为相对剩余价值的生产导致资本主义社会中的失业。

2. 就业公平理论

就业公平理论认为某类人群失业率居高不下的原因在于就业市场的就业歧视，包括户籍歧视、性别歧视、学历歧视、年龄歧视等，从而制约了女性、老年人、低学历者、流动人口的就业。多瑞格（P. Doringer）和皮奥尔（P. Michael）提出了双重劳动力市场理论，该理论基于对城市发达地区劳动力的分析认为，在城市发达地区中存在两种劳动力市场：一种是正规部门的主要劳动力市场，该市场对雇员受教育水平、技术能力要求较高，并提供较好的工资待遇和相应的福利政策；另一种是非正规部门的次要劳动力市场，特点是较低的工资待遇、不稳定的工作环境，并且缺乏良好的发展前景。绝大多数情况下，主要劳动力市场都被人力资本相对较高的城镇本地居民所占据，而从落后地区迁入的移民则只能在次要劳动力市场谋生，填补本地劳动力的结构性空缺。[①] 琼斯（H. Jones）认为农村移民虽然通过进城增加了收入，但是仍然被限制在边缘行业。[②] 沈（Shen）分析了中国农村移民的就业结构，指出农村移民大多从事工作环境较差、需求量大、比较危险的“3D”行业（Difficult、Demanding、Dangerous），如建筑业和制造业等。[③]

3. 公民权利理论

失业保险制度现代发展的主要价值基础就是马歇尔的公民权利学说。他

---

① P. Doeringer and P. Michael, "Internal Labor Market and Manpower Analysis," *Lexington Mass*, 1971 (2): 12-14.

② H. Jones, "The Impact of Overseas Labour Migration on Rural Thailand: Regional, Community and Individual Dimensions," *Journal of Rural Studies*, 1999 (15): 35-47.

③ Jianfa Shen, "A Study of the Temporary Population in Chinese Cities," *Habitat International*, 2002 (26): 363-377.

认为公民权利包括契约权、政治权和社会权三种。而公民非自愿失业后，有权利享受一定的物质帮助和再就业服务。他认为，劳动者社会权利的实现就是在失业后能够得到经济补偿、在再就业后能够参与社会活动并担负应尽的职责。帮助就业的社会政策和促进就业的失业保险制度能够有效帮助公民实现社会权利，但对失业人员来说，单纯的经济补偿和失业救济不是他们行使社会权利要达到的目标，他们的目的是与社会有联系、融入社会，不因失业而备受排挤、脱离现实社会。社会政策关于公民社会权利行使的这一界定，为各国失业保险制度改革提供了充分的理论依据。

二　文献综述

关于流动人口失业的相关研究主要围绕就业能力、人口流迁、产业转型升级、就业公平性、劳动者个体特征与失业的关系展开。

（一）产业转型升级对流动人口失业影响的研究

“产业升级”一般指产业由低技术水平、低附加值状态向高技术水平、高附加值状态演变的趋势。在国内，吴崇伯最早论述了“产业升级”的概念，认为“产业升级”指的就是“产业结构的升级换代”，即“产业结构向技术密集和知识密集型转化的过程”。[①] 姜泽华将中国产业升级模式归纳为倾斜拉动式、平衡驱动式和协调跨越式三种模式。[②] 潘冬青和尹忠明则认为产业升级包括产业结构高度化、加工程度高度化和价值链高度化三种表现。[③] 产业转型升级对失业的影响可以归纳为以下几个方面。

1. 产业转型升级对失业的正面影响

技术进步是一把“双刃剑”，它在促进就业的同时，也会造成结构性失

---

① 吴崇伯：《论东盟国家的产业升级》，《亚太经济》1988 年第 1 期，第 26~30 页。

② 姜泽华：《我国产业结构升级模式变迁的效应与前瞻分析》，《理论探讨》2010 年第 1 期，第 66~69 页。

③ 潘冬青、尹忠明：《对开放条件下产业升级内涵的再认识》，《管理世界》2013 年第 5 期，第 178~179 页。

业。熊彼特在 1912 年首次提出“创造性破坏理论”，对周期性出现的失业危机进行了解释。姚战琪和夏杰长认为技术进步总是倾向于使边际就业弹性下降，继而增加了失业的风险。[①] 冯煜计算出 1979~1996 年技术进步对我国失业率的贡献度达到了 23.89%。[②] 产业转型升级破坏了粗放型经济增长方式，影响了劳动密集型产业。黄乾认为用较高生产率的工作替代较低生产率的工作时，会带动劳动生产率的提升，导致原来从事低生产率的劳动者失业。[③] 产业转型升级改变了劳动力供需平衡关系。李培林提出在现代化过程中，产业结构的升级和技术创新的加快使技术和资本对劳动的替代优势日趋强化，失业状况日益严重。[④] 2008 年金融危机后，劳动力供需矛盾受到学者的关注，杨宜勇认为产业转型升级中的失业更多的是结构性失业，在劳动力市场上表现为失业与岗位空缺并存[⑤]；姚先国则提出了劳动力素质结构与产业结构之间不适应问题[⑥]。

冯子标和王建功认为流动人口由于受教育程度低、新技能的掌握和学习能力差，无法满足企业进行产业转型升级对劳动力的需求，容易成为最先陷入失业的群体。[⑦] 由于流动人口的流动性较大且大多从事体力劳动，企业在雇佣流动人口时不愿进行人力资本投资，这使流动人口接受技能培训的机会大打折扣。裴科峰认为流动人口技能水平没有随着产业转型升级而提升，随着产业转型升级的加快，必然出现技能型人才缺口和传统型流动人员失业。[⑧] 在

---

① 姚战琪、夏杰长：《资本深化、技术进步对中国就业效应的经验分析》，《世界经济》2005 年第 1 期，第 58~60 页。

② 冯煜：《浅析中国转型时期失业的主要影响因素》，《生产力研究》2001 年第 2 期，第 15~17 页。

③ 黄乾：《中国的产业结构变动、多样化与失业》，《中国人口科学》2009 年第 1 期，第 22~31 页。

④ 李培林：《中国就业面临的挑战和选择》，《中国人口科学》2000 年第 5 期，第 1~8 页。

⑤ 杨宜勇：《全面促进充分就业体面就业和谐就业——对〈促进就业规划（2011—2015 年）〉的结构性理解》，《人才资源开发》2013 年第 1 期，第 17~20 页。

⑥ 姚先国：《“知识性失业”的根源与对策》，《湖南社会科学》2009 年第 3 期，第 137~140 页。

⑦ 冯子标、王建功：《半转型的农民工对中国工业化的影响》，《经济学家》2019 年第 10 期，第 73~78 页。

⑧ 裴科峰：《产业结构升级与失业的研究——基于产业结构偏差系数的分析》，南京大学硕士学位论文，2014，第 35~38 页。

产业转型升级中固定资产投资更加偏向对流动人口就业的拉动效应很有限的科技创新产业、战略性新兴产业，而对流动人口就业拉动作用较大的劳动密集型产业的固定资产投资会相应削减。刘志铭和郭惠武认为这对拉动经济增长，调结构、促转型具有非常明显的作用，但就业拉动效应往往不是很明显。① 同时，随着劳动者薪酬水平的上升，企业为了降低生产成本，积极采购新设备，升级产业链，提高劳动生产率，减少对劳动力的需求量，而流动人口中学历较低、年龄较大、健康较差者往往成为被减员的对象。

2. 产业转型升级对失业的抑制效应

从短期来看，产业升级会对流动人口就业产生替代效应；从长期来看，产业升级又会对就业产生补偿效应。一方面，通过新产品、新产业创造出更多的就业岗位；另一方面，产业转型升级使投资者被鼓励依据新技术创建新的生产单位，赚取新技术带来的利润，吸收新的劳动力，进而减少失业。汤琼峰以技术创新代表产业转型创建了一个有内部技术进步的经济模型，研究发现失业水平会因为技术进步而发生不同的变化。② 起初工人在制造业部门就业，之后有部分工人到新兴部门寻找工作，在这个过程中失业率提高，而最后这部分工人会在新兴部门中实现就业，从而失业率又回到平均水平上。但是产业升级产生的就业补偿效应更多的是针对高素质劳动力。流动人口主要集中在生产第一线，是新技术的使用者。谌新民认为企业对新技术的应用和新产品的生产，扩大了对掌握一定技能的流动就业人员的需求量。③ 近年来，随着新产业的兴起，新业态不断涌现会增加一大批新的就业需求，创造新的岗位。互联网、大数据、人工智能以及其他新兴产业的兴起，对劳动力市场产生新的需求。早在 2016 年，工信部教育考试中心副主任周明就曾透

① 刘志铭、郭惠武：《技术进步、经济增长与失业：新古典熊彼特主义经济理论的新进展》，《财经科学》2007 年第 9 期，第 37~44 页。

② 汤琼峰：《熊彼特式创新增长模型中的产业转型与失业——从制造业到服务业》，《东北财经大学学报》2011 年第 1 期，第 14~20 页。

③ 谌新民：《创业如何带动就业？——基于 1997~2013 年中国省区数据的创业与就业关系及时滞性》，《华南师范大学学报》（社会科学版）2017 年第 3 期，第 100~108 页。

露，中国人工智能人才缺口超过500万人。一些业内人士也表示，国内的供求比例为1∶10，供需严重失衡。李阁峰等研究发现，高新技术产业发展的同时推动了社会经济的发展，这使得劳动者收入大大增加，并且提高劳动者的购买力，使人们改变消费结构，在人们满足衣、食、住、行需求的同时对于其他方面的消费也日益增加，从而刺激了其他相关行业的发展，这同样引起了这些行业对劳动力的需求增加。在这一方面，产业转型升级会增加就业岗位，对失业产生抑制效应。①

3. 产业结构变动对失业的影响

产业结构对失业的影响主要表现在两个方面：一是产业结构变动影响失业，即当产业结构变动速度超过劳动力技能转换速度时，会导致结构性失业，失业率随之上升；二是产业结构特征也会影响失业，产业结构特征一般用产业专业化程度和产业多样化程度来反映。产业专业化是指某一产业的就业或产出在地区经济中所占的比重或相对于全国平均水平的相对比重（即区位商）；产业多样化是指地区产业的种类数和各产业在地区中所占比例所反映出来的产业分布的差异性或均衡性。黄乾利用1997~2006年中国省级面板数据，检验了产业结构变动和多样化对失业率的影响。发现工业部门的结构变动导致失业率上升并与失业率波动显著正相关，服务业部门的结构变动与失业率及失业率波动显著负相关，总体产业的结构变动造成失业率上升。② 沈琴琴及张艳华根据北京市统计局外来人口动态监测调查数据发现，人口素质结构与产业结构的匹配度、劳动力市场发育状况和城市发展规划对流动人口的就业结构产生了很大影响。③ 其认为与国际大都市相比，北京市第三产业发展还比较落后，因此导致流动人口就业的结构性差别。劳动力市场存在明显的分割情形，导致流动人口就业难与城市服务业发展滞后等诸多

① 李阁峰、佟仁城、许健：《高新技术产业对劳动就业影响的案例分析》，《管理评论》2005年第7期，第56~62页。

② 黄乾：《中国的产业结构变动、多样化与失业》，《中国人口科学》2009年第1期，第22~31页。

③ 沈琴琴、张艳华：《北京市产业结构调整下的流动人口就业结构研究》，《中共济南市委党校学报》2010年第4期，第9~12页。

不协调问题。因此，需要建立统一、完善的劳动力市场，促进流动人口就业和现代服务业发展。①

（二）流动人口失业发生风险相关研究

国内学者关于流动人口失业的研究最早始于农民工失业研究，改革开放后，农村劳动力大规模向城市流动，这一现象引起学者的关注，20 世纪 90 年代部分学者就提出要关注农民工失业问题，辜胜阻等认为新生代农民工与农业联系较微弱，长期失业会成为一个潜在的社会不稳定因素。② 2008 年金融危机之后，相关研究达到新高潮。学者们主要从城乡劳动力流动模式、劳动力市场机制、行业垄断、产业转型升级等角度探讨了农民工失业的原因。冯煜计算得出经济体制、农村剩余劳动力转移，第一、第二、第三产业结构调整对我国失业率的贡献度分别为 22.83%、11.44%、17%、12% 和 12%。③

王金营提出了“失业事件发生风险”这一概念，指在一定时期内具有劳动能力的某一人群失业事件发生的可能性，反映了劳动者的就业状况。④白南生等研究认为流动人口在就业、生活、交往等多方面面临社会排斥，大多数流动人口难以实现稳定居住，处于“半城市化”状态，失业概率大，生活成本高。⑤ 从流动人口失业规模统计与群体特征来看，已有文献关于流动人口失业率的测算中学者们使用的数据来源不同，测算口径不同，结果不一（见表 2-3）。如翟振武等根据“五普”数据计算出流动劳动力失业率为 2.74%⑥；

---

① 沈琴琴、张艳华：《北京农村常住人口变动与产业结构相互作用研究》，《人口与经济》2010 年第 2 期，第 82~86 页。

② 辜胜阻、成德宁：《湖北省农村剩余劳动力的出路在哪里?》，《理论月刊》1996 年第 8 期，第 33~35 页。

③ 冯煜：《浅析中国转型时期失业的主要影响因素》，《生产力研究》2001 年第 1 期，第 15~17 页。

④ 王金营：《浅析人力资本、职业选择与失业风险》，《人口学刊》2001 年第 4 期，第 7~10 页。

⑤ 白南生、李靖：《城市化与中国农村劳动力流动问题研究》，《中国人口科学》2008 年第 4 期，第 2~10 页。

⑥ 翟振武、段成荣、毕秋灵：《北京市流动人口的最新状况与分析》，《人口研究》2007 年第 2 期，第 30~40 页。

王箐根据2012年流动人口监测数据计算出流动人口失业率为1.6%[①]。流动人口失业率虽然低于城市户籍人口，但是这并不意味着流动人口的地位优势，其较低的失业率是靠较低的收入、微薄的福利、较差的工作环境换来的。尽管流动人口失业率低，但其失业风险比城镇劳动力更高，一旦失业，流动人口面临的城市生活问题更加严重。

表 2-3　已有研究关于流动人口失业率的测算

研究文献	数据来源	失业定义	失业率
李实、邓曲恒等(2004)	2002年城镇居民抽样调查	国际劳工组织定义	农民工:2.79%
王德文等(2004)	“五普”数据	国际劳工组织定义	乡—城流动人口:3.6% 城—城流动人口:7.9%
温兴祥(2015)	2008年中国城乡流动调查数据	国际劳工组织定义	农民工:1.9%
徐玮、杨云彦等(2016)	2014年流动人口动态监测数据	国际劳工组织定义	流动人口:1.22%;农业户籍流动人口:1.26%;非农户籍流动人口:0.98%
陈怡蓁、陆杰华等(2018)	2015年流动人口动态监测数据	有劳动能力但无业,且对就业有需求者	省际流动人口:2.48%
杨胜利等(2020)	2014年流动人口动态监测数据 2017年流动人口动态监测数据	有劳动能力无工作,但有就业意愿,随时可以投入工作中的流动人口	2014年流动人口:1.12% 2017年流动人口:2.31%

资料来源：根据相关文献整理。

从流动人口失业风险的群体特征来看，陈怡蓁和陆杰华发现女性失业率高于男性、已婚者失业率低于未婚者、学历越高失业率越低、流入地为中西部地区者失业率高于流入地为东部地区者[②]；杨凡等研究发现流出地的“推

① 王箐：《流动人口就业决策代际差异的影响因素分析》，《工业技术经济》2014年第5期，第94~100页。

② 陈怡蓁、陆杰华：《影响我国省际流动人口失业主要因素的实证分析——基于2015年全国流动人口动态监测数据的验证》，《南方人口》2018年第6期，第10~19页。

力”（土地承包权、城乡类型）和流入地的“拉力”（城市级别）都对流动人口失业率具有显著影响[①]；徐玮与杨云彦认为流入城市市场化指数对流动人口失业具有负向影响[②]。段成荣等计算得出相对于流动就业人口，失业流动人口具有相对年轻（平均年龄 34.8 岁）、学历偏低（平均受教育年限 10.7 年）、未婚比例较高（26.8%）、农村户籍比例高（85.8%）、失业保险参保率低（4%）、有固定住所的比例低（20.2%）等特点。[③]

（三）人口学视角下流动人口失业原因研究

关于流动人口失业的原因，学者们主要从流动人口失业群体个体特征、家庭特征、流动特征、流入地市场化程度、流入城市等级、流入地区、流出地经济属性等角度展开讨论。

1. 个体属性与流动人口失业

性别是影响流动人口就业的因素之一，由于社会上对女性的就业歧视，女性流动人口在就业上处于相对弱势地位，从而增加其失业的风险。陈国斌等认为，大多数就业单位即使在男性与女性客观条件相当的情况下，对于女性依然存在主观性偏见，导致女性在就业上处于弱势地位。[④]年龄对失业存在负向影响，但其作用程度呈现倒 U 字形变化趋势，说明年纪较轻者可能因工作经验不足而造成失业的情形，但阅历随着年龄增加而增加后，失业率会相应降低，因此年龄增长有利于就业的稳定。谷彬认为目前企业招聘员工大多有 35 岁或 40 岁以下的年龄限制，要求高中以上文化程度，于是大批“4050”下岗人员难以再次进入劳动力市场，

① 杨凡、杜姗姗、陶涛：《中国流动人口失业状况及其影响因素——基于 2015 年全国 1%人口抽样调查数据的分析》，《人口研究》2018 年第 4 期，第 14~26 页。

② 徐玮、杨云彦：《流动人口失业特征、分布及影响因素分析》，《人口与发展》2016 年第 4 期，第 10~18 页。

③ 段成荣、吕利丹、邹湘江：《当前我国流动人口面临的主要问题和对策——基于 2010 年第六次全国人口普查数据的分析》，《人口研究》2013 年第 2 期，第 17~24 页。

④ 陈国斌、刘丹：《江苏省流动人口失业问题研究》，《人口与计划生育》2011 年第 5 期，第 27~28 页。

而按照目前人口结构来推算，在不久的将来将有更多的人成为“4050”失业群体。[①] 张航空、杜静宜研究发现，家庭流动对男性和女性流动人口均有影响，对女性流动人口就业可能性和收入的影响程度大于男性。[②] 张丽琼等进一步研究指出，家庭流动对流动男性的就业率无显著影响，但对其就业稳定性存在积极作用；但完整式的家庭流动对流动女性就业产生了不利的影响。[③] 刘璐璐指出，语言、习俗、信仰、文化素质等个人因素以及外部的体制性因素，对少数民族流动人口的就业产生了制约作用。[④] 徐玮等的研究则表明，非农户籍和少数民族等人口属性特征会增加流动人口的失业概率，婚姻会降低流动人口的失业概率。[⑤]

2. 人力资本与流动人口失业

20世纪60年代，美国经济学家舒尔茨和贝克尔创立人力资本理论。人力资本指的是劳动者投入企业中的知识、技术、创新概念和管理方法的一种资源总称。人力资本一般包括学历、健康和培训，邓文勇等部分学者认为流动人口学历和技能水平偏低，在产业转型升级中技能提升较慢，难以满足产业转型升级需求，是造成其失业的主要原因。[⑥] 就业能力理论认为流动人口职业能力、工作适应性、社会资本无法满足市场和用人单位需求从而导致失业。大量研究已经表明，人力资本对于职业地位获得、工作转换以及失业有重要的影响。刘丹及雷洪研究发现，在乡—城流动人口中，知识人力资本增

---

① 谷彬：《劳动力市场分割、搜寻匹配与结构性失业的综述》，《统计研究》2014年第3期，第106~112页。

② 张航空、杜静宜：《家庭流动对流动人口家庭成员就业状况的影响》，《人口与经济》2012年第5期，第40~46页。

③ 张丽琼、朱宇、林李月：《家庭化流动对流动人口就业率和就业稳定性的影响及其性别差异——基于2013年全国流动人口动态监测数据的分析》，《南方人口》2017年第2期，第1~12页。

④ 刘璐璐：《郑州市少数民族流动人口就业问题浅析》，《改革与开放》2011年第20期，第125页。

⑤ 徐玮、杨云彦：《流动人口失业特征、分布及影响因素分析》，《人口与发展》2016年第4期，第10~18页。

⑥ 邓文勇、霍玉文：《农民工结构性失业与教育救济——实然困惑与应然选择》，《河北师范大学学报》（教育科学版）2018年第2期，第80~86页。

加农村劳动力进入正式劳动力市场的机会，也有利于其在正式劳动力市场获得较高的职业地位。[①] 綦松玲、鲍红红等研究发现，吉林省流动人口主要从事商业、服务业，工作时间普遍较长，就业稳定性受性别、年龄、受教育程度和本次流入原因等因素影响。[②] 而王胜今等认为吉林省流动人口的人口学特征和流动特点对其职业选择和收入水平具有显著影响，流动特点主要影响流出人口的职业选择。[③] 赵民、林钧昌等认为东部地区沿海城市的快速发展，吸引了更多的少数民族人口来到城市寻找发展机会，而少数民族流动人口文化水平低是制约其就业的重要原因。[④] 陆杰华等通过对 2015 年中国流动人口动态调查数据的分析发现，受教育程度与失业之间呈现负向变动关系，表示受教育程度较高，失业的可能性较低；反之，受教育程度较低，则提高失业的可能性。[⑤] 说明教育人力资本对抑制流动人口失业具有一定的作用。职业培训由于针对性强，能够有效增强受训者在劳动力市场中的竞争力，从而提升流动人口的就业质量。宋健通过对流动人口就业影响因素的研究发现，外出经历和工作经验对流动人口就业具有积极作用。[⑥]

3. 社会资本与流动人口失业

劳动者所拥有的社会资本包括可为其提供就业信息、就业机会的社会关系等。人力资本衡量的是劳动者胜任岗位的个人素质与能力，而社会资本则关系劳动者就业的实现。关于社会资本，布迪厄（P. Bourdieu）认为“社会

---

① 刘丹、雷洪：《乡城流动人口就业部门分割及职业地位》，《青年研究》2016 年第 6 期，第 1～10 页。

② 綦松玲、鲍红红、刘欣、赵龙宇：《吉林省流动人口就业和居住情况研究》，《人口学刊》2014 年第 5 期，第 87～95 页。

③ 王胜今、许世存：《吉林省流动人口的就业特征及其影响因素分析》，《吉林大学社会科学学报》2013 年第 3 期，第 5～15 页。

④ 赵民、林钧昌、尹新瑞：《东部沿海地区新疆籍少数民族流动人口就业现状调查——以山东省威海市为例》，《中南民族大学学报》（人文社会科学版）2014 年第 4 期，第 70～75 页。

⑤ 陆杰华、郭冉：《调整生育政策应对人口结构转型》，《中国社会科学报》2015 年第 122 期，第 12 页。

⑥ 宋健：《流迁老年人口研究：国外文献评述》，《人口学刊》2005 年第 1 期，第 28～32 页。

资本是实际的或潜在的资源的集合体”，其次是在“特定的工作关系、群体关系和组织关系中存在的，通过某种制度性的关系来加强”。还有一种观点从功能主义的视角出发，指出社会资本其实是社会网络，是人力资本创造、传递和获得的积极的社会条件。科尔曼（J. Coleman）从社会结构的角度将社会资本定义为“个人拥有的社会结构资源”，并将社会资本分为社会团体、社会网络以及社会社区三个方面。① 布迪厄关于社会资本的理论可以概括为“结构洞”理论，该理论从社会网络结构的角度分析社会资本，指出社会资本是指网络结构给网络中的行动者提供信息和资源控制的程度。②

社会网络在流动人口就业中发挥着积极作用，相关研究可以概括为两个方面：一是研究社会资本、社会网络以及关系对于流动人口失业的影响机制。研究显示有近83%的流动人口通过熟人的社会网络实现就业与职业流动。卡斯特（M. Custer）认为社会网络是一种社会资本，移民通过这种社会资本能够获得就业机会、廉价劳动力以及小额贷款等资源。③ 桑德斯（D. Sunders）认为流动人口的家庭社会网络会对个体的自雇身份获得有显著影响。④ 格兰诺维特（M. Granovetter）的“强弱关系理论”认为通过弱关系得到信息的人获得就业的概率较大，失业风险较小；通过强关系（如朋友、亲属）获得信息的人就业不稳定，失业风险较大。⑤ 流动人口的社会关系以强关系为主，他们主要依靠强关系获得就业信息，因此面临较大的失业风险。二是研究组织、信任与规则对流动人口失业的作用机制。已有研究发现，组织、信任以及规则对迁移人口的迁移动力、迁移过程、工作搜寻、就业质量、培训、教育机会以及社会适应都有着十分重要的作用。一般来看，

---

① 〔美〕詹姆斯·S. 科尔曼：《社会理论的基础》，邓方译，社会科学文献出版社，2008，第134~136页。

② 〔法〕皮埃尔·布迪厄：《实践感》，蒋梓骅译，译林出版社，2003，第82页。

③ 〔美〕曼纽尔·卡斯特：《网络社会的崛起》，夏铸九等译，社会科学文献出版社，2006，第256~260页。

④ 〔加〕道格·桑德斯：《落脚城市：最后的人类大迁移与我们的未来》，陈信宏译，上海译文出版社，2012，第145页。

⑤ 〔美〕马克·格兰诺维特等：《经济生活中的社会学》，瞿铁鹏等译，上海人民出版社，2014，第67~69页。

在社会资本方面具有优势的流动人口，在城市中获得一份稳定工作的可能性相对较高。

4. 户籍制度与流动人口失业

户籍制度造成社会福利藩篱以及地域和区域的人为划分，由此形成了二元社会结构。这种二元社会结构是双重的：城市与乡村、本地与外地。因此一方面造成乡一城流动人口难以进入较为高端的生产部门，只能从事较为低端的产业。另一方面，本地人口与外地人口之间的户籍壁垒，造成外地人口即使与本地人口具有相同的自身条件，也很难进入某些单位或者行业。户籍制度是流入地地方政府和市民对流动人口产生歧视的根本制度原因，由此导致就业机会不公平、工资收入低、福利保障缺失、子女教育权利无法保障等问题。刘毅比较不同户籍劳动力在城镇劳动力市场上受到的户籍歧视与地域歧视，发现相对于本地工人而言，外地农民受到了56.5%的歧视。① 王春光研究发现，建立在户籍制度基础上的城市就业制度仍然阻碍着农村流动人口在城市社会的生存和发展，并阻碍他们与城市社会的融合。② 吕凤亚从外部环境、个人环境以及个人自身因素三方面进行分析，认为城乡二元户籍制度、劳动力市场的不完善、就业竞争力弱等因素影响新生代农民工的就业机会。③

5. 区域特征与流动人口失业

已有研究认为区域特征对流动人口失业具有显著的影响。从户口所在地来看，流出地为中西部者的失业率高于流出地为东部者，该结果可以利用区域间的发展差异加以解释，张明认为中西部的总体经济社会发展较为缓慢，当该地区的人口流入经济相对发达的东部地区时，受到人口素质普遍低于本地人口的影响，在就业竞争上无法形成优势，因而容

① 刘毅：《城镇就业机会：城乡、地域多重户籍属性的分隔》，《学术研究》2012年第3期，第60~66页。

② 王春光：《我国城市就业制度对进城农村流动人口生存和发展的影响》，《浙江大学学报》（人文社会科学版）2006年第5期，第5~15页。

③ 吕凤亚：《新生代农民工就业能力影响因素及对策分析》，《经济研究导刊》2013年第18期，第70~71页。

易面临失业。[①] 熊思敏研究发现，从流入地的区域特征来看，流入中西部的流动人口，其失业的可能性明显高于东部，不同流入地区导致失业可能性存在差异的原因既与区域经济发展程度有关，也与区域公共就业服务政策有关。[②]

王桂新等提出由于中西部地区经济发展相对滞后，所能提供的就业机会一般少于整体经济发展水平较高的东部地区，因而造成较高的失业率。[③] 东部地区作为经济增长以及技术进步迅速的首要区域，新的就业机会不断增加，使得流动人口能够被流入地所容纳，因此失业率较低。除此之外，流入省的市场化程度指数和城市等级都对流动人口失业有显著的影响。流入省的市场化程度越高，流动人口失业率越低。

6. 流动特征与流动人口失业

已有研究发现，流动人口的流动原因、流动时间、流动距离、居住意愿皆对流动人口失业具有显著的影响。[④] 陈怡蓁等认为从流动意愿来看，由于工作原因而流动者的失业概率明显低于因其他原因流动者，由于经济因素流动者在本质上便需要以就业为手段来达成其流动目的，因此就业动机较强烈，失业率也较低。[⑤] 从流动时间来看，流动时间越长，其失业率越低。由于长期流动者在本地找工作的时间更长，就业渠道更广，自然更容易找到工作，失业风险也随之降低；相反地，短期流动者因为刚来到流入地不久，短期内仍在求职及适应环境而暂时无业，从而造成较高的失业率。[⑥]

---

① 张明：《我国农民工劳动市场歧视问题的经济学分析》，《山东省农业管理干部学院学报》2010 年第 5 期，第 13~16 页。

② 熊思敏：《中国高增长低就业的全国与分区对比研究》，华中科技大学博士学位论文，2008，第 103 页。

③ 王桂新、武俊奎：《城市农民工与本地居民社会距离影响因素分析——以上海为例》，《社会学研究》2011 年第 2 期，第 28~47 页。

④ 杨胜利、姚健：《中国流动人口失业风险变动及影响因素研究》，《中国人口科学》2020 年第 3 期，第 33~46 页。

⑤ 陈怡蓁、陆杰华：《影响我国省际流动人口失业主要因素的实证分析——基于 2015 年全国流动人口动态监测数据的验证》，《南方人口》2018 年第 6 期，第 10~19 页。

⑥ 张丽琼、朱宇、林李月：《家庭化流动对流动人口就业率和就业稳定性的影响及其性别差异——基于 2013 年全国流动人口动态监测数据的分析》，《南方人口》2017 年第 2 期，第 1~12 页。

从流动距离来看，20 世纪七八十年代流动劳动力非农就业的主要载体是乡镇企业，出现了劳动力流动的“离土不离乡”现象。20 世纪八九十年代，我国经济进入高速增长时期，经济体制改革和外向型经济发展战略的实施提供了大量就业机会，引起了大规模的农村劳动力跨省流动到城镇就业。20 世纪末以来，国际、国内经济形势发生了复杂的变化，新生代流动人口进入劳动力市场，使流动人口的就业格局又发生许多新的变化，比如“民工荒”和“民工潮”的并存、流动人口失业状况显现等。[①] 但流动距离和失业的关系总体上呈现流动距离越远、失业风险越小的特点。杨凡认为相较于跨省流动的劳动力，省内跨市流动、市内跨区县流动和区县内流动劳动力的失业发生比例分别要高出 7 个、7 个和 15 个百分点。从居住意愿来看，居住意愿与失业之间存在相互影响的关系，虽然失业会受到居住意愿的影响，但居住意愿也可能受到失业的影响而有所改变，两者的因果关系较为复杂。

7. 就业特征与流动人口失业

罗俊峰、童玉芬研究发现，除个体特征外，就业职业、就业行业、就业单位性质、工资收入等就业特征对流动人口失业具有显著影响。[②] 流动人口就业稳定性弱，换工作频率高，劳动合同期限短，甚至没有签订劳动合同，造成流动人口难以形成对单位的职业责任感和认同感，往往在年老体弱时因单位不愿意与其签订劳动合同而丧失就业机会，使其老无所养、病无所医。一般来说，签订劳动合同的流动人口比没有签订劳动合同的流动人口失业风险更低，签订长期劳动合同的流动人口比签订短期劳动合同的流动人口失业风险要低。[③] 彭国胜从就业稳定性、职业收入、职业声望、发展机会等方面概括了流动人口就业质量，发现流动人口就业质量一般较低。流动人口就业

① 王箐：《流动人口就业格局的历史演变》，《人民论坛》2014 年第 17 期，第 145~151 页。

② 罗俊峰、童玉芬：《流动人口工作时间及影响因素研究——基于 2013 年流动人口动态监测数据的经验分析》，《贵州财经大学学报》2016 年第 3 期，第 66~75 页。

③ 岳经纶、屈恒：《非政府组织与农民工权益的维护——以番禺打工族文书处理服务部为个案》，《中山大学学报》（社会科学版）2007 年第 3 期，第 80~85 页。

呈现行业高度集中、非正规就业比重高、劳动时间长、工资水平低、劳动关系不规范等特征。[①] 流动人口在劳动力市场中处于弱势地位，主要集中就业于以体力劳动为主、技术含量较低的建筑业、制造业和服务业等行业。长期劳作于工资薪酬低、劳动强度大、就业稳定性差、工资拖欠时有发生、劳动权益难以保障的就业环境。王美艳研究发现，被拖欠工资的流动人口主要集中于个体私营企业，建筑业的流动人口比其他行业流动人口更容易被拖欠工资。[②] 部分学者研究发现流动人口就业质量与健康、失业之间存在循环关系。就业质量高的流动人口健康损耗相对较低，而就业质量低的流动人口由于工作时间长、工作环境差，健康损耗明显，失业风险也较大。

（四）宏观经济环境视角下流动人口失业原因研究

1. 利率变动对失业的影响

图特科沃斯基的文章是有关利率波动性和失业关系研究最为集中的文献。该文章使用的模型也是基于巴罗货币增长模型的修正模型，其实证结果表明，利率波动性增长导致失业率显著增加。贝尔克（A. Belke）分析了利率和汇率波动性对投资和劳动力市场的影响，通过数据分析发现汇率波动性和利率波动性对失业都有正向的影响。[③] 王雪标和王晓婷研究发现，1996 年以前的利率政策对失业率没有显著影响，1996 年之后一路下调的利率政策对降低失业率起到良好作用，但随着失业偏移率的逐年降低，利率政策对失业的影响从 2002 年开始逐渐减弱。

2. 劳动力市场分割对流动人口失业的影响

受二元劳动力市场分割、僵化、惰性的影响，劳动力难以从次要劳动力市场向主要劳动力市场转移，劳动力供给结构的调整速度较慢，不适应劳动

---

① 彭国胜：《人力资本与青年农民工的就业质量——基于长沙市的实证调查》，《湖北社会科学》2009 年第 10 期，第 35~40 页。

② 王美艳：《城市外来工的就业与报酬分析》，《中国社会科学报》2006 年第 32 期，第 21 页。

③ A. Belke, "The Cost of Financial Market Variability in the Southern Cone," *Revue Conomique*, 2003 (54): 5-6.

力需求新变化，增加了失业的可能性。曾湘泉等认为从行业垄断来看，石油、化工、电力、铁路、邮政等国有企业部门收入较高，进入条件较为苛刻，减少了流动人口就业机会、降低了流动人口就业收入，损害了流动人口就业公平。① 章元、高汉对上海市一万户家庭样本进行分析发现，农民工在城市二级就业市场上受到的地域歧视和户籍歧视比一级就业市场低 18.5 个和 27 个百分点。② 刘亮、章元等发现农业户籍劳动力进入一级就业市场的概率显著低于非农户籍劳动力，且前者的周工作小时数明显更长。③ 王芳琴等运用大规模社会调查数据对我国劳动力市场的分割状况进行描述和分析，认为城镇劳动力市场中以户籍制度为核心的市场分割现象仍然存在，城市和外来劳动力被分割在不同的子市场内进行竞争。④ 分割的劳动力市场阻碍了劳动力在不同地区、不同行业和不同职业之间的自由流动，因而产生了工资差异和工资歧视问题，造成流动人口的教育收益率一直低于城市户籍居民。随着劳动力市场走向融合，流动人口和非流动人口的社会地位和人力资本收益率也会趋于一致。

（五）流动人口失业风险管理的研究

1. 社会保障与流动人口失业风险管理

我国《失业保险条例》指出“失业保险制度是通过立法强制实行，由社会集中建立基金，对非因本人意愿中断就业而失去工资收入的劳动者提供一定时期资金帮助和再就业服务”。失业保险不仅具有保障基本生活的功能，而且具有促进就业，帮助失业者尽快实现再就业的功能。然而现行失业

---

① 曾湘泉、陈力闻、杨玉梅：《城镇化、产业结构与农村劳动力转移吸纳效率》，《中国人民大学学报》2013 年第 4 期，第 36~46 页。

② 章元、高汉：《城市二元劳动力市场对农民工的户籍与地域歧视——以上海市为例》，《中国人口科学》2011 年第 5 期，第 67~74 页。

③ 刘亮、章元、李韵：《农民工地域歧视与就业机会研究》，《统计研究》2012 年第 7 期，第 75~80 页。

④ 王芳琴、于维生：《基于短边原则的劳动力市场非均衡分析》，《求索》2012 年第 11 期，第 5~7 页。

保险制度与流动人口的需求不匹配，应构建适应流动人口需求的失业保险制度框架体系。根据 1999 年《失业保险条例》规定，失业保险基金可以用于领取失业保险金期间接受职业培训、职业介绍的补贴。单位招用的农民合同制工人连续工作满 1 年，本单位已缴纳失业保险费，劳动合同期满未续订或者提前解除劳动合同的，由社会保险经办机构根据其工作时间长短，对其支付一次性生活补助金。大量农民工群体仍然游离在失业保险之外，不能享受失业保险金、失业救助、职业培训和职业介绍补贴等就业援助待遇。对于非正规就业的农民工而言，享受失业保险待遇更是遥不可及，所以将失业保险的覆盖面从城镇职工扩大到所有就业人员，可大大提升就业风险应对能力。英国经济学家贝弗里奇认为失业保险的功能定位应该着眼于公平，为国民提供充足的保障。他提出：所有参保人在失业、伤残等情况之后享受的福利待遇水平是统一的，这是一种基于国民身份的待遇而与其本身的收入水平无关。这个待遇水平要能维持参保人的基本生活，具体包括衣食住行等方面的开支。在满足这些开支后，还应该有一定的剩余。关于失业保险政策分析方面的研究，美国社会福利学者尼尔·吉尔伯特于 2004 年在其著作《社会福利的目标定位：全球发展趋势与展望》中，通过分析英、意、新、法、美、瑞士、瑞典和挪威等九个国家在调动失业者积极性方面的各种最新政策动向，指出应该倡导并建立工作导向型的社会保险激励制度。

2. 就业政策与流动人口失业风险管理

吴晓琪采用福建省失业者抽样调查数据，应用 Cox 比例风险回归模型验证了积极的就业政策对提高失业者再就业水平的有效性，研究发现积极就业政策项目的实施可以使失业者再就业概率提高到 71%。说明我国应继续加大对积极就业政策项目的人力和物力投入，加大对积极的劳动力市场政策的宣传力度并扩大政策的覆盖范围。[①] 应该根据流动人口的不同类型，制定分门别类的促进就业政策，削弱流动人口的异质性对就业的不利影响。进一步

---

① 吴晓琪：《探索积极就业政策在治理失业中的作用——关于福建省的实证研究》，《人口与经济》2010 年第 5 期，第 27~31 页。

提升地区的市场化程度，提高经济的灵活性，同时减少对人口流动的限制，消除劳动力市场的歧视和壁垒，使人口流动和劳动力市场的竞争符合市场经济原则。

随着产业升级的加速以及经济社会体制改革的深化，产业结构调整和产业结构政策对流动人口的失业影响将会长期持续。在这样的背景下，如何预防和化解流动人口的失业风险成为学界关注的问题。黄乾针对产业结构升级对失业率的不利影响，认为首先要在产业结构调整升级的同时加大人力资本投资，提高劳动力技能素质，提升劳动力市场供给与需求的匹配效率；其次，应该大力发展服务业，并引导和扶助被工业排挤出的失业劳动力顺利进入劳动密集型服务业；再次，加快劳动力市场建设和相关制度改革，促进劳动力的产业流动和区域流动；最后，制定针对“衰退”行业失业劳动力的法规和措施，提高流动人口的就业稳定性和就业质量。①

（六）就业服务与流动人口失业风险管理

做好流动人口失业管理亟须消除统计性的歧视，重视失业流动人口群体生活问题，尽快丰富和完善流动人口失业统计信息，并将其纳入考核目标。陈国斌与刘丹认为，要建立流动人口失业监测和预警机制，及时把握流动人口在业和失业信息。同时要加强不同地区、部门、系统之间的协作联动，最大限度化解流动人口失业带来的风险。② 推动失业管理从事后救助向事前预防转变，政府应该转变政策思路，从保护岗位向保护劳动者转变，从将大量公共支出配置在既定的就业岗位上转变为营造社会安全网，帮助流动人口学习新技能。尹庆钧通过对东莞市流动人口的分析进一步指出，预防流动人口失业必须完善流动人口教育培训体系，对流动人口进行思想教育、法律法规教育以及各项职业技能的培训，从思想上解决流动人口的法律意识与道德规范缺失的隐患，提升流动人口的就业能力，从而提高流动人口的生活质量，

---

① 黄乾：《中国的产业结构变动、多样化与失业》，《中国人口科学》2009 年第 1 期，第 22~31 页。

② 陈国斌、刘丹：《江苏省流动人口失业问题研究》，《人口与计划生育》2011 年第 5 期，第 27~28 页。

使他们能够更好地融入当地社会生活中。[①] 破解因产业转型造成的农民工结构性失业问题，关键在于提高农民工的文化知识和技能水平。同时，邓文勇等认为政府要制定省际的农民工教育救济法规，制定相关职业培训政策。[②] 杨祯容研究发现当前从业流动人口失业风险处于较高水平，从业流动人口的抗失业风险能力较弱，应该从加快提升从业流动人口的人力资本、规范企业用工行为、消除就业歧视、给予从业流动人员关怀与支持等方面提升其抗失业风险能力。[③]

（七）对已有研究的评价

国外并没有“流动”的概念，所以几乎没有“人口流动”的研究。而国内的研究中，往往将人口流动和人口迁移合二为一，且更侧重于迁移。我国对人口流动问题的研究起步较晚，国内对流动人口的研究主要侧重于人口流动空间分布、流动模式以及人口流迁对经济社会发展的影响、人口迁移与城市化等方面，虽然研究较为翔实，但关于流动人口失业的问题还没有形成相应的理论体系。第一，从现有的文献来看，国内缺乏对人口流动与失业的关系，以及流动人口失业风险测量与预防的研究。流动人口的流动模式已从改革开放初期的独自流动为主转变为携妻带子、携父带母的家庭式流动为主。流动人口在一个城市定居意向增大，61.2%的流动人口打算在流入地长期居住，认为流动人口失去工作后会大规模返乡的观点已与流动人口新特征不符。所以对流动人口失业问题应该给予重点关注。第二，产业转型升级对流动人口失业的影响有待深入研究。流动人口是城市劳动者中的弱势群体，他们主要分布在城市中低端行业，在劳动力市场中的竞争力弱，是最容易受产业转型升级影响的就业群体。而目前针对产业转型升级对流动人口失业影

① 尹庆钧：《东莞市流动人口管理问题研究——以就业、居住、子女教育等民生问题为分析视角》，广西师范大学硕士学位论文，2018，第 56 页。

② 邓文勇、霍玉文：《农民工结构性失业与教育救济——突然困惑与应然选择》，《河北师范大学学报》（教育科学版）2018 年第 2 期，第 80~86 页。

③ 杨祯容：《从业流动人口失业风险研究》，华东师范大学硕士学位论文，2018，第 35~37 页。

响的研究比较薄弱，一些研究虽然涉及产业转型升级对流动人口就业的影响，但没有上升到失业这一层次。第三，对流动人口失业问题的研究过于简单化，没有将体制因素、文化因素考虑进去。

本书通过对流动人口文献的梳理，构建一个本土化、能够反映流动人口失业状况的理论分析框架，将制度、组织、文化、个体特征和流动机制纳入失业机制分析中。在人口流动机制的基础上，突出产业转型升级这一宏观环境因素，借助调查数据，进行计量分析，从微观、中观和宏观层面开展实证检验，并提出具有可行性的对策建议。

第三章　产业转型升级中流动人口现状与失业特征

随着我国城镇化建设的推进，劳动力在乡城、地区之间的大规模流动愈发频繁，流动人口规模不断扩大，流动劳动力资源逐渐成为城市就业市场的重要组成部分。与此同时，流动人口失业现象随城镇化推进愈发明显，解决流动人口失业问题已然成为我国提高就业质量的内在要求。本章通过描述我国流动人口现状及失业特征来分析我国流动人口失业规模与变化趋势。

一　流动人口现状与特征

（一）流动人口规模变动与趋势

改革开放以来，我国流动人口数量迅速增长。1982~2014 年，我国流动人口从 657 万人增长到 2.44 亿人，30 多年以来呈现持续增长的趋势。2015 年我国流动人口的总态势发生了根本性转变，流动人口规模首次出现下降，截至 2015 年 12 月底，流动人口总规模较 2014 年底减少了 568 万人。虽然流动人口数量有所减少，增长速度有所缓慢，但是从长远来看，流动人口仍然保持较大的规模。随着城市化的进一步推进，我国流动人口将长期存在，并进一步较大幅度增长。[①]

---

① 段成荣、吕利丹、王涵、谢东虹：《从乡土中国到迁徙中国：再论中国人口迁移转变》，《人口研究》2020 年第 1 期，第 19~25 页。

（二）流动人口结构现状与特征

1. 性别结构现状与特征

男性流动人口比例高于女性流动人口，近几年女性流动人口比例有所增加。如图 3-1 所示，总体来看，男性流动人口的比例高于女性流动人口。2010～2014 年，男性流动人口和女性流动人口之间的比例差距不断扩大，2015 年后，两者之间的比例差距不断缩小。这说明，越来越多的女性加入流动人口群体中。

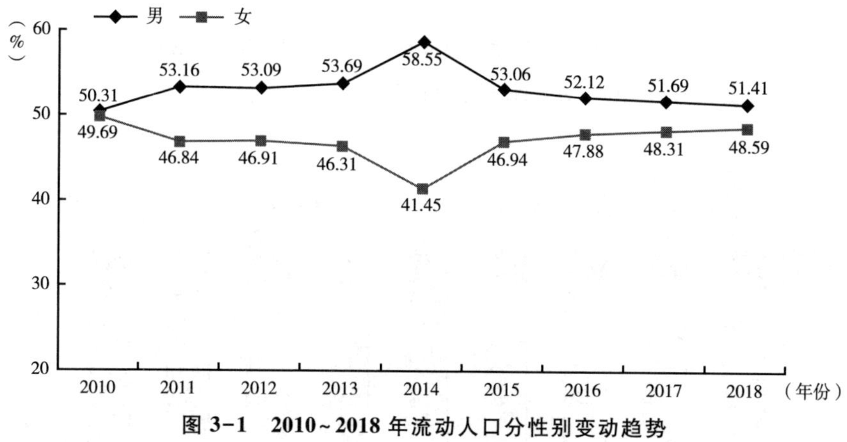

图 3-1　2010～2018 年流动人口分性别变动趋势

资料来源：2010～2018 年中国流动人口动态监测调查数据。

从省际流动人口和省内流动人口分性别模式来看（见图 3-2），省际男性流动人口比例比女性高出 5.92 个百分点，而省内男性流动人口比例和女性相差不大。说明省际流动人口对性别具有较大的选择性，“男性外出，女性留守”是其主要的特征。

2. 年龄结构现状与特征

流动人口仍以青壮年为主，流动老年人比例不断增加。如图 3-3 所示，我国流动人口仍以青壮年为主。在 2018 年的调查数据中，15～44 岁流动人口占总流动人口的 76.48%。其中，25～34 岁和 35～44 岁流动人口占比最高，占比分别为 37.52%和 26.22%。

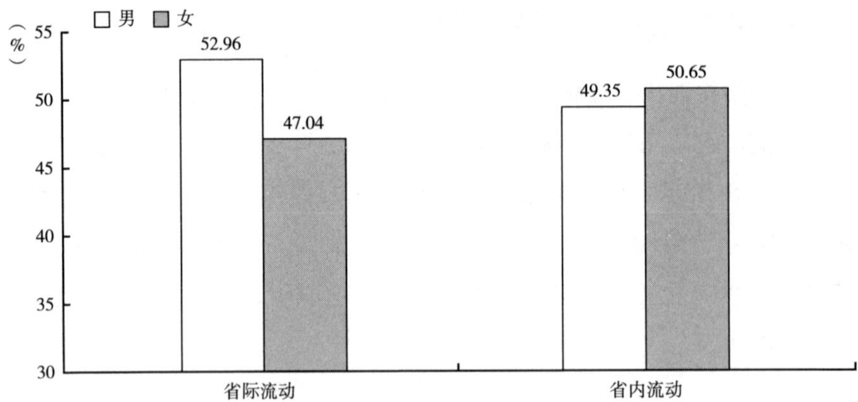

图 3-2 2018 年流动人口分性别分流动类型变动趋势

资料来源：2018 年中国流动人口动态监测调查数据。

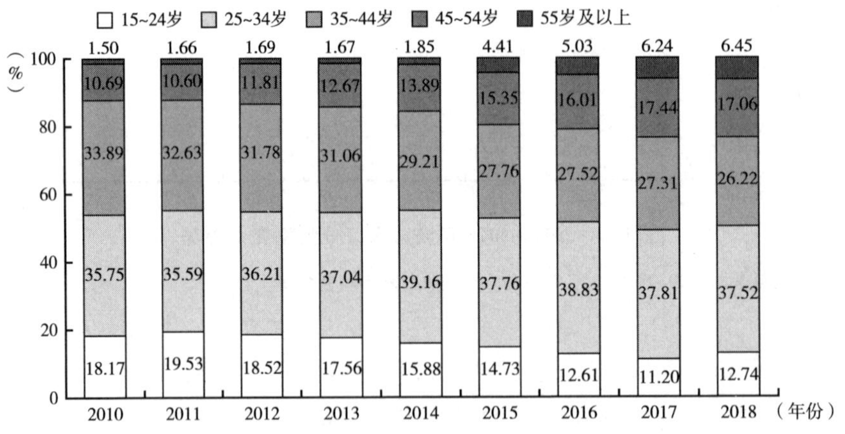

图 3-3 2010~2018 年流动人口分年龄变动趋势

资料来源：2010~2018 年中国流动人口动态监测调查数据。

流动人口年龄结构变动的另一个突出特点是流动老年人（55 岁及以上流动人口）的比例不断增加。2010 年流动老年人的比例仅为 1.50%，到 2018 年增长到 6.45%，九年间增长了 4.95 个百分点。流动老年人比例的提高对城市的公共服务提出了更高的要求。

3. 婚姻家庭结构现状与特征

在婚者比例高于不在婚者比例，家庭化流动趋势明显。如图 3-4 所示，2010 年以来，流动人口中在婚者的比例高于不在婚者的比例。根据 2018 年的调查数据，在 15 岁及以上的流动人口中，在婚者的比例为 80.79%，不在婚者的比例为 19.21%。

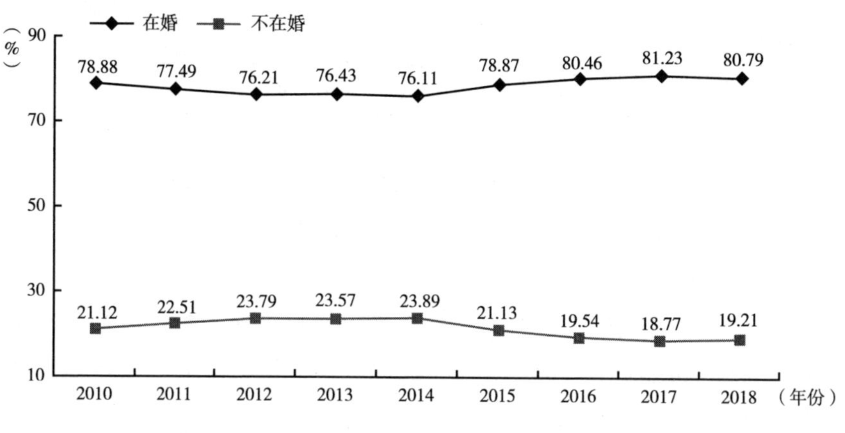

图 3-4　2010~2018 年流动人口婚姻状况变化趋势

资料来源：2010~2018 年中国流动人口动态监测调查数据。

同时，家庭化流动的趋势明显。根据 2018 年的调查数据，流动人口中夫妻二人或夫妻携带子女在同一个地方流动的比例为 80.79%。可见，家庭化流动已经成为当前流动人口的一个主要特点。

4. 学历结构现状与特征

流动人口的受教育程度以初中为主，大专及以上比例增加明显。如图 3-5 所示，2010~2018 年流动人口的受教育程度以初中为主，占全部流动人口的比例为 42%~57%，但这一比例随着时间的推移有所降低。相反可以看到，大专及以上的流动人口比例增加，2010~2018 年这一比例增加了 12.88 个百分点，由此可见流动人口的素质有所提高。

5. 流动类型现状与特征

从流动人口的流动类型来看，2018 年省际流动人口比例略高于省内流

图 3-5　2010~2018 年流动人口受教育程度变化趋势

资料来源：2010~2018 年中国流动人口动态监测调查数据。

动人口比例（见图 3-6）。流动及迁移需要一定的成本，流动距离是影响人口流动的一个重要因素，2018 年省际流动人口的比例略高于省内流动人口的比例。

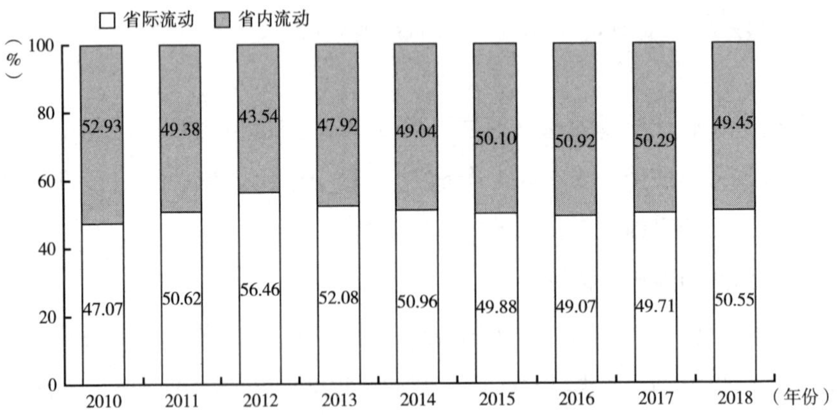

图 3-6　2010~2018 年流动人口流动类型变化趋势

资料来源：2010~2018 年中国流动人口动态监测调查数据。

6. 户籍结构现状与特征

从历年流动人口户籍变化趋势来看，流动人口以农业户籍为主，占比在

80%左右，2018 年占比为 68.75%（见图 3-7）。由于城乡之间巨大的经济发展差异和收入差距，人口流动更多的是农村劳动力向城市转移，寻找就业机会。

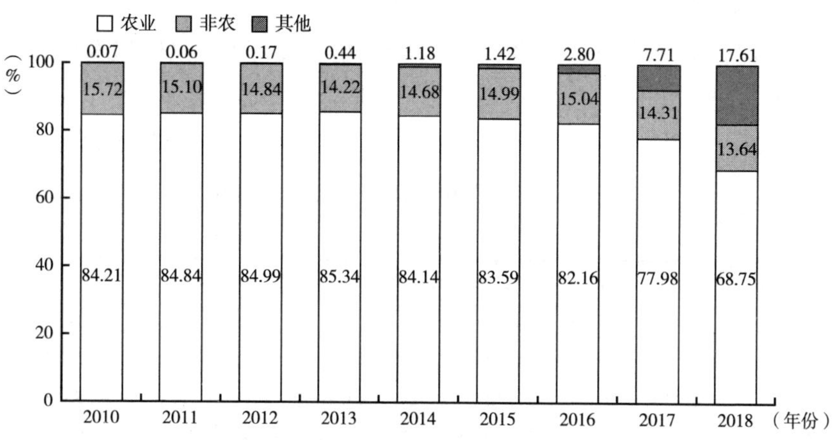

图 3-7　2010~2018 年流动人口户籍变化趋势

资料来源：2010~2018 年中国流动人口动态监测调查数据。

7. 流动原因现状与特征

经济因素是人口流动的主要推力。如表 3-1 所示，务工经商是流动人口选择流动的最主要原因，占比在 80%以上。说明经济因素是人口流动最主要的推力。随着家庭化流动比例的升高，近两年来，因照顾孙辈而流动的比例增加。

表 3-1　2013~2018 年流动人口流动的主要原因分布

单位：%

流动原因	2013 年	2014 年	2015 年	2016 年	2017 年	2018 年
务工经商	88.54	88.13	84.39	83.60	83.60	84.77
家属随迁	7.66	9.57	11.75	9.34	8.64	9.29
婚姻嫁娶	0.54	0.48	0.49	2.35	2.43	2.75
拆迁搬家	0.11	0.13	0.72	0.62	0.50	0.63
投靠亲友	0.93	0.82	1.05	0.98	0.81	0.86
出生	0.09	0.14	0.14	0.20	0.23	0.20
其他	2.13	0.73	1.46	2.91	3.78	1.70

资料来源：2013~2018 年中国流动人口动态监测调查数据。

8. 就业结构现状与特征

(1) 流动人口的职业构成以工人、服务人员和商业工作人员为主

流动人口的职业主要集中在工人、服务人员以及商业工作人员，这三者的合计占比在80%左右。高级管理者的比例较低，但专业技术人员的比例有所增长，说明流动人口中高素质劳动力比例提高（见表3-2）。

表3-2　2010~2018年流动人口的职业构成

单位：%

职业结构	2010年	2011年	2012年	2013年	2014年	2015年	2016年	2017年	2018年
无固定职业	7.22	6.24	3.96	3.93	3.17	3.88	3.56	5.19	3.71
农民	2.10	2.72	3.29	2.58	3.27	2.61	2.09	1.84	1.68
工人	22.70	26.04	27.12	26.21	25.10	22.48	22.38	21.55	21.53
服务人员	19.06	29.76	33.79	34.82	35.54	30.49	36.75	33.03	32.98
商业工作人员	34.35	23.30	22.88	24.98	23.84	29.04	24.42	26.87	27.06
办事人员	4.00	3.05	1.41	1.11	1.50	2.34	2.15	1.73	2.07
专业技术人员	9.25	8.42	7.09	5.87	7.07	8.66	8.11	9.17	10.36
高级管理者	1.31	0.47	0.46	0.50	0.51	0.49	0.54	0.62	0.61

资料来源：2010~2018年中国流动人口动态监测调查数据。

从省际流动人口和省内流动人口的职业构成来看，省际流动人口中工人的比例高于省内流动人口，省内流动人口中商业工作人员的比例高于省际流动人口（见表3-3）。总体来看，省内流动人口的职业地位稍高于省际流动人口。

表3-3　2018年流动人口分流动类型的职业构成

单位：%

职业结构	省际流动	省内流动	流动人口
无固定职业	3.64	3.55	3.71
农民	1.53	1.74	1.68
工人	26.37	15.35	21.53
服务人员	32.98	32.98	32.98
商业工作人员	23.46	33.15	27.06

续表

职业结构	省际流动	省内流动	流动人口
办事人员	1.55	2.47	2.07
专业技术人员	10.00	10.08	10.36
高级管理者	0.48	0.69	0.61

资料来源：2018 年中国流动人口动态监测调查数据。

（2）流动人口的就业主要分布在第三产业

如图 3-8 所示，流动人口从事的产业以第三产业为主。其中第三产业主要分布在批发零售业（24.33%）、住宿和餐饮业（14.33%），以及居民服务、修理和其他服务业（11.93%）。随着产业结构的转型升级，就业市场将对流动劳动力的素质提出更高的要求。

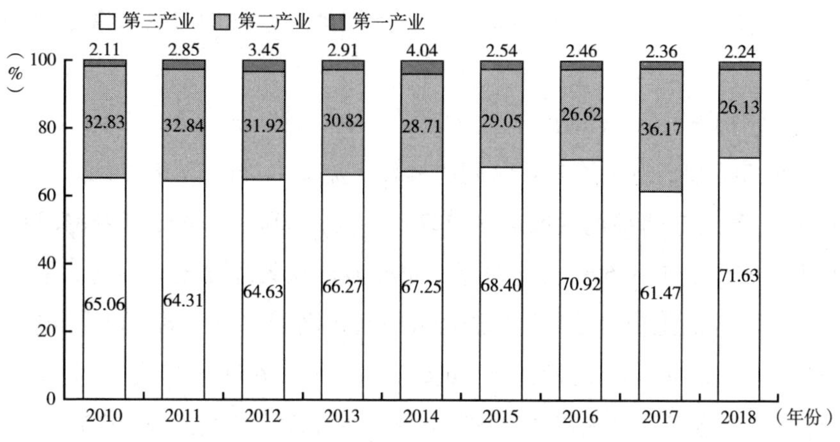

图 3-8　2010~2018 年流动人口从事产业变化趋势

资料来源：2010~2018 年中国流动人口动态监测调查数据。

（3）流动人口的就业身份以雇员和自营劳动者为主

如图 3-9 所示，流动人口的就业身份以雇员为主，占全部流动人口的 60%左右。其次是自营劳动者，占比在 30%左右。雇主和其他就业身份的占比较少，总体来看占比分别在 7%和 2%左右。

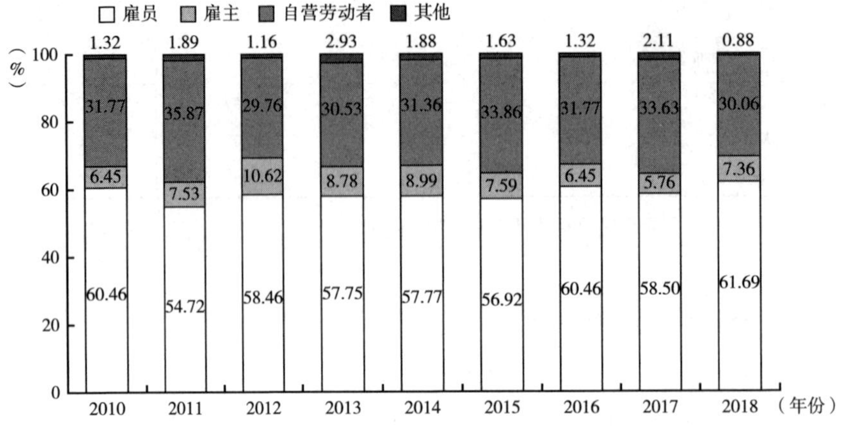

图 3-9 2010~2018 年流动人口就业身份变化趋势

资料来源：2010~2018 年中国流动人口动态监测调查数据。

（4）流动人口月收入不断提高，省际流动人口平均月收入高于省内流动人口

如图 3-10 所示，流动人口收入不断提高，省际流动人口平均月收入高于省内流动人口。这说明随着时间的推移，流动人口的工资水平逐渐提高，2010 年流动人口的平均月收入为 2276.04 元，2018 年增长到 4884.34 元，平均月工资增长 114.60%，待遇有一定改善。从省际流动人口收入和省内流动人口收入的比较来看，省际流动人口收入高于省内流动人口。2018 年，省际流动人口的月均收入为 5330.95 元，省内流动人口的月均收入为 4408.21 元，省际流动人口的月均收入比省内流动人口高出 20.93%。

9. 流动人口空间分布现状与特征

20 世纪 80 年代以来，我国人口开始大规模流动。此时人口流动的方向主要是从农村流向城市、从西部流动东部。随着时间的推移，流动人口的空间分布也发生了重要变化。流动人口高度集中于东部地区，东北地区流动人口数量大幅下降。

如图 3-11 所示，从总体流动人口来看，2010~2018 年，流动人口的流向主要集中在东部地区。东部地区吸纳的流动人口占全国流动人口总量的份

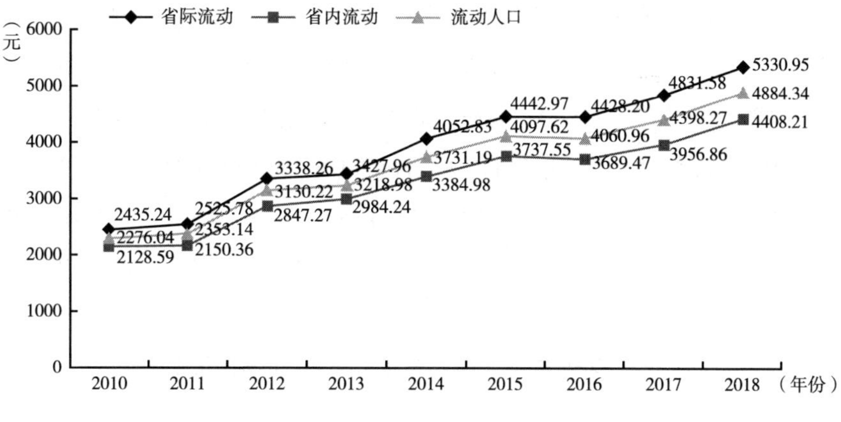

图 3-10　2010~2018 年流动人口收入变化趋势

资料来源：2010~2018 年中国流动人口动态监测调查数据。

额上升 4.83 个百分点，东北地区下降了 4.46 个百分点，中部地区和西部地区流动人口占比无较大变动。这说明流动人口仍高度集中于东部地区，东北地区对流动人口的吸引能力持续下降。

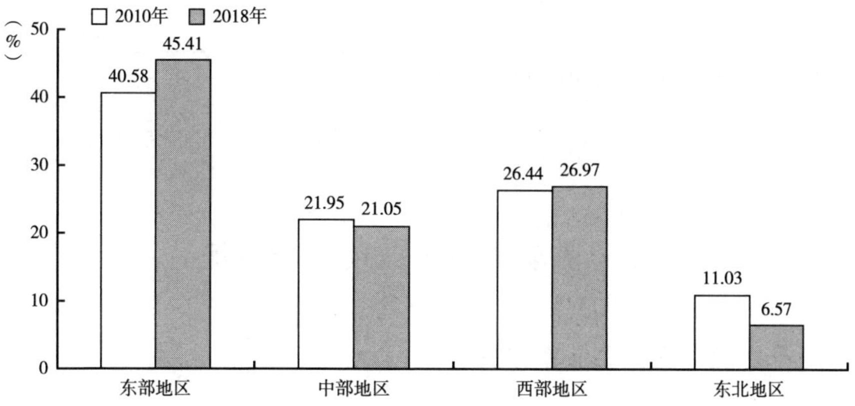

图 3-11　2010 年和 2018 年流动人口流向分布变化趋势

资料来源：2010~2018 年中国流动人口动态监测调查数据。

从省际流动来看，流入东部地区的人口比例上升 7.51 个百分点，中部地区下降 0.38 个百分点，西部地区下降 2.52 个百分点，东北地区下降 4.61 个百分点。可以看出，省际流动人口仍高度集中于东部地区，中部、西部、东北地区的省际流动人口比例都略有下降，这证明我国中部、西部、东北地区的人才挽留政策与地区吸引力仍然不强，重振东北的发展战略仍需加大政策实施力度。

从省内流动来看，东部地区的省内流动人口比例下降 0.11 个百分点，中部地区上升 0.88 个百分点，西部地区上升 3.30 个百分点，东北地区下降 4.07 个百分点（见表 3-4）。说明省内流动人口的流入地“分散化”程度更加明显。

表 3-4　2010 年和 2018 年流动人口流向分布变化趋势

单位：%

流动类型	地区	2010 年	2018 年
省际流动	东部地区	56.79	64.30
	中部地区	9.36	8.98
	西部地区	24.58	22.06
	东北地区	9.27	4.66
省内流动	东部地区	26.17	26.06
	中部地区	32.52	33.40
	西部地区	28.70	32.00
	东北地区	12.61	8.54

资料来源：2010~2018 年中国流动人口动态监测调查数据。

二　流动人口失业现状与特征

（一）流动人口失业率分析

失业率是判断我国劳动力就业情况的重要指标，对于我国经济发展以及民生保障至关重要。流动人口是目前我国劳动力市场的主要力量，关注他们的失业情况对于维护劳动力市场稳定以及保障其权益有着重要的作用。当前，对失业率的测量主要采用 ILO 标准失业率，失业人口的标准是有劳动能力、在劳动年龄段内（本文定义为 16~59 岁）、无工作且有就业意愿，目前国际上通用的就是这个原则，此时失业率的计算方式为：ILO 标准失业率 = ILO 标准失业人口/（在业人口+ILO 标准失业人口）。本部分主要依据 2010~2018 年中国流动人口动态监测调查数据，对我国流动人口的失业率及其特征进行深入分析。

如图 3-12 所示，近年来流动人口的失业率有升高的趋势。2011~2014 年流动人口失业率基本维持在 1.8%以下，2016 年后失业率增长至 2%以上，但总体而言流动人口失业率远低于城镇登记失业率。从省内流动人口和省际流动人口来看，省际流动人口的失业率低于省内流动人口的失业率。按照"推一拉"理论等人口流动的相关理论，劳动力在流动之前已经对流入地进行了深入了解，甚至工作有了着落才选择流动，在失去工作的一段时间内如果没有找到下一份工作，那么大部分也会因为生活所迫流动到下一个地区，可能是其原本的流出地，也可能是新的流入地。

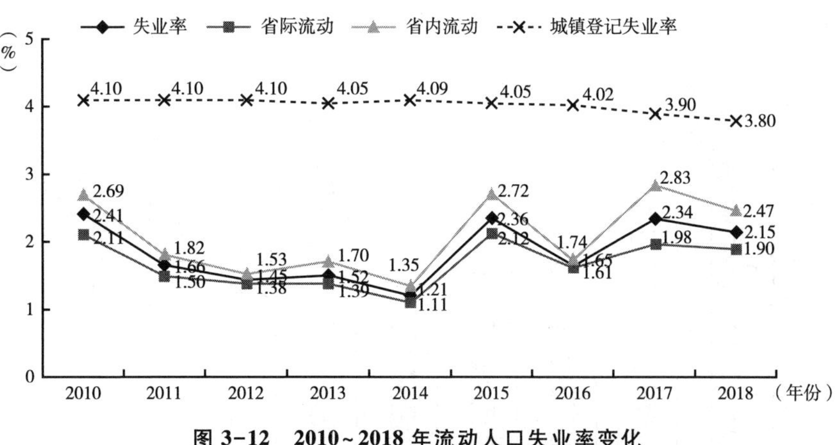

图 3-12　2010~2018 年流动人口失业率变化

资料来源：2010~2018 年中国流动人口动态监测调查数据、国家统计局《中国统计年鉴》（2010~2018）。

省际流动人口的流动成本更高，由于长距离的迁移需要付出更高的成本，因此省际流动人口流动前都会慎重考虑，往往是在有确定的工作机会、明确的工作信息或者一定的工作规划的前提下，才会做出流动的决策，所以省际流动人口的失业率比较低。而省内流动人口的随机性和盲目性更大一些，往往是出于地缘关系去临近地区“闯一闯”，寻找工作机会，因而其失业风险相对较高。

（二）流动人口失业模式分析

1. 女性失业率高于男性，近年失业率性别差异呈现扩大趋势

图 3-13 描述了分性别的流动人口失业率。可以发现，女性流动人口的失业率高于男性。一是由于流动过程中，家庭化流动占据较大一部分，流动女性承担起照料家庭以及子女的工作，家庭中子女的照顾任务造成女性不得不退出劳动力市场。二是可能和传统的“男主外、女主内”的性别观念有关，男性多数从事经济活动，作为家庭主要的收入来源，而女性主要的职责是操持家务，将大部分时间花费在无报酬的劳动上，因此减少了女性外出就业的机会。三是由于社会上对女性的就业歧视，女性流动人口在就业上处于相对弱势地位。

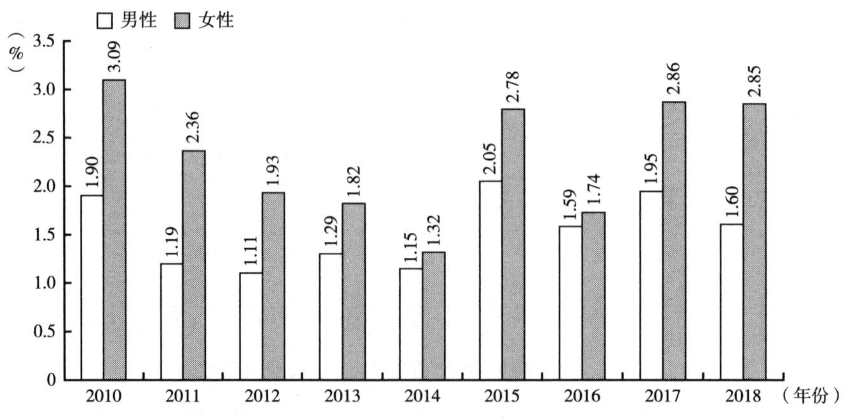

图 3-13　2010~2018 年流动人口分性别失业率变化

资料来源：2010~2018 年中国流动人口动态监测调查数据。

2. 失业率与年龄呈现“U”形关系，35~44岁是失业率低谷

图 3-14 展示了流动人口失业率的年龄分布，总体上呈“U”形。16~24 岁和 55 岁及以上流动人口的失业率较高；其他年龄段的流动人口失业率

较低。16~24 岁流动人口，可能因工作经验不足而造成失业的情形，但阅历随着年龄增加而增加后，失业率有所降低，因此年龄增长有利于就业的稳定；然而，达到一定年龄后，这一作用开始呈现弱化趋势，由于流动人口的工作类型以体力型劳动为主，体能随着年龄增加而降低，可能增加其高龄失业的风险。

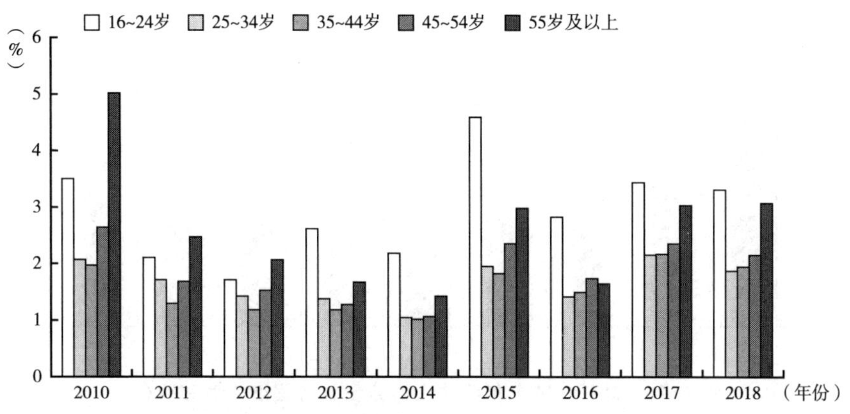

图 3-14　2010~2018 年流动人口分年龄失业率变化

资料来源：2010~2018 年中国流动人口动态监测调查数据。

3. 随着受教育程度的提高，失业率波动下降

图 3-15 描述了受教育程度与失业率之间的关系。可以看出，随着受教育程度的提高，失业率大致呈现下降的趋势，这与教育理论相一致，即教育会提高人力资本从而促进就业。尤其是 2014 年以来，这种趋势更加明显。但 2010~2013 年流动人口的失业率并没有随着受教育程度的提升而降低，其间高中/中专学历的流动人口失业率较高，这可能是因为流动人口以农业户籍为主，教育让这些农村流动人口不愿意再回到农村，但由于自身人力资本有限，在城市中难以找到工作，或者因为对工作的预期过高而无法找到匹配的工作，从而增加失业率。可见，教育对流动人口失业具有一定的抑制作用。这样的趋势表明，随着产业转型升级，市场对劳动力素质的要求越来越高，但目前流动人口整体素质不高，无法适应产业转型升级对劳动力的要

求，因此受教育程度的提升会对劳动力供需的结构性失衡产生一定程度的缓解作用。劳动密集型产业很大程度会逐渐被知识密集型产业取代，这将使得省际流动人口成为结构性失业的高风险人群，而其中受教育程度不高是该群体就业的最大阻碍。

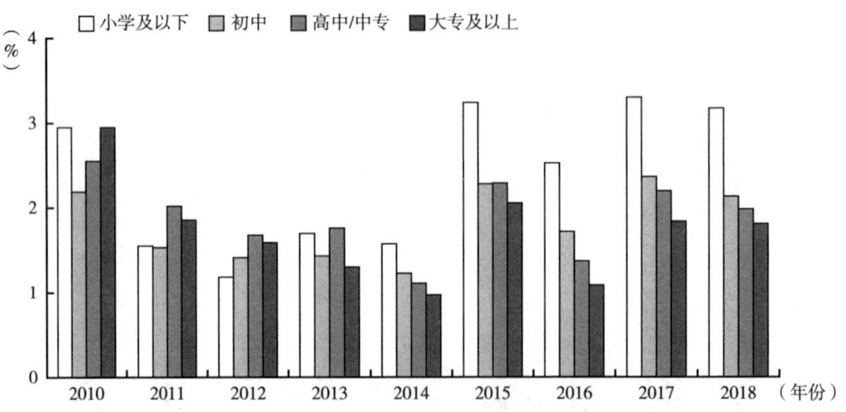

图 3-15　2010~2018 年流动人口分受教育程度失业率变化

资料来源：2010~2018 年中国流动人口动态监测调查数据。

4. 近年非农户籍者失业率低于农业户籍者，失业率户籍差异缩小

如图 3-16 所示，2014 年以来，非农户籍流动人口失业率低于农业户籍流动人口。从 2018 年的数据来看，农业户籍流动人口失业率为 2. 30%，非农户籍流动人口失业率为 2. 05%，非农户籍流动人口失业率比农业户籍流动人口低 0. 25 个百分点。农业户籍流动人口素质偏低，当与非农户籍流动人口处于同一劳动力市场时，由于人力资本不足，其在就业竞争上无法形成优势，因而容易面临失业。

5. 东部地区失业率较低，失业率区域差异扩大

图 3-17 展示了不同地区流动人口的失业情况。结果表明，2010 年以来，东部地区流动人口失业率最低，其次是中部和西部地区，东北地区由于经济发展缓慢，流动人口失业率最高。由于西部以及东北地区较东部地区而言，经济发展相对滞后，其所能提供的就业机会一般少于整体经济发展水平

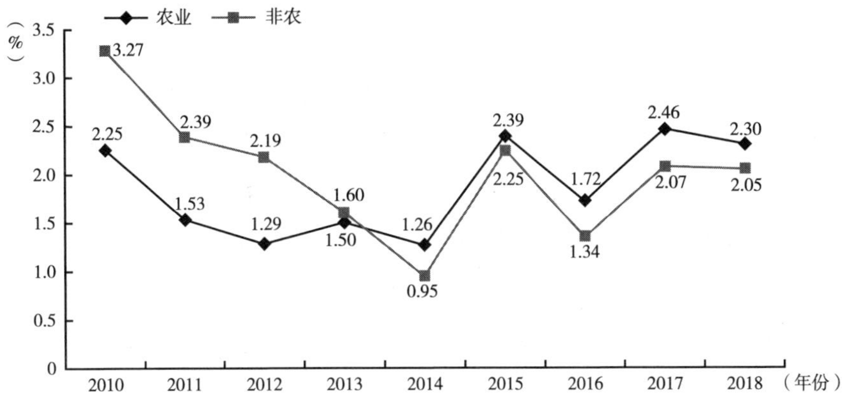

图 3-16　2010~2018 年流动人口分户口失业率变化

资料来源：2010~2018 年中国流动人口动态监测调查数据。

较高的东部地区，因而造成较高的失业率，东部地区作为经济增长以及技术进步迅速的首要区域，新的就业机会不断增加，使得流动人口能够被流入地所容纳。

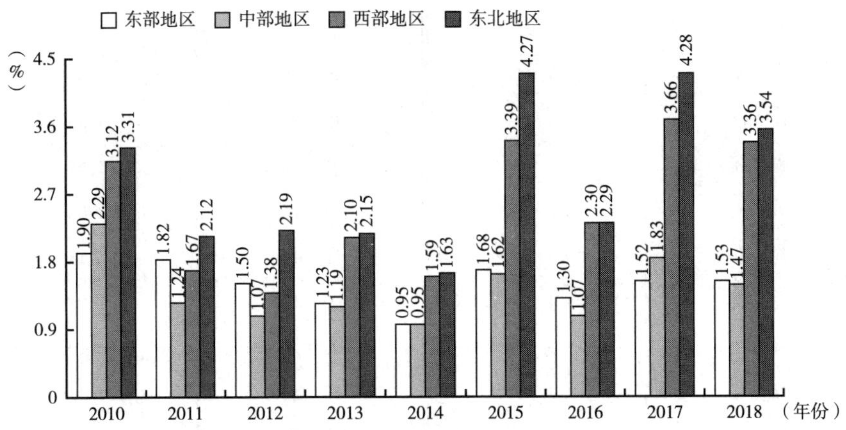

图 3-17　2010~2018 年流动人口分地区失业率变化

资料来源：2010~2018 年中国流动人口动态监测调查数据。

6. 省际流动人口失业率低于省内流动人口

表 3-5 展现了 2018 年各省份的流动人口失业率。结果显示，流动人口分省份的失业率主要有以下特征：第一，经济发达省份流动人口的失业率较低，比如广东、江苏、浙江、北京等流动人口失业率较低，在 1.5%左右。而内蒙古、宁夏等流动人口失业率较高，均超过 4%。第二，除黑龙江等极少数省份，省际流动人口的失业率比省内流动人口高约 1.6 个百分点，其余省份的省际流动人口失业率低于省内流动人口，说明流动范围与流动人口失业率之间有较高的相关性，即省内流动人口的失业率高于省际流动人口（见表 3-6）。

表 3-5　2018 年流动人口分省份失业率

单位：%

省　份	失业率	省　份	失业率
安　徽	1.59	辽　宁	3.04
北　京	1.37	内蒙古	6.56
福　建	1.42	宁　夏	4.23
甘　肃	1.94	青　海	3.23
广　东	1.34	山　东	1.30
广　西	2.34	山　西	3.53
贵　州	3.76	陕　西	2.61
海　南	2.59	上　海	2.02
河　北	1.27	四　川	2.18
河　南	1.07	天　津	1.93
黑龙江	3.12	西　藏	2.20
湖　北	1.85	新　疆	5.99
湖　南	0.51	云　南	1.85
吉　林	4.61	浙　江	1.30
江　苏	1.52	重　庆	2.41
江　西	0.95		

资料来源：2018 年中国流动人口动态监测调查数据。

表 3-6　2010~2018 年分流动范围流动人口失业率变化情况

单位：%

流动范围	2010 年	2011 年	2012 年	2013 年	2014 年	2015 年	2016 年	2017 年	2018 年
省际流动	2.11	1.50	1.38	1.39	1.11	2.12	1.61	1.98	1.90
省内流动	2.69	1.82	1.53	1.70	1.35	2.72	1.74	2.83	2.47

资料来源：2010~2018 年中国流动人口动态监测调查数据。

省际流动人口一般流向经济比较发达的东南沿海或者中西部的明星城市，经济集聚度较高，经济活力较大，能够为流动人口提供更多的就业岗位。劳动力市场稠密效应的存在，使得工作搜寻和匹配效率更高。同时经济集聚的地区，企业单位规模较大，就业岗位密度较高，流动人口转移就业和再就业都相对容易很多。

三　流动人口总和失业率现状及特征

（一）流动人口总和失业率分析

失业率只能衡量某一个群体的失业比例，能够从总体上绘制失业形势的蓝图，但是对每一个失业个体关注较少。为此，本部分采用总和失业率来衡量每个个体的失业状况。为衡量我国流动人口一生中的失业次数，参照总和生育率概念对总和失业率做出如下定义：总和失业率是指假设劳动力按照某一年的年龄组别度过劳动年龄阶段，平均每个劳动力在劳动年龄期内的失业次数。

具体计算方法为：将劳动年龄人口（16~59 岁）按照不同年龄段进行统计，每个年龄段覆盖五年，即 16~20 岁、21~25 岁、26~30 岁、31~35 岁、36~40 岁、41~45 岁、46~50 岁、51~55 岁、56~59 岁九个年龄段，分别计算流动人口在此年龄段的失业率，计为流动人口分年龄失业率。将九个阶段的分年龄失业率相加并乘以五年再除以 100 得到总和失业率。[①] 流动

① 宋健：《人口统计学》，中国人民大学出版社，2019，第 56 页。

人口总和失业率可以衡量流动人口一生的失业次数，在对比户籍人口与流动人口的就业环境、分析流动人口就业歧视方面具有重要意义。

图 3-18 为 2010~2018 年我国流动人口总和失业率变化情况，可以看出流动人口总和失业率在 2010~2014 年整体呈现下降趋势，除 2015 年外，整体上呈现先下降后上升的趋势。结合 2020 年疫情状况，预计未来三年流动人口总和失业率会有所提高并伴随疫情防控常态化而加剧。

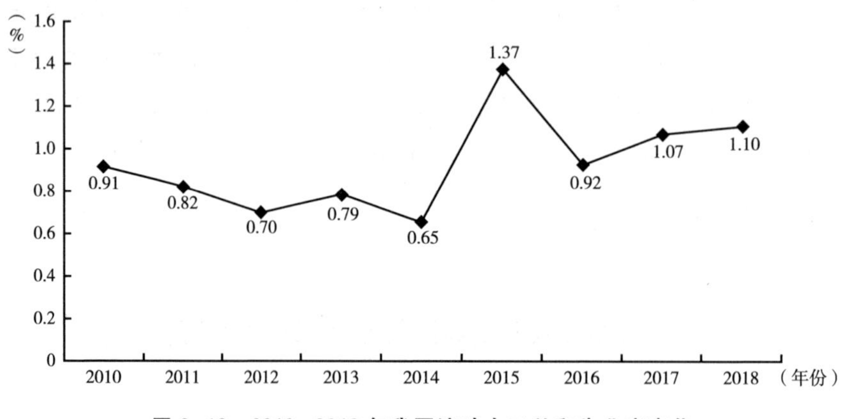

图 3-18　2010~2018 年我国流动人口总和失业率变化

资料来源：2010~2018 年中国流动人口动态监测调查数据。

（二）流动人口总和失业率警戒线的划定

根据生命周期消费理论，人们会在较长时间内规划生活消费开支，以达到整个生命周期内消费效用的最大化，人们在第一阶段参加工作，第二阶段纯消费无收入。① 现根据生命周期消费理论划定流动人口一生中可以维持生活的最多失业次数，即总和失业率警戒线。假定流动人口收入来源有且仅有工资性收入，支出则由房租、日常消费及医疗支出构成，以上数据分别来源于 2018 年中国流动人口动态监测调查问卷中“过去一年您的平均月收入”“过去一年您的平均每月住房支出”“过去一年您的平均月消费支出”“过去一

① 姚开建主编《经济学说史》，中国人民大学出版社，2016，第 176 页。

年您医疗支出中自己支付了多少元”等问题的平均值。根据 2019 年国家卫健委公布的人口平均寿命，假定流动人口一生至多失业次数为 U，以流动人口一生收支相等为条件构建等式：AR（$Tw-U\times T_u$）=（R+AC+ME）×（AL-Aw），代入数据（见表 3-7）得到流动人口总和失业率警戒线为 1.18 次。

表 3-7 流动人口失业率警戒线划定指标

收支	指标	指标代称	数值
收入	流动人口平均月收入	AR	4884.4 元
支出	月房租支出	R	961.9 元
	流动人口平均月消费	AC	2280.5 元
	月医疗支出	ME	255.0 元
其他	流动人口平均失业时长	T_U	6.2 月
	平均寿命	AL	77 岁
	平均工作年限	T_W	45 年
	开始工作年龄	A_W	16 岁

资料来源：2018 年中国流动人口动态监测调查数据。

（三）流动人口总和失业率模式分析

1. 男性流动人口总和失业率始终低于女性

图 3-19 展示了我国流动人口分性别总和失业率变化情况。可以看出，男性流动人口总和失业率始终低于女性，2018 年女性流动人口总和失业率与男性差距最大，2016 年男女之间总和失业率差距最小。究其原因可能有两方面，一方面是存在职场性别歧视，即便男性与女性具有完全相同的专业技能与人力资本积累，企业也会优先录用男性；另一方面是出于我国“男主外，女主内”的传统思想，一旦男性失业，迫于家庭与心理压力，其都会抓紧时间寻找工作，而相当一部分女性失业后会选择从事家庭内部劳动，寻找工作的积极性普遍弱于男性，甚至会在失业后直接退出劳动力市场。

2. 在婚流动人口总和失业率始终低于不在婚流动人口

图 3-20 展示了 2010~2018 年我国流动人口是否在婚对总和失业率的影

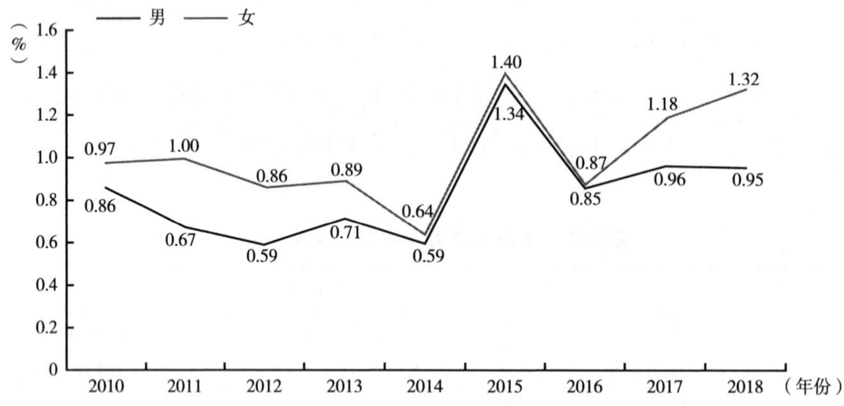

图 3-19 2010~2018 年我国流动人口分性别总和失业率变化

资料来源：2010~2018 年中国流动人口动态监测调查数据。

响。可以看出，不在婚流动人口的总和失业率明显高于在婚流动人口。在婚流动人口总和失业率最高为 2015 年的 1.11%，不在婚流动人口总和失业率最高为 2015 年的 1.84%，两者相差 0.73 个百分点，是两类人群总和失业率相差最大的年份。这主要是由于在婚流动人口的家庭压力较不在婚流动人口更高，一方面相较于不在婚流动人口，在婚流动人口不会轻易放弃原有工作；另一方面，即便流动人口已经失业，已婚群体迫于家庭压力的寻业驱动力更强，寻找工作的需求与欲望更加强烈。

3. 受教育程度与流动人口总和失业率呈相反变化趋势

图 3-21 展示了不同受教育程度流动人口总和失业率的变化情况。可以看出，2010 年小学及以下受教育程度的流动人口总和失业率最高，到了 2015 年不同受教育程度流动人口的总和失业率呈现明显的分层趋势，小学及以下受教育程度的流动人口总和失业率最高，初中次之、高中/中专再次、大专及以上最低。即 2015 年以后流动人口呈现学历越高总和失业率越低的趋势。分析流动人口受教育程度与总和失业率呈现这种变化趋势的原因主要有以下两点：其一，2010 年正值我国劳动密集型产业如火如荼发展的时期，对于劳动力素质没有较高要求，乡村人口大量流入城市从事生产制造业等劳

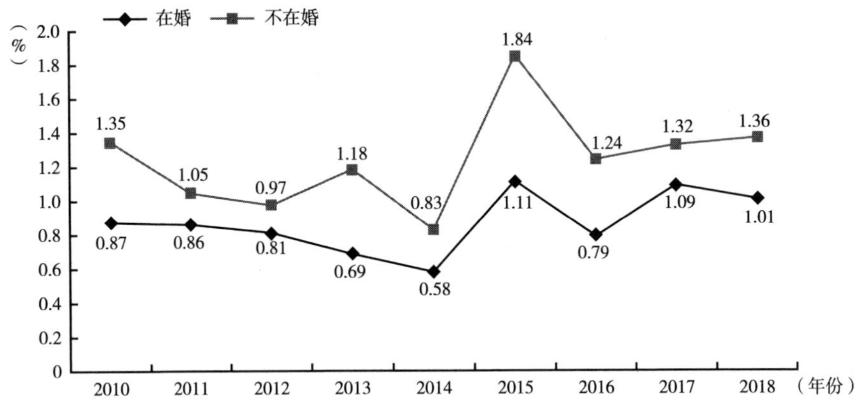

图 3-20 2010~2018 年我国流动人口在婚与否总和失业率变化

资料来源：2010~2018 年中国流动人口动态监测调查数据。

动密集型行业，一般都是临时性工人，故其工作稳定性较差，失业次数较多；其二，随着经济发展与社会进步，我国人口综合素质与受教育程度普遍提高，正值我国经济进入新发展阶段，以量取胜开始向以质取胜转变，此时受教育水平越高的流动人口越能找到更稳定的工作，受教育程度与总和失业率呈现明显的负相关关系。

4. 省内流动人口总和失业率明显高于省际流动人口

图 3-22 展示了我国 2010~2018 年流动人口流动范围与总和失业率之间的关系。可以看出，省内流动人口总和失业率明显高于省际流动人口，相差最大的为 2017 年的 0.43 个百分点。究其原因有两方面，其一，省际流动人口一般都会在流动前找好工作，而省内流动人口大部分会先进行流动再寻找工作，这就导致省际流动人口在流动开始时的失业率就低于省内流动人口；其二，由于省内流动人口对于省际流动人口而言离家乡较近，失业后不急于寻找新工作，因为返乡成本较低，若长期失业可以选择回乡，但省际流动人口返乡成本较高，故其不会轻易放弃现有工作，一旦失业其寻找新工作的积极性也较高，这两方面原因都导致省际流动人口的总和失业率低于省内流动人口。省际流动人口总和失业率 2016 年来也出现上升趋势，与省内流动人

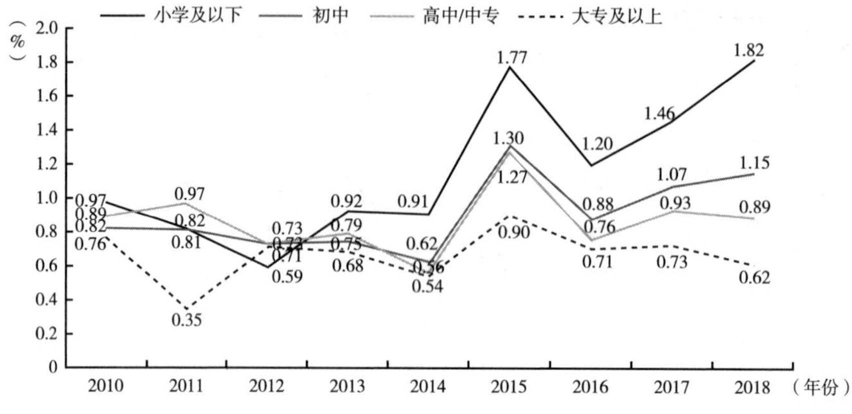

图 3-21 2010~2018 年我国流动人口分受教育程度总和失业率

资料来源：2010~2018 年中国流动人口动态监测调查数据。

口总和失业率的差距缩小。这一方面是因为省际流动人口比重下降，省内流动人口比重上升，导致能在大城市留下来的省际流动人口基本上都是定居意愿强烈、社会融合程度高的人群，他们对工作环境和收入要求更高，失业率也相对提高。另一方面是因为随着新型城镇化的推进，省内流动人口就业环境得到极大改善，就业环境与省际流动者差距缩小，减缓了失业率上升速度。

四 流动人口失业率和户籍人口失业率差异

（一）流动人口与户籍人口失业率对比

根据 2018 年中山大学中国劳动力动态调查（CLDS）数据计算户籍人口调查失业率，将受调查群体中未进行过流动的人群定义为户籍人口，可得 2018 年户籍人口失业率为 3.29%。将 2014 年、2016 年、2018 年户籍人口抽样调查失业率与同年流动人口失业率进行对比。由图 3-23 可以看出，户籍人口调查失业率始终高于流动人口失业率，2014~2018 年户籍人

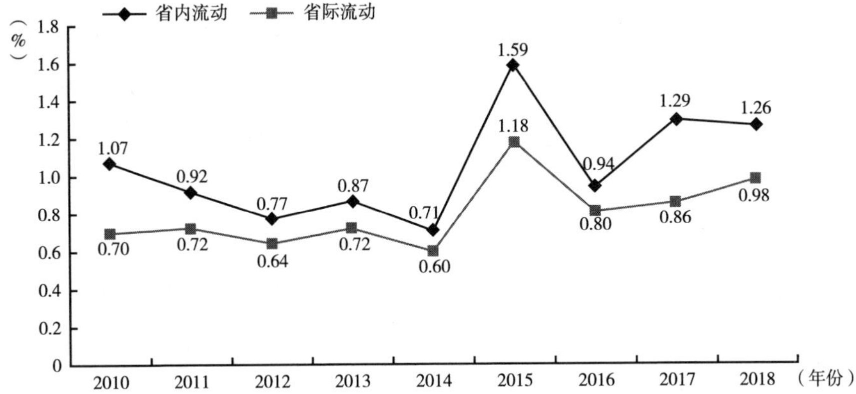

图 3-22　2010~2018 年我国流动人口流动范围与总和失业率变化

资料来源：2010~2018 年中国流动人口动态监测调查数据。

口失业率整体呈现下降趋势，由 2014 年的 3.70%降至 2018 年的 2.60%；流动人口失业率在此期间却呈现上升趋势，由 2014 年的 1.21%上升至 2018 年的 2.15%。照此趋势预计未来五年流动人口失业率将超过户籍人口失业率，流动人口自愿性失业增加，一定程度上反映出流动人口选择权与生活环境的优化提升。

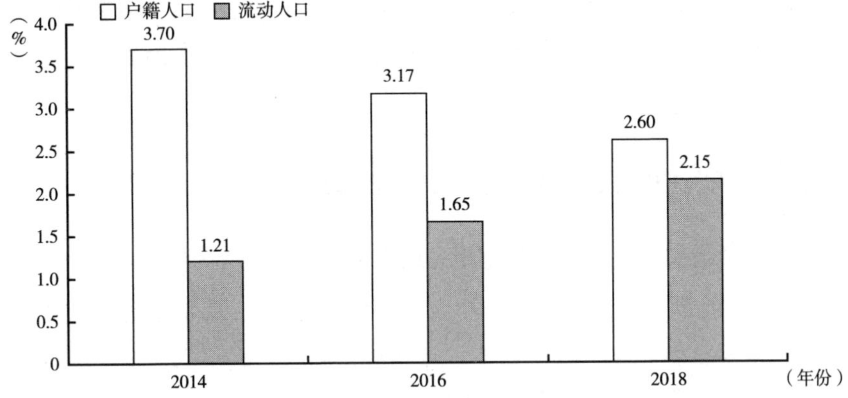

图 3-23　2014~2018 年我国流动人口与户籍人口失业率变化

资料来源：2014~2018 年中国流动人口动态监测及中国劳动力动态调查数据。

流动人口失业率上升的原因一部分是因为在流入地从事生产经营活动后拥有一定的经济积累，这时自愿性失业就会增加，而户籍人口失业率与流动人口失业率呈现对向移动趋势一方面反映出我国城镇促就业措施的有效性，另一方面也昭示着流动人口选择权利的提升。造成户籍人口失业率高于流动人口失业率的原因一方面是流动人口更倾向于在流动过程开始之前先找到工作，尤其是流动范围较大的省际流动人口，这就导致流动开始时其失业情况较少；流动后由于生活与家庭压力，流动人口也不会轻易放弃已有工作。流动人口在工作过程中存在一种“患得患失”的心态，这就使得他们即便对工作环境或薪资不满也很少辞去工作而失业。而户籍人口居住生活都在本地，风险承担能力较强，相较于流动人口而言对于工作的选择权更大，自愿性失业的可能性更高。另一方面，流动人口想要在流入地购房或落户都需要缴纳社保，这就要求流动人口在流入地有一份稳定持久的工作。《北京市人民政府办公厅关于贯彻落实国务院办公厅文件精神进一步加强本市房地产市场调控工作的通知》（京政办发〔2011〕8 号）明确指出，非京籍在京人员如需在京购房必须连续五年缴纳社保。同年，上海市出台《关于本市贯彻〈国务院办公厅关于进一步做好房地产市场调控工作有关问题的通知〉的实施意见》（沪府办发〔2011〕6 号），规定单身非沪籍在沪人员不能在沪购房，已婚且双方均非沪籍的，至少一方连续缴纳社保五年以上才有在沪购房资格。这些政策进一步导致流动人口不敢失业、不能失业，使得流动人口失业率低于户籍人口。

（二）我国户籍人口与流动人口失业模式比较

1. 随年龄增长，失业率户籍差距先缩小后扩大

图 3-24 展示了流动人口与户籍人口失业率分年龄段变化情况。随年龄增长，户籍人口失业率整体上呈现下降趋势，而流动人口失业率则呈现先下降后上升的趋势，失业率户籍差距先缩小后扩大。16～20 岁年龄段，户籍人口失业率显著高于流动人口而后急剧下降，但依旧高于同年龄段流动人口，当年龄大于 50 岁后，户籍人口失业率开始低于流动人口。

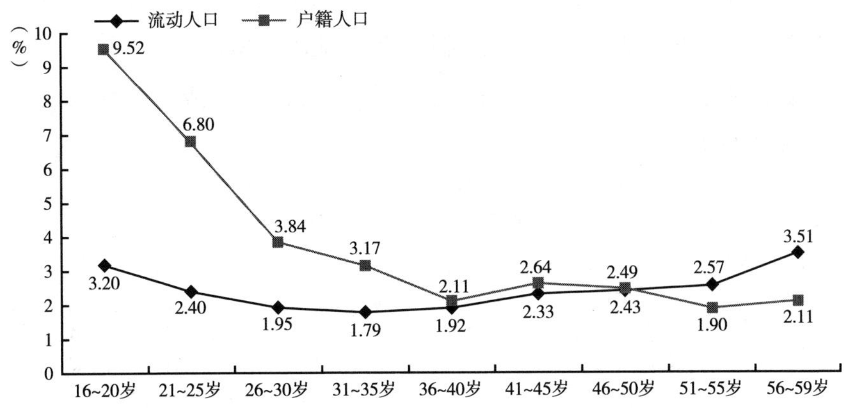

图 3-24　2018 年流动人口与户籍人口分年龄段失业率变化情况

资料来源：2018 年中国流动人口动态监测及中国劳动力动态调查数据。

使得流动人口与户籍人口失业率差距呈现先缩小后扩大趋势的原因是多方面的。首先，户籍人口失业后可以接受父母或其他家庭成员资助，有较高的非工资性收入，使得其在 46 岁以下年龄段的失业率呈现明显高于同年龄段流动人口的趋势。2018 年中国劳动力动态调查数据显示，50.6%的 45 岁及以下户籍人口失业后依靠家庭其他成员的收入生存，53%的 25 岁及以下户籍人口失业后受父母资助生存。相较而言，流动人口几乎没有工资性收入以外的收入来源，也很难得到家庭资助，同年龄段的流动人口存在“不敢失业”的心态，这就使户籍人口在 46 岁之前失业率显著高于流动人口。其次，随着户籍人口年龄逐渐增长其自身的家庭压力不断增大，抚养子女赡养父母的压力使其失业率不断下降，呈现与流动人口失业率接近的趋势。最后，50 岁以上户籍人口失业率低于流动人口，这主要是由于户籍人口多数从事体制内工作，不必承担因年龄增长而被裁员的风险，而流动人口中从事劳动密集型产业的比例较高，随着年龄增长获得工作机会的概率不断下降，最终呈现失业率高于户籍人口的现状。

2. 女性户籍人口失业率最高，男性流动人口失业率最低

图 3-25 为 2018 年流动人口与户籍人口失业率分性别随年龄变化情况。

户籍人口失业率明显高于流动人口失业率，失业率随年龄增长呈现“U”形变化趋势，男性户籍人口失业率显著高于男性流动人口，女性户籍人口失业率高于女性流动人口。整体上呈现女性户籍人口失业率最高，男性流动人口失业率最低的现状。

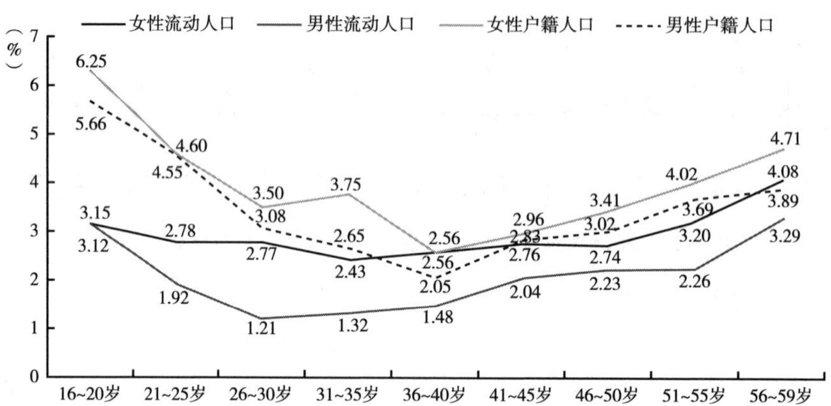

图 3-25　2018 年流动人口与户籍人口失业率分性别随年龄变化情况

资料来源：2018 年中国流动人口动态监测及中国劳动力动态调查数据。

出现这种状况的原因主要有二，一是与家庭负担相关，家庭负担越重往往失业率越低，受“男主外，女主内”传统思想的影响，男性在家庭生活中更多从事经济活动，而流动人口由于收入来源较窄、社会保障不足等，家庭负担明显高于户籍人口，因此家庭经济负担由重到轻分别为男性流动人口、男性户籍人口、女性流动人口、女性户籍人口，失业率变化情况与家庭负担程度相反，因此呈现女性户籍人口失业率最高、男性流动人口失业率最低的现状。二是由于户籍人口收入来源多样化程度高，无论是男性还是女性对于是否参加工作都具有更高的选择权，很多女性会在失业后选择从事家庭内部劳动，因此户籍人口女性失业率最高。

3. 不在婚户籍人口失业率明显高于流动人口，在婚户籍人口与流动人口失业率相近

图 3-26 为户籍人口与流动人口在婚否失业率随年龄变化情况。可

以看出，不在婚户籍人口失业率最高且明显高于不在婚流动人口，在婚户籍人口失业率与流动人口失业率相近。是否在婚的户籍人口与流动人口失业率随年龄呈“U”形变化趋势，在婚流动人口失业率相对较为平稳，不在婚户籍人口失业率随年龄变化最大。由于婚后抚育子女的经济需求，无论是户籍人口还是流动人口在婚时失业率相对低于不在婚时。不在婚户籍人口失业率明显高于不在婚流动人口的原因可以归结为户籍人口社会保障程度与收入来源皆高于或优于流动人口，因此其自愿性失业可能性较高。

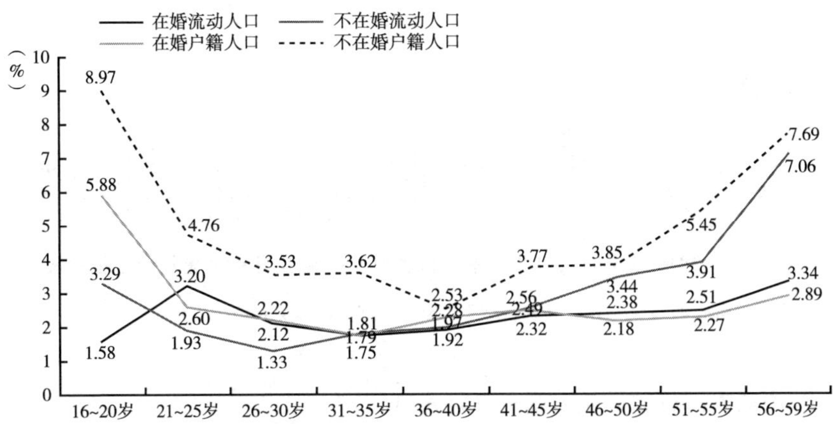

图 3-26　2018 年流动人口与户籍人口失业率在婚否随年龄变化情况

资料来源：2018 年中国流动人口动态监测及中国劳动力动态调查数据。

4. 高中及以下受教育程度流动人口失业率与户籍人口失业率差距随年龄增长先缩小后扩大

图 3-27 为 2018 年户籍人口与流动人口失业率分受教育程度随年龄变化情况。可以看出，总体上流动人口与户籍人口分受教育程度失业率差距随年龄增长呈先缩小后扩大的趋势，16～20 岁流动人口各个受教育程度失业率均高于户籍人口，随着年龄增长，36～40 岁年龄段不同受教育程度的流动人口与户籍人口失业率相近，56～59 岁年龄段流动人口分受教育水平失业率均低于户籍人口（除大专及以上学历）。这可能是由于流动人口与户籍人

口受教育水平的差距，流动人口平均受教育水平较户籍人口更低[①]，且一旦流动人口参加工作就几乎不会重新回到学校，但 2018 年中国劳动力动态调查数据显示，16~20 岁失业户籍人口中 12%选择重新回到学校，这在很大程度上使得年轻时户籍人口各受教育水平的失业率几乎都高于流动人口。

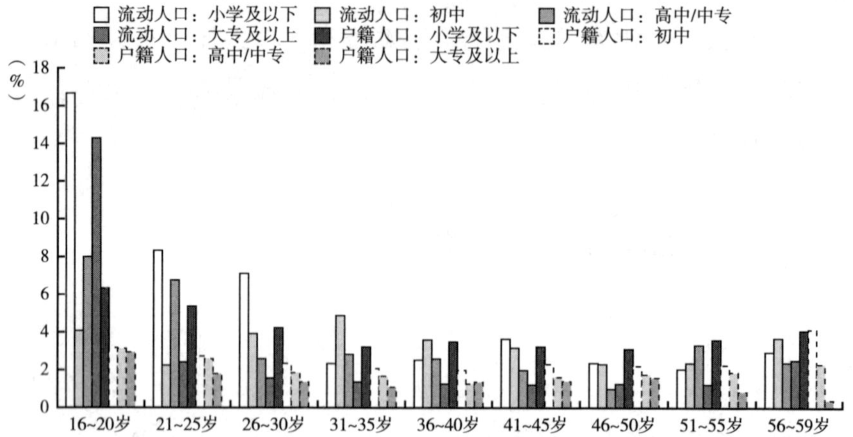

图 3-27　2018 年流动人口与户籍人口失业率分受教育程度随年龄变化情况

资料来源：2018 年中国流动人口动态监测及中国劳动力动态调查数据。

5. 流动人口总和失业率低于户籍人口

表 3-8 为 2018 年户籍人口与流动人口失业率及总和失业率变化情况。以 2018 年数据为例，无论是总和失业率还是失业率户籍人口均高于流动人口。总和失业率能够衡量劳动力在劳动年龄内的失业次数，故户籍人口劳动年龄内平均失业次数较流动人口多 0.63 次。这一方面是由于户籍人口与流动人口享受的社会保障不同，社会保障政策对于同一地区户籍人口的覆盖程度与力度均高于流动人口；另一方面是因为户籍人口经济基础更优厚，对于就业与否的选择权更大，存在较高的自愿性失业可能性。

① 李帆、赵一凡：《家庭背景对子女教育获得的影响——基于 2015 年中国流动人口动态监测调查的经验证据》，《成都师范学院学报》2021 年第 10 期，第 19~27 页。

表 3-8　2018 年我国流动人口与户籍人口失业率与总和失业率情况

单位：%

人口	失业率	总和失业率
户籍人口	2.60	1.73
流动人口	2.15	1.10

资料来源：2018 年中国流动人口动态监测及中国劳动力动态调查数据。

6. 户籍人口平均失业时长明显高于流动人口

根据 2018 年中国流动人口动态监测及中国劳动力动态调查数据，以最近一次失业时间到调查时间为失业时长，分别计算流动人口与户籍人口平均失业时长可得，流动人口平均失业时长为 6.19 个月，户籍人口平均失业时长为 10.95 个月，户籍人口平均失业时长明显高于流动人口。这主要是由于户籍人口经济压力较小，失业后的财产性收入能够支持其较长时间的寻业活动，相对而言流动人口的经济压力较大，一旦失业就会面临回乡的困境，这是限制流动人口失业时长的重要原因。

五　流动人口失业后面临的困难

（一）流动人口失业后面临生活困难

随着流动人口规模的扩大，流动人口失业现象愈发普遍，流动人口失业后将面临一系列困难，而其中最主要的就是经济生活困难。

首先，经济生活困难。“兵马未动，粮草先行”，绝大多数流动人口会在流动之前进行一定程度的经济积累，为其在迁入地区寻找工作、安置家庭提供经济支持。而一旦流动人口失业，就要承受“坐吃山空”的压力，其面临的首要困难必然是经济生活方面的困难。相较于本地居民，流动人口的经济基础更为单薄，一旦失业面临的就是收入的急剧下降。从收入来源来看，本地居民除工资性收入之外，还有经营性收入、财产性收入、转移性收入等多种收入来源。国家统计局公布的数据显示，2020 年城镇居民工资性收入仅占其总收入的 60.18%，而流动人口在迁入地的收入来源较为单一，几乎只有工资性收入，一旦失业就面临生活来源被掐断的窘境。从失业保障角度看，本地居民大多具有失业保险，而在申领失业保险金期间收入仍低于最低生活标准的，政府也会为户籍人口提供最低生活保障金，但是对于流动人口而言，失业保险覆盖率极低，保障力度也较低。基于以上两点，流动人口一旦失业就面临或者即将面临严重的经济问题。最常见的现象就是进城务工的农民工，一旦失业，经济来源被切断，就面临流落街头或者不得不返乡的窘境。

其次，文化生活匮乏。相对于迁入地的户籍人口来讲，流动人口的文化生活更为匮乏，究其原因主要包括以下几个方面：第一，经济情况不允许。对于流动人口而言，即便不失业，在迁入地的陌生环境中也必然会将提高收入放在第一位，宁愿将闲暇时间用于工作也不愿将其用在文化生活方面，而失业后流动人口的经济情况更不乐观，主要收入来源被切断，迫使其减少对于文化生活的追求。第二，不适应环境。适应迁入地的生活需要时间，尤其对于失业的流动人口而言，其面临生活范围小、社交欲望弱的状况，因此对于文化生活的需求也被削弱。第三，情绪问题。对于之前有工作但目前处于失业状态的劳动力而言，放在第一位的问题一定是“如何找到工作”，流动人口失业者也不例外。流动人口失业后会有挫败感，这种挫败感一方面会激励其更努力地寻找工作，另一方面也会让其郁郁寡欢，而这两种状况都会使失业的流动人口减少对于文化生活的消费。

再次，人际交流减少。流动人口失业会使其人际交流欲望降低，主要表现在以下三个方面：第一，相较于本地人来讲，流动人口对迁入地的熟悉程度较低，因此无论是活动范围还是沟通范围都较为狭窄，人际交往的机会减少，流动人口失业后这种情况更甚。第二，流动人口的人际交往圈大部分集中在迁出地，在迁入地建立新的人际交往圈往往需要一定的时间，而失业后流动人口丧失了仅有的工作交际，人际交流更少。第三，失业后的流动人口往往信心受挫，急于寻找工作，失去人际交往的热情。但是人的本质是社会关系的总和，流动人口的人际交往越来越少，不仅会影响流动人口自身的生活热情，长此以往，对于人口迁入大省如浙江省、广东省等，还会影响其社会稳定。

最后，家庭生活困难。对于举家迁移的流动人口而言，其还面临家庭生活的困难。一旦流动人口失业，其家庭的大部分经济来源被切断，除产生家庭经济问题外还会造成家庭关系恶化。此外，还会对孩子的教育问题产生影响，一方面流动人口家庭孩子入学成为难题，尤其是失去稳定的收入来源后，孩子入学难是影响流动人口生活的重要因素；另一方面，“贫贱夫妻百事哀”，一旦失去收入来源，就会增加家庭矛盾发生的可能性，不利于整个社会的稳定。

（二）流动人口失业后面临再就业困难

城市流动人口的数量首先会影响迁入地的社会稳定，如果处在流动性高的社会中，人们会更倾向于选择短期利益。流动人口失业将会增加社会矛盾产生的风险，所以必须提高对流动人口再就业问题的重视程度，现将流动人口失业后面临的就业困难汇总如下。

首先，信息获取困难。造成流动人口再就业困难的重要原因就是流动人口在招聘信息获取上的困难：其一，信息发布渠道窄，不能满足各类流动人口对于搜寻工作信息的需求。近两年，受疫情影响，大部分线下招聘会转至线上，直播面试、视频面试等新型面试方法层出不穷，但是流动人口中失业人口大部分是年龄较大、专业素质较低的低收入人群，他们对于线上招聘会的了解与熟悉程度不高，因此对于此类失业流动人口来讲招聘活动转为线上收窄了其了解招聘信息的渠道。其二，各个企业或用人单位发布招聘信息的方式多、渠道杂，招聘条件不明确，没有官方综合性渠道，这就使得用人单位与失业流动人口之间存在信息不对称，加剧流动人口失业现象。信息获取困难导致流动人口失业状况改善较为困难，2020 年人社部出台《网络招聘服务管理规定》，规范了招聘平台相关服务事项，为网络招聘行业正向积极发展埋下了规范化种子，同时也缓解了流动人口失业带来的社会压力。

其次，就业适应困难。对于流动人口而言，能否适应迁入地的新生活环境与新就业环境是决定其能否长期生活在迁入地的重要影响因素之一。就业适应对于流动人口的重要性不言而喻，而流动人口再就业的困难很大一部分来自就业适应困难。一方面，失业流动人口中高学历、高能力的部分人群容易陷入“眼高手低”的困局，看不上低工资的工作岗位，又找不到符合自己预期薪资的工作，由此导致失业。另一方面，由于大部分流动人口在流动之前都或多或少地了解过迁入地的薪资水平或有心仪的工作，因此一旦失业就容易思想固化、锁定目标，只愿意寻找自己预先了解过的工作，失业困局难以改变。

最后，新技能学习困难。失业流动人口大多从事低技术水平的劳动密集型行业，其特点是学历较低、年龄较大。这些行业劳动力替代率较高，受疫情影响，劳动密集型行业对于劳动力的需求缩减，如果要顺利再就业，就需要学习新技能、更换工作岗位。对于这类流动人口而言，学习新技术的困难主要表现在以下两个方面；一方面，学习新技能的成本较高，而流动人口需要承担大部分学习新技能的机会成本与时间成本，这些成本的存在就注定其很难做出学习新技能的决策；另一方面，对于年龄大、学历低的流动人口而言，学习本身就是一件困难的事。而对于高学历的失业流动人口而言，其从事的行业大多是专业性高、存在进入门槛的行业，所以舍弃已有技术转而学习一门新技术并不现实。

（三）流动人口失业后面临回乡难题

对于大部分失业流动人口而言，不想回乡的重要原因之一就是心理压力。迁入城市的流动人口大部分接受过高等教育，在家乡享有一定的声誉以及社会地位，他们追求的是创业成功后的“衣锦还乡”，而一旦失业回乡就可能面临亲戚邻里的议论，产生相当的心理压力。另外，对于从事劳动密集型行业的流动人口而言，他们流动的主要目的就是追求更优越的经济条件，一旦失业就会面临严重的心理压力，无法为家庭带来收入，这也迫使流动人口坚持在流入地寻找工作而非还乡。

流动人口回乡除了会产生心理压力之外，还会面临一系列现实问题。首先就是岗位缺失问题，对于失业流动人口而言，回乡很难找到合适的工作岗位；对于从事高新技术行业的流动人口而言，家乡往往发展程度较低，没有符合其心理预期且专业对口的合适岗位；而对于从事体力劳动的流动人口而言，家乡的空余岗位少、薪资水平低，限制了失业流动人口返乡就业的进程。其次，传统技能丧失的现实制约流动人口返乡，基于当下我国城镇化进程加快的现实，相当一部分青壮年劳动力丧失了传统劳动技能，对于务农、传统手工艺的传承不甚了解，面临着回故土却无技能的现状。最后，对于流出地为欠发达地区的流动人口而言，由于家乡发展水平的限制，难以实现其对创新创业的追求，所以回乡的念头被打消。此外，近乡情怯等一系列问题都阻碍了流动人口返乡的脚步。

六　流动人口失业带来的影响

（一）流动人口失业带来的经济影响

根据奥肯定律，失业率与经济增长之间呈明显的反向变动关系，大量失业必然带来经济发展水平的停滞甚至下降。流动人口作为我国现存劳动力中大量存在并持续增加的重要组成部分，其失业给经济发展带来的影响不容忽视，主要表现在以下两个方面。

第一，消费降级加速，资源利用率下降。近年来，我国交通与信息网络更加发达，流动人口规模不断扩大，截至 2019 年底我国流动人口数量已经突破 2.36 亿人。而相较于户籍人口，流动人口的失业率本就较高，在其基数不断扩大的情况下，对于广东、浙江等人口流入大省而言，流动人口失业问题已经成为影响其经济发展的重要因素之一。投资、消费、出口作为拉动经济发展的“三驾马车”，对经济发展的作用不容忽视。从消费角度考虑，失业必然导致收入水平下降从而减少消费，进而导致总需求下降，加剧我国的产能过剩，企业裁员、工厂倒闭，进一步扩大失业规模，形成经济衰退与失业的恶性循环，带来经济运行的低效率，造成社会资源的浪费。这个循环过程表现在失业流动人口身上就是消费降级，即一定程度上降低效率、降低体验、降低个性与品位、最大限度实现物美价廉的消费模式。从消费理论来看，高消费促进经济增长与社会发展，而失业流动人口这种压缩消费的生活方式在降低其生活质量的同时也阻碍着流入地经济的进一步发展，在流动人口遍布全国、规模扩大的情况下，这种消费降级还有可能进一步影响我国经济长期持续稳定发展。

第二，政府支出增加，社会维稳成本上升，社会保障压力增大。首先，政府的社会保障成本增加。社会保障作为社会运行的安全网，在维护社会公平及社会稳定方面发挥着至关重要的作用，但现实中绝大部分流动人口没有养老、工伤、医疗与失业等基本社会保障，他们游离在社会安全网之外。随着我国流动人口规模的扩大，国家为保障流动人口的合法权益，在 2014 年出台《社会救助暂行办法》，其中的临时救助机制较为全面地覆盖了流动人口，将户籍不在本地且无法申请低保的家庭纳入保障范围，而一旦流动人口大量失业，必然造成流入地政府财政支出和财政压力增大。其次，政府卫生健康支出增加。我国工伤和职业危害形势十分严峻，工伤死亡和职业病的发病率都居世界首位。流动人口失业后的卫生保健成本对于流入地政府来说也是一项重大支出。出于对工作收入的需要，流动人口会降低对工作环境的要求，甚至牺牲健康去工作。杨妮超通过实证研究得出失业对身体健康的影响显著为负，一旦流动人口失业，其卫生健康就得不到保障。2019 年 12 月，中共中央办公厅与国务院办公厅联合印发《关于促进劳动力和人才社会性流动体制机制改革的意见》，要求进一步健全兜底保障机制，阻断贫困代际传递，这就要求政府增加流动人口卫生保健方面的支出。[①] 再次，解决流动人口再就业问题的最重要部分就是政府帮扶，在为流动人口提供失业救济的

① 杨妮超：《失业对不同年龄群体健康影响实证研究——以 CFPS 数据为例》，南京大学硕士学位论文，2020，第 30~35 页。

同时也要为其提供可能的工作岗位及适岗性培训，这相应增加了政府的支出。最后，流动人口失业会增加社会维稳成本。程建新等通过分析 2010 年中国地级以上 306 市（地州盟）检察机关数据，发现流动人口数量与起诉率显著相关，人口流动与全部犯罪关联度高①；张丹丹等则通过实证研究发现流动人口失业会明显促进其犯罪率的提升②，故一旦流动人口失业数量或概率大幅上升，政府就必须付出更高的成本进行社会维稳。

（二）流动人口失业带来的社会影响

流动人口失业带来的社会影响主要表现在以下两方面，一是威胁社会稳定。流动人口对社会稳定的影响主要表现在以下三点：第一，流动人口失业后在承受经济压力的同时也要承受相当大的心理压力，这种心理压力除一部分来自没有收入来源后的心理焦虑外，还有很大一部分来自社会歧视，在一定程度上激化了社会矛盾。如今社会对于流动人口的关注程度还不够，小部分流动人口存在“不患寡而患不均”的心理，在收入未达到其心理预期或者被辞退失业后就会认为自己未受到公正待遇，从而滋生出一种报复心理，影响社会稳定。第二，由于经济窘迫与异地的陌生感，流动人口失业后犯罪率明显上升，这无疑威胁了社会治安稳定。第三，失业会导致人口幸福感明显下降，而幸福感又与社会稳定显著正相关，流动人口作为经济基础差、社会融入度低的代表性群体，其失业对社会稳定性的影响程度更大。

二是带来社会融合困难。流动人口社会融合是伴随城镇化、信息化进程的不可逆转的趋势，对我国城镇化、现代化的推进有着重要意义及作用。但即便是处在就业状态中的流动人口，想要与流入地户籍人口进行社会融合也需要经历漫长的时间，而一旦流动人口失业这种融合困难会进一步加剧，主要表现在以下几个方面。

---

① 程建新、刘军强、王军：《人口流动、居住模式与地区间犯罪率差异》，《社会学研究》2016 年第 3 期，第 218～241 页。

② 张丹丹、李力行、童晨：《最低工资、流动人口失业与犯罪》，《经济学（季刊）》2018 年第 3 期，第 1035～1054 页。

首先，流入地人口对外来流动人口存在偏见和歧视。相较于流动人口，本地人口在社会资源和竞争方面占据较大优势，因此本地人在流动人口流入地更有主人翁意识。本地人往往在没有意识到自身偏见和歧视的情况下，理所当然地将流动人口作为外来群体看待，在认知和行为上都对其表现出偏见与歧视，正是这些偏见和歧视的存在，使得流动人口尽管和户籍地人口处在同一空间领域，但在社会交往和心理意识上都相当疏远，难以融入流入地的社会生活。当流动人口失业后，其社会地位进一步降低，本地人会将失业流动人口视为社会不稳定因素，从而加深歧视，严重阻碍了社会融合的进程。

其次，流动人口自身社会交往能力不足。这一因素主要针对从事劳动密集型行业的流动人口。进入城镇化地区工作的流动人口，其人际交往大多停留在传统的亲缘、地缘关系层面，这就导致其交往的大部分人群是老乡或亲戚。流动人口的社会生活圈较为封闭，他们不愿意主动突破这一封闭状态，社会关系的内向性与乡土性突出，主动形成了自我隔离的状况，与流入地的主流文化和主流社会相隔离。除此之外，很多流动人口内心还是将家乡视作自己的根，存在一种过客心态和打工心态，这就使得他们将自己未来的归处定在家乡，对流入地没有归属意识和主人翁心态，始终对主流社会保持陌生人的距离感，很难融入当地的社会生活和文化生活中。

最后，文化与风俗差异。中国作为一个人口大国，地域辽阔、风俗多样。生活在不同地域的人口其生活习惯与生活风俗也不尽相同，对于流动人口来说，适应流入地的社会风俗习惯存在很大的困难，这也自然而然地在本地人和外地人之间形成了社会沟通与交流的屏障，降低了流动人口的参与感，而一旦流动人口失业，他们与本地人之间几乎唯一的沟通渠道——工作交际也消失不见，这就造成流动人口失业后的社会融入壁垒。可以看出，一旦流动人口失业，无论是户籍人口的歧视还是自身的自卑及过客心理都有所加剧，这让我国流动人口的社会融合更加困难。

第四章　流动人口失业发生风险评估

流动人口城市逐梦，既是为了实现稳定就业、获得比较满意的收入，也是为了提升自身和家庭的生活质量。然而，流动人口自流动之初就面临失业发生风险、找工作风险、工伤风险、子女教育风险、养老风险等问题，阻碍其“安居乐业”城市梦的实现。流动人口失业发生风险不仅仅是经济发展的问题，也是社会治理的问题，更是城镇化进程中如何推进公共服务均等化的问题，是人口从低到高梯度流动后面临的就业质量不高问题，是城乡发展不均衡的问题。

一　流动人口失业发生风险的问卷调查说明

前文对流动人口的个体特征、流动特征、就业特征和失业现状等方面的现实情况进行阐述，真实地反映了流动人口面临的失业形势，但不能简单确定流动人口存在失业发生风险。为此，课题组于 2020 年 6~9 月对上海、北京、河北等 12 个省份流动人口失业状况进行了问卷调查。目的是对流动人口年龄结构、性别结构、婚姻结构、流动时间、同一城市居留时间、家庭结构、就业结构、失业特征进行深入研究，获得流动人口失业发生风险形成机理的一手资料。该问卷不仅调查了当前处于失业状态的流动人口，而且对当前就业流动人口的失业经历进行了调查。调查按照多阶段、分层与规模成比例的方法进行抽样，以在流入地居住 1 个月以上、非本市（区）户口且年龄在16~59岁的人口为调查对象。

调查内容分为五个部分，第一部分是流动人口个人和家庭基本情况，包括性别、年龄、婚姻、健康、户籍、学历、一起流动的家庭成员等信息；第二部分为流动特征，包括流出地地域、流入地地域、居留意愿、流动范围、流动原因、流动时间等；第三部分为就业特征，包括就业行业、职业类型、收入、劳动合同、职业培训、社会保险、权益保障、就业渠道、就业稳定性、工作满意度等信息；第四部分为失业特征，包括失业群体特征、失业发生风险感知、失业次数、失业持续时间、失业经历、就业服务需求等信息；第五部分为流动人口所在企业特征，包括新产业开发、新设备采用、裁员情况和稳就业措施等信息。共收回7430份调查问卷，经过筛选和删除无效样本，共得到7014个有效样本。调查结果显示流动人口失业率为3.33%，单次失业时间平均为51.11天，年平均失业次数为1.49次，并且流动人口失业时间存在明显的群体差异。

二　流动人口失业发生风险的基本情况

（一）流动人口对失业发生风险的总体感知

就业是人口流动的主要原因，找不到工作、失去现在的工作、没有满意的工作、不能享受公共服务是流动人口最担心的问题。问卷设计问题“您认为自身的失业发生风险大吗”，作为流动人口失业发生风险的主观评价进行分析（见表4-1）。累计有73.0%的流动人口认为其存在失业发生风险，其中，44.3%的流动人口认为存在一定的风险，21.2%认为失业发生风险比较大，7.5%认为失业发生风险非常大。这表明流动人口失业发生风险感知比较严重，在流动中存在较强的就业焦虑，使流动人口心理承受能力变得非常脆弱，在所流入城市的归属感不强，难以实现安居乐业。

表 4-1　流动人口失业发生风险感知调查结果

单位：%

失业发生风险	百分比	失业发生风险	百分比
不存在风险	27.0	风险非常大	7.5
有一定风险	44.3	合　计	100.0
风险比较大	21.2		

中国传统的理想就业形态是安居乐业，但不乏被迫式的梯度流动就业，如走西口、闯关东、下南洋，都是在食不果腹、衣不遮体的情况下为了生计而冒风险梯度流动。流入地与流出地的差距在于是否能够生存下去。改革开放后，民工潮出现，梯度流动就业成为农村劳动力转移就业的主要形式，被迫式的梯度流动就业转变为“赚更多钱”式的梯度流动就业，流入地与流出地的差距在于是否有非农就业岗位，是否能够获得更高的收入。然而今天的统计发现，“市民化”式的梯度流动就业才是如今普遍的就业模式，流出地与流入地的差距在于是否可以“安居乐业”。这种梯度流动就业模式诠释了当今中国流动人口失业发生风险的原因。

（二）流动人口失业经历

问卷调查显示，61%的流动人口有失业经历，其中有 2 次失业经历的流动人口占比为 43.1%，有 3 次失业经历的流动人口占比为 16.6%，有 4 次及以上失业经历的流动人口占比为 11%。流动人口失业次数多，失业时间较长，61.1%的流动人口失业持续时间超过 30 天，其中失业持续时间 31~60 天的流动人口占比最大，为 33.0%，失业持续时间 3~4 个月的流动人口占比为 13.2%，5~8 个月的占比为 6.6%，值得注意的是失业持续时间 16 个月及以上的占比为 4.3%，部分流动人口较长时间处于失业状态（见表 4-2）。

表 4-2 流动人口失业持续时间

单位：%

失业持续时间	百分比	失业持续时间	百分比
小于 7 天	5.8	5~8 个月	6.6
7~14 天	10.6	9~12 个月	2.4
15~30 天	22.4	13~15 个月	1.6
31~60 天	33.0	16 个月及以上	4.3
3~4 个月	13.2	合　计	100.0

（三）流动人口第一次失业时的年龄

从流动人口第一次失业的年龄可以看出，人口在开始流动的年龄就存在失业现象，但不同年龄的流动人口失业严重性存在一定波动。整体来看，22~26 岁是流动人口第一次失业的高峰年龄段，之后 27~32 岁发生第一次失业的流动人口比例有所下降，但仍是第一次失业发生率较高的年龄段。34~43 岁流动人口第一次失业的比例较低，部分流动人口在 43 岁之后可能迎来流动生涯中的第一次失业（见图 4-1）。这主要是由于年龄增大，健康程度下降，原有工作岗位不适应，新工作搜寻和匹配困难导致这个年龄段的流动人口出现了流动中的首次失业。还有一个原因是开始流动的时间较晚，出于某种原因，中年之后开始流动的现象也普遍存在，这会造成年龄大的流动人口出现首次失业的现象。

（四）流动人口就业稳定性

流动人口由于流动性大，在选择就业企业和城市时往往出现“用脚投票”的现象。调查显示，29.6%的流动人口在流动过程中换过 2 个城市，19.3%的流动人口在流动过程中换过 3 个及以上城市，仅有 18.2%的流动人口没有换过城市。流动人口之所以流动性大，一方面是出于自身原因，另一方面是由于就业稳定性差。流动人口中只有 10.2%没有更换过工作，19.3%更换过 4 次及以上的工作，23.9%更换过 3 次工作，30.0%更换过 2 次工作，

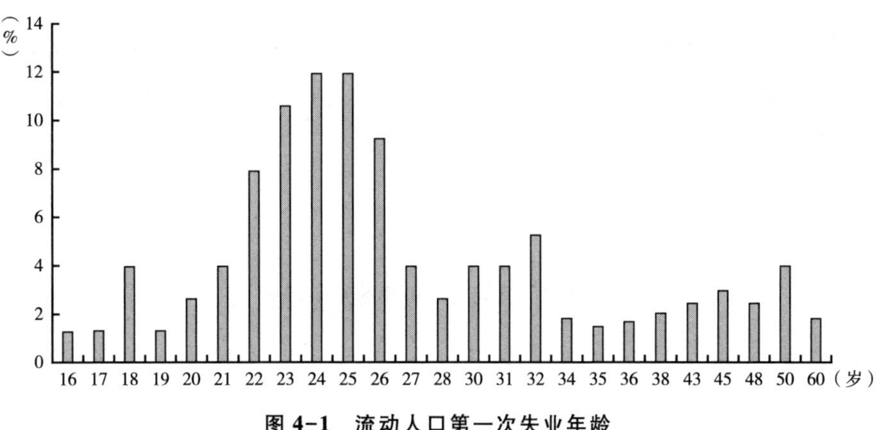

图 4-1　流动人口第一次失业年龄

16.7%更换过 1 次工作。从流动人口自评就业稳定性来看，15.1%的流动人口认为自身就业不稳定，14.2%认为非常不稳定，37.5%认为就业稳定性一般，只有 5.0%认为自身就业非常稳定（见表 4-3）。

表 4-3　流动人口更换工作次数与就业稳定性自评

单位：%

更换工作次数	百分比	自评就业稳定性	百分比
0 次	10.2	非常不稳定	14.2
1 次	16.7	不稳定	15.1
2 次	30.0	一　般	37.5
3 次	23.9	比较稳定	28.2
4 次及以上	19.3	非常稳定	5.0
合　计	100.0	总　计	100.0

（五）流动人口失业的原因

流动人口流入城市后，既面临工作搜寻等待期内的失业，也面临就业不稳定而导致的失业。为了便于分析，将问卷中流动人口失业的原因归纳为三类：一是个人原因，包括个人的素质、技能、对工作的满意度等，占比为16.67%；二是企业原因，包括企业裁员、用工歧视、劳动权益侵害等，占比为34.32%；三是工作搜寻原因，包括工作寻找方式、就业障碍等，占比为49.01%（见表4-4）。这表明等待就业中的工作搜寻困难是流动人口失业的主要原因。

表4-4 流动人口失业的影响因素

单位：%

失业原因	百分比	失业原因	百分比
个人原因	16.67	工作搜寻原因	49.01
企业原因	34.32	总　　计	100.0

从影响流动人口就业的主要因素来看，30.3%的流动人口认为职业技能是影响其就业的最大障碍，25.5%的流动人口认为工作经历是影响其就业的最大障碍，仅有17%认为学历是最大障碍。可见，流动人口就业能力更多地来自工作经验和技术能力。另外，14.8%的流动人口认为就业的最大障碍是年龄，3.1%选择了性别，2.9%选择了健康，流动人口以劳动密集型行业为主的就业特征导致年龄、性别、健康也成为其求职的主要影响因素。

三　流动人口失业发生风险感知的群体差异性分析

（一）不同个体特征的流动人口失业发生风险感知

1. 流动人口失业发生风险感知的性别和婚姻差异

根据不同性别和婚姻状况的流动人口失业发生风险调查结果，男性认为失业发生风险大的比例高于女性，有8.05%的男性认为不存在失业发生风险，女性中有6.08%认为不存在失业发生风险。总体来看，男性的失业发生风险感知强度比较大，女性失业发生风险感知强度一般，分别有 21.81%和 7.72%的男性认为失业发生风险比较大和非常大，分别比女性高出 1.14 个和 0.43 个百分点。女性流动人口中，有 65.96%认为存在一定的失业发生风险，比男性高出 3.54 个百分点。

从婚姻状况来看，已婚者的失业发生风险感知比未婚者更强烈，有 11.00%的未婚流动人口认为不存在失业发生风险，而已婚流动人口中仅有 4.90%认为不存在失业发生风险。已婚流动人口中分别有 65.80%和 23.20%认为有一定的失业发生风险和失业发生风险比较大，分别比未婚者高出 4.3 个和 5.8 个百分点（见表 4-5）。相较于未婚者，已婚者更加注重家庭发展，追求稳定的工作，实现安居乐业，所以他们对失业发生风险更加敏感。总体来看，已婚者失业发生风险感知更强烈，但风险承担能力更强，所以已婚者认为失业发生风险非常大的比例低于未婚者。随着流动人口家庭化流动趋势增强，对于已婚流动人口的失业发生风险状况需要给予持续关注。

表 4-5 不同性别和婚姻状况的流动人口失业发生风险感知情况

单位：%

性别/婚姻	失业发生风险感知				合计
	不存在风险	有一定风险	风险比较大	风险非常大	
男	8.05	62.42	21.81	7.72	100.00
女	6.08	65.96	20.67	7.29	100.00
未婚	11.00	61.50	17.40	10.10	100.00
已婚	4.90	65.80	23.20	6.10	100.00

2. 流动人口失业发生风险感知的文化程度差异

从不同文化程度流动人口失业发生风险感知来看，高中/中专文化程度的流动人口失业发生风险感知最大，初中文化程度的流动人口失业发生风险感知最小。有 96.80%的高中/中专文化程度者认为存在失业发生风险，大专及以上、小学及以下和初中文化程度者认为存在失业发生风险的比重分别为 93.51%、85.71%和 78.60%（见表 4-6）。整体来看，学历高者失业发生风险感知高，学历低者失业发生风险感知低，主要是因为学历低的流动人口对就业岗位的要求比学历高者少，能够从事各种工作，进而降低了其失业发生风险感知。如果将 1980 年以后出生的流动人口界定为新生代流动人口，那么相比于文化程度较低的老一代流动人口，文化程度较高者务农技能更低，在流入城市的居留和工作意愿更强烈，对失业发生风险更加敏感，这也是高学历者失业发生风险感知更高的主要原因。随着新生代流动人口所占比重越来越大，这部分人的失业发生风险感知越来越能够代表整体流动人口群体。

表 4-6　不同文化程度流动人口失业发生风险感知情况

单位：%

文化程度	失业发生风险感知				合计
	不存在风险	有一定风险	风险比较大	风险非常大	
小学及以下	14.29	35.71	7.14	42.86	100.00
初　　中	21.40	42.90	23.80	11.90	100.00
高中/中专	3.20	61.30	28.20	7.30	100.00
大专及以上	6.49	68.01	19.46	6.04	100.00

3. 流动人口失业发生风险感知的健康差异

从不同健康状态的流动人口失业发生风险感知来看，不同健康状态的流动人口失业发生风险感知存在差异。相较于不健康者，健康者失业发生风险感知更小。不健康的流动人口中有 6.5%认为不存在失业发生风险，健康的流动人口中有 7.2%认为不存在失业发生风险。总体来看，越不健康的流动人口，对失业发生风险敏感程度越高，在不健康的流动人口中认为失业发生风险比较大和非常大的比重分别为 23.1%和 7.7%，分别高出健康流动人口 2.6 个和 0.3 个百分点。相比拥有健康人力资本的流动人口，身体不健康的流动人口会更加关注自己的就业状态，也会对失业发生风险更加敏感。需要注意的是，乡城流动人口作为流动人口的主体，他们的失业发生风险感知要比城城流动人口更强烈。调查显示乡城流动人口中有6.1%认为不存在失业发生风险，城城流动人口中则有8.0%认为不存在失业发生风险，乡城流动人口中认为存在一定失业发生风险和失业发生风险比较大的比重分别比城城流动人口高出2.0个和0.9个百分点（见表4-7）。流动人口身体健康尤其是职业健康状态堪忧，乡城流动人口作为流动人口的主体，他们的健康状态需要社会关注，因为健康状况而存在失业发生风险的流动人口更需要社会关注。

表4-7 不同健康状态和户籍流动人口失业发生风险感知情况

单位：%

健康/户籍	失业发生风险感知				合计
	不存在风险	有一定风险	风险比较大	风险非常大	
不健康	6.5	62.7	23.1	7.7	100.0
健　康	7.2	64.8	20.5	7.4	100.0
农　业	6.1	65.3	21.7	7.0	100.0
非农业	8.0	63.3	20.8	8.0	100.0

4.流动人口失业发生风险感知的年龄差异

从不同年龄流动人口失业发生风险感知来看，不同年龄流动人口的失业发生风险感知存在差异。16~20岁流动人口失业发生风险感知最为强烈，仅有0.4%认为不存在失业发生风险，22.2%认为失业发生风险比较大，11.1%认为失业发生风险非常大。其次是31~40岁流动人口，仅1.9%认为不存在失业发生风险，27.0%认为失业发生风险比较大，5.7%认为失业发生风险非常大。21~30岁和41~50岁流动人口失业发生风险感知有所下降，分别有6.0%和8.0%认为不存在失业发生风险。51~59岁流动人口失业发生风险感知最小，有22.2%认为不存在失业发生风险，仅有11.1%认为失业发生风险比较大（见表4-8）。

表 4-8　不同年龄流动人口失业发生风险感知情况

单位：%

年龄	失业发生风险感知				合计
	不存在风险	有一定风险	风险比较大	风险非常大	
16~20岁	0.4	66.3	22.2	11.1	100.0
21~30岁	6.0	69.7	19.9	4.5	100.0
31~40岁	1.9	65.4	27.0	5.7	100.0
41~50岁	8.0	60.0	28.0	4.0	100.0
51~59岁	22.2	63.4	11.1	3.3	100.0

总体来看，流动人口失业发生风险感知随着年龄增加而波动，16~20岁流动人口占全部流动人口的比重较小，占比1.7%，非流动人口主体。这部分流动人口初中刚刚毕业进入劳动力市场，由于缺乏技能和社会网络，面临工作搜寻和技能学习的双重压力，就业不稳定，最担心自己没有工作，失业发生风险感知较大。21~30岁流动人口是流动人口的重要组成部分，该年龄段流动人口经过一段时间的流动已经掌握了一定的技能，就业相对稳定一些，并且该年龄段中有一部分大学毕业生加入，整体上降低了失业发生风险感知。31~40岁流动人口失业发生风险感知有所上升，主要是因为人到中年之后危机感上升，婚姻、家庭、子女、父母等生活压力增加了流动人口就业压力，他们更害怕失去工作，对失业发生风险也更加敏感。40岁之后流动人口失业发生风险感知下降，该年龄段的流动人口基本已经实现比较稳定的就业，子女已经进入义务教育阶段，已经度过婴幼儿照顾阶段。子女相对自理能力显著提升，也不乏随父母一起流动者，降低了流动人口就业压力，进而使其失业发生风险敏感度下降。

（二）不同就业质量的流动人口失业发生风险感知

1. 不同行业的流动人口失业发生风险感知差异

从不同行业流动人口失业发生风险感知来看，居民服务业、制造业、建筑业、住宿和餐饮行业的流动人口失业发生风险感知比较大，四个行业的流动人口认为不存在失业发生风险的比例分别为 4.40%、4.88%、4.65% 和 4.65%；其次是信息技术服务业、批发零售和交通运输业，认为不存在失业发生风险的比例分别为 5.62%、7.02% 和 7.89%；教育、金融、房地产等行业的流动人口失业发生风险感知较小（见表 4-9）。

表 4-9 不同行业的流动人口失业发生风险感知情况

单位：%

行 业	失业发生风险感知				合计
	不存在风险	有一定风险	风险比较大	风险非常大	
农 业	48.28	32.18	12.64	6.90	100.00
制 造 业	4.88	67.07	23.17	4.88	100.00
建 筑 业	4.65	48.84	34.88	11.63	100.00
批发零售	7.02	71.93	18.13	2.92	100.00
交通运输业	7.89	78.29	9.21	4.61	100.00
住宿和餐饮	4.65	56.98	27.91	10.47	100.00
信息技术服务业	5.62	70.79	15.73	7.87	100.00
金 融 业	16.28	56.98	16.28	10.47	100.00
房地产业	12.50	63.64	15.91	7.95	100.00
居民服务业	4.40	58.24	30.77	6.59	100.00
教 育	15.38	69.23	15.38	0.00	100.00
卫生和社会工作	21.43	71.43	0.00	7.14	100.00
其 他	9.54	61.04	21.25	8.17	100.00

总体来看，由于不同行业的就业稳定不一样，流动人口就业的行业分布直接影响其失业发生风险感知。不同行业流动人口失业发生风险感知存在差异主要有两个方面原因。一是各行业的自身特点。流入地产业结构和经济发展水平从岗位供给方面决定了流动人口可以选择的行业，不同行业在劳动分工中的生产属性有上游和下游之分，而属于劳动密集型的下游行业的就业岗位在产业转型升级中最容易受到影响。二是各行业劳动力市场供需平衡情况，制造业、建筑业、批发零售、住宿和餐饮、交通运输业是流动人口就业的主要分布领域。这些行业进入门槛低，对劳动者素质要求不高，往往也是

就业人员流动性比较强的行业。随着城镇化的推进和流动人口结构的变动，他们越来越希望获得同行业内稳定的就业岗位，需要社会给予关注并提供一定的社会支持。

2. 不同工作满意度的流动人口失业发生风险感知差异

工作满意度往往是导致离职和失业的重要因素。调查显示，有 43.9%的流动人口认为从事的工作低于自己的预期，有 52.8%的流动人口认为从事的工作与自己的预期差不多，只有 3.3%的流动人口认为从事的工作高于自己的预期。从流动人口对所从事工作的满意度来看，有 41.1%的流动人口表示一般，有 37.1%的流动人口对自己的工作比较满意，有 13.1%的流动人口对自己的工作不太满意，有 2.8%的流动人口表示很不满意。这说明流动人口工作预期比较高，而现实往往难以满足流动人口较高质量的就业需求，这在一定程度上可能会增加离职或失业发生风险。

从流动人口工作满意度与失业发生风险感知的交叉分析来看，对工作不满意的流动人口失业发生风险感知强度明显高于对工作满意的流动人口（见表 4-10）。说明流动人口从事的工作与自己的预期差距越大，对工作越不满意，其失业发生风险感知越大。当前，流动人口就业质量不高，就业歧视、拖欠工资等损害流动人口权益的现象时有发生，容易造成流动人口失业发生风险或失业恐惧感上升。因此，提升流动人口就业质量有利于缓解流动人口失业恐惧感。

表 4-10 不同工作满意度的流动人口失业发生风险感知情况

单位：%

工作满意度	失业发生风险感知				合计
	不存在风险	有一定风险	风险比较大	风险非常大	
很满意	25.00	52.78	2.78	19.44	100.00
比较满意	8.59	68.69	15.66	7.07	100.00
一　般	4.38	68.61	21.90	5.11	100.00
不太满意	4.00	55.00	37.00	4.00	100.00
很不满意	10.53	26.32	21.05	42.11	100.00

3. 不同就业待遇的流动人口失业发生风险感知差异

为了进一步分析不同就业待遇的流动人口失业发生风险感知情况，研究中对流动人口在工作中遭受的不公平待遇分别从就业机会、行业选择、就业岗位、劳动合同、工资待遇、社会保障、工作环境、职业培训、职位升迁、民主权利、工作时间等方面进行调查。数据分析显示，流动人口遭受的不公平待遇方面，工资待遇出现频率最高，18.88%的流动人口在工资待遇方面遭受了不公平待遇；其次是工作时间、就业岗位、职位升迁，在这些方面遭受不公平待遇者的比重分别为 13.05%、11.87%和 11.27%；再次是社会保障、工作环境、职业培训、劳动合同、就业机会、民主权利和行业选择，遭受不公平待遇者的比重依次为 9.05%、8.31%、6.44%、6.31%、6.26%、4.35%和 4.22%。从流动人口因遭受某一种不公平待遇而认为自身存在失业发生风险的比重来看，工作环境、社会保障、劳动合同等方面的不公平待遇对流动人口失业发生风险感知影响最大，对于遭受过这些方面不公平待遇的流动人口而言，分别有 97.79%、96.89%、96.67%认为自身存在失业发生风险。其次是职位升迁（96.59%）、就业岗位（96.41%）、工资待遇（96.03%）、民主权利（95.65%）、职业培训（95.61%）、行业选择（95.45%）、工作时间（93.98%）和就业机会（93.27%），如表 4-11 所示。

表 4-11　不同就业待遇的流动人口失业发生风险感知情况

单位：%

是否遭受待遇不公平		失业发生风险感知				合计
		不存在风险	有一定风险	风险比较大	风险非常大	
就业机会	是	6.73	60.58	25.00	7.69	100.00
	否	7.07	65.01	20.46	7.46	100.00
行业选择	是	4.55	53.03	31.82	10.61	100.00
	否	7.31	65.60	19.96	7.13	100.00
就业岗位	是	3.59	64.10	28.21	4.10	100.00
	否	8.58	64.27	18.10	9.05	100.00
劳动合同	是	3.33	57.50	30.00	9.17	100.00
	否	7.89	65.88	19.13	7.10	100.00

续表

是否遭受待遇不公平		失业发生风险感知				合计
		不存在风险	有一定风险	风险比较大	风险非常大	
工资待遇	是	3.97	61.92	27.48	6.62	100.00
	否	9.85	66.46	15.38	8.31	100.00
社会保障	是	3.11	58.39	32.92	5.59	100.00
	否	8.37	66.31	17.17	8.15	100.00
工作环境	是	2.21	58.09	34.56	5.15	100.00
	否	8.35	65.99	17.52	8.15	100.00
职业培训	是	4.39	57.89	31.58	6.14	100.00
	否	7.60	65.69	18.91	7.80	100.00
职位升迁	是	3.41	70.45	21.02	5.11	100.00
	否	8.43	61.86	21.29	8.43	100.00
民主权利	是	4.35	63.77	26.09	5.80	100.00
	否	7.35	64.34	20.61	7.71	100.00
工作时间	是	6.02	56.48	30.09	7.41	100.00
	否	7.54	68.37	16.55	7.54	100.00

总体来看，流动人口所遭受的不公平就业待遇与流动人口失业发生风险感知之间存在负向关系。相比于没有遭受不公平就业待遇的流动人口而言，遭受不公平就业待遇的流动人口失业发生风险感知更强烈。从不公平就业待遇来看，工作环境、社会保障、行业选择、职业培训、工作时间、劳动合同等方面的不公平待遇是流动人口认为自身失业发生风险比较大的主要因素。流动人口中相当一部分人从事“脏、累、苦、险、粗、毒”的工作，工伤事故发生率高，职业病危害大，工资待遇低、劳动权益无法保障，他们承受着非公平就业待遇带来的心理压力。正是这种不公平就业待遇使他们难以融入城市，长期游离在流入城市的边缘，成为弱势群体。不稳定、不公平、不被接纳是造成他们失业发生风险感知上升的主要原因。

4. 产业转型升级与流动人口失业发生风险感知差异

为了深入分析产业转型升级对流动人口失业发生风险感知的影响，研究中对流动人口所在企业是否进行产业转型升级开展了调查。有69.24%的流动人口认为产业转型升级会对就业产生影响，并且认为产业转型升级对就业产生影响的流动人口失业发生风险感知明显比不认为产业转型升级会对就业产生影响的流动人口更强烈。产业转型升级中企业裁员、淘汰落后产能、缩减产量会增加流动人口的失业发生风险。相比于没有裁员和缩减产量的企业，有裁员和缩减产量的企业中流动人口认为自身存在失业发生风险的比重分别高出 2.51 个和 2.10 个百分点（见表 4-12）。

表 4-12　产业转型升级与流动人口失业发生风险感知

单位：%

企业是否生产变动		失业发生风险感知				合计
		不存在风险	有一定风险	风险比较大	风险非常大	
企业创新	是	8.40	67.94	17.56	6.11	100.00
	否	7.73	55.36	25.75	11.16	100.00
采购新设备	是	7.33	68.04	19.65	4.99	100.00
	否	6.79	59.64	23.21	10.36	100.00
缩减产量	是	6.14	67.84	19.88	6.14	100.00
	否	8.24	59.86	22.94	8.96	100.00
企业裁员	是	6.10	64.19	23.34	6.37	100.00
	否	8.61	64.34	18.03	9.02	100.00
学历偏好	是	4.71	64.13	23.32	7.85	100.00
	否	13.14	64.57	16.00	6.29	100.00
开拓市场	是	7.14	68.01	18.63	6.21	100.00
	否	7.02	60.20	24.08	8.70	100.00
研发增加	是	9.24	67.23	17.65	5.88	100.00
	否	7.06	55.88	24.71	12.35	100.00
战略布局	是	10.61	63.69	17.88	7.82	100.00
	否	7.43	61.39	22.28	8.91	100.00
就业影响	是	5.58	64.42	22.56	7.44	100.00
	否	10.47	63.87	18.32	7.33	100.00

综合来看，企业创新、采购新设备、开拓市场、研发增加和战略布局会降低流动人口失业发生风险感知。所以在产业转型升级中如果企业不裁员、不缩减产量，也不会造成流动人口失业发生风险增大。产业转型升级、技术

创新除了具有替代效应还有就业补偿效应，在初期可能替代效应大于补偿效应，但在中后期会出现补偿效应大于替代效应。流动人口所在企业研发投入、新产品开发、技术创新、新设备使用越积极，说明这些企业生存能力越强，越能够在产业转型升级中生存或扩大规模，降低员工失业发生风险，反之，企业规模可能会缩减，难以维持生存，增加员工失业发生风险。从纵向比较来看，除了企业裁员、缩减产量外，流动人口所在企业开拓市场对其失业发生风险感知影响较大，其感到自身存在失业发生风险的比重为92.86%；其次是采购新设备（92.67%）、企业创新（91.60%）、研发增加（90.76%）和战略布局（89.39%）。

（三）不同流动特征的流动人口失业发生风险感知

1. 不同流动距离和居留意愿的流动人口失业发生风险感知差异

调查中以流动人口是否打算在流入地居住5年及以上来判断其在流入地的居留意愿，回答“是”表示有居留意愿，回答“否”表示没有居留意愿，回答“不清楚”表示处于徘徊状态。数据分析显示，有68.74%的流动人口在流入地存在居留意愿，10.69%没有居留意愿，20.57%表示不清楚。从流动距离来看，此次调研中80.54%的流动人口是跨省流动，11.64%是省内跨市流动，4.94%是市内跨县流动，2.87%属于县内跨乡流动。

从流动距离和居留意愿交叉分析来看，流动距离和居留意愿会直接影响流动人口失业发生风险感知。处于徘徊状态的流动人口失业发生风险感知最大，他们在流出地和流入地自由选择，往返流动，稳定性较差。没有居留意愿的流动人口失业发生风险感知最小，他们把流入地当作暂时过渡地区，最终会回到流出地，所以其失业发生风险感知不大。具有居留意愿的流动人口失业发生风险感知次之，他们已经把自己融入流入地成员中，把流入地作为安居乐业的归属地，但是没有强烈的流入城市归属感，难以享受流入城市的各种公共服务资源，其认为存在一定失业发生风险的比例最高。从流动范围来看，众人云“距离产生美”，但流动距离反而产生了失业恐惧。流动范围越大，流动人口失业发生风险感知越大，跨省流动的流动人口中有95.25%

认为自身存在失业发生风险，有 22.77%认为自身失业发生风险比较大；省内跨市、市内跨县和县内跨乡的流动人口中分别有 84.93%、83.87%和 77.78%认为自身存在失业发生风险（见表 4-13）。

表 4-13　不同流动距离和居留意愿的流动人口失业发生风险感知情况

单位：%

居留意愿/流动距离		失业发生风险感知				合计
		不存在风险	有一定风险	风险比较大	风险非常大	
居留意愿	是	6.96	67.05	20.19	5.80	100.00
	否	8.96	53.73	23.88	13.43	100.00
	不清楚	6.20	60.47	23.26	10.08	100.00
流动距离	跨省流动	4.75	67.13	22.77	5.35	100.00
	省内跨市	15.07	58.90	16.44	9.59	100.00
	市内跨县	16.13	51.61	9.68	22.58	100.00
	县内跨乡	22.22	27.78	16.67	33.33	100.00

2. 住房、融合、家庭、流出地权益与流动人口失业发生风险感知

为了分析社会特征对流动人口失业发生风险感知的影响，研究中分别从住房情况、社会融合情况、家庭化流动情况和流出地权益角度对流动人口社会特征进行了调查。问卷设计问题“是否能够听懂当地方言和进行交流”来反映流动人口社会融合情况，调查显示大部分流动人口对地方方言的掌握情况不是很好，只有 35.73%的流动人口能用地方方言与当地人交流。住房方面，大部分流动人口住房来源是租房，这一比重为 53.44%，购买住房的比重为 35.85%，10.72%住在单位宿舍。流出地权益方面，大部分流动人口在流出地仍然拥有耕地，没有耕地者比重仅为 23.61%。同时，大部分流动人口已经家庭化流动，独自流动的比重仅为 37.16%。

综合来看，不同社会特征的流动人口失业发生风险感知明显不同（见表 4-14）。住房方面，租房的流动人口失业发生风险感知最大，其次是自购房者，再次是住单位宿舍者。租房成本是流动人口流动成本的重要组成部分，相比于自购房和住单位宿舍，流动人口租房要承担较大的房租压力，失业发生

风险感知更强烈。社会融合方面，社会融合程度越高的流动人口失业发生风险感知越小，能用地方方言进行交流者失业发生风险感知明显低于听不懂方言者。随着流动人口在流入地居留时间越来越长，流动人口社会融合程度也越来越高，这使流动人口在就业中能够获得更多的社会支持，降低失业发生风险。流出地权益方面，流出地有耕地的流动人口失业发生风险感知明显低于流出地没有耕地者，耕地作为流动人口在流出地的重要权益，是其生活的保障，能够在一定程度上降低其失业发生风险感知。家庭化流动者失业发生风险感知要大于独自流动者，一起流动的家庭成员越多，流动人口要照顾的家庭成员则越多，生活压力、工作压力和就业焦虑感就会越大，在一定程度上会增加其失业发生风险感知和恐惧。

表 4-14 住房、融合、家庭、流出地权益与流动人口失业发生风险感知

单位：%

社会特征		失业发生风险感知				合计
		不存在风险	有一定风险	风险比较大	风险非常大	
住房	租房	3.45	66.77	24.45	5.33	100.00
	自购房	8.41	67.76	18.69	5.14	100.00
	单位宿舍	15.63	59.38	18.75	6.25	100.00
融合	听不懂	5.21	65.76	23.08	5.96	100.00
	能交流	10.27	61.61	17.86	10.27	100.00
流出地权益	无耕地	2.70	68.24	22.97	6.08	100.00
	有耕地	8.35	63.05	20.67	7.93	100.00
家庭	和家人流动	5.58	65.48	21.07	7.87	100.00
	独自流动	9.44	62.23	21.46	6.87	100.00

四 流动人口就业态度与就业渠道

（一）流动人口就业态度

研究中利用问题“您是否在一个月内找过工作”和“如果有合适的工

作是否能够在两周内开始工作”来分析流动人口的就业态度。调查显示，大部分流动人口就业态度非常积极，同时回答两个问题为“是”即有就业意愿的流动人口中75.68%选择会两周内开始工作，表现出积极的就业态度。从个体就业态度差异来看，男性的就业积极性大于女性，学历越高的流动人口就业积极性越高，年龄越大的流动人口就业积极性越低（见表4-15）。在不同学历流动人口中，明确表示不找工作也不愿意工作占比最大的是小学及以下学历者（66.67%），其次是初中学历者（33.33%），再次分别是高中/中专学历者（20.00%）和大专及以上学历者（13.04%）。这可能与不同学历流动人口年龄和所从事的职业有关。

表4-15　流动人口就业态度

单位：%

个体特征		是否能够两周内开始工作		合计
		是	否	
性别	男性	76.47	23.53	100.00
	女性	75.00	25.00	100.00
学历	小学及以下	33.33	66.67	100.00
	初中	66.67	33.33	100.00
	高中/中专	80.00	20.00	100.00
	大专及以上	86.96	13.04	100.00
年龄	16~20岁	93.46	6.54	100.00
	21~30岁	92.31	7.69	100.00
	31~40岁	77.78	22.22	100.00
	41~50岁	75.00	25.00	100.00
	51~59岁	25.00	75.00	100.00

（二）流动人口就业渠道

1. 互联网成为流动人口主要就业渠道

流动人口失业问题调查数据表明，在就业渠道选择过程中，流动人口选择互联网的比例最大，为25.35%，其次是人才招聘会（13.97%），再次是好友同学介绍和亲戚介绍，占比分别为 13.57%和 13.27%，其余的渠道占比为 33.83%（见表 4-16）。同以往研究相比，流动人口找工作的渠道不再以老乡介绍为主，已转变为以互联网和人才招聘会为主。这表明流动人口正在融入城市劳动力市场中，城乡二元劳动力市场正在向城乡一体化的劳动力市场转变。

表 4-16 流动人口就业渠道

单位：%

就业渠道	百分比	就业渠道	百分比
单位内招	4.39	互联网	25.35
职业机构介绍	8.68	人才招聘会	13.97
亲戚介绍	13.27	公开招考	4.29
好友同学介绍	13.57	其他方式	1.30
其他关系人介绍	6.99	总　计	100.00
个人直接申请	8.18		

2. 受教育程度越高，越倾向于选择互联网和招聘会等就业渠道

将流动人口受教育程度按照初中及以下、高中/中专和大专及以上进行划分，发现随着受教育程度的提升，流动人口选择互联网和招聘会等市场渠道实现就业的比例不断上升。大专及以上学历流动人口选择互联网实现就业的比例为 29.22%，比初中及以下学历流动人口高出 20.36 个百分点。这说明教育对流动人口就业技能、工作搜寻方式有较大的影响。

3. 年龄越大，越倾向于选择亲戚介绍等就业渠道

调查显示，流动人口选择互联网实现就业的比例随着年龄的增加而下降。即年轻的流动人口在就业中更倾向于使用互联网等现代化的工作搜寻方式，年长的流动人口更倾向于选择人际关系等传统的工作搜寻方式。这主要是因为，一方面年长的流动人口掌握现代化的信息搜寻工具的熟练程度较低；另一方面年长流动人口的就业观念比年轻流动人口更为传统，更追求稳定、熟人介绍的可靠性较高的就业岗位。

4. 农业户籍者和不健康者更倾向于选择亲戚介绍等就业渠道

把流动人口按照户籍性质分为农业户籍者和非农业户籍者，发现非农业户籍的流动人口更倾向于选择招聘会等市场手段实现就业，农业户籍的流动人口更倾向于选择人际关系介绍实现就业。这主要是因为农业户籍流动人口受教育程度较非农业户籍流动人口要低，难以在劳动力市场获得竞争性的就业岗位，他们更多的是依靠老乡关系、同学关系、亲戚关系寻找工作。同时，相比于不健康的流动人口，健康的流动人口更倾向于选择互联网等方式就业，这说明健康人力资本能够增强流动人口在劳动力市场中的竞争力，他们也更愿意通过互联网、招聘会获取自己能够胜任且比较满意的就业岗位（见表 4-17）。

表 4-17　分群体流动人口就业渠道选择

单位：%

个体特征		机构介绍	亲戚介绍	好友同学介绍	互联网	招聘会	其他	合计
性别	男　性	8.02	12.55	15.64	23.66	13.58	26.54	100.00
	女　性	9.30	13.95	11.63	26.94	14.34	23.84	100.00
学历	初中及以下	7.59	26.58	8.86	8.86	5.06	43.04	100.00
	高中/中专	11.76	25.88	20.59	15.88	7.06	18.82	100.00
	大专及以上	8.10	9.03	12.48	29.22	16.47	24.70	100.00
年龄	16~30 岁	7.93	14.32	13.81	33.25	15.09	15.60	100.00
	31~59 岁	11.00	14.43	15.89	20.92	15.65	22.11	100.00
婚姻	未　婚	6.86	11.71	13.43	30.00	14.29	23.71	100.00
	已　婚	9.66	14.11	13.65	22.85	13.80	25.92	100.00
户籍	农　业	7.56	18.28	14.08	29.83	9.03	21.22	100.00
	非农业	9.70	8.75	13.12	21.29	18.44	28.71	100.00
流动范围	省　内	5.99	11.98	9.68	22.58	10.14	39.63	100.00
	省　际	9.43	13.63	14.65	26.11	15.03	21.15	100.00
健康状况	不健康	5.76	16.87	11.52	22.63	11.93	31.28	100.00
	健　康	9.62	12.12	14.23	26.22	14.62	23.19	100.00

注：对就业渠道进行合并整理，保留主要选项，剩余归并为其他。

五　流动人口失业发生风险感知影响因素分析

近年来受到国际经济形势、重大疫情、产业转型升级、淘汰落后产能的影响，企业用工发生了变化，无论是经济较发达的沿海地区，还是经济欠发达的内陆地区，都出现了不同程度的用工岗位变动，“普工”需求减少，“技工”需求增加，甚至出现技工短缺现象。流动人口为了提升待遇和体现人生价值，对工作岗位的要求也越来越高，工作稳定性堪忧。这些因素使流动人口面临较大的失业发生风险。近年来，同时出现的经济转型、城乡居民生活条件改善、流动人口收入上升、就业观念转变等内外因素是流动人口失业发生风险上升的主要原因。

（一）流动人口失业发生风险感知的理论框架

Mobley 等学者整合 March-Simon 模型、Price 模型和 Mobley 中介链模型，构造了一个全面反映雇员离职过程的模型——扩展的 Mobley 中介链模型，这一模型能够分析雇员流动的组织原因，可以用于分析失业现象发生的内部原因。[①] 该模型认为雇员从组织单位流出主要取决于四个因素：①工作满意与否；②对在组织内部改变工作角色和收入的预期；③对在组织外部改变工作角色和收入的预期；④非工作价值观和偶然因素；⑤产业升级、企业裁员，给予员工心理压力。本课题借鉴扩展的 Mobley 中介链模型，分析影响流动人口失业风险的企业组织环境（见图 4-2）。调研结果表明，较好的社会保险等待遇福利，有助于降低流动人口的失业发生风险，并且流动人口在流动中追求效益最大化，其存在合理性预期，并且比较在本企业和外部企业的发展，本企业是否有比外界更大的发展空间以及职业健康是否更加有保障，如果实现内部流动或晋升的机会比较大，工作满意度较高，那么流动人口离职意愿就较低，失业发生风险也较小。

（二）研究假设

根据 Mobley 等学者的理论，失业发生风险是指流动人口在一个特定的

---

① Mobley, W. H., Griffet R. W., Hand, H. H. &Meglino, B. M., “Review and Conceptual Analysis of the Employee Turnover Progress,” *Psychologcal Bulletin*, 1979 (86): 517.

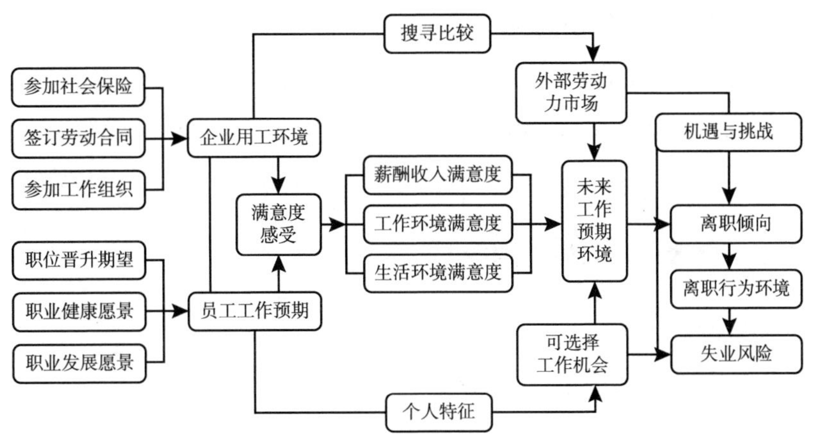

图 4-2　基于扩展的 Mobley 中介链的流动人口失业风险影响因素模型

工作岗位工作一段时间后，由于薪酬待遇不高、就业环境难以改善、人生价值难以体现、就业歧视和流入地生活压力等因素，产生离职或离开所在城市，寻找新工作或转移其他城市，而又难以快速顺利实现再就业的可能性。本书综合已有关于满意度的研究结果，采用就业歧视和待遇满意度指标，来分析工作满意度对流动人口失业发生风险的影响。因此，提出研究假设 1：工作满意度、生活满意度、收入满意度对流动人口失业发生风险具有显著影响。

根据理论框架，职业期望直接影响流动人口就业稳定性。由于流动人口就业环境较差，大部分从事的是城市中“脏、累、差”的工作，甚至在有毒有害的环境下工作，因而职业期望会增加他们离职和失业的可能性。美国心理学家弗朗斯提出职业高原概念，认为职业晋升可能性越大，离职倾向越小。流动人口的就业类型决定了其职业晋升可能性较小。所以职业愿景和就业环境期望均会影响流动人口失业的概率。因此，提出研究假设 2：就业身份和职业期望对流动人口失业发生风险具有显著影响。

流动人口参加社会保险、确定劳动关系、参加企业培训，能够增强其在企业的主人翁意识，给流动人口带来安全感和收入保障，离职倾向可能会更低，进而降低失业发生风险。反之，流动人口就业待遇不高、工作环境差、劳动保障欠缺等问题，会使流动人口的企业归属感下降，忠诚度不高，工作满意度更是堪忧，离职倾向较大，进而增加了失业发生风险。因此，流动人口工作环境中的劳动保障、待遇、契约关系、归属感会影响流动人口失业发生风险，提出研究假设 3：流动人口劳动权益保障对流动人口失业发生风险具有显著影响。

（三）变量设定与模型选择

1. 变量设定

根据研究的理论框架，变量设定如下。

被解释变量：被解释变量是流动人口失业发生风险感知，问卷中设定问题“您认为自己失业发生风险如何”，根据回答“失业风险较大”“不存在失业风险”等将因变量分为两类。

解释变量：核心解释变量是流动人口劳动权益保障、职业期望、工作环境满意度。流动人口劳动权益保障采用社会保险参加情况、技能培训参加情况和劳资纠纷情况来表示，具体采用问卷中“您是否参加失业保险”“您是否参加过技能培训”“您是否与单位发生过劳动纠纷、争议或遭到无故辞退”来具体操作化为二分类变量。流动人口就业岗位采用调查问卷中的就业身份来反映，并将其分为雇主和雇员两类。职业期望采用问卷中“您觉得您现在的工作和预期相比怎么样”的回答来表示，并将“高于自己的预期”定义为具有较低的未来工作预期，将“低于自己的预期”定义为具有较高的未来工作预期。工作满意度采用问卷中的问题“您对自己的工作满意吗”来反映，回答分为五类“很满意”“比较满意”“一般”“不太满意”“非常不满意”，并将前三项合并为“满意”，后两项合并为“不满意”。生活满意度和收入满意度同样采用问卷中的问题来反映，并合并为满意与不满意两类。由于流动人口失业还受到自身禀赋和人口属性的影响，将流动人口个体特征（性别、年龄、户籍、受教育程度、健康状况）和流动特征（流动经历、流动范围、家庭人数）作为控制变量加入模型中进行检验（见表 4-18）。

表 4-18　变量赋值与描述统计

变量类型	变量名称	变量说明	均值	标准差
因变量	失业风险感知	没有失业风险=0;有失业风险=1	0.721	0.452
自变量	失业保险	未参加=0;参加=1	0.493	0.489
	技能培训	未参加=0;参加=1	0.748	0.411
	无故辞退	未遭遇=0;遭遇=1	0.135	0.341
	就业身份	雇员=0;雇主=1	0.789	0.401
	职业预期	低预期=0;高预期=1	0.439	0.339
	工作满意度	不满意=0;满意=1	0.435	0.495
	生活满意度	不满意=0;满意=1	0.310	0.461
	收入满意度	不满意=0;满意=1	0.266	0.332
控制变量	性别	女性=0;男性=1	0.510	0.422
	年龄	连续变量/年	31.86	7.059
	户籍	农业=0,非农业=1	0.325	0.429
	受教育程度	大专以下=0;大专及以上=1	0.301	0.418
	健康状况	不健康=0;健康=1	0.756	0.422
	流动经历	连续变量/年	7.521	5.348
	流动范围	省内流动=0;跨省流动=1	0.683	0.411
	家庭人数	连续变量/人	1.65	0.524

2. 模型选择

由于因变量是“失业风险感知”，是一个二分类变量，因此本部分检验中拟采用二元 Logistic 回归模型来分析自变量对因变量的影响。二元 Logistic 回归模型是因变量 y 取某个值的概率 p 与自变量 x 的依存关系，基本模型如公式 4-1。首先，本书考察在没有控制变量的条件下劳动权益保障、职业期望和工作环境满意度对流动人口失业风险感知的影响，考察解释变量与因变量之间的简单关系。其次，逐步加入控制变量，分析在特定环境下劳动权益保障、职业期望和工作环境满意度对流动人口失业风险感知的影响，理清就业环境对流动人口失业风险感知的影响机理。最后，通过分样本回归分析，探究就业环境对流动人口失业风险感知影响的异质性，进一步明确流动人口失业风险感知的来源。

$$P = \frac{\exp(\beta_0 + \beta_1 X_1 + \beta_2 X_2 + \beta_3 X_3 + \cdots + \beta_m X_m)}{1 + \exp(\beta_0 + \beta_1 X_1 + \beta_2 X_2 + \beta_3 X_3 + \cdots + \beta_m X_m)} \qquad (4-1)$$

其中，β_0 为常数项，β_1，β_2，β_3，…，β_m 为偏回归系数。

将上式作 Logit 变化，得到下式：

$$\ln\left(\frac{p}{1-p}\right) = \text{Logit P} = \beta_0 + \beta_1 X_1 + \beta_2 X_2 + \beta_3 X_3 + \cdots + \beta_m X_m + u \qquad (4-2)$$

根据上式加入流动人口劳动权益保障、职业期望和工作环境满意度变量后，构建本课题的回归模型如下：

$$\text{LogitP}_i = \alpha_i + \beta_i \sum SEC_i + \rho_i \sum EXP_i + \kappa_i \sum FUL_i + \lambda_i \sum PER_i + \mu \qquad (4-3)$$

其中，SEC_i 为流动人口劳动权益保障变量，EXP_i 为职业期望变量，FUL_i 为工作环境满意度变量，PER_i 为流动人口个体特征、流动特征等控制变量，u 为随机干扰项。

（四）实证结果分析

根据上文变量定义，使用二元 Logistic 模型对自变量和因变量的关系进行检验，得到结果如表 4-19 所示。模型 1、模型 2 和模型 3 分别只加入了工作环境满意度变量、劳动权益保障变量、职业期望变量，验证在没有控制外部环境下工作环境满意度变量、劳动权益保障变量和职业期望变量对失业风险感知的影响。根据 Logistic 回归结果，模型 1 中工作环境满意度各变量均通过显著性检验，且都为负数，说明工作环境满意度对失业风险感知具有抑制效应，工作环境不满意会增加失业风险感知，验证了研究假设 1。模型 2 中劳动权益保障各变量也通过 1%的显著性检验，其中失业保险和技能培训对失业风险感知具有负向影响，无故辞退对失业风险感知具有正向影响。说明企业为流动人口缴纳失业保险、给流动人口提供职业培训能够增强他们的企业归属感，降低失业风险感知。而无故辞退会使流动人口产生内心不满或被炒鱿鱼的恐惧，进而增加失业风险感知，这也验证了研究假设 2。模型 3 中职业期望各变量对失业风险感知具有正向影响，职业地位越高晋升空间越小，晋升越困难，而职业期望越高，对当前职业越不满意，越可能面临跳槽过程中产生的摩擦性失业风险。模型4检验了同时加入工作环境满意度变量、劳动权益保障变量和职业期望变量后各变量对失业风险感知的影响，检验结果显示各变量仍然显著，只是回归系数有所增大或减小。

表4-19　流动人口失业风险感知影响因素的二元Logistic模型估计结果

变　量	模型1	模型2	模型3	模型4	模型5	模型6
工作满意度	-0.526***			-0.565***	-0.707**	-0.834**
生活满意度	-0.683***			-0.560***	-0.604***	-0.861***
收入满意度	-0.318***			-0.127***	-0.185***	-0.048***
失业保险		-0.341***		-0.300***	-0.234***	-0.137***
技能培训		-0.300***		-0.320***	-0.184**	-0.224**
无故辞退		0.822***		0.804***	0.862**	0.865**
就业身份			0.456***	0.462***	0.576***	0.689***
职业预期			0.599***	0.440***	0.613***	0.593***
性别					-0.228***	-0.145***
年龄					0.057***	0.050*
户籍					0.058***	0.013*
受教育程度					-0.601**	-0.564**
健康状况					0.210***	0.334***
流动经历						-0.005**
流动范围						-0.074**
家庭人数						-0.025***
样本量	3582	3582	3582	3582	3582	3582
Nagelkerke R^2	0.113	0.102	0.105	0.118	0.175	0.194

注：*、**和***分别表示拟合结果在10%、5%和1%的显著性水平上显著。

模型5和模型6验证了在逐步加入流动人口个体特征和流动特征的控制变量情况下工作环境满意度、劳动权益保障和职业期望对失业风险感知的影响，结果仍显著。从模型6中工作环境满意度各变量来看，工作满意的流动人口感觉到失业风险的概率比工作不满意者低30.28%；生活满意者感觉到失业风险的概率比生活不满意者低29.71%；收入满意者感觉到失业风险的概率比收入不满意者低 48.8%。流动人口工作环境满意度与失业风险感知密切相关，提高流动人口工作环境满意度对降低其失业风险感知，促进稳定就业具有重要意义。这再次证明了研究假设 1，工作环境不满意，会增加流动人口失业风险感知。

从模型 6 中劳动权益保障各变量来看，相对于没有参加失业保险的流动人口，参加失业保险者感觉存在失业风险的概率要低 46.58%；参加企业技能培训者感觉存在失业风险的概率比未参加者低 44.42%；遭遇过无故辞退的流动人口感觉存在失业风险的概率要比未遭遇过无故辞退者高出 70.37%。流动人口失业风险感知较高，一方面是流动人口流动性大，企业对流动人口缴纳社会保险的积极性不高；另一方面是流动人口遭受就业歧视，难以参加企业内部的技能培训，经常遭遇无故辞退。所以提升流动人口劳动权益保障水平有利于降低失业风险焦虑，这也证明了研究假设 2，劳动权益保障缺乏，会增加流动人口失业风险感知。

从模型 6 中职业期望各变量来看，就业身份和职业预期对失业风险感知具有显著影响。由于存在职业高原效应，难以晋升而对当前就业身份不满意导致流动人口失业风险感知增加了 66.57%。职业不理想，难以达到预期，会延长流动人口职业搜寻时间，增加失业风险感知，使流动人口失业风险感知增加了 64.41%。处于职业高原的流动人口职业生涯发展存在瓶颈，难以实现职业向上流动，一般情况下会将职业发展的希望寄托于跳槽或者再流动上。通过换企业或者换城市来实现职业地位的改变。所以，促进流动人口职业流动能够降低失业风险焦虑。这也证明了研究假设 3，职业发展困难，达到职业预期，人生价值难以实现，会增加流动人口失业风险感知。

从控制变量来看，性别、年龄、户籍、受教育程度、健康状况、流动经历、流动范围以及家庭人数对流动人口失业风险感知具有显著的影响。具体来讲，年龄越大，失业风险感知越大，年龄每增长一岁，流动人口认为存在失业风险的概率会上升 51.52%。与没有接受过大专及以上教育的流动人口相比，接受过大专及以上教育的流动人口认为存在失业风险的概率要低

36.26%。男性认为存在失业风险的概率比女性低46.38%。与农业户籍者相比，非农业户籍者失业风险感知更大，非农业户籍者认为存在失业风险的概率比农业户籍者高出50.32%。从健康状况来看，健康者失业风险感知更大，健康者认为存在失业风险的概率比不健康者高出58.27%。主要是因为健康的流动人口对工作期望更高，不满足于工作环境较差的就业岗位，这会增加他们的失业风险感知，而不健康者对就业岗位、收入期望都不高，非常容易得到满意，这使其失业风险感知较低。从流动特征来看，家庭人数越多，失业风险感知越小，家庭作为个人获得社会支持的主要来源，其成员可以为流动人口提供就业信息、生活帮助，进而降低了他们的失业风险感知。跨省流动和流动经历都能有效降低流动人口失业风险感知。

（五）结论与讨论

流动人口在流动过程中面临各种风险，尤其是失业风险，这直接影响流动人口安居乐业梦想的实现。流动人口社会融合影响其失业发生风险，流动人口失业风险感知较高的主要原因也是其城市融入梦难以实现。首先，失业导致流动人口丧失收入来源，即使能够再次就业，也会使其平均年收入减少，从而使本来就已经很低的经济融合程度再受重创。其次，失业会使流动人口社会关系网络暂时变弱，失业后丧失工作带来的社会活动，交流和活动范围变小，不利于文化心理融合和政治融合。最后，流动人口失业后可能面临再次流动或者更换工作单位、更换工作岗位、更换居住地的选择，这使其子女教育、随迁父母养老服务、就业培训和信息咨询、居住证、健康卫生服务、生育服务方面都需要重新核实与衔接适应，进而影响其公共服务融合。

第一，流动人口失业存在群体差异，一部分流动人口失业风险与流入地户籍人口相当，说明这一部分流动人口在就业环境方面已经基本融入当地社会。另一部分流动人口与流入地户籍人口失业风险仍存在较大差异，这部分人就业波动性较大，易就业易失业，流动性仍然较大，社会融合程度较低，需要给予关注。

第二，劳动权益保障是影响流动人口失业风险感知的重要因素。受传统二元经济的影响，我国形成了以户籍为依托的福利分配制度，流动人口由于没有当地户籍，相关福利难以享受。流动人口社会保险参保率低、劳动合同签订少、就业培训参加少，还经常遭遇拖欠工资、无故辞退等劳资纠纷方面的就业歧视。这些因素降低了流动人口对企业、社会和政府的信任度，增加其失业风险感知。

第三，工作环境满意度在一定程度上反映了流动人口社会融合情况，收入满意度低，经济融合则差，失业风险也大。工作满意度和生活满意度直接反映了流动人口生存状况，这两项满意度越低，流动人口生存越困难，融合程度越低，失业风险越大。

第四，职业期望反映了流动人口对人生价值目标的追求，他们渴望职业流动，渴望实现人生转折——“出人头地”。但是劳动力市场分割、企业用工歧视、户籍障碍、自身技能偏低阻碍了流动人口的社会融入。由于处于较低端的行业，流动人口工作环境差、收入低，并且职业流动困难，发展愿景难以实现，增加了他们的就业波动性，也带来了较大的失业风险。

为此提出如下建议：一是应该加快户籍制度改革，破除附着在户籍上的福利分配制度，推动按照居住地分配福利。加强流动人口劳动权益保障，增加对流动人口就业培训、失业救助的支出，降低流动人口失业焦虑，确保流动人口就业处于相对稳定状态。二是在流动人口聚集区，加大就业服务网点和信息宣传力度，尤其是在基层社区，提高对流动人口就业的服务强度，推进公共服务均等化，消除对流动人口的歧视，倡导邻里互助的传统文化，促进流动人口社会融入，降低失业风险。三是对生活困难、就业困难、收入较低的流动人口通过多种方式给予支持，提升他们在流入地的生存满意度，降低他们的生活压力，尤其是在子女教育、就业岗位推荐上给予优先照顾，让他们尽可能实现“安居乐业”。四是企业要改善用工环境，改变传统的把流动人口当作廉价劳动力的用工观念。企业要注重改善流动就业人员的工作环境，将有害健康、危及安全的岗位风险降到最小，促进流动人口人力资本提升，增加培训和技能提升方面的经费投入。

第五章　流动人口失业的主要影响因素分析

改革开放以来，我国流动人口规模快速扩大，人口的大规模流动有效地推动了我国经济的迅速崛起、城镇化水平的快速提升。近年来，由于产业转型加速、经济增速放缓和国际贸易摩擦等因素，我国流动人口失业问题有所凸显。失业是关乎民生和社会稳定的一大社会问题，流动人口是我国城市劳动力的重要来源，流动人口失业问题将对国家经济发展和城市化进程产生重要影响。人口迁移流动的主要原因可以归结为流出地的“推力”和流入地的“拉力”。为了获得更高的收入、实现更好的生活，流动人口不惜高昂的流动成本，四处奔波就业。为此，掌握流动人口失业和流动机制之间的关系，探讨流动人口失业发生风险变动趋势，对完善流动人口政策体系、促进人才流动、实现充分就业、提升城市化质量具有重要的理论意义和现实意义。

一　流动人口失业的影响因素分析

（一）数据来源与研究方法

1. 问题提出

本部分主要以人口迁移理论中的“推—拉”理论为基础，流动人口失业与普通人群失业有所不同，流动人口失业不仅仅是劳动力市场供需结构失衡的表现，还与流动人口自身禀赋和劳动力迁移决策有关。20 世纪 50 年代博格等人提出了“推—拉”理论，人口流动是流出地的“推力”和流入地的“拉力”共同作用的结果。1966年，李（Everett S. Lee）进一步将人口流动的中间障碍因素和个人因素纳入“推—拉”理论框架中，认为流出地和流入地既有“拉力”又有“推力”。人口迁移的中间障碍因素包括距离远近、物质障碍、语言文化差异等，个人因素包括性别、年龄、受教育程度、家庭等个体特征。流动人口失业问题具有独特性，分析流动人口失业的影响因素时，除了需要考虑流动者的人口学特征和人力资本特征以外，还需要考虑流动过程、流出地和流入地的特征。因此，将“推—拉”理论作为研究的理论基础是合适的。具体来看，首先，近年来流出地“推力”发生了变动，越来越多的流动人口把土地出租或直接荒废，举家迁入城市工作生活，尤其是新生代流动人口几乎已经完全丧失务农技能。这批人实质上已经进入一元经济结构，他们在失业后很难返回原住地，而是被迫在流入地继续徘徊。其次，随着大城市人口调控和产业转型升级的加快，流入地存在“拉力”的同时，高房价、高消费、融入难、户籍限制等也呈现一定的“推力”，表现出“推力”和“拉力”的博弈。那么这些因素对流动人口失业的作用机制是什么？流动人口为什么无业之后不返回家乡？鉴于此，本部分以“推—拉”理论为基础，从流动人口的个人禀赋、流出地因素、流入地因素和流动过程因素四个方面来系统研究流动人口失业的影响因素。

2. 数据来源

本部分使用的数据为2018年全国流动人口动态监测数据，样本来自全国31个省区市。2018年全国流动人口监测数据的调查对象为“在本地居住1个月及以上、非本区（市、县）户口、年龄在15周岁及以上（2004年4月及以前出生）的男性和女性流动人口”。其中，流动人口指离开了户籍区县到其他区县居住生活工作1个月及以上的人口。该概念有三大要素：一是地域范围为跨区县及以上；二是流动时间期限是1个月及以上；三是外出目的以生活、工作为主，不包括外出旅游、外出看病、外出探亲等原因临时离开。根据就业和失业的定义从2018年监测样本中筛选出经济活动人口130789人，从经济活动人口中筛选出目前处在失业状态的流动人口2997

人。对于流入地和流出地宏观特征变量的数据收集，使用了中国城市年鉴和中国统计年鉴中的相关数据，包括产业结构数据、人均外商投资额、人均GDP、城市人口规模、公共服务水平等。

3. 模型选择与变量说明

（1）模型选择

流动人口失业是一个二分类变量，故此，采用二元 Logistic 回归模型进行检验。自变量包括流动人口个体特征、流出地特征、流入地特征、流动过程四个方面，着重分析流出地推力和流入地拉力的差异对流动人口失业的影响，以及在流动过程中阻碍因素对失业的影响。由于宏观省份变量和城市变量存在固定效应，故此，采用固定效应模型进行回归。二元 Logistic 回归模型表达式如下：

$$\text{LogitP} = \ln\left(\frac{p}{1-p}\right) = \alpha + \sum \beta_i x_i \tag{5-1}$$

其中 p 为事件的发生概率；$p/1-p$ 为优势，既某事件发生的概率与不发生的概率之比；α 为截距项；β 为回归系数；x 为自变量；i 为序数。对回归方程系数的含义解释是当其他解释变量不变时，解释变量 x_i 每增加一个单位，将引起 LogitP 增加或减少 β_i 个单位。

（2）变量说明

本部分的因变量是流动人口失业。已有研究普遍认为失业人群应该具有四个特征，目前没有工作、符合一定年龄、有工作能力和有工作意愿。对于因变量的界定，问卷设计问题“在上一周有没有从事一个小时以上有收入的工作”，回答“是”定义为就业，回答“否”定义为无业，以此来界定有没有工作。我国劳动法规定法定劳动年龄是从 16 周岁起至退休年龄，因此对 2018 年流动人口动态监测数据进行筛选，把研究对象的年龄界定在 16~59 岁。在未工作的原因中剔除学习培训、临时性停工或季节性歇业、不想工作、没有工作能力，以此界定有工作能力；筛选出问卷中对“最近一个月有没有找过工作”回答“是”的人群，以此界定有工作意愿。最终定义出失业人群样本、就业群体样本、经济活动人群样本（见表 5-1）。

表 5-1　主要变量的设置与定义

变量	变量名	变量定义	均值
因变量	是否失业	1=未失业;2=失业	1.22
个人因素	年龄	1=50~59岁;2=35~49岁;3=25~34岁;4=16~24岁	3.02
	性别	1=女性;2=男性	1.53
	受教育程度	1=大学;2=高中/中专;3=初中;4=小学及以下	2.46
	户籍属性	1=农业户籍;2=非农业户籍	1.22
	婚姻状况	1=已婚;2=未婚	1.61
流出地因素	流出地区	1=西部;2=中部;3=东部	2.08
	流出地耕地	1=否;2=是	1.79
	流出地产业结构	1=0.4及以下;2=0.41~0.49;3=0.5~0.59;4=0.6及以上	2.52
	流出地经济水平	1=5万以下;2=5万~7.9万;3=8万~9.9万;4=10万及以上	2.18
	流出地市场化水平	1=0.28及以下;2=0.281~0.34;3=0.341~0.42;4=0.421及以上	1.37
	流出地城市化率	1=0.35及以下;2=0.351~0.51;3=0.511~0.65;4=0.651及以上	0.52
	流出地支出收入比	1=0.4及以下;2=0.41~0.6;3=0.61~0.8;4=0.81及以上	2.34
	流出地对外开放程度	1=0.09及以下;2=0.10~0.13;3=0.131~0.32;4=0.321及以上	2.0.2
	流出地公共服务水平	1=0.15及以下;2=0.151~0.29;3=0.30~0.39;4=0.40及以上	2.13
流入地因素	流入地产业结构	1=0.4及以下;2=0.41~0.49;3=0.5~0.59;4=0.6及以上	3.04
	流入地经济水平	1=5万以下;2=5万~7.9万;3=8万~9.9万;4=10万及以上	2.73
	流入地市场化水平	1=0.28及以下;2=0.281~0.34;3=0.341~0.42;4=0.421及以上	1.93
	流入地城市化率	1=0.35及以下;2=0.351~0.51;3=0.511~0.65;4=0.651及以上	3.11
	流入地支出收入比	1=0.4及以下;2=0.41~0.6;3=0.61~0.8;4=0.81及以上	1.98

续表

变量	变量名	变量定义	均值
流入地因素	流入地对外开放程度	1=0.09及以下;2=0.10~0.13;3=0.131~0.32;4=0.321及以上	2.12
	流入地公共服务水平	1=0.15及以下;2=0.151~0.29;3=0.30~0.39;4=0.40及以上	2.35
	流入地区	1=西部;2=中部;3=东部	1.81
流动过程因素	流动范围	1=市内跨县;2=省内跨市;3=跨省	1.67
	流动时间	1=3年以下;2=3~5年;3=6~10年;4=10年以上	2.25

解释变量是流动人口的推力（流出地因素）、拉力（流入地因素）和流动障碍（流动过程因素）。流出地因素除了宏观因素外，还包括户籍地宅基地、流出地所在区域。流出地区根据国家统计局对我国东、中、西部的划分标准，划分为东部11个省份、中部8个省份、西部12个省份。流入地除了宏观因素外，还包括流入地区和流动人口支出收入比。流出地和流入地的宏观经济社会因素包括产业结构、城市化率、经济水平、市场化水平、公共服务水平、对外开放程度等。产业结构用第三产业在GDP中所占比重来表示，并对产业结构进行分组和编码。经济水平采用人均GDP来表示。市场化水平采用非国有企业职工数占全部就业人数的比重表示。对外开放程度采用外商投资额占地区GDP比重来表示，比重越高，对外开放程度越高。支出收入比是指流动人口在流出地或流入地的月支出占月收入的比重，用来衡量流动人口的经济状况。公共服务水平采用学者杨胜利等①的做法进行测算，流动过程因素包括流动范围和流动时间。

控制变量主要是流动人口的个人因素，包括年龄、性别、受教育程度、户籍属性和婚姻状况。对户籍属性变量进行了重新编码，把农业、农转居编码为农业户籍，非农、非农转居和居民编码为非农业户籍，虚拟变量设置为

① 杨胜利、姚健：《城市群公共服务资源均等化再测度与思考——以京津冀为例》，《公共管理与政策评论》2021年第3期，第123~133页。

1=农业户籍、2=非农业户籍；对婚姻状况也进行了重新编码，把未婚、离婚和同居统一编码为未婚，把初婚、再婚和丧偶统一编码为已婚，虚拟变量设置为1=已婚、2=未婚。

（二）流动人口失业影响因素的二元 Logistic 模型检验

本部分采用5个模型进行检验，在模型1中主要分析个人因素对流动人口失业的影响，分析不同个人禀赋条件下失业发生的风险差异。模型2则是分析流动过程因素对流动人口失业的影响。在模型3中控制个人因素变量，主要分析流出地因素对流动人口失业的影响，阐述在不同流出地权益下的流动人口失业风险。在模型4中个人因素作为控制变量，着重分析流入地因素对流动人口失业的影响，阐述在不同拉力因素下失业发生的风险差异。模型5综合分析在流出地推力和流入地拉力相互作用机制下失业风险的变化，以及在流动过程因素介入的情况下失业发生的可能性。回归结果如表5-2所示。

表 5-2　流动人口失业影响因素的二元 Logistic 回归结果

变量	模型 1	模型 2	模型 3	模型 4	模型 5
性别(女)	-0.372***	-0.384***	-0.334***	-0.403***	-0.339***
年龄(50~59岁)					
16~24岁	0.045**	0.146*	0.009*	0.132***	0.148**
25~34岁	-0.164*	-0.093**	-0.203**	-0.114**	-0.138**
35~49岁	-0.243***	-0.218***	-0.252***	-0.243***	-0.276***
受教育程度(大学)					
小学及以下	0.604***	0.657***	0.513***	0.654***	0.609***
初中	0.305***	0.36***	0.298***	0.43***	0.406***
高中/中专	0.21***	0.223***	0.22***	0.289***	0.267***
婚姻(已婚)	0.267***	0.315***	0.175***	0.268***	0.256***
户籍(农业)	0.424***	0.141***	0.289***	0.054***	0.215***

续表

变量	模型 1	模型 2	模型 3	模型 4	模型 5
流出地区(西部)					
东部			-0.602***		-0.374***
中部			-0.404***		-0.224***
耕地(否)			-0.595***		-0.311***
流出地产业结构(0.4及以下)					
0.41~0.49			-0.308***		-0.298***
0.5~0.59			-0.417***		-0.412***
0.6及以上			-0.429***		-0.422***
流出地经济水平(5万以下)					
5万~7.9万			-0.037***		-0.036***
8万~9.9万			-0.065***		-0.053***
10万及以上			-0.113***		-0.094***
流出地市场化水平(0.28及以下)					
0.281~0.34			-0.263***		-0.245***
0.341~0.42			-0.373***		-0.302***
0.421及以上			-0.399***		-0.317***
流出地城镇化率(0.35及以下)					
0.351~0.51			-0.092***		-0.089***
0.511~0.65			-0.105***		-0.102***
0.651及以上			-0.151***		-0.146***
流出地支出收入比(0.4及以下)					
0.41~0.6			0.381***		0.366***
0.61~0.8			0.694***		0.573***
0.81及以上			0.776***		0.653***
流出地对外开放程度(0.09及以下)					
0.10~0.13			-0.115***		-0.102***
0.131~0.32			-0.258***		-0.150***
0.321及以上			-0.533***		-0.517***
流出地公共服务水平(0.15及以下)					
0.151~0.29			-0.138***		-0.124***
0.30~0.39			-0.161***		-0.136***
0.40及以上			-0.201***		-0.175***
流入地区(西部)					
东部				-0.648***	-0.180***

续表

变量	模型 1	模型 2	模型 3	模型 4	模型 5
中部				-0.164***	-0.113***
流入地产业结构(0.4 及以下)					
0.41~0.49				-0.323***	-0.346***
0.5~0.59				-0.437***	-0.468***
0.6 及以上				-0.451***	-0.481***
流入地经济水平(5 万以下)					
5 万~7.9 万				-0.038***	-0.041***
8 万~9.9 万				-0.068***	-0.073***
10 万及以上				-0.118***	-0.126***
流入地公共服务水平(0.15 及以下)					
0.151~0.29				-0.144***	-0.155***
0.30~0.39				-0.169***	-0.180***
0.40 及以上				-0.211***	-0.225***
流入地市场化水平(0.28 及以下)					
0.281~0.34				-0.411***	-0.542***
0.341~0.42				-0.431***	-0.490***
0.421 及以上				-0.515***	-0.380***
流入地城镇化率(0.35 及以下)					
0.351~0.51				-0.323**	-0.204***
0.511~0.65				-0.246***	-0.160***
0.651 及以上				-0.141***	-0.118***
流入地支出收入比(0.4 及以下)					
0.41~0.6				1.009***	-0.755***
0.61~0.8				0.691***	-0.679***
0.81 及以上				0.377***	-0.371***
流入地对外开放程度(0.09 及以下)					
0.10~0.13				-0.120***	-0.129***
0.131~0.32				-0.270***	-0.289***
0.321 及以上				-0.559***	-0.598***
流动时间(10 年以上)					
3 年以下		-0.31***	-0.333***	-0.298***	-0.203***
3~5 年		-0.179***	-0.157***	-0.273***	-0.100*
6~10 年		-0.115***	-0.139***	-0.146***	-0.032***

续表

变量	模型 1	模型 2	模型 3	模型 4	模型 5
流动范围(市内跨县)					
跨省		-0.452***	-0.396***	-0.306***	-0.393***
省内跨市		-0.082*	-0.111***	-0.101***	-0.133***
常量	-4.166***	-3.549***	-3.323***	-2.629***	-2.467***

注：***、**和*分别表示在1%、5%和10%的水平下显著，各列为模型回归系数，发生比=exp（系数）。

模型 1 检验了流动人口个人因素对失业风险的影响。就性别而言，女性流动人口的失业概率要高于男性，这与已有研究结果一致。这种现象产生的主要原因可以概括为两个方面：一是由于劳动力市场对女性存在一定歧视，用工企业会考虑女性的社保成本和女性育龄期，甚至某些岗位存在男性偏好；二是受“男主外，女主内”传统观念的影响。年龄对流动人口失业的影响呈 U 形分布，失业率最低点在 42 岁左右。这种 U 形分布的原因，主要是低年龄组的工作经验少、工作技能低、频繁跳槽造成失业可能性高，且低年龄组大多未组建家庭，经济方面压力较小，所以工作不太稳定；随着年龄的增长，年轻流动人口的工作经验逐渐丰富、技能增强，家庭经济压力变大，使流动人口的工作趋于稳定，失业概率降低；42 岁之后，流动人口失业的概率开始上升，这主要是由于流动人口大多从事体力劳动，工作领域集中于劳动密集型产业，随着年龄增长，劳动者的体力逐渐变弱，导致其失业的可能性增大。受教育程度对流动人口失业具有显著的负向影响，相对于具有大学学历的流动人口，具有小学及以下、初中、高中/中专学历的流动人口失业概率分别高出 87.5%、40.7%、26.4%。婚姻状况方面，未婚者失业概率是已婚者的 1.334 倍。户籍方面，非农业户籍者失业概率是农业户籍者的 1.119 倍。

模型 2 在模型 1 的基础上加入了流动过程因素。回归结果显示，流动时间和流动范围对流动人口失业具有显著负向影响。从流动时间来看，流动时间为 3 年以下者、3 ~5 年者和 6 ~10 年者的失业概率分别比流动时间 10 年以上者低 26.6%、17.4%和 10.9%。这主要是由于随着流动时间的增长，工作经验、工作技能增加，职业地位不断提升，在流入地城市适应度更高，对工作岗位更加挑剔，对工作待遇、工作环境的要求逐渐提高，不愿意从事低端就业岗位，从而失业概率增大。从流动范围来看，流动距离越短，流动人口的失业风险越大。跨省流动者和省内跨市流动者的失业概率分别比市内跨县流动者低 36.4%和 7.8%。跨省流动者失业概率低于省内跨市和市内跨县流动者，这主要是流动距离的迁移成本差异造成的，长距离流动者的流动成本较高，对工作越不挑剔，降低了其失业风险。

模型 3 在控制了流动人口个人因素、流动过程因素的条件下，检验了流出地因素对流动人口失业的影响。从回归结果来看，各变量影响均显著。流出地地域方面，流出地为东部者和中部者的失业概率比流出地为西部者分别低 64.6%和 60%①。这是由于区域间发展不平衡，西部、中部地区的经济发展相较于东部地区比较缓慢，就业环境较差，形成了较大的人口向外推力，流动人口失业后仍在城市徘徊的可能性增大，失业概率也随之增大。从户籍地是否有耕地来看，有耕地者失业概率明显低于没有耕地者。耕地作为流动人口从城市返回农村的保障，降低了流动人口失业概率，而没有耕地者更容易受流出地向外推力的影响，在失去工作后，难以返回流出地继续以务农为生，进而失业风险更大。从流出地产业结构来看，相对于流出地产业结构为 0.4 及以下的流动人口来看，流出地产业结构为 0.41～0.49、0.5～0.59、0.6 及以上者失业概率分别要低 36.51%、34.09%和 34.88%。从流出地经济水平来看，流出地经济水平为 5 万～7.9 万、8 万～9.9 万和 10 万及以上的流动人口失业概率分别是流出地经济水平为 5 万以下者的 0.96 倍、0.93 倍和 0.89 倍。从流出地市场化水平来看，相对于流出地市场化水平为 0.28 及以下的流动人口而言，流出地市场化水平为 0.281～034、0.341～0.42 和 0.421 及以上的流动人口失业概率分别要低 23.13%、31.13%和 32.91%。城镇化水平方面，相对于流出地城镇化率为 0.35 及以下的流动人口而言，

① 结算公式为：P=1-（1/（1+exp（-0.404））），文中失业概率均采用该公式计算。

流出地城镇化率为 0. 351~0. 51、0. 511~0. 65 和 0. 651 及以上的流动人口失业概率分别要低 8. 78%、9. 97%和 14. 02%。从流出地支出收入比来看，流出地支出收入比为 0. 41~0. 6、0. 61~0. 8 和 0. 81 及以上的流动人口失业概率分别是流出地支出收入比在 0. 4 及以下流动人口的 1. 46 倍、2. 01 倍和 2. 17 倍。从对外开放程度来看，流出地对外开放程度为 0. 10 ~ 0. 13、0. 131~0. 32 和 0. 321 及以上的流动人口失业概率分别是流出地对外开放程度为 0. 09 及以下者的 89. 14 倍、79. 26 倍和 58. 68 倍。从流出地公共服务水平来看，相对于流出地公共服务水平在 0. 15 及以下的流动人口而言，流出地公共服务水平在 0. 151~0. 29、0. 30~0. 39 和 0. 40 及以上的流动人口失业概率要低 12. 89%、14. 87%和 18. 21%。由此可见，流动人口失业不仅受到流出地资源禀赋的影响，还受到流出地经济发展环境的影响，二者共同形成了人口向外流动的推力。流出地产业结构层级越高、经济发展水平越高、对外开放程度越高、市场化水平越高、城镇化率越高、支出收入比越小、公共服务水平越高，则人口向外流动的推力越小，工作不如意时回乡就业的可能性更大，降低了漂泊他乡的流动人口的失业概率，反之则失业风险增大。

模型 4 在控制了流动人口个人因素和流动过程因素后，检验了流入地因素对流动人口失业风险的影响。从回归结果来看，流入地各变量对流动人口失业均具有显著影响。在流入地地域方面，流入地为东部、中部者的失业概率分别比流入地为西部者低 65. 7%和 54. 1%。主要是因为东部地区经济环境要比中部和西部好，就业机会较多，降低了失业风险。流入地市场化水平对于流动人口失业具有显著负向影响，市场化水平越高，流动人口失业的可能性越低。因为流入地市场化水平高，说明城市的经济活力强，劳动力市场机制更完善，流动人口找到工作的概率更大。流入地城镇化率对流动人口失业具有显著负向影响，流入地城市化率越高，则劳动力市场规模越大，劳动力市场的稠密效应和学习效应能够降低失业风险。同时，由于流入地生活成本不同，生存压力也不一样，一般生存压力越大，失业率越小。为此，加入支出收入比这一变量来反映消除生活成本后的纯收益对流动人口失业的影响。回归结果显示，流入地支出收入比为 0. 41 ~0. 6、0. 61 ~0. 8 和 0. 81

及以下的流动人口失业概率分别比支出收入比为 0.4 及以上者高 37.54%、40.35%和 40.69%。这反映出流动人口在流入地支出收入比越小，储蓄越多，失业风险越低，反之则越高。可见，流动人口在流入地的经济状况越差，其工作的稳定性就越差，在入不敷出的情况下不得不通过频繁换工作来缓解经济压力。同时，流入地产业结构、经济水平和公共服务水平对流动人口失业具有显著的负向影响。即流入地产业结构越好、经济水平越高、公共服务水平越高，则就业岗位越多，就业政策越灵活，流动人口失业风险越低。

模型 5 给出了考虑流动人口个人因素条件下，流出地因素、流入地因素和流动过程因素对流动人口失业产生影响的相对程度。相对于模型 3，在进一步控制流入地因素和流动过程因素后，流出地因素回归系数仍然显著，但各变量回归系数变小。这表明流出地各因素对流动人口失业的影响有 19.49%①可以由流入地因素和流动过程因素解释。在流入地因素方面，模型 5 中各变量系数仍然显著，相对于模型 4 有增有减，但总体上影响程度有所下降。说明流入地各因素对流动人口失业的影响有 18.22%②可以由流入地因素和流动过程因素解释。同样，在模型 5 中流动过程各因素的回归系数也有所下降，即流动过程因素对流动人口失业的影响有 24.34%可以由流入地因素和流入地因素解释。在控制流入地和流出地因素后，相对于市内跨县流动者而言，跨省流动者失业风险降低了，省内跨市流动者失业风险上升了。这进一步验证了流入地、流出地和流动过程因素对流动人口失业的影响存在相互关系，即流动人口失业风险不是单一因素决定的，是流出地、流入地和流动过程各因素综合作用的结果。

（三）结论与政策启示

流动人口的失业问题关乎我国经济发展和城镇化水平的提高，流动人口

① （模型 3 中流出地各变量系数之和-模型 5 中流出地各变量系数之和）/（模型 3 中流出地各变量系数之和）。

② （模型 4 中流入地各变量系数之和-模型 5 中流入地各变量系数之和）/（模型 4 中流入地各变量系数之和）。

失业率的降低和就业稳定有助于我国城镇化水平的稳步提高和经济稳定增长。人口的大量迁移流动是与我国经济发展现状相适应的，而地区间的推力、拉力是人口迁移流动的重要动因。流动人口的自身特征和就业特征等，使其面临较大的失业风险。享受与流入地城镇居民同等就业权益是流动人口在流动之初就追逐的梦想，也是促进其融入城市的重要渠道。从表面来看，流动人口失业率较低，但进一步分析表明，这种优势受到流动人口个人因素、流入地因素和流动过程因素的制约，即流动人口较低的失业率是以牺牲岗位要求、长距离、高成本流动和较长的工作经验为代价获得的。

综合来看，流动人口失业受到多种因素的影响，除了流动人口的个人因素、流出地因素、流动过程因素对流动人口失业影响显著，流入地的宏观经济社会特征也对流动人口失业具有显著影响。在控制流动者个人因素后，流入地因素、流出地因素和流动过程因素对流动人口失业仍具有显著影响。流出地因素对流动人口失业的影响有 19.49%可以由流入地因素和流动过程因素解释，流入地因素对流动人口失业的影响有 18.22%可以由流出地和流动过程因素解释，而流动过程因素对流动人口失业的影响同样有 24.34%可以由流出地和流入地因素解释。所以在解决流动人口失业问题时，需要从流出地、流入地、流动过程和流动人口个体角度同步着手，比如针对有耕地的流动人口引导促进返乡创业，针对没有耕地的流动人口开展在流入地创业引导服务，合理引导人口流动，促进流动人口市民化，保障流动人口劳动权益等措施能够有效降低流动人口失业风险。同时，应开放劳动力市场，取消地方就业保护和进入门槛，加快城乡劳动力市场一体化建设，为劳动力自由流动营造良好环境。根据人口流动的流向、规模、分布趋势和群体特征，完善区域就业政策，有针对性、多层级、多目标地推进区域劳动力资源优化配置，从而降低流动人口失业风险。

为此提出如下建议。

第一，重视流动人口失业问题。以往研究认为流动人口在失去工作以后，就会选择回到流出地务农或者寻找其他就业机会。然而，近年来流动人口家庭化流动增多，居留意愿增强，流出地无耕地无宅基地者增多，失去工作后仍留在流入地待业的比例增加。流动人口失业问题关系流动人口家庭生活、婚姻、子女教育、父母赡养等，因而流动人口失业问题应该引起重视。

第二，加快中小城市发展，合理引导人口流动。完善流动人口的登记和监测工作，掌握城市流动人口规模和失业状况，为政府决策提供依据；在减少大城市对人口流动限制的基础上，合理引导流动人口在中小城市落户。一线城市对流动人口落户、子女教育、医疗等方面仍然存在一定限制，进而加剧了就业不公平现象。优化中小城市就业环境，完善创新创业服务平台建设，不仅能够促进流动人口就业，更能推动城市化进程。

第三，加快中西部发展，促进区域协调发展。不同区域的经济发展不平衡，是影响流动人口就业的重要因素，西部地区经济发展水平相对较低，流动人口失业率高。本部分研究发现 2018 年西部地区流动人口失业率达到 3.6%，而东部地区仅为 1.9%。应该加大对西部地区的投资力度，盘活西部地区的劳动力市场，增加就业岗位，进而降低流动人口失业率。

第四，提高流动人口受教育水平。流动人口个人禀赋显著影响流动人口失业，流动人口受教育水平越高，失业水平越低。流动人口受教育水平普遍偏低，在产业转型升级中，劳动者技能水平难以满足劳动力市场需求，增加了失业风险。因此，应该加强流动人口技能培训和再教育，进而提升流动人口人力资本存量，降低流动人口失业风险。

第五，保障流动人口权益，消除就业歧视。流动人口在流入地的就业行业、就业形式、社会保障等方面与流入地户籍人口存在较大差异。流动人口面临就业歧视，尤其是性别歧视，流动人口失业保险参保率一直处于很低的水平。因此，应该制定流动人口劳动权益保护政策，保证流动人口在流入地享受与本地户籍人口同等就业权益，促进流动人口融入城市生活。

第六，完善市场机制，提升市场化水平。研究发现流动人口失业率与流入地的市场化水平有关，整体上看，市场化水平越高，流动人口失业率越低。市场化水平越高，经济活力越强，能够提供更多的就业机会，从而降低了流动人口失业风险。政府应该加大外资引进力度，扩大对外开放，进一步扩大对外资开放的领域，完善劳动力市场机制，进而降低流动人口失业风险。

二　流动人口失业持续时间与影响因素

改革开放以来，我国经济的快速发展和城镇化进程的加快，推动了以青壮年劳动力为主的人口大规模流动，流动人口已经成为城镇人口中不容忽视的重要组成部分。对流动人口来说就业是最基本的生存保障，获得比较稳定的工作、比较满意的收入和实现比较满意的生活，是他们四处奔波、不断流动的主要动因。然而流动人口因为学历低、工作经验缺乏、在职培训机会少，极易在劳动力市场中遭遇失业。研究表明，流动人口群体性失业可能会带来较大的社会风险①，失业经历不仅增加了个人未来失业的可能性，还会大大降低个人未来的收入水平②。从整个社会来看，失业可能导致流动人口的反社会行为，如犯罪、吸毒和酗酒等。③ 在当前产业转型升级和重大疫情叠加影响下，就业形势变得更加严峻，那么流动人口的失业持续时间有什么群体特征？流动人口从农村向城市、从落后地区向发达地区流动就业过程中失业持续时间呈现何种规律？流动人口失业持续时间受到哪些因素影响？这些问题对于促进就业，建立并完善城乡一体化的劳动力市场机制，提升户籍人口城镇化率具有重要意义。为此，本部分本着提升全社会就业质量、促进流动人口社会融合的宗旨，对流动人口失业持续时间进行调查，分析流动人口失业持续时间的特征和群体差异，并探讨影响流动人口失业持续时间的主要因素。

---

① 魏红英、葛梅、张风华：《群体失业风险的政府管理机制研究》，华中科技大学出版社，2014，第 58~67 页

② Corcoran Mary, *The Employment and Wage Consequesces of Teenage Women's Non-Employment*, Chicago, IL: University of Chicago Press, 1982: 77-81.

③ Farrington David F. and Bernard Gallagher, "Unemployment, School Leaving, and Crime," *British Journal of Criminology*, 1986 (26): 335-356.

（一）问题的提出

关于流动人口失业问题，学术界已有颇多研究。总体来看，可以分为两类，一是关注失业和失业原因；二是关注失业导致的后果。从流动人口失业的原因来看，部分学者利用“推—拉”理论进行研究，指出流出地的推力和流入地的拉力是影响流动人口失业的主要原因[①]；部分学者从人力资本、社会支持和个人资本等方面分析了影响流动人口就业或失业的因素，发现人力资本（较低的学历、较差的阅读成绩、较少的家庭资源等）、社会支持（单亲家庭、家庭冲突、城市融入度低、人际关系差等）、个人资本（具有反社会行为倾向、户籍为农业、女性、未婚等）较弱者的失业率较高[②]。从流动人口失业的后果来看，流动人口长时间失业可能引起家庭冲突[③]；人力资本理论则认为流动人口失业减少了学习技能的机会，使个人在劳动力市场竞争中处于弱势[④]；劳动力市场分割理论认为雇主会利用雇员以前的失业经历作为分辨雇员较低生产能力的信号[⑤]。

对失业持续时间的研究可以追溯至 20 世纪 70 年代，21 世纪以来，对失业持续时间的研究出现了小高潮。[⑥] 失业持续时间和劳动力再就业往往呈负相关关系，意味着失业持续时间越长，劳动力再就业概率也就越低。万博格（Wanberg）指出失业人员的社会关系网直接影响失业人员再就业的概

---

① 杨凡、杜姗姗、陶涛：《中国流动人口失业状况及其影响因素——基于 2015 年全国 1%人口抽样调查数据的分析》，《人口研究》2018 年第 4 期，第 14~26 页。

② 徐玮、杨云彦：《流动人口失业特征、分布及影响因素分析》，《人口与发展》2016 年第 4 期，第 10~18 页。

③ Conger Rand D. and Glen H. Elder Jr. , *Families in Troubled Times: Adapting to Change in Rural Amercan*, Chicago, IL: Aldine, 1994: 61-70.

④ G. S. Becker, *The Economic Approach to Human Behavior*, Chicago: The University of Chicago Press, 1999: 99-105.

⑤ Parcel, Toby L. , *Theories of the Labor Market and Employment of Youth*, CT: JAI Press, 1987: 84-91.

⑥ 胡永远、余素梅：《大学毕业生失业持续时间的性别差异分析》，《人口与经济》2009 年第 4 期，第 43~47 页。

率，从而缩短他们的失业时间。[①] 坎弗（Kanfer）等在研究德国西部失业者失业持续时间的影响因素时，发现工作经验对失业持续时间有很大的负向影响。[②] 菲岑贝格（Fitzenberger）等利用生存分析中的 Kaplan-Meier 分析方法，验证了失业持续时间和未来收入二者之间存在正相关关系。[③] 乔安娜·兰德梅瑟（Joanna Landmesser）研究发现职业培训的时间对再就业概率具有正向影响，会缩短失业持续时间的长度。部分研究还发现失业人员的性别、受教育程度、身体状况和心理承受能力等个人特征都会显著影响失业者的失业持续时间。[④] 西蒙·阿普尔顿（Simon Appleton）等利用参数估计法对我国下岗职工再就业这一问题进行研究，发现受教育程度、身体健康等条件较差，且有孩子的劳动者的再就业概率比其他人低，这也表明这一类型的女性劳动者会比其他人失业持续时间更长。[⑤]

部分学者还从人口学的学科角度对失业持续时间进行探究，得出失业持续时间服从 Logist 分布，性别和婚姻这两者并非影响失业持续时间的主要因素，而是失业者是否为已婚女性这一变量的结论。流动人口个体的受教育水平、职业培训、身体状况、年龄、工作寻找方式、工资及换工作次数对失业持续时间有明显的影响。[⑥] 从劳动者就业权益角度来看，学者们认为失业保险的给付期限和发放标准对失业持续时间具有显著正向影响。[⑦] 但也有部分

---

① C. R. Wanberg, "A Longitudinal Study of the Effects of Unemployment and Quality of Reemployment," *Journal of Vocational Behavior*, 1995 (1): 55-61.

② R. Kanfer and C. R. Wangberg, "Job Search and Employment: A Personality-motivational Analysis and Meta-analytic Review," *The Journal of Applied Psychology*, 2001 (5): 837-855.

③ B. Fitzenberger and R. A. Wilke, "New Insights into Unemployment Duration and Post Unemployment Earnings in Germany," *Oxford Bulletin of Econmics &Statistics*, 2010 (6): 794-826.

④ Joanna Landmesser, "The Impact of Vocational Training on the Unemployment Duration," *International Advances in Economic Research*, 2011 (1): 89-100.

⑤ Simon Appleton、John Knight、Lina Song、夏庆杰等：《城镇职工失业下岗持续时间的半参数计量经济学分析》，《中国劳动经济学》2006 年第 3 期，第 3~24 页。

⑥ 王铭：《人力资本对新生代农民工失业持续时间的影响研究》，《时代金融》2016 年第 35 期，第 248~256 页。

⑦ 梁斌、冀慧：《失业保险如何影响求职努力？——来自“中国时间利用调查”的证据》，《经济研究》2020 年第 3 期，第 179~197 页。

学者认为失业救济金对失业持续时间影响为负或者没有显著影响。[①] 赵卓娟和杨俊孝进一步绘制了失业者的生存曲线，发现接受过再就业技能培训、获取再就业信息对失业人员再就业有很明显的正向影响。[②]

综上，可以看出流动人口失业问题渐成学术热点，虽然研究方向上表现出多样性和不稳定性，但学术兴致的指向是明确的。然而仍存在需要进一步拓展的内容：首先，已有对流动人口就业或失业问题的研究往往注重某一调查时点的静止状态研究，对时间维度的关注较少，无法阐明从失业状态向就业状态转变的动态机制。因此，本部分以失业持续时间为研究对象，并探究流动人口失业持续时间群体差异性的外在表现和内在机制。其次，目前已有文献对失业持续时间的研究更多的是关注具有城镇户籍的劳动力或者大学生群体，对流动人口关注不够，流动人口失业持续时间状况始终处于社会支持和公共政策的边缘地带。因此，本文尝试从人力资本和社会支持角度将流动人口纳入城镇失业调查、失业救济、失业预防、社会保障等就业公共服务体系中进行考察。那么流动人口人力资本、社会支持与失业持续时间之间究竟是什么关系？教育、技能培训、就业服务和社会保障等是否能够缩短流动人口失业持续时间？各影响因素之间又是如何相互作用的？这些成为本课题要解决的重要问题。

（二）研究设计

1. 理论框架与假设

流动人口人力资本是指体现在流动人口身上的资本，包括流动人口的文化知识、技能、经验、健康状况、流动经历等因素[③]，在一定程度上反映了流动人口的就业能力，直接影响流动人口就业岗位的获取方式、新技术学习能力和就业质量。其中，受教育程度作为衡量人力资本水平的重要指标之

---

① Shi Li and John Whalley, "China's Higher Education Expansion and Unemployment of College Graduates," *China Economic Review*, 2014（5）：24-31.

② 赵卓娟、杨俊孝：《基于生存分析的社区教育促进失业人员再就业研究》，《成人教育》2015 年第 6 期，第 22~25 页。

③ 段成荣、刘涛、吕利丹：《当前我国人口流动形势及其影响研究》，《山东社会科学》2017 年第 9 期，第 63~69 页。

一，既是个人综合能力的反映，也是个人未来职业发展的基础，拥有较高学历的流动人口不仅在就业机会上占有较大优势，也具有较强的社会交往和社会融合能力[①]，增加了其与社会上其他人群交往的可能性，拥有在失业后寻找下一份工作的能力。但是以往研究不能推演出人力资本水平越高，失业持续时间越短，也不能得出受教育程度的提升会缩短失业持续时间的结论。因为人们对工作的性质和收入期望存在群体差异，人们的就业目标不仅仅是找到工作，而且是找到自己能接受的满意工作。从培训人力资本和健康人力资本来看，流动人口主要在劳动密集型行业就业，对技能和身体素质要求较高[②]，拥有一技之长和健康的体魄是他们获得工作机会的有利砝码。故此提出研究假设 1：文化人力资本、健康人力资本、培训人力资本有利于缩短流动人口失业持续时间。研究假设 2：健康人力资本和培训人力资本对流动人口失业持续时间的影响程度强于文化人力资本。研究假设 3：由于学历越高，再就业的工作预期越高，控制工作预期之后，文化人力资本难以缩短流动人口失业持续时间。

社会支持是指从社会关系网络中得到的来自他人的各种帮助与所需资源[③]，它可以提高自身对环境的适应能力和对变化的应对能力。按支持来源性质可以划分为正式支持和非正式支持，按功能可以划分为情绪支持、实质支持、讯息提供、知识性支持和评价性支持。按支持层次可以划分为宏观支持和微观支持，宏观支持受到宏观制度的影响，每个个体嵌入在制度框架之中，其获得的社会支持与制度密切相关。中国传统的城乡二元机制，导致大量流动人口在城市中难以公平地享受就业公共服务、社会保障，这已经成为

---

① 杨祯容、高向东：《农民工失业保险的风险分析与对策研究》，《社会保障研究》2017 年第 6 期，第 53~59 页。

② 王晓峰、张幸福：《流动范围、就业身份和户籍对东北地区流动人口城市融入的影响》，《人口学刊》2019 年第 2 期，第 43~53 页。

③ 刘涛、丰长传、仝德：《人力资本、社会支持与流动人口社会融入——以北京市为例》，《人口与发展》2020 年第 2 期，第 11~22 页。

流动人口失业的重要影响因素。[①] 微观层面来看，流动人口很大一部分依靠乡土社会关系网络获得城市中的新职业，以往研究证明，流动人口在寻找工作的过程中主要依靠原有的社会关系网络。[②] 但是，流动人口进入城市之后，原来的乡土社会关系网络的局限性就会显示出来。波茨曾经指出，原来的社会关系网络存在一定缺陷，例如社会网络同质性太强，存在排斥外来者的可能性。流动人口需要建立新型社会关系网络。一个拥有新型社会关系网络的成员，可以获得更多的再次得到工作机会的信息。故此本课题将社会支持从宏微观角度划分为就业服务型社会支持、社会保障型社会支持、人际关系型社会支持，并在此基础上提出研究假设 4：社会支持有利于缩短流动人口失业持续时间，有助于高学历流动人口找到预期的理想工作。研究假设 5：人力资本有利于强化流动人口社会关系网络，并从中获得更多的社会关系方面的支持，进而缩短失业持续时间。研究假设 6：就业服务型社会支持和社会保障型社会支持对人力资本水平较低群体失业持续时间的抑制效应更强；人际关系型社会支持能够增强文化人力资本对流动人口失业持续时间的抑制效应。

2. 数据来源

本部分的数据来源同第四章，主要来源于课题组 2020 年 6~9 月对上海、北京、河北等 12 个省份流动人口失业状况的调查问卷。该问卷不仅调查了当前处于失业状态的流动人口，而且对当前就业流动人口的失业经历进行了调查。调查按照多阶段、分层与规模成比例的方法进行抽样，以在流入地居住 1 个月以上、非本市（区）户口且年龄在 16~59 岁的经济活动人口为调查对象，共收回 7430 份调查问卷。经过筛选和删除无效样本后，共得到与本研究主题相关的 4014 个有效样本。调查结果显示流动人口失业率为 3.33%，单次失业时间平均为 51.11 天，年平均失业次数为 1.49 次，并且流动人口失业持续时间存在明显的群体差异。

---

① 马莉萍、丁小浩：《高校毕业生求职中人力资本与社会关系作用感知的研究》，《清华大学教育研究》2010 年第 1 期，第 84~92 页。

② 杜凤莲、董晓媛：《中国城镇人口失业持续时间的性别差异》，《世界经济文汇》2006 年第 2 期，第 1~10 页。

3. 变量选取

（1）因变量

失业持续时间是本文的被解释变量。根据调查问卷中的问题“您最近一次失业发生后，经过多长时间又重新找到工作”来判断其失业持续时间。对于失业的界定，按照国际劳工组织（ILO）的统计标准，凡是在规定年龄且一定时间内（两周）同时具有下列情况的均属于失业人口：①没有工作，即在调查期间没有从事有报酬的劳动或自我雇佣；②当前可以工作，有劳动能力；③有工作的意愿。将调查时点处于失业状态的流动人口，定义为等待再就业的失业人员，以其上一次失业时间测量其失业持续时间，如果没有失业经历则删除该样本；将调查时点处于就业状态，但具有失业经历的流动人口，定义为已经实现再就业人员，失业持续时间是指最近一次失业后至再就业的时间间隔。

（2）自变量

一般来讲，流动人口失业持续时间是由失业者获得的失业机会和失业者接受工作机会的概率决定的，而影响这两个概率的因素包括失业人口的个人特征、地区劳动力需求状况、个人工作搜寻能力和社会支持等多个因素。本课题参考以往研究成果，构建了基于人力资本和社会资本视角的分析框架，模型中的主要解释变量分为三类。第一类是人力资本因素，包括健康状况、受教育年限、技能培训（用问卷中“您失业前后是否参加了技能培训”衡量）；第二类是社会支持因素，包括人际关系（通过问卷中的问题“找工作中，给您提供帮助的人和您都是什么关系”测量）、就业服务（通过问卷中的问题“找工作中，就业机构是否给您提供了帮助”测量）、社会保障（用问卷中“是否参加失业保险”衡量）；第三类是控制变量，包括户口性质、婚姻、性别、年龄、流动范围、工作满意度、居留意愿、家庭流动人数（用问卷中“和谁一起流动”与“和您都是什么关系”来衡量，独自流动家庭成员为 1，如果有配偶、子女、父母、岳父岳母、兄弟姐妹等，则根据实际情况确定家庭成员数）和工作预期（用问卷中“您现在或曾经的工作与自己的预期相比怎么样”来衡量），具体如表 5-3 所示。

表 5-3 变量赋值与样本描述

变量类型	变量名称	变量说明	均值	标准差
失业时长	失业持续时间	连续变量(天)	51.11	1.045
人力资本	健康状况	不健康=0;健康=1	0.757	0.428
	受教育年限	连续变量(年)	14.543	2.501
	技能培训	没参加过=0;参加过=1	0.482	0.500
社会支持	人际关系	同乡给予帮助=2;本地人给予帮助=1;其他省份流动人口给予帮助=0	1.761	0.614
	就业服务	接受过=1,没接受过=0	0.311	0.003
	社会保障	无失业保险=0;有失业保险=1	0.488	0.497
个体特征	性别	男=0;女=1	0.510	0.500
	年龄	连续变量(岁)	31.86	7.059
	户口性质	农业户口=0;非农业户口=1	0.525	0.499
流动特征	流动范围	省内流动=0;跨省流动=1	0.783	0.412
	家庭流动人数	连续变量(人)	1.655	0.823
	居留意愿	否=0;是=1	0.692	0.461
	工作预期	没有达到预期=0;达到预期=1	0.552	0.112
	工作满意度	不满意=0;满意=1	0.431	0.495

4. 模型选取

本课题主要关注流动人口在流入地的失业持续时间问题，而流入地的区域特征对其失业持续时间具有一定的影响，又存在变量选取偏差，所以采用固定效应模型来控制观测不到的因素。其基准模型如下：

$$FUT_{it} = \beta_0 + \alpha_i + \beta_1 CAP_{it} + \beta_2 SSP_{it} + \sum \beta_j X_{it} + \mu_{it} \quad (5-6)$$

式中，FUT_{it}为 i 城市第 t 个流动人口的失业持续时间，α_i 为区域固定效应，设置为地区哑变量，用来控制观测不到的不随个体变化的区域特征。CAP_{it}为 i 城市第 t 个流动人口人力资本变量，SSP_{it}为 i 城市第 t 个流动人口社会支持变量。X_{it}为影响流动人口失业持续时间的其他变量，μ 为随机扰动项。

5. 流动人口失业持续时间的分布特征

从调查数据来看，失业时间在 3 个月以内的流动人口数量是最多的。从性别来看，男性失业持续时间在3个月以内的比例要大于女性流动人口，而女性流动人口失业持续时间在3个月及以上的比例要高于男性流动人口。失业持续时间在3个月以内的男性和女性流动人口占比分别为73.47%和70.34%，而失业时间在3个月及以上的男性和女性流动人口，分别占26.53%和29.66%。从年龄方面看，16~25岁流动人口失业持续时间最短，16~25岁流动人口失业持续时间在3个月以内的占比为77.57%，失业时间3个月及以上的占比为22.43%，46~59岁流动人口失业持续时间最长，失业3个月以内的占比为51.61%，失业3个月及以上的占比为48.39%。受教育程度方面，大专及以上学历的流动人口比其他学历的流动人口失业持续时间要短，其中大专及以上学历者失业持续时间在3个月以内的占比为72.40%，失业持续时间在3个月及以上的占比为27.60%，而初中及以下学历的流动人口失业持续时间在3个月以内的占比为64.29%，在3个月及以上的占比为35.71%（见表5-4）。

表5-4　流动人口失业持续时间特征

单位：%

变量		失业持续时间		
		3个月以内	3个月及以上	合计
性别	男	73.47	26.53	100
	女	70.34	29.66	100
年龄	16~25岁	77.57	22.43	100
	26~45岁	71.78	28.22	100
	46~59岁	51.61	48.39	100
受教育程度	初中及以下	64.29	35.71	100
	高中/中专	73.17	26.83	100
	大专及以上	72.40	27.60	100
婚姻状况	未婚	76.64	23.36	100
	已婚	69.29	30.71	100
健康状况	不健康	60.00	40.00	100
	健康	72.53	27.47	100
户口性质	农业户口	77.49	22.51	100
	非农业户口	66.13	33.87	100

婚姻状况、健康状况以及户口性质方面，调查样本同样存在失业持续时间差异。婚姻状况方面，未婚流动人口失业时间在3个月以内的占比大于已婚流动人口。这意味着未婚流动人口失业持续时间可能更长，而已婚流动人口失业持续时间可能比较短。健康状况方面，健康流动人口失业持续时间在3个月以内的占比为72.53%，而不健康流动人口的占比为60.00%，这也意味着健康流动人口较不健康流动人口失业持续时间更短。从户口性质来讲，农业户口的流动人口失业持续时间在3个月以内的占比高于非农业户口流动人口，农业户口流动人口失业持续时间在3个月及以上的占比为22.51%，而非农业户籍者的占比为33.87%，这表明农业户籍者的失业持续时间较非农业户籍者更短。这是因为农业户口的流动人口多数是为了生计和家庭收入流动，吃苦耐劳能力更强，多数人会在失业后尽快找到自己能做的工作。

6.模型估计结果

（1）基准模型回归结果

从表5-5中模型1回归结果可以看出，各人力资本变量对流动人口失业持续时间均具有显著的负向影响，这与研究假设1相一致。在模型3添加个体特征、流动特征等控制变量后，健康人力资本和培训人力资本的结果依旧稳健，对流动人口失业持续时间均具有显著的抑制效应；但文化人力资本的回归系数不再显著，表明流动人口失业时间长的主要原因不是学历低，而是找不到符合预期收入且满意度较高的工作，这证明了研究假设3。从模型5回归结果可以看出，加入社会支持变量后，文化人力资本对流动人口失业持续时间再次具有显著抑制效应，这表明高学历流动人口如果打算找到符合预期的比较满意的工作仅仅依靠自己的文化人力资本是不够的，还需要一定的社会支持，这也证明了研究假设4。在模型5中人力资本各变量对流动人口失业持续时间影响最大的是培训人力资本，参加技能培训的流动人口比不参加培训者失业持续时间少0.297个单位；其次是健康人力资本，健康流动人口比不健康流动人口失业持续时间少0.162个单位；而文化人力资本对流动人口失业持续时间的影响程度最小，这也再次佐证了研究假设1，同时证明了研究假设 2。与已有研究[①]相比，文化人力资本的作用偏小，主要是因为已有研究对象为城镇户籍人口或大学生，而本文的研究对象是流动人口，文化程度偏低直接形成了流动人口人力资本劣势。大多数流动人口进入城市后，只能从事较低层次的职业，难以从事技术性较强和难度较大的高端职业，这也是造成培训人力资本和健康人力资本对流动人口失业持续时间抑制效应要大于文化人力资本的主要原因。故此，增加流动人口培训人力资本，解决健康不平等问题是缩短其失业持续时间，增加其收入，提升其就业质量的关键。

表 5-5　流动人口失业持续时间影响因素的 OLS 回归结果

变量	模型 1	模型 2	模型 3	模型 4	模型 5
健康状况	-0. 315***		-0. 177***		-0. 162**
受教育年限	-0. 028***		-0. 029		-0. 051***
技能培训	-0. 440***		-0. 325***		-0. 297***
人际关系		-0. 176***		-0. 099***	-0. 109***
就业服务		-0. 157***		-0. 059***	-0. 055**
社会保障		-0. 220***		-0. 203***	-0. 146**
流动范围			-0. 688***	-0. 698***	-0. 863***
家庭流动人数			0. 114***	0. 155***	0. 107***
工作预期			0. 109***	0. 262***	0. 118***
居留意愿			-0. 227***	-0. 069*	-0. 235***
工作满意度			-0. 330***	-0. 258***	-0. 246***
性别			0. 115***	0. 062*	0. 055**
户口性质			0. 362***	0. 289***	0. 338***
年龄			0. 109***	0. 140***	0. 194***
年龄的平方			-0. 001***	-0. 002***	-0. 003***
样本量	4014	4014	4014	4014	4014
调整 R^2	0. 159	0. 163	0. 171	0. 182	0. 195

注：*、** 和 *** 分别表示拟合结果在 10%、5%和 1%的显著性水平上显著。

① 丁小浩、李莹：《待业时间与受教育程度的生存分析》，《教育发展研究》2006 年第 17 期，第 18~23 页。

从社会支持各变量来看，宏微观社会支持均对流动人口失业持续时间具有显著的抑制效应，但存在明显的强弱差异，这证明了研究假设 4 的主要假设。首先，社会保障型社会支持对流动人口失业持续时间具有显著的负向影响，参加失业保险的流动人口比没有参加者失业持续时间少 0.146 个单位。这一结论与 Li Shi 等的研究结论一致，即失业者从政府或者前雇主那里获得失业救济金不是降低而是提高了失业者再就业的条件概率，因为政府或者前雇主为了减轻自己的压力会努力帮助失业者寻找工作。这也与流动人口群体特征和就业特征相关，比如梁斌等指出失业保险金通过补贴搜寻成本促进了搜寻成本较低的失业者的求职努力。[①] 同时这也离不开失业保险的功能性支持，我国《失业保险条例》指出“失业保险制度是通过立法强制实行，由社会集中建立基金，对非因本人意愿中断就业而失去工资收入的劳动者提供一定时期资金帮助和再就业服务”。失业保险不仅具有保障基本生活的功能，而且具有促进就业，帮助失业者尽快实现再就业的功能。所以社会保障型社会支持有利于缩短流动人口失业持续时间。其次，就人际关系型社会支持而言，相对于人际关系较差的流动人口，人际关系较好的流动人口失业持续时间要低 0.109 个单位。这说明流动人口在城市中的新型社会关系形成了一种就业优势，是影响其适应城市、融入城市，进而缩短失业持续时间的重要因素，这也与社会支持理论预期一致。最后，就业服务型社会支持对流动人口失业的影响也非常显著。享受就业服务的流动人口比没有享受就业服务者失业持续时间少 0.055 个单位。事实上，大量流动人口漂泊他乡，导致社会关系变迁或重组，在相对生疏的城市中就业信息获得受限，使他们对实现就业或再就业的渠道十分困惑。获得城市中的就业信息服务、咨询服务、指导服务、介绍服务、委托服务和再就业培训对其缩短失业持续时间尤为重要，对他们来说享受这些服务要比给予现金救济还重要。

从人力资本与社会支持协同作用来看，表 5-5 模型 5 与模型 3、4 相比，

---

① 梁斌、冀慧：《失业保险如何影响求职努力？——来自“中国时间利用调查”的证据》，《经济研究》2020 年第 3 期，第 179~197 页。

调整 R^2 明显变大，这说明人力资本与社会支持的协调作用提升了对因变量的解释力度。与模型 3 相比，模型 5 中健康人力资本和培训人力资本对失业持续时间的抑制效应降低，可见健康和培训人力资本对失业持续时间的影响有一部分来自社会支持，它们之间具有部分替代效应。文化人力资本对失业持续时间的抑制效应由不显著变为显著，即流动人口内部存在较大的文化人力资本群体差异，控制社会支持变量后，文化人力资本的作用进一步显现出来。表明社会支持可以提升流动人口工作搜寻能力，使其尽快找到比较满意且符合预期收入的工作，这说明二者之间存在互补效应，这再次佐证了研究假设 4。

表 5-5 模型 5 与模型 4 相比，加入人力资本变量后，就业服务和社会保障方面的社会支持对失业持续时间的抑制效应变小，说明就业服务和社会保障方面的社会支持对失业持续时间的影响部分来自人力资本，这说明它们之间存在部分替代效应。但相比于模型 4，模型 5 中人际关系方面的社会支持对失业持续时间的抑制效应变大，即流动人口在人际关系型社会支持方面存在较大的群体差异，控制人力资本后，这种差异进一步显现出来，即文化人力资本越高，越可能具有较好的人际关系。这进一步佐证了研究假设 5。

从个体特征控制变量来看（表 5-5 模型 5），女性流动人口失业持续时间比男性更长，城城流动人口比乡城流动人口失业持续时间更长。性别差异主要是因为流动人口所处的劳动力市场对男性偏好造成的；户籍差异主要是由于城城流动人口对工作岗位和工作环境的要求比乡城流动人口更加苛刻，在就业岗位选择中更挑剔，这与已有研究结论相一致。[①] 年龄方面，年龄与流动人口失业持续时间呈现倒 U 形关系，随着年龄的增长，失业持续时间会变长，当达到一定年龄（39 岁）后，随着年龄的增长，失业持续时间会缩短，这与已有城镇户籍人口失业持续时间与年龄呈正 U 形结论不一致。主要是因为 39 岁之前流动人口凭借年龄优势、体力优势对工作预期更高，他们有理想、有目标，无所畏惧，更希望能够出人头地，找到一份体面的满意的工作，流动性更大，导致失业持续时间较长；39 岁之后的流动人口则

① 小向：《失业持续时间》，《中国就业》2014 年第 10 期，第 13 页。

变得更加稳重、更加成熟，体力和健康优势也出现了下滑，理想和目标基本定形，工作预期和梦想有所弱化，在失业后凭借积累的经验和一技之长能够较快地实现再就业。流动人口这一特性与城市户籍人口具有较大差异，城市户籍人口随着年龄的增长，对工作预期会出现较大幅度的提升，凭借稳定的住所、积累的收入和禀赋优势，年龄越强，工作挑剔性越强。

从流动特征控制变量来看（表 5-5 模型 5），流动范围、居留意愿和工作满意度对流动人口失业持续时间具有显著的负向影响，主要是因为这些变量能够改善就业环境、增加就业机会、提升就业积极性。家庭流动人数和工作预期对流动人口失业持续时间具有显著的正向影响。家庭作为个人抵御风险的传统社会手段，是流动人口情感和经济支持的重要来源，随着流动人口家庭化流动的增多，以男性为主的独自流动模式正在被以家庭为主的家庭化流动模式所替代。家庭流动人数的增多，增强了流动人口在劳动力市场上的竞争力，但也使流动人口在失业后返乡或流动的可能性下降，同时家庭成员共同分担经济负担和相互帮助在一定程度上会导致流动人口失业持续时间的延长。相关研究认为家庭收入、已婚会降低失业者再就业概率[①]，这也与本文的研究结论一致。

（三）稳健性检验

表 5-5 基准回归模型 5 中虽然考虑到流动人口个人特征、流动特征等控制变量，但仍可能遗漏某些重要变量而导致内生性问题，为此，对回归结果进行稳健性检验。第一，在基准模型中加入“政治面貌”“收入”“户籍地宅基地面积”“户籍地耕地亩数”等变量作为新增控制变量。检验结果发现，加入新增控制变量后，人力资本、社会支持与流动人口失业持续时间的关系及其显著性并未发生变动，人力资本、社会支持仍对流动人口失业持续时间具有显著的抑制效应（见表 5-6 模型 1）。第二，针对培训人力资本以往均采用“是否接受过技能培训，接受过多少次”等问题来衡量。接下来

① 杜凤莲、董晓媛：《中国城镇人口失业持续时间的性别差异》，《世界经济文汇》2006 年第 2 期，第 1~10 页。

采用流动时间来代替培训人力资本。流动人口在流动中受到大城市技术外部性、劳动力市场稠密效应和学习效应的影响，实现了“见世面”“干中学”“长本领”，进而增强了自身在劳动力市场中的竞争力，但这也使其社会融入水平更高，部分流动人口就业能力甚至超越当地户籍人口，使他们在熟悉城市劳动力市场后，凭借自己的流动经历获得更多的就业机会。从表 5-12 模型 2 和模型 3 可以看出，采用不同指标衡量培训人力资本，估计结果仍然稳健，即技能培训对流动人口失业持续时间具有显著的负向影响。第三，本课题进一步将流动人口失业持续时间进行分组，根据失业时间长短，分别将 10 天及以内、11～20 天、21～30 天、31～40 天、41～50 天、51～60 天、61 天及以上赋值 1、2、3、4、5、6，7，并采用 Ordinal Logistic 模型进行回归，检验结果显示人力资本与社会支持对流动人口失业持续时间仍具有显著负向影响（见表 5-6 模型 4、模型 5）。

表 5-6　人力资本、社会支持与失业持续时间的稳健性检验结果

变量	模型 1	模型 2	模型 3	模型 4	模型 5
健康状况	-0.196***	-0.138***	-0.114***	-0.210***	-0.163**
受教育年限	-0.023***	-0.035***	-0.021***	-0.018***	-0.027***
技能培训	-0.296***	-0.389***	-0.337***	-0.286**	-0.211***
人际关系	-0.129***	-0.069***	-0.067***	-0.062***	-0.033***
就业服务	-0.092***	-0.086***	-0.120***	-0.136**	-0.115**
社会保障	-0.110***	-0.173***	-0.184***	-0.046***	-0.096**
其他变量	YES	YES	YES	YES	YES
新增变量	YES	NO	YES	NO	YES
样本数	4014	4014	4014	4014	4014
调整 R^2	0.282	0.220	0.187	0.179	0.206

注：显著水平，* 代表通过 10%检验，** 代表通过 5%检验，*** 代表通过 1%检验。

（四）内生性检验

反向因果关系和样本选择偏差可能会导致内生性问题，已有研究表明失业持续时间受人力资本和社会支持的影响，同时长时间失业也可能导致人力资本和社会支持弱化。[①] 前文在研究中，采用“找工作中提供帮助的人”来衡量人际关系方面的社会支持，采用“是否接受培训”来衡量培训人力资本，可能与流动人口失业持续时间存在反向因果关系，即失业持续时间越长的流动人口在人际关系方面获得的社会支持越少，接受技能培训机会就越少，进而可能造成估计偏误。另外，流动人口本身是一个特殊群体，这个群体是否参加社会保险、是否参加技能培训、是否享受就业服务、自评健康状况可能存在样本选择性偏差，为此针对上述问题分别使用工具变量法和倾向值得分匹配方法，对回归结果进行进一步检验。

一个良好的工具变量需要满足两个条件，一是工具变量和内生变量具有强相关性；二是工具变量要外生于经济模型。只有满足这两个条件，两阶段最小二乘法才会优于最小二乘回归。参考已有研究，本课题将“父母受教育程度”“流入城市等级”分别作为个人社会关系和技能培训的工具变量。父母受教育程度是衡量个人就业能力的一个重要指标[②]，而流入城市等级（采用吴波等的划分方法[③]）反映了一个城市劳动力市场的规模效应和学习效应，城市等级越高，流动人口接受技能培训的机会越多，越容易实现人力资本提升，这两个指标满足外生条件，又与流动人口个人获得的社会支持、提升人力资本具有很强的相关性，且不直接影响当前流动人口失业持续时间，是一个合适的工具变量。表 5-7 模型 1 和模型 2 第一阶段检验结果显示 F 值分别为 922.74、791.38，远大于 10 的标准值，表明父母受教育程度、流入城市等级均是非常强的工具变量，不存在弱工具变量问题。表 5-7 中模型 1 采用父母受教育程度作为人际关系的工具变量，模型 2 采用流入城市等级作为技能培训的工具变量。两阶段最小二乘回归结果显示人力资本和社会支持对流动人口失业持续时间具有显著的抑制效应。

---

① 翟振武、王宇、石琦：《中国流动人口走向何方?》，《人口研究》2019 年第 2 期，第 6~11 页。

② 吴愈晓：《社会关系、初职获得方式与职业流动术》，《社会学研究》2011 年第 5 期，第 128~152 页。

③ 吴波、陈霄、李标：《城市规模的工资溢价——基于全国流动人口动态监测数据》，《南方经济》2017 年第 11 期，第 69~84 页。

表 5-7　人力资本、社会支持与失业持续时间的内生性检验结果

变量	模型 1	模型 2	模型 3	模型 4	模型 5	模型 6
健康状况	-0.201***	-0.228***	-0.153***	-0.021***	-0.191**	-0.153***
受教育年限	-0.027***	-0.025***	-0.019***	-0.115***	-0.016***	-0.031***
技能培训	-0.324***	-0.332***	-0.034***	-0.233***	-0.342***	-0.249***
人际关系	-0.170***	-0.155***	-0.280***	-0.164***	-0.215***	-0.151***
就业服务	-0.020***	-0.132***	-0.103***	-0.108***	-0.015**	-0.116***
社会保障	-0.065***	-0.049***	-0.152***	-0.094***	-0.096**	-0.039***
其他变量	YES	YES	YES	YES	YES	YES
倾向值得分			-4.416***	-6.921***	-5.643***	-4.337***
样本数	4014	4014	3867	3718	3772	3821
调整 R^2	0.185	0.198	0.209	0.236	0.217	0.223

注：显著水平，* 代表通过 10%检验，** 代表通过 5%检验，*** 代表通过 1%检验。

为了解决选择性偏误问题，借助 PSM 方法，分别以流动人口技能培训、健康状况、就业服务、社会保险参保为识别变量，对个体特征变量进行近邻匹配检验。运用 Probit 模型分别计算流动人口接受技能培训、自评健康、享受就业服务、参加社会保险的倾向值得分，把倾向值得分分别作为新变量纳入回归模型中，实验组的平均处理效应模型如下：

$$ATT = E[Y_i(1) - Y_i(0) \mid D_i = 1] = E[Y_i(1) \mid D_i = 1] - E[Y_i(0) \mid D_i = 1]$$

其中，E 代表效应，Y_i（1）和 Y_i（0）分别为选择接受技能培训、自评健康、享受就业服务、参加社会保险和未接受技能培训、自评不健康、未享受就业服务、未参加社会保险的流动人口失业持续时间。Y_i（1）和 Y_i（0）的差为接受技能培训、自评健康、享受就业服务、参加社会保险和未接受技能培训、自评不健康、未享受就业服务、未参加社会保险的流动人口的失业持续时间差距。D_i为一个干预状态函数，接受技能培训、自评健康、享受就业服务、参加社会保险则赋值为 1，否则为 0。

表 5-7 模型 3、4、5、6 分别为以流动人口技能培训、健康状况、就业服务、社会保险参保为识别变量的最邻近匹配回归结果。倾向值得分大于 0，表明模型 3、4、5、6 均存在选择性偏误，而且倾向值对流动人口失

业持续时间具有显著的负向影响。在控制流动人口个体选择性偏误后，接受技能培训、自评健康、享受就业服务、参加社会保险的流动人口比未接受技能培训、自评不健康、未享受就业服务、未参加社会保险的流动人口失业持续时间少1.5%~3.9%。与OLS回归结果和IV回归结果一致，人力资本和社会支持各变量均通过显著性检验，平均处理效应（*ATT*）为正值，表明控制选择性偏误后，各变量（技能培训、健康状况、就业服务、社会保险参保）仍然对流动人口失业持续时间产生了显著的抑制效应，再次证明了研究结果的稳健性。

综合来看，通过采用多种方法对人力资本和社会支持对失业持续时间的影响进行了稳健性检验，所有结果均表明人力资本和社会支持对流动人口失业持续时间具有显著的抑制效应。按照劳动力市场信息对称的原则，流动人口失业持续时间不应该存在较大的群体差异。但由于户籍制度以及隐含在背后的福利制度，导致就业歧视、就业公共服务获取难、就业培训和职业健康难以保障，进而导致劳动力市场信息不对称。流动人口在失业后能否尽快实现再就业，取决于个人的就业能力和能否获取就业信息、再就业培训、社会保障等社会支持。一般而言，人力资本、社会支持越多，则就业岗位越好，失业持续时间越短，反之则相反。

（五）人力资本和社会支持对流动人口失业持续时间影响的交互模型分析

除了分析人力资本和社会支持对流动人口失业持续时间的平均抑制效应，本研究还对不同人力资本和不同社会支持加以区分，以探究不同人力资本的个体在社会支持下失业持续时间的差异和获得不同社会支持的个体受人力资本影响而出现的失业持续时间有何不同？在这部分分析中将流动人口是否健康、是否参加技能培训、是否具有大专及以上学历划分为两大样本群，分别考察“是”与“否”样本群内社会支持对失业持续时间的抑制效应。同理，将流动人口是否参加失业保险、是否享受就业服务、是否具有较好的人际关系划分两大样本群，分别考察“是”与“否”样本群内人力资本对失业持续时间的抑制效应。以上所有检验结果均显著，表明存在群体差异，表 5-8 给出了以人力资本中是否具有大专及以上学历来验证社会支持对失业持续时间的抑制效应的异质性结果和以社会支持中是否具有较好人际关系来验证人力资本对失业持续时间的抑制效应的异质性结果（由于篇幅限制，就业服务、社会保障、健康、技能培训未一一展开）。表 5-8 模型 1 为人际关系较差者样本回归结果，模型 2 为人际关系较好者样本回归结果，模型 3 为低学历群样本回归结果，模型 4 为高学历群样本回归结果，模型 5、6、7 为加入人际关系与学历交互项、就业服务与学历交互项、社会保障与学历交互项后的回归结果。

表 5-8　人力资本、社会支持对流动人口失业持续时间影响的交互模型检验

变量	模型 1	模型 2	模型 3	模型 4	模型 5	模型 6	模型 7
健康状况	-0.252***	-0.413***			-0.240**	-0.214***	-0.262**
受教育年限	-0.052***	-0.078***			-0.053***	-0.013***	-0.017***
技能培训	-0.468***	-0.477***			-0.390***	-0.382***	-0.388***
人际关系			-0.241***	-0.067***	-0.411***	-0.178***	-0.163***
就业服务			-0.041***	-0.025***	-0.111***	-0.118***	-0.113***
社会保障			-0.123***	-0.046***	-0.015***	-0.028***	-0.143***
学历×人际关系					-0.058***		
学历×就业服务						0.394***	
学历×社会保障							0.243***
其他变量	YES	YES	YES	YES	YES	YES	YES
样本数	1211	2803	1407	2607	4014	4014	4014
调整 R^2	0.145	0.127	0.133	0.151	0.172	0.184	0.179

注：显著水平，* 代表通过 10%检验，** 代表通过 5%检验，*** 代表通过 1%检验。

表 5-8 模型 3 显示，人际关系型社会支持、就业服务型社会支持和社会保障型社会支持对低学历流动人口失业持续时间的影响系数分别为 -0.241、-0.041 和-0.123，且通过 1%的显著性检验，表明社会支持对低

学历流动人口失业持续时间具有显著的抑制效应。表 5-8 模型 4 显示，社会支持各变量对高学历流动人口失业持续时间的影响系数分别为-0.067、-0.025和-0.046，且具有显著性，说明社会支持对高学历流动人口失业持续时间具有显著的抑制效应。比较模型 3 和 4 可以发现，社会支持对低学历流动人口失业持续时间的抑制效应更大，这也说明社会支持和文化人力资本之间存在替代效应。表 5-8 模型 6 和 7 中，就业服务与学历的交互项回归系数为 0.394，社会保障与学历的交互项回归系数为 0.243，且具有显著性，说明就业服务型社会支持和社会保障型社会支持对流动人口失业持续时间的抑制效应具有群体差异性，社会支持（就业服务和社会保障）更有利于缩短低学历流动人口失业持续时间，即随着文化人力资本水平的提升，社会支持（就业服务和社会保障）对失业持续时间的抑制效应会下降。这证明了研究假设 6。

表 5-8 模型 1 和模型 2 显示，人力资本对人际关系较差者和较好者失业持续时间的影响系数分均为负数，且具有显著性，表明人力资本对人际关系较好者和较差者均具有显著的抑制效应。相较于人际关系较差者，学历对人际关系较好者失业持续时间的抑制效应更大。模型 5 中，学历与人际关系的交互项回归系数为-0.058，且具有显著性，表明文化人力资本对流动人口失业持续时间的抑制效应受社会支持（人际关系）的影响，人际关系越好，文化人力资本对失业持续时间的抑制效应越大，即社会支持（人际关系）会增强文化人力资本对失业持续时间的抑制效应，二者互补。这进一步证明了研究假设 5 和 6。

（六）人力资本和社会支持对流动人口失业持续时间的影响机制

1. 公平就业效应

人力资本和社会支持对流动人口失业持续时间的影响机制主要在于人力资本和社会支持能够促进更公平的就业，进而提升流动人口收入，减少就业歧视，增加流动人口就业机会，这在一定程度上缩短了流动人口失业持续时间。劳动力市场运行规则表明，流动人口学历越高，在高端就业岗位实现就业的可能性就越大，越能够规避就业歧视。同时，健全的劳动力市场机制也有利于从宏观社会支持方面缩短失业持续时间。因为劳动力市场机制越健全，劳动力流动性越大，供求信息越对称，就业机会越公平，劳动者就业服务和社会保障机制越完善。[①] 美国心理学家约翰·斯塔希·亚当斯（John Stacey Adams）的社会比较理论认为员工的激励程度来源于对自己和参照对象的报酬和投入比例的主观比较感觉。[②] 流动人口除了和群体内部人员比较付出与所得，还与群体外的当地户籍人口比较付出与所得是否对称。在付出与所得不对称的情况下，往往会消极怠工或选择不就业，反之则积极就业，缩短失业持续时间。为此，我们将流动人口是否感到就业机会或就业岗位的不公平作为就业公平性的替代变量，采用二元 Logisitc 回归方法。表 5-9 模型 1 考察了人力资本、社会支持等因素对就业公平感的影响，社会支持越好，人力资本越高，流动人口的就业公平感越高。模型 2 加入了学历与就业服务的交互项，模型 3 加入了学历与社会保障的交互项，模型 4 加入了学历与人际关系的交互项。模型 2 和 3 显示学历与就业服务交互项系数、学历与社会保障交互项系数均为负数，说明享受较多就业服务、参加社会保险的流动人口中，学历较低者的就业公平感更高。模型 4 学历与人际关系交互项系数为正数，表明人际关系方面的社会支持对提升高学历者的就业公平感作用更大。通过对低学历和高学历流动人口失业持续时间的分析，发现低学历流动人口主要从事的是低端行业，如餐饮员、推销员、建筑工人、工厂生产车间工人等职业，享受就业服务和社会保障支持的程度较低，也间接增加了该类社会支持的边际效应，而高学历流动人口主要在相对较高端行业就业，享受就业服务和社会保障支持的程度高，降低了这类社会支持的边际效应。

---

① 蔡昉：《改革、充分就业与经济增长》，《中国财经报》2018 年 7 月 3 日，第 7 版。

② Adams J. S. , *Advances in Experimental Social Psychology*, New York: Berkowitz L. , 1965: 39-46.

表 5-9 人力资本和社会支持对流动人口失业持续时间的作用机制检验

变量	模型 1	模型 2	模型 3	模型 4	模型 5	模型 6	模型 7	模型 8	模型 9	模型 10	模型 11	模型 12
健康状况	0.153***	0.142***	0.133***	0.087***	-0.170***	-0.158***	-0.148***	-0.097***	0.105***	0.097***	0.091***	0.061***
受教育年限	0.019***	0.048***	0.038***	0.021***	-0.021***	-0.053***	-0.042***	-0.023***	0.013***	0.033***	0.026***	0.014***
技能培训	0.266***	0.207***	0.196***	0.171***	-0.295***	-0.230***	-0.218***	-0.190***	0.183***	0.142***	0.135***	0.117***
人际关系	0.119***	0.145***	0.106***	0.091***	-0.132***	-0.161***	-0.118***	-0.101***	0.082***	0.101***	0.073***	0.062***
就业服务	0.043***	0.033***	0.055***	0.024***	-0.048***	-0.037***	-0.061***	-0.027***	0.029***	0.022***	0.037***	0.016***
社会保障	0.092***	0.101***	0.089***	0.111***	-0.102***	-0.112***	-0.099***	-0.123***	0.063***	0.069***	0.061***	0.076***
交互项 1		-0.035***				0.039***				-0.024***		
交互项 2			-0.141***				0.157***				-0.097***	
交互项 3				0.137***				-0.152***				0.094***
其他变量	YES	YES	YES	YES	YES	YES	YES	YES	YES	YES	YES	YES
样本数	3988	3988	3988	3988	3045	3045	3045	3045	3045	3712	3712	3712
调整 R^2	0.274	0.277	0.297	0.275	0.306	0.321	0.326	0.337	0.225	0.231	0.226	0.221

注：显著水平，* 代表通过 10%检验，** 代表通过 5%检验，*** 代表通过 1%检验；交互项 1=学历×就业服务，交互项 2=学历×社会保障，交互项 3=学历×人际关系。

2. 职位搜寻效应

社会网络是流动人口就业信息搜寻和工作匹配的重要渠道，正是因为流动人口较低的社会支持，部分学者一度认为流动人口在城市中处于次要劳动力市场，他们失业后会返回户籍地，不存在失业问题。[①] 人力资本和社会支持是流动人口获取就业信息的主要支撑，已有研究也显示农村未流动人口的学历和技能明显低于已流动人口。[②] 结构性失业理论认为失业者难以从一个地方或一个行业流动到另一个地方或另一个行业，是造成劳动者失业持续时间较长的主要原因。[③] 本文以调查问卷中“您找到工作或实现就业花费了多少天”代表找工作中的职位搜寻成本。表 5-9 模型 5 考察了人力资本和社会支持对职位搜寻成本的影响，检验结果显示人力资本和社会支持能够显著降低职位搜寻成本。模型 6 和 7 中，学历与就业服务的交互项回归系数、学历与社会保障的交互项回归系数均为正数，说明就业服务和社会保障水平越高，越有利于低学历流动人口降低职位搜寻成本。模型 8 中学历与人际关系的交互项系数为负数，表明人际关系方面的社会支持存在显著的学历差异，对降低高学历者职位搜寻成本的作用远远大于低学历者。

3. 就业稳定效应

实现同流入地户籍人口一样的稳定就业，既是流动人口增加收入、融入城市的前提条件，也是流动人口在流动之初就有的梦想。人际关系型社会支持对高学历流动人口失业持续时间抑制效应较大的内在机制在于就业稳定性，而实现稳定就业，需要一个时间过程，如果频繁更换工作，则不利于实现稳定就业。低学历流动人口从社会保障型社会支持和就业服务型社会支持中获益更多的内在机制就是就业稳定性相对高学历者较差。我们以流动人口从事当前这份工作时间占外出务工时间的比值作为衡量就业稳定性的替代变

---

① 宁光杰、李瑞：《城乡一体化进程中农民工流动范围与市民化差异》，《中国人口科学》2016 年第 4 期，第 37~47 页。

② 杨胜利、姚健：《中国流动人口失业风险变动及影响因素研究》，《中国人口科学》2020 年第 3 期，第 33~44 页。

③ 谢秀军、陈跃：《新中国 70 年就业政策的变迁》，《改革》2019 年第 4 期，第 16~26 页。

量。表 5-9 模型 9 检验结果发现，人力资本和社会支持等因素对流动人口就业稳定性具有显著的正向影响，说明人力资本水平越高，社会支持力度越大，流动人口就业稳定性越高。模型 10 和 11 中，学历与就业服务的交互项回归系数、学历与社会保障的交互项回归系数均为负数，说明就业服务型社会支持和社会保障型支持程度越高，越有利于低学历流动人口实现稳定就业。模型 12 中学历与人际关系的交互项系数为正数，说明人际关系型社会支持程度越大，越有利于强化高学历流动人口的就业稳定性。

（七）结论与建议

本部分内容利用课题组 2020 年流动人口失业状况调查数据，分析了流动人口失业持续时间的群体差异性，并从人力资本和社会支持角度探讨了流动人口失业持续时间的影响因素。主要研究结论如下。

第一，流动人口失业率有提升趋势，失业持续时间有延长趋势。2020 年流动人口调查失业率为 3.33%，比以往研究结论（2.48%[①]）有所上升。流动人口单次失业持续时间平均为 51.11 天，平均失业次数为 1.49 次。65%的流动人口认为失业持续时间较往年有所上升。流动人口失业持续时间和失业次数存在明显的群体差异，需要提供差异性的就业服务。

第二，人力资本对流动人口失业持续时间具有明显的抑制效应。由于流动人口的个体特征和就业特征，与城镇户籍人口有所不同，培训人力资本对流动人口失业持续时间的抑制效应最大，参加技能培训的流动人口比不参加培训者失业持续时间少 0.297 个单位，其次是健康人力资本，而文化人力资本对流动人口失业持续时间的抑制效应最小。文化人力资本对流动人口失业持续时间的抑制作用受到工作预期和工作满意度的制约，而社会支持能够化解工作预期和工作满意度的问题。

第三，社会支持有利于缩短流动人口失业持续时间。社会保障方面的社

① 陈怡蓁、陆杰华：《影响我国省际流动人口失业主要因素的实证分析——基于 2015 年全国流动人口动态监测数据的验证》，《南方人口》2018 年第 6 期，第 10~19 页。

会支持和人际关系方面的社会支持对缩短流动人口失业持续时间具有非常积极的作用。对于漂泊他乡的流动人口而言，就业服务方面的社会支持要比其他各种经济救助更重要。同时，在满足流动人口工作预期、缩短失业持续时间方面，人力资本和社会支持对流动人口失业持续时间的影响具有互补效应和替代效应。既然人力资本对社会支持具有替代效应，那么在流动人口人际关系较弱、社会支持不完善的条件下，完全可以通过提升人力资本来解决失业持续时间问题，同样可以通过增加社会支持来弥补人力资本不高的问题，进而缩短失业持续时间。

第四，在克服人力资本和社会支持的内生性和选择性偏差问题后，人力资本和社会支持对流动人口失业持续时间仍具有显著的抑制效应。进一步考虑社会支持与人力资本对失业持续时间抑制效应的交叉效应，发现就业服务和社会保障方面的社会支持对低学历流动人口失业持续时间的抑制效应更为明显，即就业服务和社会保障可以弱化流动人口学历较低的劣势。人际关系方面的社会支持会增强文化人力资本对失业持续时间的抑制效应，即人际关系方面的社会支持越大，文化人力资本对流动人口失业持续时间的抑制效应越大。

第五，人力资本和社会支持对流动人口失业持续时间的影响机制表明，相对于低学历流动人口，高学历流动人口在就业服务和社会保障等社会支持中获益较少的主要原因在于其就业公平感更高、职位搜寻成本低、就业稳定性更高。低学历流动人口就业公平感更低、职位搜寻成本更高、就业更加不稳定，并且由于工作预期较低，对社会支持渴望程度和接受意愿更高，从社会支持中获得的边际效益较大，进而缩短失业持续时间效果更显著。

基于以上研究结论可以看出，流动人口失业持续时间受人力资本不均等和社会支持欠缺影响。政府部门在制定就业政策时，应该考虑到流动人口就业权益保障，防止流动人口演化为城市边缘群体。基于此，本文从以下四个方面提出政策启示和建议。

第一，提升城镇化质量，改革户籍制度，推进公共服务均等化，加大社会支持力度。从社会机制来看，流动人口之所以面临长时间失业的风险，主要是由于城镇化质量不高，户籍人口城镇化率低，大量流动人口游离在城市户籍人口之外，难以享受到均等的公共服务，难以融入城市。因此，要着力提升城镇化的质量，消除由户籍制度带来的“隐形不平等”，推进公共服务均等化，通过包括流动人口在内的城镇居民就业支持体系建设，提升流动人口的社会融合水平，从而更好地缩短失业持续时间。

第二，进一步提升流动人口受教育水平，加强职业培训，提高健康水平。流动人口失业持续时间，主要是由就业岗位供需结构性失衡造成的，一方面流动人口劳动技能、就业能力等难以适应流入地经济发展需求而导致就业难；另一方面职位搜寻成本高，信息不对称，造成有岗位供给但流动人口得不到就业信息而就业难。因此，首先政府要提升流动人口的人力资本，购买专业的培训服务，提供适合当地产业的技能培训；其次通过宣传和政策引导，让流动人口转变自身价值观念，积极融入城市，不断提升自身的人力资本水平，积极参加政府和企业组织的技能培训，更好地适应劳动力市场需求。

第三，以流动人口个体特征为依托，设计引导不同禀赋特征的流动人口进行职业流动和促进就业的政策。研究表明，如果是由于一些流动人口个人特征，如工作预期、流动意愿、技能缺乏或社会支持薄弱等某一方面影响工作的获得，那么不问原因的增加就业岗位的政策就不是很有效。如针对女性流动人口、青年流动人口、家庭化流动者、省内流动人口、低学历者等群体失业次数较多和失业持续时间更长的特征，应该重点关注这些流动人口群体失业持续时间的问题，为他们提供更多差异化的社会支持和就业培训。针对社会支持和人力资本对流动人口失业持续时间影响效应的互补性和替代性特征，应该采取有力的社会支持措施，弥补低学历流动人口在就业中的劣势，并着重从社会保障型社会支持方面促进低学历流动人口就业和权益均等。对于高学历流动人口，要进一步采取措施破除制约人口流动的障碍，促进人口自由流动，提升其就业公平感。

第四，加快乡村振兴，增强农村就业吸纳力。大量流动人口的梯度流动就业其实并未超脱对安居乐业的追求。在传统二元经济模式下，城乡在劳动力供需上存在失衡，农业较低的劳动生产率显然不能带来较高收入。实际上农村缺乏高收入就业岗位是流动人口选择漂泊他乡梯度就业的主要原因。劳动力梯度流动就业是多维的，城乡相互叠加，也相互消解，而单向的梯度流动就业思维形成了失业持续时间较长的风险。降低流动人口失业持续时间，既要调节快速城市化带来的不良社会结构，推进公共服务均等化，建立覆盖城乡居民的失业风险预防和应对机制，也要推进乡村振兴，通过发展农村特色产业，增加农村就业岗位供给，带动更多的农村劳动力就地就近就业创业和吸引更多的流动人口回乡创业就业，进而降低失业风险。

第六章　产业转型升级对流动人口失业的影响

著名经济学家奥肯曾指出经济的增长不仅有利于国民财富的增加，而且还会带来失业的减少。[①] 回顾我国经济发展与就业增长的历程，可以发现产业转型升级不仅有效促进了我国经济增长，而且促进了劳动力在不同产业间的流动，提升了我国劳动力资源配置效率。同时，还可以看到产业转型升级中大量传统劳动密集型产业逐渐缩减规模或被淘汰，使大量传统行业的就业人员面临技能提升压力和失业风险压力。

一　我国产业转型升级现状与趋势

新中国成立以来，我国经济建设举世瞩目成就的取得离不开产业转型升级、产业结构调整和产业发展规划所发挥的重要作用。通过分析新中国成立以来我国产业结构演变的过程大致可以概括为四个主要阶段，分别是计划经济时期的产业结构布局阶段（1949～1978 年）、计划经济向市场经济过渡时期的产业结构调整阶段（1979～1992 年）、与市场经济相适应的产业结构优化阶段（1993～1999 年），以及新世纪以来调整产业结构升级、抑制产能过剩和推动科技创新阶段（2000 年至今）。2010 年出台了《国务院关于进一

① 〔美〕阿瑟·奥肯：《平等与效率：重大的抉择》，陈涛译，中国社会科学出版社，2013，第 22 页。

步加强淘汰落后产能工作的通知》，2013 年进一步出台了《国务院关于化解产能严重过剩矛盾的指导意见》，2019 年中华人民共和国国家发展和改革委员会修订发布了《产业结构调整指导目录（2019 年本）》，在产业政策的指引下我国的产业结构实现了优化升级。

（一）我国产业结构变动过程

1. 产值变动过程

改革开放以来，我国经济得到了快速发展，国内生产总值从 1978 年的 3687.7 亿元上涨到 2019 年的 990865.1 亿元，增长了 268 倍。在经济高速增长的同时，我国的产业结构也得到了相应的优化调整：第一产业产值比重迅速下降，由 1978 年的 27.7%下降到 2019 年的 7.1%，下降了 20.6 个百分点。第二产业产值比重经历了下降，短暂上升，继而又下降的趋势。1978~1990 年第二产业产值比重从 47.7%下降到 41.0%，随后 1990~1997 年维持了短暂的上升趋势，1997 年至今整体呈现下降的趋势。第三产业产值比重出现较大幅度的上升，从 1978 年的 24.6%上升到 2019 年的 53.9%，上涨了 29.3 个百分点。产值结构变动趋势表明第三产业在经济增长中发挥的作用越来越明显，第二产业的经济主导地位逐渐被第三产业所取代。总体来看，三次产业产值结构经历了从 1978 年的“二一三”到 1985 年的“二三一”再到 2013 年的“三二一”的发展过程。产业结构则从 1978 年的 27.7：47.7：24.6 转变为 2019 年的 7.1：39.0：53.9（见图 6-1）。

2. 就业结构变动过程

在三次产业产值结构变动的同时，三次产业就业结构也发生了较大变化，最明显的就是第三产业就业吸纳能力表现得越来越强，并且呈现快速上升趋势，而第一产业相对剩余劳动力不断向第二产业和第三产业转移。三次产业就业结构经历了从 1978 年的“一二三”到 1994 年的“一三二”，到 2011 年“三一二”，再到 2014 年“三二一”的转变过程，目前正沿着这一趋势不断优化调整。就业结构从 1978 年的 70.5：17.3：12.2 转变为 2019 年的 25.1：27.5：47.4（见图 6-2）。虽然第二产业产值仍保持较高的比重，

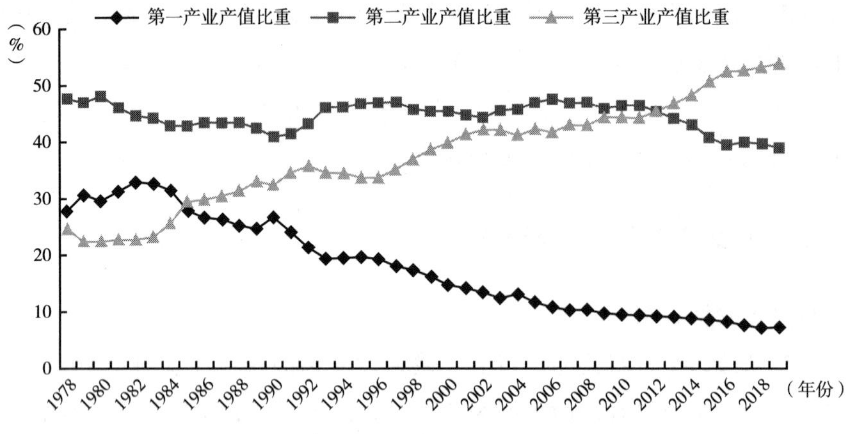

图 6-1　1978~2019 年我国三次产业产值结构变动

但是其就业吸纳力已经明显下降。第三产业就业吸纳能力已超过第二产业成为主导产业。总体来看，第一产业的就业人员比重总体呈现下降趋势（其间也有少许波动，但整体变化不大），从 1978 年的 70.5%下降到 2019 年的 25.1%，下降了 45.4 个百分点。第二产业就业比重呈现缓慢上升趋势，先是由 1978 年的 17.3%上升到 1988 年的 22.4%，然后由 1988 年的 22.4%波动上升到 1997 年的 23.7%，随后出现连续长达六年的下降趋势，继而由 2003 年的 21.6%波动上升到 2012 年的 30.3%，随后下降速度减缓，但仍呈现逐年下降的趋势。由此可见，第二产业就业比重并没有随着经济的增长而增长，即经济的增长并未大幅度带动第二产业就业人数的增长。第三产业的就业比重自改革开放以来呈现稳步增加的趋势（其间略有轻微波动，但不影响整体趋势），从 1978 年的 12.2%增长到 2019 年的 47.4%。以 1994 年为转折点，第三产业的就业比重超过第二产业，并快速增长，至今第三产业就业比重已经远远超过第一产业和第二产业，成为拉动就业的主导产业。

3. 我国产业结构与国际水平的差异

我国的产业结构与一些国家相比还存在一定差距。随着我国经济进入“高质量发展阶段”，我国的产业结构也加快了优化、调整步伐，但是与世界发达国家相比较，我国的产业结构仍然存在很大的升级空间。根据世

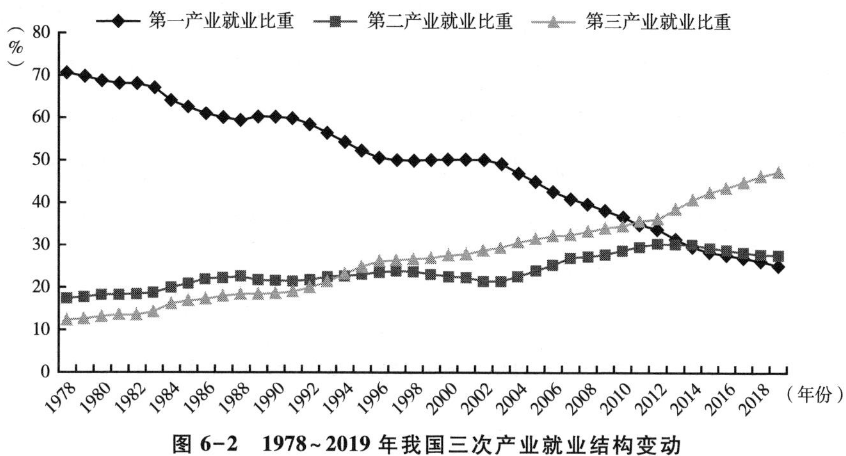

图 6-2　1978~2019 年我国三次产业就业结构变动

界银行数据 2019 年我国经济总量仅次于美国，位居世界第二，但由表 6-1 列举的部分发达国家的数据可以看出高收入国家的第三产业产值比重已经超过 70%，英国第三产业产值比重更是高达 80% 以上，而我国只有 53.9%。

表 6-1　2019 年高收入国家与中国三次产业产值比重分布

单位：%

国　家	第一产业	第二产业	第三产业	合计
英　国	0.6	17.8	81.6	100
美　国	0.9	18.2	80.9	100
法　国	1.6	17.1	81.3	100
德　国	0.8	26.8	72.4	100
中　国	7.1	39.0	53.9	100

资料来源：《国际统计年鉴 2020》。

按照库兹涅茨的经济发展阶段理论，我国已经步入中等收入国家，但我国的第三产业产值比重低于世界平均水平。根据 2020 年世界银行的数据，就世界平均水平而言第一产业产值占 GDP 比重为 3.55%，第二产业比重为 24.79%，第三产业所占比重为 71.66%。2019 年世界中等收入国家和地区三次产业产值比重均值依次为 8.9%、30.3%、60.8%（部分国家数据见表

6-2)；低收入国家和地区的三次产业产值比重均值分别为20.4%、24.7%、54.9%（部分国家数据见表6-3）；高收入国家和地区的三次产业产值比重均值分别为1.3%、21.7%、77.0%。我国2019年第三产业产值比重为53.9%，低于中低收入国家平均水平。这充分说明我国的经济总量虽然很大，但是与发达国家和中高收入国家相比，第三产业比重仍较低，我国的产业结构升级仍存在巨大的空间。

表6-2　2019年部分中等收入国家三次产业产值比重分布

单位：%

国　家	第一产业	第二产业	第三产业	合计
巴　西	4.4	17.7	77.9	100
俄罗斯	3.7	30.0	66.3	100
土耳其	6.6	27.8	65.6	100
中　国	7.1	39.0	53.9	100

资料来源：《国际统计年鉴2020》。

表6-3　2019年部分低收入国家与中国三次产业产值比重分布

单位：%

国　家	第一产业	第二产业	第三产业	合计
柬埔寨	22.8	34.7	42.5	100
缅　甸	22.8	35.8	41.4	100
巴基斯坦	22.7	17.7	59.6	100
中　国	7.1	39.0	53.9	100

资料来源：《国际统计年鉴2020》。

4.我国产业结构区域差异

从国内看，我国地区经济发展水平差异较大。根据国家统计局对我国东、中、西部地区三大经济发展地带的划分①，对其产值比重进行比较分析

① 西部地区指陕西、甘肃、青海、宁夏、新疆、四川、重庆、云南、贵州、西藏10个省份；中部地区包括山西、内蒙古、吉林、黑龙江、安徽、江西、河南、湖北、湖南9个省份；东部地区包括辽宁、北京、天津、河北、山东、江苏、上海、浙江、福建、广东、广西、海南12个省份。

可以看出，东部地区的产值占全国 GDP 的比重远远高于中、西部地区，中部地区高于西部地区，整体呈现产值比重由东向西减少的阶梯分布格局（见图 6-3）。这表明东部地区是我国经济高度发达的地区，而西部经济发展严重滞后，地区经济发展水平差异明显。从整体变动趋势而言，东部地区产值比重趋于下降，而中、西部地区产值比重呈现上涨趋势，出现了西快东稳的发展态势，这有助于均衡我国区域经济发展水平，缩小地区经济发展差距，进而影响人口空间流动和分布态势。

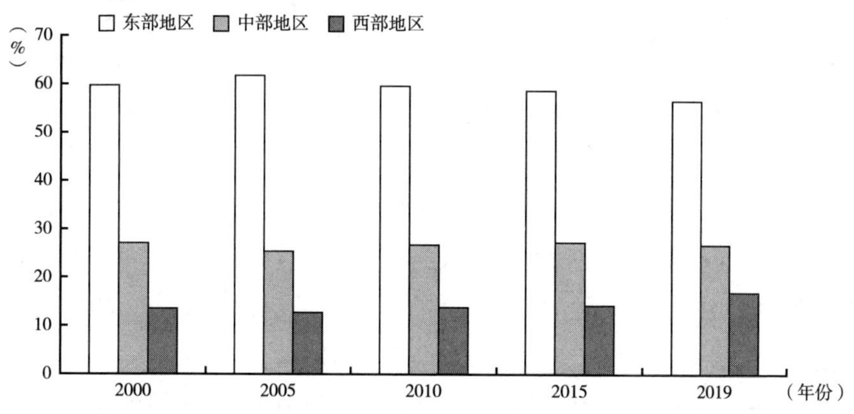

图 6-3　2000~2019 年东部、中部、西部产值占全国总产值的比重

从东部、中部和西部地区产业构成来看，东部地区第一、第二产业比重呈现下降趋势，第三产业比重呈现递增趋势。中、西部地区第一产业比重呈现下降趋势，第三产业比重呈现上升趋势，而第二产业表现为先升后降，说明中、西部地区产业结构调整滞后于东部地区，经济增长仍然主要依赖于第二产业和第一产业拉动，中、西部第二产业和第一产业对就业的贡献度大于东部地区。而在东部地区中第三产业所占比重明显超过中、西部地区，第三产业在东部地区经济发展中已经占据主导地位，对就业的贡献度更大（见图 6-4）。

（二）就业弹性分析

就业弹性是指经济总量每增长 1 个百分点所对应的就业数量变化的百分

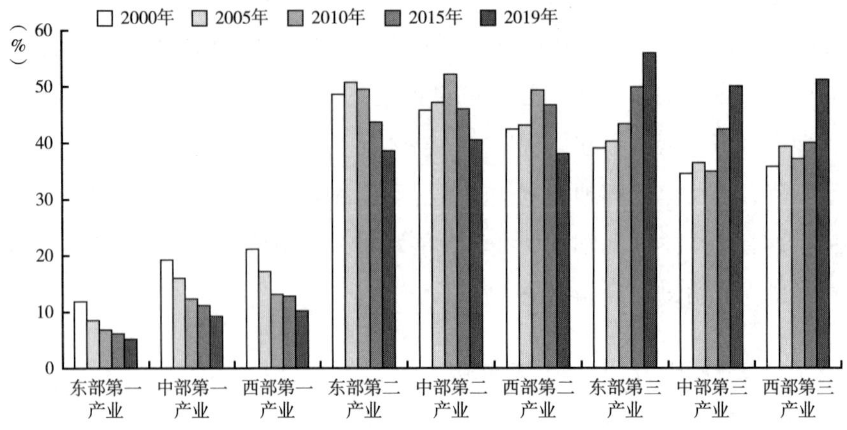

图 6-4　2000~2019 年东、中、西部地区三次产业产值比重

比。就业弹性为正值时，表明经济增长对就业增长的拉动效应为正，弹性越高，经济增长对就业的拉动效应越大。就业弹性为负值时，经济增长对就业的作用形成一种“海绵”效应，一方面表现为“挤出”效应，即经济增长为正但就业增长为负时，就业弹性的绝对值越大，对就业的“挤出”效应就越大；另一方面表现为“吸入”效应，即经济增长为负但就业增长为正时，就业弹性的绝对值越大，对就业的“吸入”效应就越大。严格来说，“吸入”效应不是正常的经济现象，这种现象有悖于经济发展的一般规律。此外，如果就业弹性为零，就说明经济增长对就业增长没有拉动作用。

从我国三次产业就业弹性来看，我国总就业弹性以 1999 年为转折点呈现快速下降的趋势。1999 年我国总就业弹性为 0. 17，至 2019 年总就业弹性下降至-0. 019，下降了 18. 9 个百分点。尤其明显的是自 2018 年起至今，我国就业弹性变为负值，表明随着经济的增长，就业总人数不增反降，这一方面是由于我国人口结构转变，劳动力资源供给下降，另一方面说明我国经济发展方式转变，单位产值所需劳动力下降。这也表明我国经济增长对劳动力就业的带动效应下降。与此同时，我国三次产业的就业弹性也存在着较大差距，1995~2019 年第一产业的就业弹性平均值为-0. 478，第二产业的平均就业弹性为 0. 016，第三产业的平均就业弹性为 0. 244。从三次产业就业弹性变动趋势来看，第一产业的就业弹性自 2003 年至今一直呈现负值，2003~2019 年第一产业的平均就业弹性-0.56，较 1996~2002 年平均就业弹性-0.29 下降了 27 个百分点，表明第一产业劳动力仍明显过剩，第一产业劳动力向第二、第三产业转移的压力还很大（见表 6-4）。第二产业就业弹性呈现较大的波动趋势，1999~2002 年第二产业就业弹性大多为负值，虽然 2003~2012 年呈现正值，2013~2019 年又开始呈现负值，整体波动较大，呈现下降—上升—下降趋势，就业贡献度开始下降。第三产业就业弹性波动相对较小，且均为正值，尤其在 2013~2015 年就业弹性急剧上升，该三年平均就业弹性高达 0.46，已经远远超过第二产业的就业弹性，由此可见第三产业在将来的一个时期内对劳动力的吸纳能力很大，且呈现持续上升趋势。第三产业中涵盖的批发和零售、住宿和餐饮、房地产、金融、交通运输、仓储和邮政等服务业有较大的发展空间，就业弹性相对较大，尤其近年来不断增加的网络平台就业（网约车、美团外卖、淘宝、直播等），成为吸纳多余劳动力的主要就业岗位。

表 6-4　1995~2019 年我国三次产业的就业弹性

年份	合计	第一产业	第二产业	第三产业
1995	0.035	-0.111	0.081	0.374
1996	0.076	-0.129	0.195	0.369
1997	0.115	0.021	0.193	0.179
1998	0.170	0.390	0.082	0.177
1999	0.170	-3.524	-0.204	0.171
2000	0.090	0.664	-0.110	0.226
2001	0.094	0.185	0.011	0.118
2002	0.068	0.149	-0.380	0.315
2003	0.048	-0.247	0.098	0.251
2004	0.040	-0.164	0.266	0.337
2005	0.033	-0.923	0.341	0.194
2006	0.026	-0.648	0.344	0.162
2007	0.020	-0.203	0.320	0.041
2008	0.018	-0.152	0.099	0.154

续表

年份	合计	第一产业	第二产业	第三产业
2009	0.038	-1.001	0.376	0.234
2010	0.020	-0.230	0.184	0.104
2011	0.022	-0.290	0.174	0.193
2012	0.036	-0.321	0.399	0.112
2013	0.035	-0.774	-0.043	0.519
2014	0.042	-1.166	-0.052	0.496
2015	0.036	-0.990	-1.202	0.374
2016	0.023	-0.472	-0.302	0.238
2017	0.004	-0.788	-0.192	0.272
2018	-0.007	-0.769	-0.198	0.261
2019	-0.019	-0.454	-0.068	0.240
平均值	0.049	-0.478	0.016	0.244

资料来源：《中国统计年鉴 2020》。

（三）我国产业结构与就业结构协调性分析

从国际规律来看，一般就业增长均会滞后于经济增长，在结构上表现为三次产业的就业人口增长率与产值增长率发生偏离，但偏离度过大不利于劳动力资源配置效率的提升，更不利于经济增长。在分析就业结构和产业结构的关系上，国内学者多采用结构偏离度作为衡量指标。结构偏离度是指某一产业的就业比重与增加值比重之差，它与劳动生产率成反比，是衡量产值结构和就业结构扭曲程度的一个指标，在没有任何不对称的情况下，偏离度为零。如果国民经济各产业都是开放的，产业间没有行政壁垒，即呈现完全竞争状态，那么通过市场对劳动力资源的重新配置，会使各产业的劳动生产率逐步趋于一致，各产业的结构偏离度也就逐步趋于零。根据公式 6-1，如果结构偏离度小于零（负偏离），即该产业的就业比重大于增加值比重，意味着该产业的劳动生产率较低；反之，结构偏离度大于零（正偏离），则意味着该产业的劳动生产率较高。其具体计算公式如下：

$$结构偏离度 = \frac{某产业产值占 GDP 的比重}{某产业就业人数百分比} - 1 \quad (6-1)$$

一般来说，结构偏离度越大，产业结构效益越差，正偏离意味着某一产业劳动生产率较高，就业比重较低，反之意味着劳动生产率较低，就业比重较高。总偏离度为各产业偏离度绝对值之和。需要说明的是，正偏离意味着劳动力有转入的可能性，该产业应该吸纳更多的劳动力，使其产值结构与就业结构相协调，而负偏离意味着劳动力有转出的可能性，该产业应该向外转移劳动力，以提高劳动生产率。

从计算结果可以得出我国产业结构偏离度的变化趋势具有如下特点(见图 6-5)。

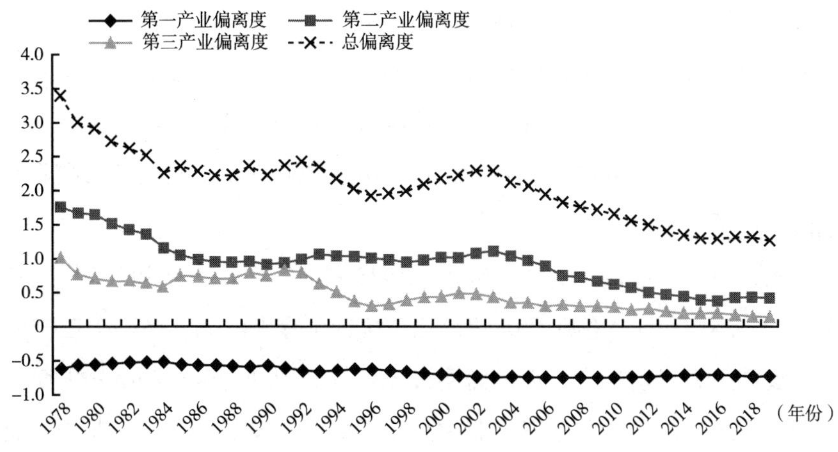

图 6-5　1978~2019 年我国产业结构偏离度变化情况

第一，总偏离度呈现下降趋势，1978 年我国的产业结构总偏离度为 3.38，2019 年下降到 1.27，下降了 2.11，这其中第二产业和第一产业偏离度的下降起到了很大的作用。产业结构偏离度的下降意味着我国就业结构日益合理，劳动力资源配置效率日益提高。但也可以看到我国产业结构还存在一些问题，产业结构偏离度的计算结果与零还有很大的距离，就业结构仍需在波动中进一步优化，引导劳动力从低端产业向高端产业转移仍是促进就业的重要任务。

第二，第一产业偏离度小幅波动但基本稳定，从 1978 年的-0.61 到 2019 年的-0.72，基本上处于一个稳定的水平，由于劳动生产率的提高、农业机械化和城市化的推进，第一产业劳动力逐渐向第二产业、第三产业就业转变。农村劳动力数量虽然在减少，但是劳动生产率仍然不高，产业结构偏离度仍为负数。相对于 2019 年美国第一产业就业比重（0.9%），我国第一产业从业人员 7.2%的就业比重仍然较高，第一产业劳动力有向第二产业和第三产业继续转移的潜力。

第三，第二产业结构偏离度逐渐变小，下降幅度较大，由 1978 年的 1.76 下降到 2019 年的 0.42，下降了 1.34。第二产业就业结构得到了较好的优化，产值结构与就业结构协调性逐渐增大。随着我国制造业由劳动密集型产业向资本和技术密集型产业转变，其对劳动力的依靠越来越小，对劳动力吸纳能力也在减弱，但是仍保持着较大的正偏离度，仍然表现出较强的劳动力吸纳力。同时我国经济发展基础比较薄弱，无论是其工业产值还是工业就业人口还有很大的发展潜力，并且相对于第三产业来说，我国第二产业就业吸纳潜力更大。

第四，第三产业偏离度波动较小，1978~2019 年第三产业的结构偏离度从 1.02 下降到 0.14，下降了 0.88，几乎接近于零点波动，说明第三产业对劳动力吸纳潜力目前较小，但仍需要转入更多的劳动力以达到结构平衡。随着未来产业结构的调整和第三产业中高端服务业的发展，第三产业的就业吸纳潜力将会逐渐增大。劳动力在三次产业之间的流动促进了就业结构的优化，提升了就业质量。

（四）我国产业链现状

通过查阅相关文献，可以看到学术界主要是从供需、价值、企业间关联关系、产品、核心竞争力的角度对产业链的概念进行了界定（见表 6-5）。在对概念进行界定时，主要基于产品链、价值链、供应链、产业集群等角度，一般来说，仅从一个角度对产业链进行阐述是无法做到全面概括的。

表 6-5　不同研究角度下的产业链概念比较

研究角度	核心内容	界定视角	代表作者
产业组织系统	企业间关联关系	产业组织、企业网络	杨公朴（2003）、赵绪福（2006）
战略联盟	产业间的企业关联	企业联盟	李心芹（2004）、蒋国俊（2004）
供应链	上下游企业的传递关系	物流关系	王凯（2006）、刘刚（2017）
价值链	同一产业内价值追加关系	价值关系	芮明杰（2018）
产品链	企业间的生产流程关系	分工的生产过程	郁义鸿（2005）
企业链和空间链对接	产业链的形成机制	综合	吴金明（2006）

李心芹等[①]和刘贵富等[②]认为产业链指的是在一定地理范围内，由同一产业或不同产业的各个部门中具有竞争力的企业与其相关企业，基于产品、技术、资本关联所组成的一种具有价值增值功能的战略联盟链条。产业链化类似于行业融合的过程，行业融合在 20 世纪 70 年代开始在出版、电视广播、电信等产业部门出现，20 世纪 90 年代开始逐渐发展成为全新的产业革命，逐步延伸到其他行业。以农业为例，过去农业的生产、加工、服务、销售等过程基本分离，相对独立，现如今，农业与加工业、流通业出现了迅速融合、相互渗透的趋势。行业融合是经济发展的必然趋势，如今正在加速运行。尽管行业融合的概念和边界逐渐弱化，但是行业之间的融合并没有使经济混为一体，催生出产业链化。随着经济和社会的不断发展，社会的分工日益细化，在全球范围内开展专业化分工，以至于达到如今的高度专业化程度。产业链作为一种经济组织，介于企业和市场之间，有利于化解由松懈市场交易带来的巨额交易费用，也有助于减少由于企业规模扩大而增长的管理费用。所以产业链化是经济发展的必然趋势。

对我国 2015～2019 年主要劳动密集型产品的出口额及其增速进行梳理

---

① 李心芹、李仕明、兰永：《产业链结构类型研究》，《电子科技大学学报》（社会科学版）2004 年第 4 期，第 60～63 页。

② 刘贵富、赵英才：《产业链：内涵、特性及其表现形式》，《财经理论与实践》2006 年第 3 期，第 114～117 页。

和总结（见表 6-6），可以看到我国劳动密集型产品出口额增长率呈现总体波动的趋势。对外贸易中劳动密集型产业仍然具有不可忽视的竞争力，但是劳动密集型产品的出口额增长率近三年波动下降，甚至出现负增长态势，劳动密集型产业所具备的原始优势逐步消退，在市场竞争中的优势正在消失，制造业呈现高端化趋势。

表 6-6　2015~2019 年我国劳动密集型产品出口总额及增度

单位：亿元，%

产品	2015 年		2016 年		2017 年		2018 年		2019 年	
	总额	增速	总额	增速	总额	增速	总额	增速	总额	增速
纺织物及制品	6796	-1.3	6898	1.5	7429	7.7	7812	5.2	8240	5.4
服装及衣着	10819	-5.5	10437	-3.5	10674	2.2	10426	-2.3	10458	0.3
鞋类	3328	-3.6	3114.04	-6.4	3270	5.1	3094	-5.3	3290	6.3
家具及附件	3837	3.5	3661.42	-4.5	3954	7.9	4168	5.4	4387	5.2

资料来源：《中国统计年鉴 2020》。

（五）我国经济发展方式现状

按照生产要素，即资源、资本、知识、劳动力等在生产中的投入比重以及经济增长对各类生产要素的依赖程度，可以将全部的生产部门划分为劳动密集型、资本密集型和技术密集型三类。我国经济在“十四五”时期处于提质增效阶段。在低端技术领域，我国面临着拥有更低生产成本的新兴市场国家的赶超，而在中高端技术领域，需要继续与一直以来具有优势的发达国家竞争。依赖要素成本的优势来支撑我国经济发展已经较为困难，国家正在加快追求以核心知识产权为基础的高价值竞争产品研发，努力突破科技创新的瓶颈，提高资源利用效率，提高管理效能，以促进经济高质量发展。

从“十五”到“十四五”时期，全部行业整体的营业收入增长率呈现不断下降的趋势（见表 6-7）。全部行业的营业收入增长率在“十五”期间为 21.74%，呈现高速增长状态。而在“十一五”期间全部行业的营业收入增长率降为 11.29%，有所下跌，在“十二五”期间继续下跌，全部行业营业收入增长率降为 8.17%，“十三五”时期跌破了 7%。“十四五”规划和 2035 年远景目标，更多的是突出从量到质的转变，其中未来五年并未公布具体的发展增速目标，而更多地强调增长趋势和方向，预计“十四五”期间全部行业的营业收入增长率会降为 4.83%。

表 6-7　若干重点行业营业收入增长率及趋势（2000~2025 年）

单位：%

时期	全部	重点行业						
	行业	化工	机械设备	计算机	汽车	商贸	医药	房地产
“十五”	21.74	20.53	19.02	-6.68	15.91	17.41	5.08	5.38
“十一五”	11.29	6.88	9.30	8.30	25.42	13.12	7.26	23.34
“十二五”	8.17	8.17	3.92	6.87	10.04	7.89	14.94	17.28
“十三五”	6.75	6.41	5.96	5.16	6.42	4.18	19.36	8.02
“十四五”	4.83	6.51	4.02	6.26	4.00	6.45	18.21	7.22

资料来源：Wind 资讯。

分重点行业进行讨论，可以看到，化工行业“十五”期间的营业收入增长率为 20.53%，到“十一五”期间大幅下跌，跌至 6.88%，“十二五”期间略有回升，“十三五”时期跌至 7%以下。化工产业的升级改造，成为驱动我国制造业优化升级的关键所在，预计“十四五”时期，化工产业仍将面临不断淘汰和整合的趋势，技术落后、高耗能及高污染的产业将会进入深度淘汰周期，增长率会在 6.51%。我国的机械设备行业在“十五”期间的营业收入增长率为 19.02%，“十一五”期间降为 9.30%，“十二五”期间继续降至 3.92%，“十三五”有所回升，增长率为 5.96%。从行业生命周期看，我国机械设备行业已进入成熟期，“十四五”期间，机械设备行业在重视质量的基础上会更加关注产品创新，增长率会在 4.02%。计算机行业的营业收入增长率在“十五”期间为负增长，为-6.68%，“十一五”期间上升为 8.30%，“十二五”期间回落为 6.87%，“十三五”期间回落为 5.16%，计算机行业规模逐渐庞大且生态体系逐渐完善，“十四五”期间计算机行业在互联网时代也将随着物联网、大数据和人工智能的发展而开辟出新的空间，增速会维持在6.26%。

汽车行业的营业收入增长率在“十五”期间为15.91%，“十一五”期间大幅度上升到25.42%，“十二五”期间汽车行业营业收入增长率回落到10.04%，“十三五”期间回落到6.42%。“十四五”期间，传统的汽车生产和销售模式将会快速向“汽车即服务”转型，从以“车”为核心转向以“人”为核心。商贸行业的营业收入增长率整体呈下降趋势，从“十五”期间的17.41%降为“十三五”期间的4.18%。预计“十四五”期间仍将保持这一趋势，商贸行业已处于生命周期的成熟期，企业都在努力维持竞争期所获得的市场占有率，虽然销售额仍很大，但利润率开始下降，如何降低成本成了企业面临的主要问题，但是考虑到双循环驱动，“十四五”期间会有所上升。

“十五”期间医药行业营业收入增长率为5.08%，“十一五”至“十二五”期间一直稳步增长，“十三五”期间达到了19.36%。医药行业具有明显的政策性，“十四五”期间，预计医药行业将着力增加有效供给，增品种、提品质和创品牌，实现医药行业中高速发展和向中高端迈进，增速会有所下降。房地产行业的营业收入增长率由“十五”期间的5.38%迅速增长到“十一五”期间的23.34%，“十二五”期间回落到17.28%，到“十三五”期间回落到8%左右。可以看出随着政府加强对房地产行业的宏观调控，我国房地产行业已进入成熟期，“十四五”期间，房地产行业将经历以增量市场为主导到以存量市场为主导的转变，增速会下降到7.22%。总之，“十四五”时期，我国将开启全面建设社会主义现代化新征程，是实现高质量发展，建设现代化经济体系，完善国家现代化治理体系的关键期，该期间劳动力市场也会发生较大的变动。

（六）我国科技创新产业的发展现状

从我国高技术产业的基本情况可以看到，我国的科技创新能力逐步提高，R&D机构数由2000年的1379家增加到2010年的3184家再到2019年的 6331 家，R&D 人员全时当量由 2000 年的 9.2 万人年增加到 2019 年的 63.9 万人年，R&D 经费和新产品开发支出均不断增长。我国的专利申请数从 2000 年的 2245 件增加到 2010 年的 59683 件，到 2019 年我国专利申请数已经增加到 199660 件（见表 6-8）。从我国平均每万元国内生产总值能源消费量的情况可以看出，2000~2019 年平均每万元国内生产总值能源消费量不断下降趋势，这说明我国科技创新水平不断提升（见表 6-9）。

表 6-8　2000~2019 年我国高技术产业基本情况

指　标	2000 年	2005 年	2010 年	2015 年	2018 年	2019 年
企业数(家)	9758	17527	28189	29631	33573	35833
主营业务收入(亿元)	10033.7	33921.8	74482.8	139968.6	157001	158849
利润(亿元)	673.1	1423.2	4879.7	8986.3	10293	10504
R&D 机构数(家)	1379	1619	3184	5572	6399	6331
R&D 人员全时当量(万人年)	9.2	17.3	39.9	59.0	66.1	63.9
R&D 经费(亿元)	111.0	362.5	967.8	2219.7	2912.5	3077.8
新产品开发经费(亿元)	117.8	415.7	1006.9	2574.6	3768.4	4389.3
专利申请数(件)	2245	16823	59683	114562	179600	199660
有效发明专利数(件)	1443	6658	50166	199728	327965	365523

资料来源：《中国统计年鉴 2020》。

表 6-9　2000~2019 年平均每万元国内生产总值能源消费量

年份	消费总量(吨标准煤)	煤炭消费量(吨)	焦炭消费量(吨)	石油消费量(吨)	原油消费量(吨)	燃料油消费量(吨)	电力消费量(万千瓦时)
2000	1.47	1.35	0.11	0.22	0.21	0.04	0.13
2005	1.40	1.30	0.13	0.17	0.16	0.02	0.13
2010	0.88	0.85	0.09	0.11	0.10	0.01	0.10
2015	0.63	0.58	0.06	0.08	0.08	0.01	0.08
2016	0.59	0.52	0.06	0.04	0.08	0.01	0.08
2017	0.54	0.47	0.05	0.04	0.07	0.01	0.08
2018	0.52	0.44	0.05	0.04	0.07	0.01	0.08
2019	0.49	0.41	0.05	0.03	0.07	0.004	0.08

资料来源：《中国统计年鉴 2020》，国内生产总值按当年价格计算。

近年来我国总体研发投入不断增加，成为促进经济转型的主要动力，2019年总体研发投入为5148亿美元，占GDP的2.2%，其中，基础研发投入占研发总投入的6.0%，但这一比重仍不高。对比之下，美国2019年的总体研发投入在6127亿美元以上，占GDP的比重达到了3.1%，其中，总研发投入中19%为基础研发投入。美国的基础研发投入明显高于我国，这说明我国的基础研发投入较低，科技创新能力有待提升。企业的创新能力代表了一个国家的综合竞争力，但我国工业企业的研发程度与发达国家相比仍存在一定差距。发达国家工业相关企业的研究开发强度为2.5%~4%，我国工业企业的研究开发强度仅有0.76%。大多数企业没有自己的研发机构，拥有自主知识产权核心技术的企业更是少之又少。民营企业的平均年限只有3.9年左右。由于我国长期以来忽视核心技术，注重产值轻视研发，造成我国的自主创新能力较差，缺少可以在世界竞争的核心技术，成为制约我国产业转型升级、新型产业发展的重要因素。

（七）产业转型升级的其他衡量指标

国内学者周振华在《现代经济增长中的结构效应》一书中，使用结构变动总值来衡量产业转型升级。① 公式为：

$$S_t = \sum_{i=1}^{n} | Q_{it} - Q_{io} | \qquad (6-2)$$

其中，S_t代表第t时期的结构变化总值，Q_{it}代表第t时期产业i的结构值，Q_{io}代表基期产业i的结构值。

库兹涅茨（Simon Kuznets）② 和卡尔多（Kaldor）等③用劳动力在各个产业间的转移来测度产业转型升级。其认为劳动力从第一产业转移到第二产业，再转移到第三产业是劳动效率提升的结果。Lilien指数模型反映了劳动

---

① 周振华：《现代经济增长中的结构效应》，上海人民出版社，1995。

② Simon Kuznets, "Modern Economic Growth: Findings and Reflections," *American Economic Review*, 1973 (63): 247-258.

③ Kaldor and Nicholas, "Capital Accumulation and Economic Growth," The Theory of Capital: Proceedings of a Conference of the International Economic Association, 1961.

力在产业间的流动，能够测量产业转型升级速度。其计算公式为：

$$\Psi_{jT} = \left| \left[\sum_{i=1}^{n} \frac{EMP_{ijT}}{TEMP_{ijT}} (\Delta \log EMP_{ijT} - \Delta \log TEMP_{ijT})^2 \right]^{1/2} \right| \qquad (6-3)$$

在表达式中，Ψ 是 Lilien 指数，表示流入地产业转型升级，i 代表三大产业，j 代表不同流入城市，*EMP* 代表流入地每个产业的就业人数，*TEMP* 代表流入地就业总人数，*T* 代表时间区间。Lilien 指数越大表示在 *T* 时间内，产业转型升级越快。

根据表 6-10 测算结果可知，我国产业转型升级仍按照规律不断推进。根据经济周期理论，逐年测算发现，产业转型升级也存在周期，几乎 10 年一个周期，在 10 年周期的中间阶段是产业转型升级最快的时期，两端的阶段是消化吸收时期，升级速度也较慢。据此预计 2033~2035 年是我国产业转型升级的下一个高速变动时期。

表 6-10　2011~2019 年我国产业转型升级综合测度情况

年份	结构变化总值	Lilien 指数	第三产业比重变化值
2011	3.8	0.000558	1.1
2012	2.4	0.000355	0.4
2013	4.8	0.000816	2.4
2014	4.2	0.000702	2.1
2015	3.6	0.000547	1.8
2016	2.2	0.000318	1.1
2017	2.8	0.000433	1.4
2018	2.8	0.000437	1.4
2019	2.2	0.000377	1.1

资料来源：《中国统计年鉴 2020》。

（八）我国产业转型升级趋势预测

1. 发达国家产业结构现状

通过上文我们对我国产业转型升级现状有所了解，那么当前发达国家产业结构如何，近年来呈现何种新变化特征，这对预测我国未来的产业结构发展趋势具有较大的参考价值。故此，采用三次产业分类法，对发达国家三次产业就业结构近几年变动情况做出归纳分析（见表6-11）。

表6-11　部分国家按产业类型划分的就业结构

单位：%

国　家	第一产业		第二产业		第三产业	
	2015年	2019年	2015年	2019年	2015年	2019年
美　国	1.6	1.3	18.5	19.8	79.9	78.9
英　国	1.1	1.0	19.2	17.9	79.7	81.1
日　本	3.6	3.4	25.5	24.3	70.9	72.3
加拿大	1.6	1.5	19.9	19.5	78.5	79.1
荷　兰	6.3	2.0	18.8	16.0	74.9	82.0
法　国	2.7	2.4	21.4	20.1	75.9	77.5
韩　国	5.2	4.9	25.1	25.1	69.7	70.0
澳大利亚	2.7	2.6	19.3	19.8	78	77.6

资料来源：世界银行WDI数据库。

从第一产业就业比重变动来看，2015~2019年，美国的第一产业所占比重有所下降。英国第一产业就业比重没有太大的变化。法国、韩国等国家第一产业所占比重下降幅度较大，荷兰第一产业就业比重下降幅度最大，下降了4.3个百分点。

从第二产业就业比重变动来看，美国、澳大利亚近年来第二产业比重处于上升趋势，2015~2019年分别上升了1.3个、0.5个百分点。英国、日本、加拿大、荷兰、法国第二产业比重不断下降，2015~2019年分别下降了1.3个、1.2个、0.4个、2.8个和1.3个百分点。

从第三产业就业比重变动来看，2015~2019年美国和澳大利亚第三产业就业比重有所下降，分别下降了1.0个和0.4个百分点。英国、日本、加拿大、荷兰、法国和韩国等国家第三产业就业比重均有所上升，其中荷兰第三产业就业比重上升幅度最大，上升了 7.1 个百分点，法国和日本第三产业就业比重分别上升了 1.6 个和 1.4 个百分点。总体来看，多数国家第三产业就业比重出现上升趋势，除非受到产业政策的影响，否则劳动力向第三产业流动是大势所趋。

2. 发达国家产业结构演变过程

（1）美国产业转型升级演变过程

根据道格拉斯·诺思（Douglass C. North）的研究，美国产业结构的演变过程可做出如下概括。18 世纪 70 年代以前的美国是欧洲国家的殖民地，在近代工业方面没有什么发展，经济上也主要依赖英国。[①] 英美战争之后，才走上独立发展资本主义工业的道路。美国的工业化从纺织业开始，美国仿制英国的水利纺纱机于 1790 年建立起第一座纺织厂，随后，食品加工、木材加工、制铁等工业部门也普遍建立起新式工厂。美国的机器工业在 19 世纪中期迅速发展，铁路全线在 1865 年达到 35000 英里，铁路的修建带动了重工业的发展，也促进了农业的发展。美国在南北战争前基本建立了现代工业体系，完成了产业革命。

（2）英国产业结构调整过程

英国工业化和城乡劳动力转移的最初动力是开始于 15 世纪的“圈地运动”，“圈地运动”剥夺了农民的土地，强制农场化，大量劳动力被迫从农业转向工业，为工业革命的到来做好了劳动力准备。工业革命的到来，促进了英国冶金业、纺织业等产业的快速发展，1832 年英国的工厂里拥有世界棉纺织工厂棉纺锭数的 69.2%。到了 1835 年，英国成为欧洲的第一产煤大国，产煤量达到 3000 万吨。随着英国纺织业、冶金业等产业的发展，初期因工业化的推进，制造业吸纳了大量的农村劳动力。英国工业化初期，也就是 1801~1851 年，农村的劳动力转移最快，在此期间农村劳动力占第一产业的就业比重从 35.9%降到 21.7%，在第二产业就业中所占比例从 29.7%

---

① 〔美〕道格拉斯·C. 诺思：《经济史中的结构与变迁》，陈郁、罗华平等译，上海三联书店、上海人民出版社，1994，第 88~91 页。

升至42.9%，在第三产业就业中所占份额从34.5%上升至35.5%，劳动力在这个时期主要是从第一产业到第二产业的转移。1851~1901年这50年间，劳动力的转移主要是从第一产业转移到第三产业。

(3) 日本产业转型升级过程

日本的工业化是从19世纪明治维新开始的，20世纪中期以后实现了快速发展。日本工业化发展的第一阶段是从明治维新时期到第二次世界大战结束，这一阶段日本的工业经历了从无到有又由盛转衰的过程，近代工业还处于发展的初级阶段，工业化进展较为迟缓，根据大川一司等①的估计，1878~1882年，日本第一产业产值占国民收入的64.7%，第二产业产值占国民收入的10.6%。1888~1892年，第一产业产值占比有所下降，降至54.3%，第二产业产值占比增至16.2%，第三产业产值占比有所上升，上升至29.5%。

第二阶段为二战后至1970年前后，该时期日本的工业化实现了跨越式发展，较为迅速地从战后的经济中恢复并建立起完备的工业体系。朝鲜战争为日本的产业结构转型和经济发展创造了条件。1950年，日本输出的产品主要为纺织原料、纺织品等附加值比较低的商品。到1952年金属及其制品的出口比例从19.4%上升至24%，日本农业的就业人数占总就业人数的比重持续下降，从59.1%下降到37.9%，劳动力转移的趋势较为明显，但是规模仍然较小。1955年后日本的经济由战后的恢复时期进入高速增长时期。1960年日本开始了经济高速发展的成长期。1960~1970年的10年间，日本的国民生产总值占世界的比重最高，达到11.3%。确定了以重工业为主导，迅速发展各类产业的产业结构体系。1970年日本的重化工业占制造业的62.3%，重化工业占出口产品的77%。

第三阶段为1970年至今，该期间日本的产业发展进入了调整时期，农业的剩余劳动力基本完成转移。1973~1984年，日本GDP年均增长率降低到4.3%，农业就业人数占总人数的比重在1980年降低到9.8%，1985年降

① 〔日〕大川一司等：《长期经济统计》，东洋经济新报社，1971，第90~95页。

至 8.3%，表明日本基本完成了农业剩余劳动力的转移。但是 20 世纪 80 年代以后日本的产业发展遇到阻碍。日本产业的发展在赶超欧美等国家后没有现成的模式可以模仿，缺少技术方面的创新，日本在产业升级中发生了决策失误。当前阶段，日本的产业结构调整正在经历深刻的变化，产业发展的重点放在信息产业、技术创新、服务老龄化社会以及环保产业等方面，但是调整的效果仍然有待观察。

（4）启示

发达国家因为具体情况不同，产业发展演进的过程也不同。但是我们可以通过对发达国家产业演变过程的分析总结值得借鉴的经验和启示。

第一，政府要在产业结构的调整过程中发挥决策和引导作用。政府要从法律法规、制度制定等方面创造适宜的环境和条件，在金融、财政、外贸等方面提供保障，促进新兴产业迅速成长，促进产业结构的合理化。政府要加强基础设施建设，为产业发展提供良好的社会环境，使得国家基础产业正常稳步发展。

第二，我国可以借鉴日本在经济发展过程中发挥“后发优势”策略的经验，引进世界发达国家的先进技术，借鉴发达国家先进的管理模式。通过国内相关部门的消化吸收，使引进的先进技术快速产业化，促进我国高技术、高附加值的特色产业发展。

第三，政府应加强对市场的宏观调控，注意运用政府行为，有计划、有重点地推行国家的产业政策。抓住时机促进产业结构战略性调整，将市场需求作为导向，进行科学的预测，促进适合我国国情和世界发展趋势的战略性产业发展。

第四，在培养支柱型产业时，各个地区应根据本地的条件和可能性，树立全国的统一思想。在建设新兴产业方面不能盲目建设，更不能破坏产业结构内部的良性循环，尽量避免产业之间结构上趋同。推动我国产业逐渐向合理化、高级化的方向发展。

第五，国家要采取措施促进资本的积累和集聚，通过跨部门、跨地区、跨行业的联合，扩大产业规模，提升产业的规模效益，促进我国的产业向资本密集型、技术密集型产业转移。对于一些有发展前途的老企业和传统企业要进行改造，促进其经济效益提升。国家要不断深化改革，完善现代企业制度，形成具有我国特色的资源优化配置的经济运行机制，促进技术进步和自主创新能力提升。

第六，我国的产业发展要遵循工业化发展的一般规律，我国要从实际国情出发，在劳动力资源相对充裕的阶段，仍需重视部分劳动密集型产业发展。通过促进中国经济的发展，提高人均收入水平，促进劳动密集型产业向资本、技术密集型产业过渡。国家和政府应积极采取措施促进工业化和城市化的同步发展，同时重视制度上的创新突破，为农村劳动力进城扫清障碍。

3. 钱纳里模型中的产业结构标准

因为产业是就业的载体，对劳动力资源在产业间流动就业的大多数研究也主要从产业结构和就业结构之间的关系着手进行分析。在经济发展的不同阶段，产业结构和就业结构也有相应的国际参考标准。王晓君指出合理配置劳动力资源实现充分就业，是构建和谐社会的基础，并认为应该建立产业衰退预警机制和人力资源产业转移快速反应机制，根据地区资源禀赋和人力资源特征，制定地区产业发展模式和战略。[①] 国外的学者将经济结构定义为不同部门中劳动、资本和自然资源等生产要素的供给和使用的组合。工业化的模型是用来说明与收入水平相关的各种因素怎样引起生产结构和要素使用结构变动的。他们利用多国的模型模拟收入水平提高的作用，希望得到一种平均或标准的发展模式（见表 6-12）。

库兹涅茨以 1958 年美元为标准将收入水平分为五个阶段，模拟得出三次产业劳动力资源的配置标准。[②] 钱纳里、艾金通和西姆斯以 1964 年美元为标准将收入水平划分为八个阶段，得出了每个阶段劳动力资源在三次产

① 王晓君：《西部民族地区工业化实证分析》，《甘肃农业》2006 年第 8 期，第 32 页。

② 〔美〕西蒙·库兹涅茨：《各国的经济增长》，常勋译，商务印书馆，2021，第 55 页。

表 6-12　三次产业结构变动的国际趋势

单位：美元，%

三种主要研究结果		三次产业产值结构			三次产业就业结构		
		第一产业	第二产业	第三产业	第一产业	第二产业	第三产业
库兹涅茨模式（1971）人均 GDP							
（1958 年）	（2019 年）						
70	591.5	45.8	21.0	33.2	80.3	9.2	10.5
150	1267.5	36.1	28.4	35.5	63.7	17.0	19.3
300	2535	26.5	36.9	36.6	46.0	26.9	27.1
500	4225	19.4	42.5	38.1	31.4	36.2	32.4
1000	8450	19.9	48.4	40.7	17.7	45.3	37.0
钱纳里、艾金通和西姆斯模式（1970）人均 GDP							
（1964 年）	（2019 年）						
100	757	46.3	13.5	40.1	68.1	9.6	22.3
200	1514	36.0	19.6	44.4	58.7	16.6	24.7
300	2271	30.4	23.1	46.5	49.9	20.5	29.6
400	3028	26.7	25.5	47.8	43.6	23.4	33.0
600	4542	21.8	29.0	49.2	34.8	27.6	37.6
1000	7570	18.6	31.4	50.0	28.6	30.7	40.7
2000	15140	16.3	33.2	49.5	23.7	33.2	43.1
3000	22710	9.8	38.9	48.7	8.3	40.1	51.6
塞尔昆和钱纳里模式（1989）人均 GDP							
（1980 年）	（2019 年）						
300	2172	48.0	21.0	31.0	81.0	7.0	12.0
400	2896	39.4	28.2	32.4	74.9	9.2	15.9
500	3620	31.7	33.4	34.6	65.1	13.2	21.7
1000	7240	22.8	39.2	37.8	51.7	19.2	29.1
2000	14480	15.4	43.4	41.2	38.1	25.6	36.3
4000	28960	9.7	45.6	44.7	24.2	32.6	43.2

资料来源：郭克莎、王延中主编《中国产业结构变动趋势及政策研究》，经济管理出版社，1999，第 10 页；〔美〕西蒙·库兹涅茨，《各国的经济增长》，常勋译，商务印书馆，2021，第 128~130 页；1958 年美元 GDP 价格缩减指数为 25.7（由 1960 年数据估算），1964 年、1980 年和 2019 年分别为 28.7、30 和 217.2，以 2000 年为 100，参见 World Bank "The World Development Indicators", GDP deflator (base year varies by country)。

业间的分布标准。[1] 后来塞尔昆和钱纳里以 1980 年美元为收入标准，用最新的数据模拟了各国发展模式，在其中也给出了三次产业就业结构标准。[2] 由于汇率的变动，随着时间发展，美元确定的基准收入水平也发生了变动，所以在采用国际标准对我国经济发展阶段进行验证时，需要将当时模拟经济发展阶段美元确定的基准收入水平换算为今天的收入水平，我们在这里通过世界银行网站查得了美元的缩减指数，并将其换算为今天的收入标准，在此基础上做出比较分析。

4. 我国数据的钱纳里模型验证

通过验证发现我国的经济发展模式与钱纳里、艾金通和西姆斯模式相似，可以以此为标准进行验证。由于新中国成立初期采取优先发展工业的战略，造成农业萎缩，在粗放式增长模式的推动下，农业和工业劳动力生产率较低，劳动力在第一产业和第二产业就业比重较高，人均 GDP 的提高与 GDP 的提高相背离。截至 2019 年我国人均 GDP 已经达到了 10276 美元，基本处于钱纳里经济发展模式的第六和第七阶段中间，我国第三产业发展速度加快，基本与国际标准持平。2019 年我国第一产业就业比重已经降低到 25.1%，略高于国际标准，还需要向第二、第三产业转移；第二产业就业比重为 27.5%，与国际标准接近但略低于国际标准，第二产业就业人员实现了向第三产业转移；第三产业就业比重为 47.4%，已经高于 41.9% 的国际标准（见表 6-13）。总体来看，我国产业结构的变动经历了由低于国际标准到略高于国际标准的转变过程。由于上述国际标准都是基于发展中国家数据而得出的结论，该标准具有一定的时效性。目前来看，我国产业结构基本上与国际模式相符，并且略高于国际标准。随着我国经济发展水平的进一步提高，产业结构也必然会进一步高级化，当人均 GDP 达到 20000 美元时，第一产业就业比重也会低于 10%。

---

① 〔美〕霍利斯·钱纳里等：《工业化和经济增长的比较研究》，吴奇等译，格致出版社、上海三联书店、上海人民出版社，2015，第 67~79 页。

② 〔美〕霍利斯·钱纳里、莫尔塞斯·塞尔昆：《发展的格局 1950—1970》，李小青等译，中国财政经济出版社，1989，第 23 页。

表 6-13 我国经济发展水平与产业结构验证

单位：美元，%

年份	就业结构			产值结构			人均 GDP 美元
	第一产业	第二产业	第三产业	第一产业	第二产业	第三产业	
1994	55.46	25.93	18.61	20.66	48.14	31.20	1013
1997	49.16	28.28	22.56	19.27	48.92	31.81	1362
2001	48.40	27.05	24.55	15.90	48.38	35.72	1802
2004	45.86	28.23	25.91	15.73	50.74	33.53	2338
2007	40.42	30.96	28.62	13.26	52.93	33.81	3698
2012	34.91	34.28	30.81	11.99	52.69	35.31	6680
2014	33.29	34.21	32.50	11.72	51.03	37.25	7901
2016	27.7	28.8	43.5	8.6	39.8	51.6	8126
2018	26.1	27.6	46.3	7.2	40.7	52.2	9780
2019	25.1	27.5	47.4	7.1	38.6	54.3	10276

资料来源：《中国统计年鉴 2020》。

5. 我国产业发展趋势分析

（1）产业结构与经济发展水平的相关性分析

为了进一步探讨我国未来产业结构发展趋势，并增强可比性，我们预测了未来我国就业结构变动趋势。如图 6-6 至图 6-9 所示，2019 年我国各省份就业结构与经济发展水平存在明显的正（负）相关关系，即随着经济发展水平的提高，就业结构出现了明显的高级化。

以 31 个省份人均 GDP 为自变量（X），分别以其第一产业就业比重（Y_1）、第二产业就业比重（Y_2）、第三产业就业比重（Y_3）、非农产业就业比重（Y_4）为因变量做回归模型得到如下结果：

$$Y_1 = 313.53 - 25.485\ln X \tag{6-3}$$

$$Y_2 = -98.753 + 11.176\ln X \tag{6-4}$$

$$Y_3 = -138.721 + 16.297\ln X \tag{6-5}$$

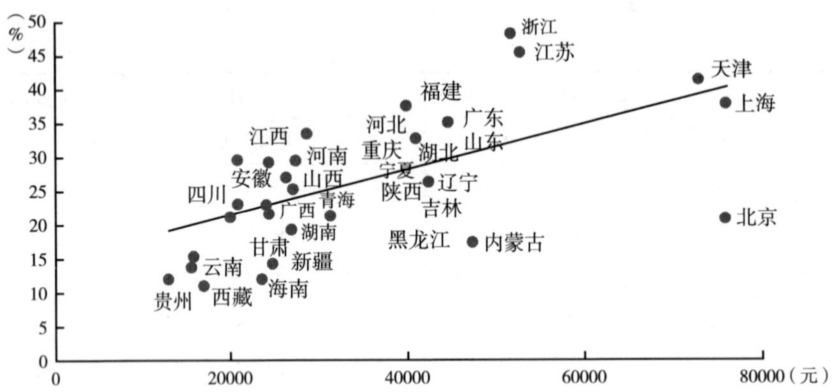

图 6-6　各省份第二产业就业比重与人均 GDP

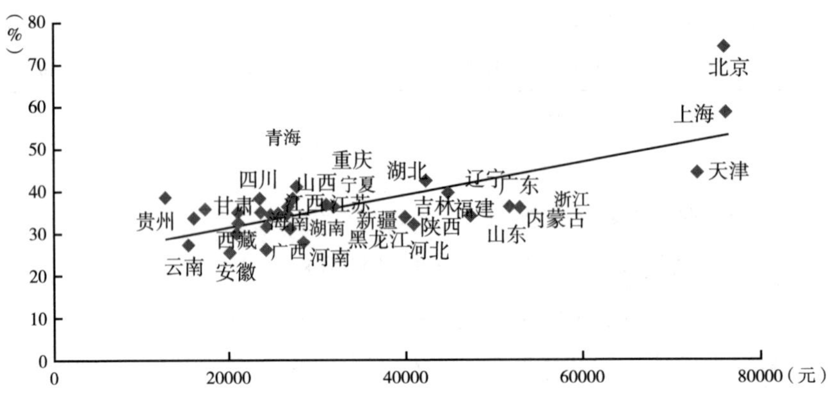

图 6-7　各省份第三产业就业比重与人均 GDP

$$Y_4 = -242.731 + 27.91\ln X \qquad (6-6)$$

无论是从 R 检验来看，还是从 T 检验和 F 检验来看，模型回归参数显著性较高，能够用于预测未来我国就业结构变动趋势。国内就业结构模型回归结果与国际数据检验结果基本一致，第一产业就业比重与全国标准相当，2019 年略高于全国标准，第二产业就业比重较高，第三产业就业比重较低，第二产业劳动力需要向第三产业转移（见表 6-14）。

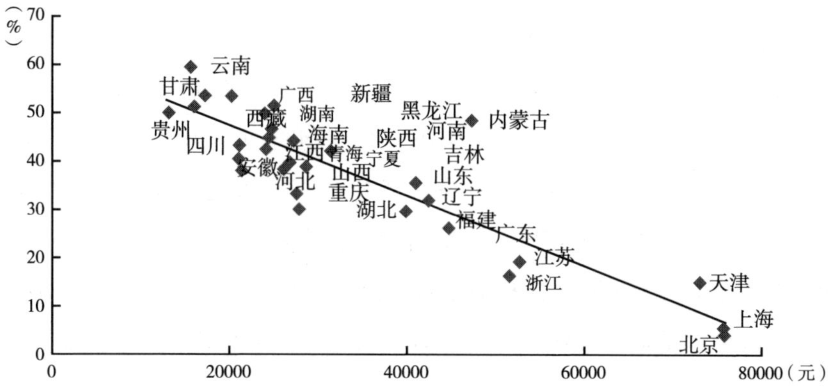

图 6-8 各省份第一产业就业比重与人均 GDP

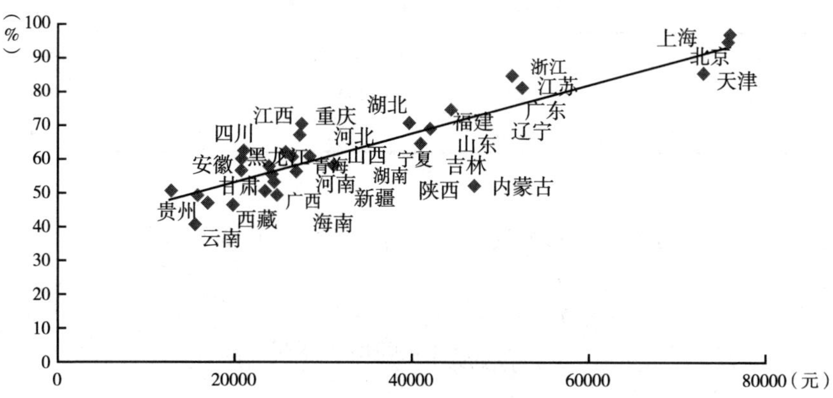

图 6-9　各省份非农产业就业比重与人均 GDP

表 6-14　就业结构预测模型检验结果

模型 1	t	P	模型 2	t	P	模型 3	t	P	模型 4	t	P
C	6.389	0.000	C	-2.345	0.002	C	-2.767	0.001	C	-3.798	0.000
X	-5.747	0.000	X	2.938	0.006	X	3.597	0.001	X	4.832	0.000

（2）我国经济发展趋势预测

根据就业结构预测模型，就业结构变动具有一定规律性，即随着经济发展水平的提升，就业结构不断高级化。所以要想预测我国就业结构发展趋势，需要首先知道我国经济发展水平的增长趋势。改革开放以来我国经济保持着快速发展的势头，在2008年国际金融危机中仍保持着10.1%（按可比价计算）的增长速度。近几年，我国的GDP增长速度有所下滑（10%以下），但发达国家的GDP增长一般在2%~4%，考虑未来我国经济发展的可能状况，选取统计年鉴公布的人均GDP作为计算标准，采用我国1978~2019年的人均GDP名义数值对其未来的发展进行测算，用SPSS软件进行回归分析（Y代表人均GDP值，X代表时间序列），发现logistic模型拟合效果最好，回归结果如下：

$$\ln = \left(\frac{1}{Y} - \frac{1}{120000}\right) = \ln 0.004 + \ln(0.860)x \qquad (6-7)$$

表 6-15　经济发展水平预测模型检验结果

	回归系数	标准误	标准化回归系数	t	Sig.
时间	0.860	0.001	0.369	687.413	0.000
常数项	0.004	0.000		27.852	0.000

可见模型通过检验，参数设计比较合理。对式6-5化简得到：

$$Y = \frac{1}{\frac{1}{120000} + 0.004 \times 0.860^{x}} \qquad (6-8)$$

通过模型6-8对我国2020~2035年人均GDP发展趋势进行预测，其总体趋势和预测结果如图6-10所示。可以看出模型估计比较合理，除个别年份外，预测值与实际值拟合度较高，2017年预测值为60236元和实际值仅差222元，误差在0.3%以内。可见，预测数值精确度比较高可以用来预测我国未来就业结构的变动趋势。

（3）就业结构变动趋势预测

以我国1978~2019年人均GDP（X）为自变量，以第一产业就业比重（Y_1）、第二产业就业比重（Y_2）、第三产业就业比重（Y_3）为因变量构建回归模型如下：

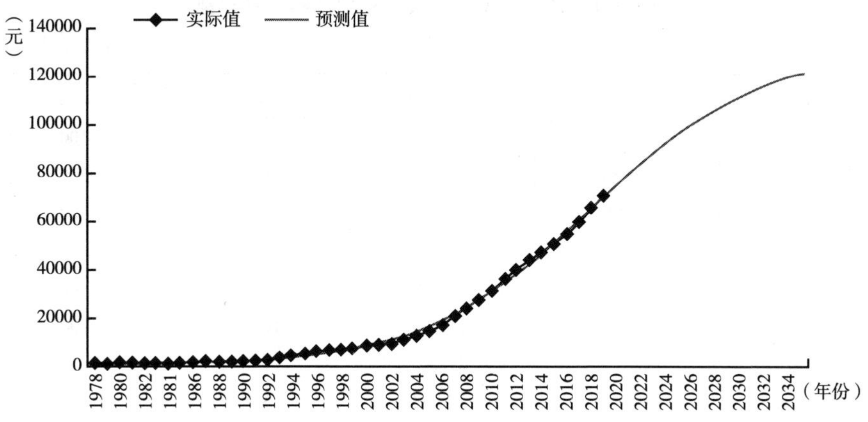

图 6-10　1978~2035 年人均 GDP 预测值与实际值

$$Y_3 = -25.092 + 5.993\ln X \quad (6-9)$$

$$Y_1 = 119.488 - 8.073\ln X \quad (6-10)$$

$$Y_2 = 5.622 + 2.078\ln X \quad (6-11)$$

表 6-16　就业结构预测模型检验结果

模型 1	t	P	模型 2	t	P	模型 3	t	P
C	54.069	0.00	C	4.495	0.00	C	-14.456	0.00
X	-32.306	0.00	X	14.690	0.00	X	30.532	0.00

无论是从 R 检验来看，还是从 T 检验和 F 检验来看，模型回归参数显著性较高，能够用于预测未来我国就业结构变动趋势。

将模型 6-8 人均 GDP 预测结果带入模型 6-9、6-10、6-11 得到未来就业结构情况。2020~2035 年我国三次产业就业结构从 24.79：27.24：47.97 演变为 21.46：27.31：51.23（见表 6-17）。通过就业弹性的变动趋势和未来三次产业就业结构变动趋势，可以了解未来，第三产业将成为吸纳流动人口就业的主要行业。但第二产业和第一产业就业吸纳能力也不容忽视，在未来较长一段时间，第二产业和第一产业仍是带动流动人口就业的主要行业。

表 6-17　2020~2035 年我国就业结构变动趋势

单位：%

年份	第一产业	第二产业	第三产业	合计
2020	24.79	27.24	47.97	100
2021	24.36	27.25	48.39	100
2022	23.98	27.26	48.76	100
2023	23.62	27.26	49.12	100
2024	23.31	27.27	49.42	100
2025	23.02	27.28	49.70	100
2026	22.77	27.28	49.95	100
2027	22.54	27.29	50.17	100
2028	22.34	27.29	50.37	100
2029	22.16	27.29	50.55	100
2030	22.00	27.30	50.70	100
2031	21.86	27.30	50.84	100
2032	21.74	27.30	50.96	100
2033	21.64	27.30	51.06	100
2034	21.54	27.31	51.15	100
2035	21.46	27.31	51.23	100

注：根据模型 6-9、6-10、6-11 计算得出。

二　产业转型升级对流动人口失业的影响机制

（一）理论分析和研究假说

1. 产业转型升级带来结构性失业

从国际上来看，吴崇伯①和加里·杰里菲（Gary Gereffi）② 认为，“产业升级”一般指产业由低技术水平、低附加值状态向高技术水平、高附加值

① 吴崇伯：《论东盟国家的产业升级》，《亚太经济》1988 年第 1 期，第 26~30 页。

② Gary Gereffi, "International Trade and Industrial Upgrading in the Apparel Commodity Chain," *Journal of International Economics*, 1999, 48 (1): 37-70.

状态演变的趋势。配第—克拉克定律[①]认为随着经济发展和人均国民收入水平的提高，劳动力呈现首先由第一产业向第二产业转移，然后再向第三产业转移的演变趋势，如果在产业升级中劳动力转移不顺畅就会出现失业现象。除了经济发展中的周期性失业，产业转型升级带来的失业更多的是结构性失业。产业转型升级导致大量旧的生产部门、低技能岗位，尤其是劳动密集型产业逐渐被淘汰。而在这些部门、岗位就业的劳动力被挤出来，他们由于技能水平、学历层次低，难以被新的产业部门和高技能岗位吸纳，尤其是大量乡城流动就业人员，在较强的就业意愿驱动下，没有劳动密型产业能够容纳他们就业，便成为结构性失业人群。

同时，产业转型升级中大量企业不断采用新技术、新设备，对高技能劳动力需求增大。流动人口难以满足企业采用技术和设备对劳动力的需求，造成劳动力受教育程度、技能水平、工作经验等和不同行业、不同职业、不同企业、不同岗位的用工需求不匹配，形成了岗位空缺和失业并存的局面。改革开放以来，我国东部沿海经历的民工潮和民工荒（技工荒）就是一个很好的例证，20 世纪八九十年代东南沿海依靠工商业基础和对外开放时机，大量劳动密集型产业兴起，吸纳了大量农村转移劳动力就业，出现了“民工潮”。2000 年之后随着企业对自主创新的追求和订单技术要求的提升，出现了企业招工难现象，并愈演愈烈，甚至很多企业的订单由于缺少工人而无法完成，民工荒的实质是技工荒。

再者，随着流动人口对公共服务和劳动权益诉求的增大，流动人口对员工福利待遇的要求越来越高，而很多依赖订单，以控制人工成本来获取利润的企业不愿意也很难提升流动人口的薪酬水平。虽然产业转型升级使企业更换了生产流程，出现了新的就业岗位，但是员工薪酬并没有显著提升，当薪酬水平与流动期望较大时，流动人口也会放弃就业机会，出现流动人口四处寻找工作与企业用工荒持续并存的现象。故此，提出第一个研究假设。

假设 1：在其他条件不变的情况下，产业转型升级会造成劳动力失业，

---

① 〔英〕威廉·配第：《政治算术》，马妍译，中国社会科学出版社，2010。

社会保障、薪酬待遇和就业培训是抑制产业转型升级产生失业的外部因素。

2. 产业转型升级导致劳动力需求量下降

巴库姆（Barkume）等认为产业转型升级对失业的影响还表现在就业总量上，因为技术进步总是倾向于使边际就业弹性下降。[①] 夏杰长等[②]和李长安等[③]认为产业转型升级中企业大量采用新设备、新技术，劳动生产率提升，单位产值耗费人工下降，造成经济发展中对劳动力总量需求减少，从而增加了失业的风险。冯煜认为 1979～1996 年技术进步对我国失业率的贡献度达到了 23.89%。[④] 李培林[⑤]、张刚等[⑥]认为产业转型升级破坏了粗放型经济增长方式，使劳动密集型产业受到影响，导致劳动者失业。综合来看，产业转型升级对流动人口失业的抑制效应小于积极效应。根据古典经济增长模型，资本、技术对劳动力存在挤出效应。产业转型升级中资本和技术的作用不断增强，减少了劳动力就业机会。无论是农业还是制造业和服务业，机器设备和新技术的采用大大提高了劳动生产率，流水线取代手工劳动，会使大批工人失业。

大量研究证明产业转型升级对劳动力数量的替代是互补的。产业转型升级通过内在创新机制和扩散机制，促进了新消费和新产品等领域的发展，扩大了原有产业的生产规模，推动了关联产业的发展，所以产业转型升级并非完全排斥劳动力就业。希克斯（J. R. Hicks）在《工资理论》一书中将技术进步分为劳动节约型、资本节约型和中性型三大类：第一类是中性型技术进

① Barkume and Anthony J.，"Differentiating Employment Prospects by Industry and Returns to Job Search in Metropolitan Areas，" *Journal of Urban Economics*，1982（12）：68-84.

② 姚战琪、夏杰长：《资本深化、技术进步对中国就业效应的经验分析》，《世界经济》2005 年第 1 期，第 58～67 页。

③ 李长安、高春雷：《城市人才竞争与用人环境改善研究》，《中国劳动关系学院学报》2018 年第 4 期，第 19～22 页。

④ 冯煜：《浅析中国转型时期失业的主要影响因素》，《生产力研究》2001 年第 2 期，第 15～17 页。

⑤ 李培林：《和谐社会的八大结构和七点政策建议》，《经济管理》2005 年第 9 期，第 6～8 页。

⑥ 张刚、袁帅、张玉巧：《技术进步、产业升级与结构性失业》，《现代管理科学》2018 年第 5 期，第 73～75 页。

步，生产者在生产过程中没有改变资本和劳动的投入比例；第二类是劳动节约型技术进步，生产者在生产过程中更多使用资本，相对减少劳动投入；第三类是资本节约型技术进步，生产者在生产过程中更多使用劳动力，相对减少资本投入。[①] 一般而言，经济发展水平越高、就业保障机制越完善、对外开放程度越高的地区，自主创新能力越强，技术进步越平稳，受技术"卡脖子"而造成企业破产、员工失业的现象也明显减少。所以，产业转型升级对失业的影响还取决于采用何种技术进步方式和应对就业波动的措施，而技术进步方式的选取依赖经济发展水平、对外开放程度、社会整体就业形势和社会保障、就业培训机制的完善程度。故此，提出第二个研究假设。

假设 2：技术进步是产业转型升级带来资本有机构成变动进而影响失业的重要机制。

3. 产业转型升级要求劳动者素质提升

皮萨里德斯（Pissarides，C. A.）[②]、阿格赫恩（Aghion P.）等[③]、莫腾森（Mortensen，D. T.）[④] 认为产业转型升级对就业的影响主要表现为创造性的破坏效应和资本效应两个方面。一方面，部分学者如曾显荣认为产业转型升级使投资者被鼓励依据新技术创建新的生产单位，赚取新的技术带来的利润，会吸收新的劳动力，进而减少失业。[⑤] 另一方面，大卫·李嘉图[⑥]、卡尔·马克思[⑦]认为技术进步是一把"双刃剑"，它在促进就业增加的同时，也会造成结构性失业。由于产业转型升级，原有低端行业劳动者

---

① J. R. Hicks, *Theory of Wages*, MacMillan, 1963: 136-158.

② Pissarides, C. A., *Equilibrium Unemployment Theory*, Oxford: Blackwell, 1990: 37.

③ Aghion P. and Howitt P., "Growth and Unemployment," *The Review of Economic Studies*, 1994 (3): 61.

④ Mortensen, D. T., Pissarides C. A., "Technological Progress, Job Creation, and Job Destruction," *Reviewof Economic Dynamics*, 1998 (4): 77.

⑤ 曾显荣：《人工智能时代女性就业面临的机遇与挑战》，《经济师》2019 年第 7 期，第 38~39 页。

⑥ 〔英〕大卫·李嘉图：《政治经济学及赋税原理》，郭大力、王严南译，商务印书馆，1962，第 33~41 页。

⑦ 〔德〕卡尔·马克思：《政治经济学批判》（《马克思恩格斯全集》第 13 卷），徐坚译，人民出版社，1972，第 63~71 页。

素质难以适应高端行业对劳动者素质的要求造成失业，黄乾研究发现工业部门的结构变动导致失业率上升；服务业部门的结构变动会降低失业率，但总体而言，产业结构变动会增加失业率。[①] 由于流动人口受教育程度低，分布在城市中的次要劳动力市场，劳动权益难以保障，大量流动人口仍处在企业急需用人时招之即来，企业不需要劳动力时挥之即去的尴尬境地。他们缺乏技术培训，人力资本水平提升慢，难以实现职业流动，对产业转型升级中出现的新技术、新岗位难以适应，导致其失业风险出现增大趋势。

一般而言，劳动力结构具有惯性，不能很快适应产业转型升级的需求。产业转型升级要求劳动者的知识结构、技能水平、心理素质/沟通能力、运用新生产工具的能力全面提升。只依靠流动人口自身适应新技术和提升素质是很难做到的。而企业又很少对流动人口提供技能培训，成为流动人口求职的一大障碍，不利于流动人口向城市产业工人的转变。失业人口要想重新找到工作，回到就业岗位，必须掌握与劳动力市场需求相适应的技术能力和专业知识，这很难在一段时间内完成。长期以来我国落后地区尤其是广大的农村地区基础教育体系和职业培训体系落后于经济发展需求，是造成大量流动人口难以适应产业转型升级对劳动力技能水平需求的主要原因。在城乡一体化和户籍制度改革不断推进过程中，流动人口只要具备较高学历和相应专业技能，就可以找到比较体面的工作，获得较高收入，户籍已经不是制约流动人口求职就业的最关键因素，受教育程度和技能水平已转化为流动人口求职的最大障碍。产业转型升级不断淘汰落后产业，也催生了大量新行业，新行业产生了新的就业需求。劳动力者能否立刻从淘汰行业中转移到新行业中实现就业，取决于劳动者是否能够通过学习尽快适应新岗位的素质要求。故此，提出第三个研究假设。

假设 3：产业转型升级对流动人口失业的影响存在群体差异，低技能、低学历流动人口失业受影响更严重。

---

① 黄乾：《中国的产业结构变动、多样化与失业》，《中国人口科学》2009 年第 1 期，第 22~31 页。

（二）模型设定与数据来源

1. 模型设定

由于主要关注流动人口在流入地产业转型升级中的失业风险，而流入地的宏观经济因素和省际特征均对其失业风险具有一定的影响，又存在变量选取偏差，所以采用面板数据模型来控制观测不到的因素。本文的基准模型如下：

$$FUR_{it} = \beta_0 + \alpha_i + \gamma_i + \beta_1 idu_{it} + \sum \beta_j X_{it} + \mu_{it} \tag{6-11}$$

式中，FUR_{it}为 i 省份在第 t 年的失业率，α_i 为省份固定效应，设置为省份哑变量，用来控制观测不到的不随时间变化的省份特征。γ_i 为时间固定效应，设置为年度哑变量，用来控制观测不到的年度特征对失业风险的冲击。idu_{it}为 i 省份在第 t 年的产业转型升级情况，X_{it}为影响流动人口失业的其他变量。

流动人口失业率（FUR）是本部分的被解释变量。周吉梅、舒元认为失业风险可以用失业率随时间的变动来衡量①，张展新认为也可以用失业（丧失工作）的百分比或发生率来衡量②，后者是一个微观数据分析方法，本部分使用的是各省份宏观数据，微观数据也按照地区进行了汇总，故此采用前者的方法来对流动人口失业风险进行衡量。从经济学范畴来看，失业是指劳动力供给与劳动力需求在总量或结构上的失衡所形成的劳动者不能与生产资料结合的一种状态。根据我国统计制度规定，失业人口是指非农业人口，在一定年龄内（男性为 16~50 岁，女性为 16~45 岁），有劳动能力、无业而要求就业，并在当地就业服务机构进行求职登记的人口，即所谓的城镇登记失业人口，与调查失业人口存在较大差异。按照国际劳工组织的定

① 周吉梅、舒元：《失业风险与城镇居民消费行为》，《中山大学学报》（社会科学版）2004 年第 3 期，第 71~75 页。

② 张展新：《城市本地和农村外来劳动力的失业风险——来自上海等五城市的发现》，《中国人口科学》第 2006 年第 1 期，第 52~59 页。

义，失业人员是指在一定年龄以上（通常16岁及以上），在参考时期内没有工作、目前可以工作而且正在寻找工作的人。国际上判断失业人口具备四个条件：在劳动年龄范围内、没有工作、能够工作、有就业意愿。考虑到我国新农保和城乡居民养老保险规定领取养老金的年龄是60周岁，参考以往文献，本文将失业流动人口定义为16~59岁，有劳动能力无工作，但有就业意愿，随时可以投入工作中的流动人口。根据问卷中的问题“五一前一周是否做过一个小时以上有收入工作”判断是否处于无业状态，如果回答“是”则处于就业状态，如果回答“否”则处于无业状态，再通过问题“4月是否找过工作”作为判断是否有就业意愿的依据，若两道题同时回答无业和4月找过工作，方可界定为失业。根据国家统计局的规定，就业人口加上失业人口等于经济活动人口，经济活动人口是16周岁及以上，有劳动能力，参加或要求参加社会经济活动的人口（这里采用16~59岁的经济活动人口）。失业率等于失业人口占经济活动人口的百分比。

产业转型升级（idu）是本文的核心解释变量。对产业转型升级的测量，采用库兹涅茨[①]和卡尔多[②]的做法，用劳动力在各个产业间的转移来测度产业转型升级。他们认为劳动力从第一产业转移到第二产业，再转移到第三产业是劳动效率提升的结果。考虑到该方法的科学性和数据的可得性，本文采用Lilien指数模型来测量产业转型升级速度。其计算公式为：

$$\Psi_{it} = \left[\sum_{i=1}^{n} \frac{EMP_{ijt}}{TEMP_{ijt}} \left(|\Delta \log EMP_{ijt}| - |\Delta \log TEMP_{ijt}| \right)^2 \right]^{1/2} \qquad (6-12)$$

其中，Ψ是Lilien指数，表示流入地产业转型升级（idu），j代表某一产业，i代表不同流入地区，EMP代表流入地每个产业的就业人数，$TEMP$代表流入地就业总人数，t代表时间区间。*Lilien*指数越大表示在t时间内，这里t等于1产业转型升级越快。其中idu_a为全部产业转型升级，idu_c为制

① Simon Kuznets, "Modern Economic Growth: Findings and Reflections," *American Economic Review*, 1973 (63): 247-258.

② Kaldor and Nicholas, "Capital Accumulation and Economic Growth," The Theory of Capital: Proceedings of a Conference of the International Economic Association, 1961.

造业转型升级，idu_s为服务业转型升级。

控制变量（X）包括宏观和微观因素，宏观因素包括：经济发展水平（lngdp），采用流入地 GDP 的对数表示，并折算为可比价，反映各流入地经济发展水平；就业密度（lnemd），采用流入地每平方公里从业人员数的对数表示，反映流入地劳动力供给量；产业结构偏离度（idup），用各产业的增加值比重和就业比重之比减去 1 表示，反映一个地区产业结构合理度；对外开放程度（opg），用进出口总额占 GDP 比重表示，反映一个地区贸易、开放程度和接受新技术环境。

微观因素方面根据前文理论分析，我们选取以下变量：流动人口年龄；性别（sex），这里用男性占比表示，变量赋值为男性=1，女性=0；婚姻（mar），这里用已婚者比重表示，变量赋值为已婚=1，未婚=0；户籍性质（cit），用非农业户籍人口比重表示，变量赋值为农业=0，非农业=1；受教育年限（edu），用各类学历的人数乘以各类学历的教育年限，再除以流动人口数，各类学历的教育年限为 0=没上过学，6=小学，9=初中，12=高中，15=大专，16=本科，19=研究生及以上；社会融合（con），通过问卷中的问题“您是否同意本地人愿意接受我成为其中一员”来测量，同意=1，不同意=0；流动距离（reg），用流动范围表示，赋值为跨省流动=1，省内流动=0；参加失业保险情况（ser），用失业保险参保率表示，变量赋值为已参加失业保险=1，未参加失业保险=0。这些微观变量采用流动人口监测数据汇总出每一个省份每一年的均值。

2. 数据来源

本部分的数据来源主要是 2012~2019 年中国统计年鉴、中国劳动统计年鉴和各省份历年统计年鉴。由于西藏数据缺失比例较大，所以采用 2011~2018 年 30 个省份的面板数据作为样本。关于产业的划分，采用 2012 年修订后的《国民经济行业分类》（GB/T 4754-2012）的分类标准，共有门类 20 个、大类 96 个、中类 432 个、小类 1094 个。第一产业是指农、林、牧、渔业。第二产业是指采矿业，制造业，电力、热力、燃气及水生产和供应业，建筑业。第三产业即服务业，包括批发零售业，交通运输、仓储和邮政业，住宿和餐饮业，信息传输、软件和信息技术服务业，金融业，房地产业，租赁和商贸服务业，科学研究和技术服务业，水利、环境和公共设施管理业，居民服务、修理和其他服务业，教育，卫生和社会工作，文化、体育和娱乐业，公共管理、社会保障和社会组织。在分析制造业升级中选取了29个行业，由于废弃资源综合利用业和其他制造业等所占比重较小，在计算中没有考虑。在分析服务业升级中包含年鉴中的所有14个行业大类。微观数据采用国家卫生和计划生育委员会2011~2018年全国流动人口动态监测数据。并通过汇总计算出各省份流动人口个体特征的指标数值，得到不同地区不同年份各指标的微观数值（见表6-18）。

表6-18　模型变量的描述统计

变量	均值	标准差	最小值	最大值
UR	0.01812	0.01122	0.0041	0.0663
idua	0.01191	0.00998	0.00058	0.10873
idu_c	0.19365	0.18015	0.03002	1.18668
idu_s	0.11716	0.16342	0.01015	1.16832
lngdp	9.77416	0.83159	7.54618	11.40428
lnemd	4.26079	1.50335	0.59508	8.04485
idup	1.92764	0.72552	0.87920	3.75903
opg	0.27137	0.30464	0.01695	1.43803
edu	9.94193	0.62845	8.63298	11.96900
con	0.85698	0.06502	0.67577	0.94587
reg	0.45597	0.26942	0.08677	1.00000
age	34.31182	1.55504	28.94044	37.83626
sex	0.53749	0.03703	0.43256	0.65233
ser	0.13464	0.10028	0.01442	0.46800
cit	0.15611	0.06684	0.04230	0.36729
mar	0.76761	0.14089	0.08586	0.93060

（三）估计结果与分析

1. 基准模型回归结果

表6-19中模型1给出了没有考虑省份固定效应和年份固定效应时产业

升级对失业的影响。结果表明产业升级的 Lilien 指数每增大一个单位，失业率会升高 0.093 个单位。人口流入地属性也会对失业率产生影响，在模型 2 中进一步考虑省份固定效应和年份固定效应之后，Lilien 指数每增大一个单位，失业率上升 0.142 个单位。综合来看，考虑到固定效应后的模型中产业转型升级对失业率的影响程度增大至 1.53 倍，即不考虑省份和年份固定效应情况下，可能会严重低估产业升级对流动人口失业的影响。同样模型 5 和模型 6 制造业升级和服务业升级的检验结果可以验证省份固定效应的存在。模型 6 在模型 5 的基础上加入了省份固定效应和年份固定效应后，制造业升级和服务业升级对流动人口失业率的影响系数分别从 0.329 和 0.097 上升到 0.352 和 0.109。同时可以看出，制造业升级对流动人口失业的影响程度要大于服务业升级。

表 6-19　产业转型升级对流动人口失业影响的 OLS 回归结果

变量	模型 1	模型 2	模型 3	模型 4	模型 5	模型 6	模型 7	模型 8
产业升级	0.093**	0.142***	0.136***	0.113***				
制造业升级					0.329***	0.352***	0.107***	0.223***
服务业升级					0.097*	0.109***	-0.019***	0.082**
经济发展水平	-0.037***	-0.209***	-0.174***		-0.045**	-0.14***	-0.154***	
就业密度	-0.301**	-0.513***	-0.412***		-0.353**	-0.521***	-0.305***	
结构偏离度	0.021***	0.274**	-0.105***		0.034***	0.266***	0.201***	
对外开放程度	-0.091*	-0.107***	-0.065***		-0.194***	-0.188**	-0.233**	
受教育程度	-0.285***	-0.057***		-0.088***	-0.291*	-0.333***		-0.086***
人际关系	-0.088**	-0.067***		-0.093**	-0.015***	-0.291***		-0.172***
流动范围	-0.081***	-0.131**		-0.143**	-0.031**	-0.006*		-0.034**
年龄	0.222*	0.113**		0.254***	0.309***	0.215**		0.388***
性别	-0.232**	-0.225***		-0.046***	-0.192***	-0.114***		-0.130***
婚姻	-0.131***	-0.166**		-0.126**	-0.119*	-0.188***		-0.106***
户籍	0.448*	0.409***		0.374***	0.411**	0.397***		0.312***
失业保险	-0.201***	-0.193***		-0.291***	-0.071***	-0.031***		-0.072***
常数项	-0.022***	-0.055***	0.038***	-0.029***	-0.015***	-0.052***	0.049***	-0.034***
省份固定效应		-0.307***	-0.322***	-0.086***		-0.451***	-0.352***	-0.071***
年份固定效应		0.265***	0.327***	0.366***		0.462***	0.401***	0.031***
样本量	390	390	390	390	390	390	390	390
R^2	0.421	0.449	0.326	0.356	0.449	0.466	0.343	0.411

注：***、**、*分别表示在 1%、5%和 10%水平下显著。

表 6-19 中模型 3 给出了仅考虑流入地宏观因素条件下，产业转型升级对流动人口失业的影响。结果表明，产业转型升级每提升 1 个单位，流动人口失业率增加 0. 136 个单位。模型 4 仅考虑了流动人口个人特征的微观因素，结果表明，产业转型升级每提升 1 个单位，流动人口失业率会增加 0. 113 个单位。这表明流动人口个人特征对其失业的影响程度要大于宏观经济环境。相比于模型 2 而言，模型 3 和模型 4 中产业升级的回归系数均相对较小。这说明，单独控制宏观经济环境因素和单独控制流动人口个人特征因素均会低估产业升级对流动人口失业的影响程度。

表 6-19 中模型 7 和模型 8 分别给出了只考虑宏观经济环境因素和只考虑流动人口个人特征因素条件下，产业升级对流动人口失业的影响程度，结果表明制造业升级和服务业升级的回归系数均低于模型 6。由模型 7 可以看出，制造业升级对流动人口失业的影响系数为 0. 107，大于服务业升级的回归系数-0. 019。模型 8 显示控制流动人口个人特征条件下，制造业升级对流动人口失业的影响仍大于服务业升级，但是服务业升级也会增加流动人口失业率。相比于模型 6，模型 7 中服务业升级对流动人口失业具有负向影响，即服务业升级降低了失业率，主要是因为模型 7 中未考虑流动人口个人特征。由于流动人口人力资本水平较低、人际关系较弱、乡城流动比例大等特征，服务业升级对流动人口失业的影响很大一部分可以由流动人口自身的弱势特征解释。同样，相比于模型 4 和模型 8 只控制流动人口微观特征，模型 2 和模型 6 中在控制宏微观因素条件下，产业升级对流动人口失业的影响程度均有所增大。经济发展环境较差的地区，为产业快速升级提供了后发优势，但较差的经济发展环境使其在技术进步中更多地依靠技术引进和人才引进，形成了资本替代劳动的倾向，增加了产业升级中流动人口失业率。

从控制变量来看，经济发展水平、就业密度和对外开放程度的回归系数显著为负，这说明促进经济增长、人口集聚和对外开放能够降低失业率。模型 2 显示，外商投资占 GDP 的比重每增加 1%，失业率就会降低 0. 11%，就业密度每增加 1%，失业率就会降低 0. 51%。人口集聚除了会提升就业密度，还会带来技术外部性、劳动力市场稠密效应和学习效应，所以就业密度增大能够提升流动人口人力资本水平，降低失业率。产业结构偏离度回归系数显著为正，意味着产业结构偏离度越大，失业率越高。产业结构偏离度较高，表明劳动力市场机制不健全，劳动力难以在产业间流动转移就业。在产业升级中，劳动力职业固化和流动转移滞后，就会增加失业率。从个体特征变量来看，性别、婚姻、流动范围、人际关系、人力资本对失业率具有显著的负向影响。流动人口与当地人关系越好，学历越高，就业机会一般也会越多，越能够降低失业率。失业保险回归系数显著为负，失业保险体现了劳动与社会保障权益享受情况，模型 2 回归系数为-0.193，在微观因素中是对流动人口失业影响程度较大的变量。这说明劳动与社会保障权益是产业转型升级中抑制失业的一个重要因素。户籍、年龄回归系数显著为正，表明流动人口中城城流动人口增多、年龄增大会增加失业率，而城城流动人口增多、年龄增大正是流动人口群体特征变动的现实趋势。

2. 产业升级的内生性处理

产业升级与失业率之间可能存在内生性，内生性问题会影响研究结论的稳健性。为此采用工具变量法来解决产业升级的内生性问题。劳动生产率反映了资本有机构成的匹配情况，劳动生产率提升与产业升级具有很强的相关性，但不会对当前失业率产生直接影响。故此，选择劳动生产率作为工具变量。斯托克（Stock，J. H.）等认为一个良好的工具变量既要与内生变量有强相关性，又要外生于经济模型。只有这样，两阶段最小二乘法（TSLS）才能优于 OLS 回归。从弱工具变量检验结果来看，一阶段 F 值为 27 和 33，大于 10 的标准值，也大于 10%水平上的临界值 16.38①，这说明不存在弱工具变量问题，工具变量与 Lilien 指数之间存在较大相关性。从表 6-20 中模型 1 和模型 2 采用劳动生产率作为工具变量的回归结果来看，产业升级的回归系数较 OLS 回归系数增大了 0.013，制造业升级回归系数较 OLS 回归系数

① Stock, J. H. and Yogo, M., "Testing for Weak Instruments in Linear IV Regression," In D. W. K. Andrews & J. H. Stock (eds.), *Identification and Inference for Econometric Models Essays in Honor of Thomas Rothenberg*, London: Cambridge: Cambridge University Press, 2005: 80-108.

增大了0.009，服务业升级回归系数较OLS回归系数增大了0.023。这表明如果不考虑内生性问题，将会低估产业升级对流动人口失业的影响。

表6-20　产业转型升级与流动人口失业的2SLS回归结果

变量	模型1	模型2	模型3	模型4
产业升级	0.155**		0.266***	
制造业升级		0.361***		0.507***
服务业升级		0.132***		0.218***
其他控制变量	是	是	是	是
一阶段F值	27	33	38	51
省份固定效应	-0.117***	-0.096***	-0.237***	-0.088***
年份固定效应	0.235***	0.211***	0.306***	0.279***
样本量	390	390	390	390

注：***、**、*分别表示在1%、5%和10%水平下显著。

同时，2011~2018年流动人口失业受当前产业转型升级影响，2010年之前的产业升级比较满足外生性条件，并且与目前的产业升级具有很强的相关性，也不会对当前流动人口失业产生直接影响，是一个合适的工具变量。模型3和模型4为采用2001~2008年各地区产业升级的Lilien指数作为工具变量的回归结果。一阶段F值为38和51，大于10，因此不存在弱工具变量的问题。模型3中产业升级的回归系数较OLS回归结果增大至1.87倍，模型4中制造业升级回归系数和服务业升级回归系数分别比OLS回归结果增大至1.44倍和2倍。这说明，由于内生性问题，产业升级对流动人口失业的影响程度被低估了。

3.稳健性检验

梁向东等采用TRO（本地第i产业增加值/全国第i产业增加值）表示产业升级[①]，徐敏和姜勇构造了产业结构升级指数，计算公式为：$ug=\sum_{i=1}^{3}x_i\times$

① 梁向东、魏逸玭：《产业结构升级对中国人口流动的影响——基于255个城市的面板数据分析》，《财经理论与实践》2017年第5期，第93~98页。

i，$1 \leqslant ug \leqslant 3$，其中 x_i 表示第 i 产业产值占总产值的比重[①]。产业结构升级指数是一个地区产业升级的静态表现，表明了一个地区当前产业结构层次的总体水平。故此，将产业结构升级指数作为衡量产业升级的指标来替代 Lilien 指数，如表 6-21 所示，模型 1 和模型 2 检验了将产业结构升级指数作为衡量产业升级指标时，产业升级对流动人口失业率的影响程度。检验结果显示，产业升级对流动人口失业仍具有显著的正向影响，表明研究结论稳健可靠。

表 6-21　产业转型升级与流动人口失业的稳健性检验结果

变量	模型 1	模型 2	模型 3	模型 4
产业升级	0.202**		0.298***	
制造业升级		0.371***		0.411***
服务业升级		0.133***		0.176***
其他控制变量	是	是	是	是
lambda			-0.079***	-0.103***
省份固定效应	-0.121***	-0.084***	-0.204***	-0.072***
年份固定效应	0.211***	0.247***	0.301***	0.106***
样本量	390	390	390	390

注：***、**、*分别表示在 1%、5%和 10%水平下显著。

由于流动人口在进入产业升级较快或较慢地区时，受不可观测因素影响，所以可能存在选择性偏差问题，本部分采用 Heckman 两阶段回归来处理选择性偏差问题。首先，采用 probit 模型估计影响流动人口流入产业升级较快地区（产业升级 Lilien 指数大于 0.01，制造业升级 Lilien 指数大于 0.15，服务业升级 Lilien 指数大于 0.09）的因素；其次，在原回归模型中加入逆 mills 比例 lambda，重新回归。模型 3 和模型 4 显示 lambda 系数显著为

① 徐敏、姜勇：《中国产业结构升级能缩小城乡消费差距吗?》，《数量经济技术经济研究》2015 年第 3 期，第 3~21 页。

负，表明基准模型分析确实存在选择性偏误，并且这种偏误是向下的。这说明基准回归模型中低估了产业升级对流动人口失业的影响程度。在克服选择性偏误之后，产业升级对失业率具有更大的正向影响。模型 3 产业升级回归系数较表 6-19 中模型 2 回归系数增大至 2. 10 倍；模型 4 制造业升级回归系数和服务业升级回归系数分别比表 6-19 中模型 6 回归系数增大至 1. 17 倍和 1. 61 倍。通过反事实计算来看，将进入产业升级较快地区的流动人口样本情况代入产业升级较慢地区回归方程，发现流动人口失业率有所下降。反之，将进入产业升级较慢地区的流动人口样本情况代入产业升级较快地区回归方程，流动人口失业率也会有所增大。这也印证了产业升级对流动人口失业率影响的稳定性。

4. 产业升级对流动人口失业的作用机制分析

通过上述分析可以看出，产业升级增加了失业率。那么产业升级对失业的影响机制是什么，还需要进一步讨论，本部分主要从技术进步效应、劳动力素质需求效应、生产社会化效应三个角度，对产业升级对失业的影响机制进行解释。

（1）技术进步效应

产业升级总是伴随着技术进步，二者相互促进，呈螺旋上升趋势，一方面技术进步提升了劳动生产率，减少了单位产出对劳动力数量的需求；另一方面技术进步促使机器、流水线大量使用，形成了对劳动力的替代效应。因此，如果产业升级的替代效应存在，流动人口在劳动密集型行业就业的岗位就会出现大幅缩减，失业率上升。本部分使用万人专利授权数作为技术进步的代理变量。表 6-22 中模型 1 至模型 3 检验了产业升级的替代效应是否存在。从回归结果可以看出，在产业升级、制造业升级、服务业升级中，技术进步每增加 1%，流动人口失业率分别上升 0. 066%、0. 027%和 0. 031%，即技术进步增大了流动人口失业率。从产业升级与技术进步的交互项回归结果来看，回归系数均为正数，技术进步增加了产业升级对流动人口失业的影响程度，即加剧了失业。

表 6-22　产业升级对流动人口失业的作用机制：技术进步效应

变量	模型 1	模型 2	模型 3	模型 4	模型 5	模型 6
产业升级	0.108***			0.162***		
制造业升级		0.229***			0.308***	
服务业升级			0.092***			0.161***
技术进步	0.066***	0.027***	0.031***	0.062***	0.049***	0.058***
交互项 a				0.078***		
交互项 b					0.115***	
交互项 c						0.052***
其他控制变量	是	是	是	是	是	是
省份固定效应	-0.103***	-0.073***	-0.191***	-0.055***	-0.172***	-0.063***
年份固定效应	0.119***	0.216***	0.275***	0.094***	0.228***	0.104***
样本量	390	390	390	390	390	390

注：***、**、*分别表示在 1%、5%和 10%水平下显著，交互项 a=产业升级×技术进步；交互项 b=制造业升级×技术进步；交互项 c=服务业升级×技术进步。

(2) 劳动力素质需求效应

产业升级为劳动力市场提供大量相对高端的就业岗位，促使劳动力从低端岗位向高端岗位流动，但对劳动者技能和学历也提出了更高要求。劳动者学习新知识、新技能需要一定时间，如果存在技能提升滞后性，产业升级会带来结构性失业。为了检验结构性失业效应，本部分采用流动人口受教育程度代替其素质情况。由表 6-19 可知，受教育程度对流动人口失业具有显著负向影响，表 6-23 中模型 5 至模型 7 进一步给出了学历与产业升级交互项的回归结果。产业升级与学历的交互项显著为负，这说明学历能够减少产业升级带来的结构性失业问题。

表 6-23　产业升级对流动人口失业的作用机制：劳动力素质需求效应

变量	模型 1	模型 2	模型 3	模型 4	模型 5	模型 6	模型 7
产业升级	0.214***		0.106***		0.151***		
制造业升级		0.381***		0.215***		0.399***	
服务业升级		0.137***		0.082***			0.111***
受教育程度					-0.067***	-0.322***	0.056***

续表

变量	模型 1	模型 2	模型 3	模型 4	模型 5	模型 6	模型 7
交互项 a					-0.092***		
交互项 b						-0.119***	
交互项 c							-0.069***
其他控制变量	是	是	是	是	是	是	是
省份固定效应	-0.115***	-0.069***	-0.188***	-0.054***	-0.101***	-0.179***	-0.043***
年份固定效应	0.124***	0.228***	0.243***	0.221***	0.077***	0.221***	0.102***
样本量	210	210	180	180	390	390	390

注：***、**、*分别表示在1%、5%和10%水平下显著，交互项 a=产业升级×受教育程度；交互项 b=制造业升级×受教育程度；交互项 c=服务业升级×受教育程度。

表 6-23 中模型 1 至模型 4 给出了按照学历分组的回归结果。样本按照受教育程度分为高学历人群（高中及以上学历），低学历人群（初中/中专及以下学历）。模型 1 和模型 2 回归结果显示，产业升级、制造业升级和服务业升级对低学历流动人口失业的影响系数分别为 0.214、0.381 和 0.137，且通过 1%的显著性检验，表明产业升级对低学历流动人口失业具有显著正向影响。相比于低学历流动人口，模型 3 和模型 4 中产业升级、制造业升级和服务业升级对高学历流动人口失业的影响程度较小。这也印证了产业升级会带来结构性失业问题。

（3）生产社会化效应

产业升级推动了劳动力不断从传统的低端行业向高端行业转移，同时也带来了传统生产方式的破碎。工业革命以来，家庭手工业不断被社会化大生产所替代，劳动者越来越难以依靠传统的“父母带子女”“师傅带徒弟”“哥哥姐姐带弟弟妹妹”的方式实现技能提升。每一次产业升级都在改变生产力，推动生产关系升级，把劳动者不断推向社会化生产。社会化生产把劳动者技能提升和劳动保障渠道不断地由家庭、小作坊、微小企业向社会转变。如果社会保障、就业培训和技能提升等公共政策不完善，产业转型升级就会带来失业率上升。如果生产社会化效应存在，社会保障则会降低流动人口失业率。本部分使用失业保险参保率作为社会保障的代理变量。表 6-24

中模型 5 至模型 7 检验了生产社会化效应是否存在。从回归结果来看，失业保险参保率与产业升级的交互项显著为负，即社会保障降低了产业升级对流动人口失业的影响程度。

表 6-24　产业升级对流动人口失业的作用机制：生产社会化效应

变量	模型 1	模型 2	模型 3	模型 4	模型 5	模型 6	模型 7
产业升级	0.143***		0.086***		0.159***		
制造业升级		0.363***		0.191***		0.386***	
服务业升级		0.116***		0.037***			0.121***
失业保险					-0.184***	-0.039***	0.044***
交互项 a					-0.107***		
交互项 b						-0.046***	
交互项 c							-0.071***
其他控制变量	是	是	是	是	是	是	是
省份固定效应	-0.162***	-0.064***	-0.173***	-0.041***	-0.119***	-0.167***	-0.046***
年份固定效应	0.127***	0.209***	0.291***	0.229***	0.076***	0.234***	0.105***
样本量	241	241	149	149	390	390	390

注：***、**、*分别表示在 1%、5%和 10%水平下显著，交互项 a=产业升级×失业保险；交互项 b=制造业升级×失业保险；交互项 c=服务业升级×失业保险。

从表 6-23 给出了按照是否参加失业保险分组的回归结果。模型 1 和模型 2 对应没有参加失业保险样本；模型 3 和模型 4 对应参加失业保险样本。相比于模型 1 和模型 2，模型 3 和模型 4 中产业升级的标准化回归系数更小，这说明产业升级对没有参加失业保险的流动人口失业的正向影响更大。这也证明产业升级会进一步加剧生产社会化，社会化的技能提升、学历提升、就业培训政策不到位就会加剧失业问题。

4. 主要结论

本部分内容利用 2018 年流动人口动态监测数据，分析了产业升级对流动人口失业的影响，并讨论了这种影响的内在机制和异质性，并使用工具变量克服内生性偏误，验证结果表明产业升级对流动人口失业具有显著的正向影响。与以往文献相比，本章中产业升级对流动人口失业的影响程度更大，因为模型中加入了省份固定效应和年份固定效应，并且考虑到流动人口群体特征属性这一微观因素。

采用 Heckman 两阶段回归控制了选择性偏差之后，发现进入产业升级较慢地区的流动人口要比进入产业升级较快地区的流动人口更具有人力资本优势。学历是流动人口选择流入地区的重要影响因素。在控制选择性偏误后，受教育程度对流动人口失业的抑制作用变得更大。

进一步检验产业升级对流动人口失业的作用机制发现，产业升级通过技术进步、劳动力素质需求、生产社会化途径对流动人口失业造成影响。产业升级中机器流水线的大量普及，必然会减少对劳动力总量的需求，进而产生失业；产业升级对劳动力素质提升的需求是流动人口结构性失业的主要原因；产业升级推动生产社会化，而劳动力市场机制不健全，公共服务不到位，也会增加失业率。

尽管产业升级会带来失业，作为流动人口要在流动和失业之间取舍权衡。考虑到经济环境较好、公共就业服务较完善、劳动力市场较健全的地区对产业升级带来的失业效应的对冲能力更强，可以认为，流动人口仍会进一步向经济发达地区流动集聚。一是流动人口的人力资本可以更好地发挥其在稳就业、增收入中的作用；二是中等城市产业转型升级加快，也提供了更多的就业机会，成为流动人口集聚的新去向。

本部分研究结论得到以下启示。

首先，产业升级是经济发展的未来趋势，应该充分重视产业升级带来的生产社会化问题，尽早出台政策，完善就业培训和人力资本提升机制，应对生产社会化带来的失业问题。推动社会保障制度从依靠企业保障、家庭保障向依靠劳动者个人保障转变。

其次，考虑到经济不发达地区失业率仍较高，而其产业升级正在加快，加快完善落后地区的人力资本提升机制，尤其是加大对农村地区人口的教育投入，对于进一步促进充分就业具有积极意义。

再次，应该采用多种措施，吸引流动人口回乡创业或就地转移就业。人口长距离流动仍然存在一定的负外部性。比如城市拥堵、高昂的生活成本、市民化困难、社会融合度低等问题，不仅不利于实现共同富裕，也不利于城镇化的推进。

最后，发达地区应该采取更加包容的政策，将公共服务、就业培训、社会保障、职业规划、就业引导等尽快覆盖所有劳动者，包括灵活就业、个人创业、兼职就业的人员。建议将援企稳岗、以工代训等政策，由直接将补助资金发放给企业，转变为发放给劳动者个人。一是企业不会因为这部分补贴，而多雇用劳动力；二是这部分补贴对于濒临破产的企业来说没有补救意义；三是真正需求这部分补助的人员是已经失业或者需要培训和人力资本提升、面临就业困难的人员。

第七章
社会资本与流动人口失业的关系

20世纪80年代以来，大规模的流动人口为经济的发展做出了巨大的贡献，成为众多行业和产业发展不可缺少的要素部分。流动人口就业问题长期以来受到社会各界的关注，然而在经济新常态、产业转型升级以及技术进步等现实背景下，流动人口面临的各种潜在社会风险增大，更容易陷入失业困境。从理论机制来看，社会资本是实现“人”与“岗”匹配的信息桥梁，是实现就业的重要机制。在劳动力市场中，流动人口由于社会资本匮乏，在就业过程中处于劣势，增加了失业风险。为了探究流动人口社会资本状况及其对失业的影响程度，本部分利用调查数据，从“制度型社会资本”和“关系型社会资本”两个维度出发，构建理论分析框架，并利用调查数据实证检验社会资本对流动人口失业的影响机制，并比较其内部的差异性，以期为降低流动人口失业发生风险提供较为精准的政策建议。

一 问题的提出

（一）社会资本的内涵

社会资本是基于个人、群体或者团体之间的互动和联系而产生的，在相互的互动与联系中，形成的社会关系网、群体间规范以及彼此间的信任。同时，在一定的社会结构中，不同的个体或者群体由于所处的位置不相同，他们资源获得的便利程度也不同。在现代社会中，社会资本已与包括信任、社会网络或社会纽带在内的问题联系在一起，是嵌入人际社会关系中可动员的社会资源。布迪厄（P. Bourdieu）指出社会资本存在于一定的场域结构中，由于个体在场域中所处位置的不同，形成了不同的关系网。[①] 普特南（R. D. Putnam）认为网络规模、相互信赖和有效规范是社会资本的主要组成部分。[②] 科尔曼（J. S. Coleman）认为社会资本的主要表现形式为义务与期望、重要信息的引导以及社会的规范。[③] 马克·格兰诺维特（M. Granovetter）认为在人们的社会关系中，存在弱关系（弱连接）和强关系（强连接），他指出弱关系与强关系相比，能够更加有效地传递工作信息，是十分有效的信息桥梁。[④] 林南（NAN L.）认为社会资本通过嵌入个体的行动结构中，从而使得个体能够利用社会结构中蕴含的资源，最终实现目标。[⑤] 国内学者费孝通于1947年提出“差序格局”概念，从联系性视角研究了中国社会结构。[⑥] 一般而言，在一个人情社会中，人情文化使人情资源相比信息资源更容易被调用。社会资本其实是社会网络，是人力资本创造、传递和获得的积极的社会条件。边燕杰等认为，社会资本包括四个维度：网络大小、网络顶部、网络差异以及网络构成，并分析了个人层次的社会资本与阶层地位之间的关系。[⑦] 赵延东等认为个体的社会资本与其所处的

---

① P. Bourdieu, *The Forms of Capital*, *Handbook of Theory and Research in the Sociology of Education*, New York: Greenwood Press, 1988: 248.

② R. D. Putnam, “The Prosperous Community: Social Capital and Public life,” *American Prospect*, 1993 (4): 35-43.

③ J. S. Coleman, “Social Capital in the Creation of Humancapital,” *American Journal of Sociology*, 1988 (94): 94-121.

④ M. Granovetter, “The Strength of Weak Ties,” *Ameriean Joumal of Sociology*, 1973 (78): 1356-1367.

⑤ NAN L., “Social Nerwork and Status Attainment,” *Annual Review of Sociology*, 1999 (25): 467-487.

⑥ 费孝通：《乡土中国》，人民出版社，2008，第70~82页。

⑦ 边燕杰、张文宏：《经济体制、社会网络与职业流动》，《中国社会科学》2001年第2期，第77~89页。

社会网络有直接的关系，包括两个方面的内容，一是个人在其网络中所处的位置及所拥有的各种资源，二是在此网络中能够带给个体的资源和利益。[①]

关于社会资本的研究已涉及就业与失业、贫困、地位获得、消费以及社会融合等各个方面。然而对社会资本的定义虽然尚未有统一的定论，但是都涉及社会网络、社会/群体规范、信任、社会关系、互利互惠等。在以往学者研究的基础上，本课题将社会资本定义为两个方面，一是“制度型社会资本”（简称制度资本），二是“关系型社会资本”（简称关系资本）。

“制度型社会资本”：由于社会资本具有制度性和结构性，镶嵌于一定的社会制度与体系之中。国家制定的社会制度以及因此而衍生的法律法规、社会保障以及社会福利制度等都可以视为“制度型社会资本”。[②] 换言之，“制度型社会资本”指的是为在一定制度体系或场域中生活的个体，提供相应的能够满足其需求的制度性资源，如社会保障与福利制度、户籍制度、政策法规等都属于制度性资源。这种社会资本能够使人们获得权利，同时也规定了其义务与规范。

“关系型社会资本”：伯特（R. Burt）认为，关系是社会资本形成的重要因素，关系作为一种嵌入，最终的结果是形成社会资本[③]，个体通过各种关系能够链接起不同的资源和信息，从而有利于行动的开展。关系对于流动人口在城市中的就业、生存与发展起着重要的作用。[④] 社会资本是按照一定的顺序形成的，首先，社会资本形成于原始的家庭和社区中，在家庭和社区中形成了最初的社会资本。其次，随着个体社会化水平的提高，个体逐渐进入学校、组织等新型场域，从而形成新的社会资本，可以称之为新型社会资本。按照此定义以及结合流动人口的流动特征，可以发现流动人口的关系社

---

① 赵延东、罗家德：《如何测量社会资本：一个经验研究综述》，《国外社会科学》2005 年第 2 期，第 18~24 页。

② 刘冰津：《社会资本与农民工城市融入——基于云南省边疆少数民族农民工的实证研究》，云南大学硕士学位论文，2016，第 23~26 页。

③ R. Burt, *Structual Holes: The Social Structual Competition*, New York Ctiy：Harvard University Press, 1992: 119.

④ 刘风：《流动人口的社会资本研究综述》，《社会科学动态》2018 年第 11 期，第 66~73 页。

会资本具有“双边”的属性，因此本文将关系型社会资本划分为“原始关系资本”和“新型关系资本”。“原始关系资本”指的是流动人口在流动前基于血缘、家庭、亲属以及宗族关系形成的关系网络，如家庭、朋友和亲戚。“新型关系资本”不同于“原始关系资本”，在流动人口离开流出地、进入流入地才开始形成此种类型的资本，这种关系资本是基于工作关系、合作关系和组织关系而形成的，比如业缘关系、同事关系以及掌握流入地方言的能力等。

（二）社会资本与失业的关系

关于社会资本对失业影响的研究，国外主要从移民的动力型社会资本和移民的要素型社会资本展开。波斯特认为社会网络是一种社会资本，移民通过这种社会资本能够获得就业机会、廉价劳动力以及小额贷款等资源。① 桑德斯（Sanders）认为移民的家庭社会网络会对个体自雇身份的获得有显著影响。移民的社会关系以强关系为主，因此他们主要依靠强关系获得就业信息，因此面临着较大的失业风险，相比本地居民更加容易失去工作。② 霍尔泽（Holzer）指出移民的信息主要通过个人和亲属接触获得，这是他们尤其是黑人移民失业率上升的一个主要原因。③ 赫斯（Hess）认为移民的失业会影响其幸福感和心理健康，但朋友间的失业也可以缓解失业带来的压力，这可能有利于心理健康，但也可能会降低找工作的积极性。说明如果有失业的朋友则会引起较高的失业风险。④ 科尔皮（Korpi）认为劳动者的社会网络规模与失业者退出的机会正相关，但与联系人的联系强度没有相关关系。⑤ 菲

---

① 〔美〕马克·波斯特：《信息方式：后结构主义与社会语境》，范静哗译，商务印书馆，2014，第 66~79 页。

② J. M. Sanders N. V.，“Immigrant Self-Employment：The Family as A Social Capital and the Value of Human Capital，” *American Sociological Review*，1996（61）：91-99.

③ H. J. Holzer，“Informal Job Search and Black Youth Unemployment，” *American Economic Review*，1987（77）：77，446-452.

④ Hess L. E. P. A.，“Youth，Unemployment and Marginality：the Problem and the Solution，” In Petersen，A. C.，Mortimer，J. T.（Eds.），*Youth Unemployment and Society*，London：Cambridge，1994：3-33.

⑤ T. Korpi，“Good Friends in Bad Times? Social Networks and Job Search among the Unemployed in Sweden，” *Acta Sociol*，2001（44）：157-170.

利普（Philip）从动态的视角分析了移民社会资本的形成过程，基于“推—拉”理论，菲利普认为拉力因素会吸引移民流入更加发达的地区，迁移并不是一个人的行为，因此在流动地过程中，移民之间形成了一定的社会网络，由此推动迁移的发生。在社会网络的保护下，移民能够更加准确地进入流入地，获得多项就业信息。[①] Nielsen 和 Rosholm 的研究发现迁移人口与本地居民就业收入存在差异，这种差异是由于迁移者自身条件和没有完全融入迁入地社会，迁移者实现就业后这种差距会逐渐缩小。[②] 从要素型社会资本来看，信任、组织以及规则对迁移人口在迁移动力、迁移过程、工作搜寻、就业质量以及社会适应方面都有着十分重要的作用。桑德斯分析了移民社会资本与就业之间的关系，认为社会资本和社会网络能够为移民提供有效的就业信息和就业渠道，通过这些信息和渠道，移民可以得到教育和培训的机会，从而降低了失业风险，提高了就业质量。

流动人口在进入流入地之前所形成的社会资本是基于血缘以及亲缘关系的“原始社会资本”，在进入流动地后他们需要重新构建“新型的社会资本”，这种社会资本是基于业缘关系的社会资本。两种资本对他们就业影响存在异质性。对流动人口尤其是乡城流动人口而言，由于人力资本相对于城市本地居民是有限的，因此人情资源可能会频繁运用于劳动力市场的工作搜寻[③]，他们主要借助家人、亲人以及朋友等熟人关系获得工作，这严重影响其就业质量。有近 83%的流动人口通过熟人的社会网络实现就业与职业流动[④]。从网络的规模来看，在通过关系找到工作的新生代流动人口群体中，网络规模不仅能促进就业，还可以增加他们

---

① M. Philip, “The Migration Issue, in King Rus-sell ed., The New Geography of European Migrations”, London: Belhaven Press, 1993: 111-123.

② H. S. Nielsen and Rosholm M., “The Public-private Sector Wage Gap in Zambia in the 1990s: A Quantile Regression Approach,” *Empirical Economics*, 2001 (26): 169-182.

③ 李宝值、朱奇彪、米松华等：《农民工社会资本对其职业技能投资决策的影响研究》，《农业经济问题》2016 年第 12 期，第 62~72 页。

④ 卓玛草、孔祥利：《农民工收入与社会关系网络——基于关系强度与资源的因果效应分析》，《经济经纬》2016 年第 6 期，第 48~53 页。

的收入。[①] 从网络的质量来看，社会网络的质量越高，越能够提高新生代流动人口的收入和就业质量。[②] 就“双边社会资本”而言，农村外出劳动力在流动之前建立的社会资本有利于其获得非正规就业，但非正规就业不稳定且保障水平低，存在较大的失业风险。流动人口的收入、就业质量和异质性的社会资本有显著的关系，即异质性的社会资本对其收入和就业质量的提升具有正向的作用。[③] 不同的社会资本对流动人口的创业存在一致性，创业初期同质性的社会资本帮助创业者获得一定的资金投入，创业发展期异质性社会资本对创业的质量的影响更大。[④]

纵观已有研究仍存在有待深入的空间：第一，对流动人口失业问题的研究视角主要集中在人力资本、流动特征以及个人禀赋等方面，较少涉及社会资本特征对失业的影响机制。第二，在分析流动人口失业影响因素时，更多关注流动人口的总体失业特征，而没有考虑到内部的差异性，没有比较流动人口的性别、户籍以及代际的差异与社会资本之间的关系。本研究拟将流动人口这一具有人口学又具有社会学特征的特殊群体置于产业转型升级的背景下，从“社会资本”的视角出发，探究社会资本对流动人口失业的影响机制。探讨如何构建流动人口的社会资本，从而降低流动人口的失业发生风险。

二　分析框架与研究假设

社会资本的定义涉及社会网络、社会/群体规范、信任、社会关系、互利互惠等。本文在以往学者研究的基础上，将流动人口的社会资本分为

---

① 陈技伟、江金启、张广胜等：《社会网络、求职方式与新生代农民工的工资决定》，《南方人口》2015 年第 4 期，第 69~80 页。

② 张宏如、王北、李群：《社会资本对就业转型的影响——基于新生代农民工的实证研究》，《福建论坛》（人文社会科学版）2018 年第 9 期，第 143~150 页。

③ 叶静怡、周晔馨：《社会资本转换与农民工收入——来自北京农民工调查的证据》，《管理世界》2010 年第 10 期，第 34~46 页。

④ 杨向阳、潘妍、童馨乐：《“双边”社会关系网络与农户异地创业》，《农业技术经济》2018 年第 9 期，第 30~41 页。

“制度型社会资本”（制度资本）和“关系型社会资本”（关系资本），分析两种社会资本类型对流动人口失业的影响机制。就制度资本对流动人口失业的影响而言，这种影响是双重的，某些制度资本可以抑制流动人口的失业发生风险，但某些制度资本却可能增加流动人口的失业发生风险。制度资本的影响力强大，同时能够为处于此制度情境下的个体及劳动者提供相应的资源和便利条件。对流动人口而言，这种制度资本是一种外部性社会资本，具有公共物品的属性。制度资本选取了两种类型：社会保障及相关的法律保护。

（一）制度型社会资本与流动人口失业

本地居民和外来劳动力相比，因制度资本的差异而造成二者在就业中存在着行业、产业以及职业的分割。[①] 另外，本地居民由于在制度资本方面具有较大的优势，因此他们的失业风险较低。而对于流动人口内部而言，若劳动者有较为丰富的制度资本，如享有社会保障、失业保险以及其他的福利待遇，他们的就业条件相对于那些制度资本匮乏的流动人口会更加良好，就业质量更高，面临的失业风险也更低。

据此，提出本章的第 1 个研究假设。

假设 1：制度资本对流动人口失业具有显著负向影响。

假设 1a：参加失业保险对流动人口失业具有负向影响。

假设 1b：签订劳动合同对流动人口失业具有负向影响。

（二）关系型社会资本与流动人口失业

对流动人口而言，其社会资本具有“双边”的属性：一类是基于流动前形成的以血缘和亲缘关系为基础的“原始关系资本”，一类是基于进入流入地后，形成的以业缘和组织关系为基础的“新型关系资本”。[②] 关系社会

---

① 章元、王昊：《城市劳动力市场上的户籍歧视与地域歧视：基于人口普查数据的研究》，《管理世界》2011 年第 7 期，第 42~51 页。

② 刘祖云、刘敏：《关于人力资本、社会资本与流动农民社会经济地位关系的研究述评》，《社会科学研究》2005 年第 6 期，第 124~129 页。

资本对流动人口失业发生风险的影响机制体现在以下几个方面。

1. 原始关系资本与流动人口失业

在流动人口的社会关系中，家庭是形成各种社会关系的基础，是基于血缘关系而形成的。随着流动人口家庭化流动的趋势日渐明显，家庭化流动对流动人口就业的作用逐渐显现，由此形成了相反的两种观点：一是认为家庭化流动对女性的就业是一种负向的效应，而对于男性的就业和收入是一种正向的效应①；另一种观点认为家庭化流动对女性就业稳定性的影响是正向的，能够促使女性的再就业②。但总体来看，家庭成员能够给流动人口带来最可靠的就业支持。故此，提出本部分的第 2 个研究假设，即原始关系资本对流动人口失业的影响假设。

假设 2：家庭化流动对流动人口失业的影响为负。

2. 新型关系资本与流动人口失业

当个体选择流动并流入目的地时，需要重新构建新型的社会资本，以此实现就业、生活以及融入。首先，流动人口面对的一个重要问题就是如何实现自身的就业。格兰诺维特的强弱关系理论已经证实了弱关系对于就业有显著的正向影响，因此在流动人口的就业过程中，利用弱关系还是强关系找寻工作对其就业稳定性具有重要影响。流动人口的社会关系网络更多的是基于亲缘关系的社会网络，亲缘关系、同乡关系不仅对迁移决策起着重要的作用，而且对流动人口的就业也起着重要的作用。一个事实是流动人口的就业往往具有不稳定性，这种不稳定性与其搜寻工作的方式有重要的关系。流动人口主要通过强关系途径（如亲戚介绍、朋友介绍）寻找工作，从而获得就业。有近 83%的农民工通过熟人的社会网络实现就业与职业流动。③ 通过

---

① 张丽琼、朱宇、林李月：《家庭化流动对流动人口就业率和就业稳定性的影响及其性别差异——基于 2013 年全国流动人口动态监测数据的分析》，《南方人口》2017 年第 2 期，第 1~12 页。

② 李沙沙、陈一心、詹明心等：《家庭动力学理论、评定与应用》，《中国心理卫生杂志》2012 年第 4 期，第 262~266 页。

③ 卓玛草、孔祥利：《农民工代际职业流动：代际差异与代际传递的双重嵌套》，《财经科学》2016 年第 6 期，第 84~96 页。

这种强关系找寻的工作往往具有同质性，其就业稳定性更加脆弱，面临较高的失业风险。而通过弱关系（如就业网站、招聘信息）实现的就业具有相对较高的稳定性，失业风险较低。由此提出研究假设3。

假设3：流动人口人际关系为弱关系对流动人口失业的影响为负。

流动人口在进入流入地后，需要快速形成社会网络，以此增强社会认同，实现积极的就业，这时就体现了方言能力的重要性。大量研究表明，掌握流入地方言有利于流动人口在流入地形成良好的社会关系，促进其社会融合，因此方言能力对于流动人口就业的重要性不言而喻。[①] 方言能力对流动人口就业的作用机制主要体现在就业岗位选择、收入增加以及工作经验积累三个方面。[②] 流动人口掌握当地方言有利于实现就业效应的最大化，从而降低失业风险。基于此，提出本章的第4个研究假设。

假设4：掌握流入地的方言对流动人口失业具有负向作用。

三　数据来源、变量说明与模型选取

（一）数据来源

本部分的数据来源于国家卫健委开展的2018年全国流动人口动态监测调查数据，总样本量为15.2万人，调查对象为年龄15周岁及以上的流动人口，调研内容包括受访者家庭基本情况、流动模式和就业特征、公共服务与社会保障、婚育和卫生计生服务等信息，并特别调查了受访者工作意愿、求职渠道和无业情况，为本文研究提供了重要的数据基础。根据研究需要选取工作以及生活一个月以上、没有本地户籍且年龄在16~59岁的流动人口作为研究对象，并删除新疆生产建设兵团样本，得到研究样本量113350人。

① 魏下海、陈思宇、黎嘉辉：《方言技能与流动人口的创业选择》，《中国人口科学》2016年第6期，第36~46页。

② 王海霞、王钦池：《方言能力如何影响流动人口收入？——基于中国劳动力动态调查数据》，《人口与发展》2020年第2期，第23~35页。

（二）变量说明

1. 因变量

本文的因变量为“流动人口失业状态”。根据国际劳工组织（ILO）对失业的界定，采用在劳动年龄内、调查期没有工作、有劳动能力且有就业意愿四个标准进行测度。在实际操作中，需要从调查问卷中筛选出在业流动人口和失业流动人口，具体的流程如下：第 1 步，根据问卷中的问题“上周是否有过 1 小时以上有收入的工作”进行初步筛选，将回答“是”的视为就业人口，其余视为未就业人口。第 2 步，对未就业人口，进一步根据问题“最近一周是否找过工作”以及“目前没有工作的原因”，再次筛选，根据有就业意愿，且剔除没有工作的原因中无法进行工作、劳动能力丧失、无就业意愿、不想找工作的样本，最终筛选出失业人口样本和经济活动人口样本。第 3 步，对因变量“失业状态”进行编码，0 为否，即处于在业状态；1 为是，即处于失业状态。

2. 自变量

本文的核心解释变量为社会资本，并将其划分为制度型社会资本和关系型社会资本进行考察。制度型社会资本是基于一定的社会制度，能够为个体提供便利和资源的资本。结合流动人口的实际状况，将制度型社会资本进一步操作化为两个维度：一是社会保障，采用问卷中问题“是否参加了失业保险”来衡量。失业保险作为一种制度型社会资本，其主要作用在于为当前正处于失业状态的劳动者提供一定的失业救济和再就业服务，从而帮助失业者尽快寻找到工作，进入新的工作岗位，渡过失业难关；对处于就业状态的人员可以防范失业风险，参加失业保险的流动人口可以享受职业发展规划、在职培训、就业信息推送，以及国家的“以工代赈”等稳就业的福利性政策，进而降低其失业风险。由此可见，失业保险作为一种制度资本，对流动人口就业是一种制度性保护。第二个维度是“是否签订劳动合同”。根据《劳动法》规定，用人单位必须与劳动者依法签订劳动合同，通过这种法律的规定，进而使劳动者的权益得到法律保护。因此，签订劳动合同可以视为一种制度型社会资本。从关系型社会资本来看，将其操作化为两个方面：一是“原始关系资本”，二是“新型关系资本”，通过问卷中平时与谁交往最多来衡量，将工友、同乡划归为原始关系资本，即强关系，将本地人划归为新型关系资本，即弱关系。同时，家庭化流动和掌握当地方言情况也反映了流动人口社会关系网络的情况，是流动人口社会资本的体现，也一并作为关系型社会资本纳入回归模型。

3. 控制变量

参考已有文献，选取了可能影响流动人口失业的因素作为控制变量，主要分为三类。第一类影响因素为微观因素，即个人禀赋特征，包括性别、年龄、婚姻、学历以及户籍性质。第二类因素为宏观因素，采用流入城市的等级表示。第三类因素为流动特征因素，主要包括流动原因、流动范围等。表7-1列出了本部分所使用的变量定义、相关说明以及描述统计值。

表 7-1　变量定义与描述统计

单位：%

具体名称	变量类型	变量赋值	均值/占比
失业状况	分类变量	0=就业；1=失业	3.33
制度型社会资本			
失业保险	分类变量	0=未参加；1=参加	32.68
劳动合同	分类变量	0=未签订；1=签订	79.18
关系型社会资本			
流动模式	分类变量	0=非家庭流动；1=家庭流动	57.30
人际关系	分类变量	0=强关系；1=弱关系	65.67
方言掌握	分类变量	0=未掌握；1=掌握	41.52
控制变量			
性别	分类变量	0=女；1=男	47.96
年龄	连续变量	单位为岁	31.89
婚姻	分类变量	0=不在婚；1=在婚	66.74
学历	分类变量	0=大学以下；1=大学及以上	24.89
户籍性质	分类变量	0=农业；1=非农业	35.06
城市等级	分类变量	0=非一线城市；1=一线城市	86.37
流动原因	分类变量	0=非经济；1=经济	86.34
流动范围	分类变量	0=省内；1=跨省	80.54
流动时间	分类变量	0=≤5年；1=>5年	54.16

（三）模型选择

本部分的被解释变量为流动人口失业状况，是一个二分类变量（0=就业，1=失业），因此采取二分类变量的 Logistic 模型。其基本公式如下所示：

$$P_i = F(Z_i) = F(\alpha + \beta X_i) \tag{7-1}$$

其中，P_i 为个体选择某一事件的概率。本文使用二元 Logistic 模型分析社会资本对流动人口失业的影响，为估计式 7-1 的模型，对其作对数变化，因此，本节的实证模型可以表述为式 7-2：

$$log\frac{P(employ = 1)}{1 - P(employ = 1)} = \beta_0 + \beta_1 institute\ capital + \beta_2 relation\ capital + \beta_3 Z \tag{7-2}$$

其中，*employ* 为因变量失业状况，是一个二分类变量。*institute capital* 为制度型社会资本，*relation capital* 为关系型社会资本，*Z* 为所有的控制变量，因变量 *employ* 反映的是 OR 值，即解释变量比例的变化，$P=P$（$employ=1/X$）表示自变量为 X 时 $employ=1$ 的概率，$1-P=P$（$employ=0/X$）表示自变量为 X 时 $employ=0$ 的概率。

四　社会资本对流动人口失业影响的实证分析

（一）描述性统计分析

制度资本有两个维度：是否参加失业保险、是否签订劳动合同，描述统计显示，参加失业保险的流动人口比例为 32.68%，参保的比例较低，说明流动人口的制度保障不足，多数流动人口并没有得到与正规就业人群同等的劳动权益保障。流动人口中签订劳动合同的比例为 79.18%，说明绝大部分流动人口与用人单位签订了劳动合同，其就业受到一定的法律制度保护。然而结合失业保险的参保状况来看，虽然近 80%的流动人口与用人单位签订了劳动合同，但失业保险的参保比例仍然不足半数，说明企业为流动人口缴纳失业保险的积极性不高。在原始关系资本中，57.30%的流动人口选择与家人一同流动，说明家庭化流动的比例较高，成为流动人口的主要流动模式。在新型关系资本中，流动人口的求职途径以弱关系为主，即利用网络招聘资源、职业中介服务、不同类型的招聘会等方法获得工作，占比为65.67%；强关系则是指的是流动人口通过亲友介绍、同乡引见等方式获得工作机会，占比为34.33%。从掌握方言的能力来看，仅有41.52%的流动人口能够听得懂方言并进行交流，近60%的流动人口在当地方言交流方面还存在着一定的障碍。从制度资本来看，参加失业保险和签订劳动合同的流动人口的失业率较低，分别为3.20%、2.30%（见表7-2）。从关系资本来看，家庭化流动、与当地人相处较差（强关系）、掌握方言的流动人口失业率较低。在一定程度上表明社会资本与流动人口失业之间简单的负相关关系。

表7-2　社会资本与失业率交互分析

单位：%

社会资本类型	失业率	
	是	否
制度型社会资本		
是否参加失业保险	3.20	5.29
是否签订劳动合同	2.30	4.22
关系型社会资本		
是否家庭化流动	3.00	3.77
人际关系是否为弱关系	2.94	4.06
是否掌握当地方言	3.18	5.88

（二）社会资本对流动人口失业影响的回归结果分析

从表7-3回归结果可以看出，制度型社会资本和关系型社会资本对流动人口的失业具有显著的负向影响，且添加个体特征、流动特征、社会特征控制变量后，社会资本各变量结果依旧稳健，说明制度型社会资本和关系型社会资本变量对流动人口失业均具有显著的抑制效应。因此，推进社会制度改革、消除社会隔离、促进流动人口社会融合是改变其劣势地位，降低其失业风险的重要渠道。如模型 4 所示，在社会资本各变量中，对流动人口失业影响最大的是制度型社会资本中的劳动合同，签订劳动合同者的失业概率是没有签订劳动合同者的 0. 418 倍；其次是关系型社会资本中的方言掌握情况，掌握方言者的失业概率是未掌握方言者的 0. 449 倍；而关系型社会资本中的家庭化流动对流动人口失业的影响程度最小。

表 7-3　社会资本对流动人口失业影响的二元 logistic 回归结果

变量	模型 1		模型 2		模型 3		模型 4	
	系数	OR	系数	OR	系数	OR	系数	OR
失业保险（未参加）	-0. 360***	0. 698			-0. 347***	0. 707	-0. 501***	0. 606
劳动合同（未签订）	-1. 140***	0. 320			-1. 091***	0. 336	-0. 873***	0. 418
人际关系（强关系）			-0. 359***	0. 699	-0. 167***	0. 846	-0. 110**	0. 856
方言掌握（未掌握）			-0. 659***	0. 517	-0. 655***	0. 520	-0. 801***	0. 449
流动模式（非家庭）			-0. 251***	0. 778	-0. 218***	0. 804	-0. 102**	0. 902
性别（女）	-0. 138***	0. 857	-0. 130***	0. 878			-0. 101***	0. 904
年龄	0. 011***	1. 024	0. 010***	1. 010			-0. 013***	0. 987
学历（大学以下）	-0. 916***	0. 419	-0. 861***	0. 423			-0. 922***	0. 398
户籍性质（农业）	0. 368***	1. 445	0. 452***	1. 572			0. 676***	1. 967
婚姻（不在婚）	-0. 379***	0. 648	-0. 356***	0. 700			0. 199***	1. 220
城市等级（非一线）	-1. 603***	0. 201	-1. 507***	0. 222			-0. 925***	0. 397

续表

变量	模型 1		模型 2		模型 3		模型 4	
	系数	OR	系数	OR	系数	OR	系数	OR
流动原因（非经济）	-0.489***	0.613	-0.489***	0.613			-0.307***	0.735
流动范围（省内）	-1.180***	0.307	-1.180***	0.307			-0.687***	0.503
样本量	113350		113350		113350		113350	
Prob>chi2	0.000		0.000		0.000		0.000	
Pseudo R^2	0.209		0.134		0.162		0.211	

注：*、** 和 *** 分别表示拟合结果在 10%、5%和 1%的显著性水平上显著。

同时，制度型社会资本中的失业保险对流动人口失业也具有较大的负向影响，参加失业保险的流动人口比没有参加者的失业概率低 39.4%。这一结论与失业保险会降低失业人员再就业率的观点不太一致，但与 Li Shi 等的研究结论一致，即失业者从政府或者前雇主那里获得失业救济金不是降低而是提高了失业者再就业的条件概率，因为政府或者前雇主为了减轻自己的压力会努力帮助失业者寻找工作。这既与流动人口群体特征和就业特征相关，比如梁斌等指出失业保险金通过补贴搜寻成本进而提高了搜寻成本较低的失业者的求职努力，同时也与失业保险的功能相一致，失业保险不仅具有保障基本生活的功能，而且具有促进就业，帮助失业者尽快实现再就业和预防失业的功能。①

就关系型社会资本中的人际交往变量而言，相对于强关系的流动人口，弱关系者的失业概率要低 14.4%。这说明流动人口在城市中的新型社会关系形成了一种就业优势，是影响其适应城市、融入城市，进而降低失业发生风险的重要因素，这也与社会资本理论预期一致。同时，家庭化流动对流动人口失业的影响也非常显著，家庭化流动者比非家庭化流动者的失业概率低

① 梁斌、冀慧：《失业保险如何影响求职努力？——来自“中国时间利用调查”的证据》，《经济研究》2020 年第 3 期，第 179～197 页。

9.8%。事实上，大量流动人口漂泊他乡，导致社会关系变迁或重组，在相对生疏的城市中就业信息获得受限，使他们实现就业或再就业的渠道十分狭窄。获得城市中的就业信息服务、咨询服务、指导服务、介绍服务、委托服务和再就业培训对其规避失业风险显得尤为重要，对他们来说获得就业信息，享受就业服务，要比给予现金救济还重要。

从制度型社会资本与关系型社会资本协同作用来看，表 7-3 中模型 4 与模型 1 和 2 相比，调整 R^2 明显变大，这说明制度型社会资本与关系型社会资本的协调作用提升了对因变量的解释力度。与模型 1 相比，劳动合同对流动人口失业的抑制效应降低，可见劳动合同对流动人口失业的影响有一部分来自关系型社会资本。而失业保险对失业的抑制效应增大，即流动人口内部在失业保险参保上存在较大的群体差异，控制关系型社会资本变量后，失业保险这种制度型社会资本的作用进一步显现出来。

模型 4 在模型 2 的基础上加入了制度型社会资本变量，结果显示，人际关系和流动模式对失业的抑制效应变小，说明人际关系和流动模式对失业的影响有一部分来自制度型社会资本。而掌握方言情况对失业的抑制效应则变大，即流动人口在掌握方言方面存在较大的群体差异，控制制度型社会资本后，这种差异进一步显现出来。

从控制变量来看，女性流动人口失业概率比男性更大，城城流动人口比乡城流动人口失业概率更大。性别差异主要是因为流动人口所处的劳动力市场对男性的偏好；户籍差异主要是由于城城流动人口对工作岗位和工作环境的要求比乡城流动人口更加苛刻，这与已有研究结论相一致。年龄变量的回归系数为正，说明随着年龄的增长流动人口的失业发生风险增大，具体来讲年龄每增加 1 岁，流动人口的失业概率增加 0.987 倍。相对于没有接受过大学教育的流动人口而言，接受过大学教育的流动人口的失业概率是前者的 0.419 倍，由此可见受教育程度的提升对于流动人口失业发生风险具有显著的负向作用。就流入地宏观环境而言，一线城市流动人口的失业概率是非一线城市的 0.201 倍，说明一线城市流动人口相对于非一线城市的流动人口更不容易发生失业风险。就流动范围而言，省际流动人口的失业概率是省内流动人口的 0.307 倍。

（三）稳健性检验

为了使本文的研究结论得到广泛接受，使最终的分析结果有一个比较可信的、稳定的解释，需要对分析结果进行稳健性检验。为此，对回归结果采用增加变量、替换变量和更换模型的办法进行再次检验，以对比其结果是否变动。第一，在基准模型中加入“政治面貌”“收入”“户籍地宅基地面积”等变量作为新增控制变量。检验结果发现，加入新控制变量后，社会资本对流动人口失业的影响及其显著性并未发生变动，社会资本仍对流动人口失业具有显著的负向影响（见表 7-4 模型 1）。第二，对于关系型社会资本中的方言掌握情况，采用流动时间作为方言掌握情况的替代变量进行检验（见表 7-4 模型 2）。流动人口的流动过程也是一个社会适应过程和学习过程，随着流动时间的增加，其对当地人情世故和方言的了解程度也会越来越高，他们在熟悉流入城市生活方式后，凭借自己的流动经历获得更多的就业机会。从表 7-4 模型 2 和模型 3 可以看出，采用不同指标衡量方言掌握情况，估计结果仍然稳健，即方言掌握情况对流动人口失业具有显著的负向影响。第三，本文进一步采用 Probit 模型进行回归检验，系数估计值虽然与表 7-3 模型 4 存在一定的差异，但回归系数的符号是一致的，且都是显著的。由此可见，可以说两个模型之间是等价的，因此本文的结论具有一定的稳健性（表 7-4 模型 4、5）。

表 7-4　社会资本对流动人口失业影响的稳健性检验

变量	模型 1	模型 2	模型 3	模型 4	模型 5
失业保险(未参加)	-0.446***	-0.271***	-0.295***	-0.293***	-0.245***
劳动合同(未签订)	-0.479***	-0.463***	-0.462***	-0.464***	-0.455***
人际关系(强关系)	-0.346***	-0.225***	-0.172***	-0.12***	-0.043***
方言掌握(未掌握)	-0.388***	-0.293***	-0.291***	-0.285***	-0.256***
流动模式(非家庭)	-0.165***	-0.101***	-0.076***	-0.092***	-0.071***
控制变量	YES	YES	YES	YES	YES
新增变量	YES	NO	YES	NO	YES
样本量	113350	113350	113350	113350	113350

续表

变量	模型 1	模型 2	模型 3	模型 4	模型 5
Prob>chi2	0.000	0.000	0.000	0.000	0.000
Pseudo R^2	0.283	0.127	0.191	0.183	0.211

注：显著水平，* 代表通过 10%检验，** 代表通过 5%检验，*** 代表通过 1%检验。

（四）内生性检验

反向因果关系和样本选择偏差可能会导致内生性问题，已有研究表明失业受社会资本的影响，失业也可能导致社会资本弱化。社会资本对流动人口失业的影响机制分析中，由于没有考虑到一些影响流动人口个体社会资本状况的因素，从而导致遗漏变量问题以及样本选择问题，即流动人口个体是否选择利用社会资本（如弱关系、掌握流入地方言、签订劳动合同、参加失业保险）并不是随机的，会受到个体特征及各种因素的影响。PSM 基于反事实的思想，目的之一是构造对照组和基准组，从而解决因为样本选择偏差问题造成的内生性问题。本文将流动人口个体分为两类：一类是社会资本状况较好的流动人口，为处理组；另一类是社会资本状况较差的流动人口，为控制组。① 通过对社会资本状况不同的流动人口进行比较，从而更有效地度量社会资本对流动人口失业影响的平均处理效应（ATT），如式 7-3 所示：

$$ATT = E[(FloatingPop^{C} - FloatingPop^{T}) \mid X, Social\ Capital = 1] \tag{7-3}$$

其中，$FloatingPop^{C}$ 为控制组，$FloatingPop^{T}$ 为对照组，ATT 为对照组样本在使用社会资本前后失业状况变化的期望值。

本部分主要使用了三种匹配方法，分别为 1 对 1 近邻匹配、半径匹配以及核匹配。最终的匹配结果如表 7-5 所示。三种匹配方法下，社会资本对流动人口失业具有显著影响，参加失业保险、签订劳动合同、家庭化流动、

① 本文的社会资本变量中，对照组表述为“参加失业保险、签订劳动合同、家庭化流动、弱关系、掌握流入地方言”的流动人口；控制组表述为“未参加失业保险、未签订劳动合同、非家庭化流动、强关系、未掌握流入地方言”的流动人口。

弱关系以及掌握流入地方言对流动人口的失业均起到了抑制作用，这个结论与 Logistic 模型和 Probit 模型的结果虽然在系数上有一定的差异，但总体结论保持一致。

表 7-5 社会资本对流动人口失业影响的 PSM 检验

变量	1 对 1 近邻匹配		半径匹配		核匹配	
	ATT	T 值	ATT	T 值	ATT	T 值
失业保险	-0.010**	-2.91	-0.032***	-4.03	-0.034***	-4.23
劳动合同	-0.062***	-19.19	-0.069***	-8.28	-0.060***	-7.54
人际关系	-0.005**	-2.81	-0.011**	-2.25	-0.010**	-2.22
方言掌握	-0.013**	-2.88	-0.007	-0.55	-0.021*	-1.76
流动模式	-0.028***	-13.54	-0.006*	-1.29	0.001	0.09

注：* p<0.1，** p<0.05，*** p<0.01，检验中均包含控制变量。

（五）异质性分析

考虑到流动人口内部的差异分化，社会资本对不同类型流动人口失业的影响存在差异性。本部分将运用二元 Logistic 模型，分析在户籍差异、性别差异以及代际差异视角下，社会资本对流动人口失业的影响机制。

1. 户籍差异分析

由于中国传统的城乡二元机制的影响，不同户籍的流动人口群体之间在就业行业、劳动权益保障、人际关系以及失业风险等方面存在较大差异，这可能导致社会资本对其失业的影响存在较大的户籍差异。根据户籍将流动人口划分为乡城流动人口与城城流动人口，以考察社会资本对流动人口失业影响的户籍差异。

表 7-6 给出了社会资本对乡城流动人口与城城流动人口失业影响的回归结果。可以看出，社会资本对乡城流动人口失业的影响程度小于城城流动人口。从制度型社会资本来看，主要是因为乡城流动人口的制度型社会资本明显劣于城城流动人口，城市中新的城乡二元劳动力市场机制的存在，必然强化乡城流动人口对户籍地的依赖，在一定程度上强化了就业的不公平性，

增大了乡城流动人口职位搜寻成本，阻碍其城市融入，增大了失业风险。从现实来看，乡城流动人口的制度型社会资本还不足以实现公平就业、职位搜寻和城市融入，公共服务均等化依然是乡城流动人口降低失业风险，实现高质量就业的主要渠道。因此，由于城市新的城乡二元机制的存在，制度型社会资本对降低乡城流动人口失业风险的作用还未充分发挥。就关系型社会资本而言，乡城流动人口的关系型社会资本同样劣于城城流动人口，造成乡城流动人口和城城流动人口在实现就业过程中对关系型社会资本依赖程度不同，同时城城流动人口和乡城流动人口自身资源禀赋特征不同，也导致乡城流动人口在公平就业、职位搜寻和城市融入方面均劣于城城流动人口，造成关系型社会资本难以在降低其失业风险上发挥较大的作用。

表 7-6　社会资本对流动人口失业影响的二元 logistic 回归结果（分户籍）

变量	乡城流动人口				城城流动人口			
	模型 1		模型 2		模型 3		模型 4	
	系数	OR	系数	OR	系数	OR	系数	OR
制度型社会资本								
失业保险（未参加）	-0.912***	0.408	-0.203***	0.816	-0.085	0.918	-0.277***	0.758
劳动合同（未签订）	-1.005***	0.366	-0.755***	0.470	-1.126***	0.324	-0.867***	0.420
关系型社会资本								
人际关系（强关系）	-0.545***	0.580	-0.256***	0.774	0.109	1.112	-0.350***	0.704
方言掌握（未掌握）	-0.231**	0.794	-0.412***	0.662	-2.280***	0.102	-0.750***	0.472
流动模式（非家庭）	-0.002	0.998	-0.058***	0.944	-0.002	0.998	-0.284***	0.753
控制变量	未控制		已控制		未控制		已控制	
样本量	73609		73609		39741		39741	
Prob>chi2	0.000		0.000		0.000		0.000	
Pseudo R^2	0.291		0.191		0.186		0.197	

注：* $p<0.1$，** $p<0.05$，*** $p<0.01$；OR 值 = exp（回归系数）。

2. 性别差异分析

在就业市场中，“性别分工”现象以及“职业天花板”效应使得女性流动人口在就业过程中面临着较男性更大的困境，她们在职业、收入等方面和男性流动人口存在一定的差距。因此有必要从性别差异角来分析社会资本对流动人口失业的影响。表 7-7 为社会资本对流动人口失业影响的性别差异结果，具体结论如下。

表 7-7　社会资本对流动人口失业影响的 logistic 回归结果（分性别）

变量	女性流动人口				男性流动人口			
	模型 1		模型 2		模型 3		模型 4	
	系数	OR	系数	OR	系数	OR	系数	OR
制度型社会资本								
失业保险（未参加）	-0.378***	0.685	-0.537***	0.584	-0.536***	0.585	-1.144***	0.319
劳动合同（未签订）	-1.046***	0.351	-0.821***	0.440	-1.119***	0.327	-1.110***	0.330
关系型社会资本								
求职途径（强关系）	-0.371***	0.690	-0.358***	0.699	-0.022**	0.978	-0.519***	0.595
方言掌握（未掌握）	-1.631***	0.196	-1.468***	0.230	-0.033**	0.968	-0.045**	0.956
流动模式（非家庭）	-0.404***	0.667	-0.328***	0.721	-0.451***	0.637	-0.724***	0.485
控制变量	未控制		已控制		未控制		已控制	
样本量	73609		73609		39741		39741	
Prob>chi2	0.000		0.000		0.000		0.000	
Pseudo R^2	0.255		0.193		0.182		0.203	

注：* p<0.1，** p<0.05，*** p<0.01；OR 值=exp（回归系数）。

从制度资本对流动人口失业影响的性别差异来看，参加失业保险、签订劳动合同对男性和女性流动人口失业均具有抑制作用，这与全样本的回归结果是一致的。从关系资本来看，使用弱关系寻找工作对女性流动人口和男性流动人口失业均存在显著的抑制作用。掌握流入地的方言降低了女性流动人口的失业概率。家庭化流动降低了男性流动人口的失业概率，但增加了女性流动人口的失业概率。从家庭经济学范畴来看，随着人口流动的常态化，家庭化流动日益增多，随之而来的一个重要问题就是在流动家庭中，谁来照料家庭，谁来挣钱养家。在传统的“男主外，女主内”性别观念的影响下，流动到他乡后，男性抗社会风险能力更强，待遇更高，因此出现了男性养家户口、女性照料家庭的劳动分工。基于上述分析，家庭化流动实质上在一定程度上不利于女性流动人口就业。

3. 代际差异分析

改革开放以来，随着“乡土中国”向“迁徙中国”的转变，流动人口内部分化出不同代际的两个群体，即“新生代流动人口”和“老一代流动人口”。新生代流动人口相对于老一代流动人口而言，其在生活环境、知识水平、法律意识以及就业观念等方面更加现代化。代际分化使得两代流动人口之间的失业状况存在着显著差异，因此分析社会资本对流动人口失业影响的代际差异是有必要的。

参考李培林等[①]以及杨雪等[②]对新老两代流动人口的划分方法，本部分将 1980 年及以后出生的流动人口群体划分为“新生代流动人口”，1980 年之前出生的流动人口划分为“老一代流动人口”，并依此比较两类流动人口的失业差异。

表 7-8 呈现了社会资本对不同代际流动人口失业影响的 logistic 回归结果。从代际差异来看，参加失业保险对两代流动人口的失业均起到了抑制作用。劳动合同对新生代流动人口失业具有抑制作用，但对于老一代流动人口而言，签订劳动合同增加了其失业发生的可能性。主要原因在于，老一代流动人口的年龄较大，在工作单位以及工作场合中面临着年龄歧视，因此他们的就业机会被更多的年轻人挤占，即使签订劳动合同，也面临着较高的被辞退风险。

---

① 李培林、田丰：《中国新生代农民工：社会态度和行为选择》，《社会》2011 年第 3 期，第 1～23 页。

② 杨雪、樊洺均：《新生代高学历流动人口的流向选择及影响机制》，《人口学刊》2019 年第 6 期，第 64～77 页。

表 7-8 社会资本对流动人口失业影响的 logistic 回归结果（分代际）

变量	新生代流动人口				老一代流动人口			
	模型 1		模型 2		模型 3		模型 4	
	系数	OR	系数	OR	系数	OR	系数	OR
制度型社会资本								
失业保险（未参加）	-0.760***	0.468	-0.863***	0.422	0.433***	1.542	-0.284***	0.753
劳动合同（未签订）	-1.372***	0.254	-1.290***	0.275	0.139***	1.149	0.705***	2.024
关系型社会资本								
人际关系（强关系）	-0.348***	0.706	-0.143***	0.866	0.724***	2.063	-0.001	0.999
方言掌握（未掌握）	0.052***	1.053	-0.257***	0.773	-1.558***	0.211	-1.910***	0.148
流动模式（非家庭）	0.004	1.004	-0.090	0.914	-0.378***	0.685	-0.888***	0.411
控制变量	未控制		已控制		未控制		已控制	
样本量	73609		73609		39741		39741	
Prob>chi2	0.000		0.000		0.000		0.000	
Pseudo R^2	0.277		0.371		0.186		0.187	

注：* p<0.1，** p<0.05，*** p<0.01；OR 值 = exp（回归系数）。

从关系资本对流动人口失业影响的代际差异来看，弱关系对新生代流动人口失业具有显著抑制效应，但对老一代流动人口失业影响不显著。老一代流动人口流动时间早、流动年限长，因此他们积累的社会资本相对丰富，已形成较稳定的社会关系网络，强关系已经形成惯性，因此无论人际关系强弱，均不会对他们的失业产生影响。掌握流入地方言对两代流动人口的失业均具有抑制效应。家庭化流动对两代流动人口失业的影响存在显著差异，对新生代流动人口而言，家庭化流动对其失业并无显著的影响，而对于老一代流动人口而言，家庭化流动对其失业具有抑制作用。对于新生代流动人口而言，一部分群体尚未组建家庭，因此家庭观念淡薄，即使已经组建家庭，家庭也尚处于刚刚建立阶段，网络关系不成熟，家庭能够提供的社会支持较少，因此家庭化流动对其失业并不会产生影响。老一代流动人口基本处于已婚的状态，并已经形成了稳定的家庭关系，子女已经步入学龄阶段，甚至步入社会，减轻了家庭照顾任务，并且能够为家庭发展提供一定支持，所以，老一代流动人口家庭关系网络更加成熟稳定，能够提供更多的社会支持，从而降低了其失业发生的可能性。掌握方言则对老一代流动人口和新生代流动人口均具有显著负向影响，但掌握方言对老一代流动失业的负向影响程度大于新生代流动人口。主要是老一代流动人口学历相对较低，乡土情结和户籍地文化习俗浓厚，在流入地大多仍坚持户籍地习俗和方言，对流入地方言存在规避和排斥现象，也正是这一种排斥和规避限制了其与当地人交流，阻碍其城市融入、公平就业，增大了职位搜寻成本，所以提升老一代流动人口掌握流入地方言的能力，对降低其失业概率的作用大于新一代流动人口。

4. 社会资本与人力资本的交互分析

根据经典理论中关于人力资本的定义，个体的知识、能力、技能以及健康的集合构成了一个人的人力资本。普遍认为通过接受教育或进行教育投资，个体的人力资本水平能够得到显著提升。因此，学历提升对劳动者来讲，有利于其进入初级劳动力市场，获得更好的就业机会和更加优质的职业培训服务，同时学历的提升对其收入的增加和更好职业地位的获得也有正向的效应。作为流动人口重要的两种资本，人力资本和社会资本只有同时发挥最大效应，才能使流动人口实现更加稳定和高质量的就业，从而降低其失业发生风险。研究人力资本和社会资本在流动人口就业与失业中的作用，更能准确反映现实情境。基于上述分析，本部分在社会资本对流动人口失业影响模型的基础上，加入社会资本与人力资本的交互项，分析在社会资本和人力资本共同的影响下，流动人口失业发生风险将会有何变化。

在本部分，基准模型为二元 Logistic 模型，因变量为“是否失业（0=就业；1=失业）”，核心自变量为社会资本与人力资本的交互项。基准模型和扩展模型如式 7-4 和式 7-5 所示：

$$\log \frac{P(employ = 1)}{1 - P(employ = 1)} = \beta_0 + \beta_1 institute\ capital + \beta_2 relation\ capital + \beta_3 Z \tag{7-4}$$

$$\log \frac{P(employ = 1)}{1 - P(employ = 1)} = \beta_0 + \beta_1 social\ capital + \beta_2 edu + \beta_3 inter + \beta_4 Z \tag{7-5}$$

其中，*employ* 为因变量失业状况，是二分类变量，*social capital* 为社会资本变量，*edu* 为人力资本变量，*inter* 为所有交互项，*Z* 为所有的控制变量。

表 7-9 展示了社会资本、人力资本对流动人口失业影响的交互模型回归结果。交互模型 1 为制度型社会资本与人力资本交互回归的结果。由交互模型 1 的回归结果可知，上过大学且参加失业保险或签订劳动合同的流动人口失业概率明显较低，此结果表明人力资本的提升和就业保障制度是降低流动人口失业概率的重要因素。交互模型 2 为关系型社会资本与人力资本交互回归的结果。由交互模型 2 的回归结果可知，教育与关系型社会资本的交互项对流动人口失业有显著的影响。接受过大学教育且人际关系为弱关系的流动人口，其失业概率低于人际关系为强关系的流动人口。此结果说明人力资本是抑制流动人口失业的重要因素，人际关系为弱关系进一步强化了这种抑制效应。

表 7-9　社会资本、人力资本对流动人口失业影响的交互模型回归结果

变量	交互模型 1		交互模型 2		交互模型 3	
	回归系数	OR	回归系数	OR	回归系数	OR
社会资本						
失业保险(未签订)	-0.219***	0.803			-0.225***	0.799
签订合同(未签订)	-0.048***	0.953			-0.04***	0.961
人际关系(强关系)			-0.182***	0.834	-0.03***	0.970
方言掌握(未掌握)			-0.997***	0.369	-1.454***	0.234
流动模式(非家庭)			-0.269***	0.764	-0.253***	0.776
学历	-0.409***	0.664	-0.540***	0.583	-0.750***	0.472
学历×失业保险	-0.577***	0.562			-0.606***	0.546
学历×劳动合同	-1.666***	0.189			-1.785***	0.168

续表

变量	交互模型 1		交互模型 2		交互模型 3	
	回归系数	OR	回归系数	OR	回归系数	OR
学历×流动模式			-0.063***	0.938	-0.251**	0.778
学历×人际关系			-0.314***	0.731	-0.247***	0.781
学历×方言掌握			-0.587**	0.556	-0.428**	0.652
控制变量	已控制	已控制	已控制	已控制	已控制	已控制
样本量	113350		113350		113350	
Prob>chi2	0.000		0.000		0.000	
Pseudo R^2	0.267		0.237		0.281	

注：* p<0.1，** p<0.05，*** p<0.01；OR 值=exp（回归系数）。

交互模型 3 为社会资本与人力资本交互回归的结果。通过对人力资本与社会资本的交互项分析，发现流动人口失业既与社会资本有关，也与人力资本有关。人力资本是个人能力的体现，代表了个体在劳动力市场实现就业的门槛，而社会资本是个体在劳动力市场实现就业的重要途径，不仅是个体获得就业信息的重要途径，也是保障个体在劳动力市场获得平等权利的重要保障。通过社会资本的制度保障作用、信息传递作用以及关系疏通作用，个体才能在劳动力市场实现高质量的就业。

五　结论与讨论

本章基于社会资本理论，采用二元 Logistic 回归模型分析了社会资本对流动人口失业的影响，并通过 Probit 模型和 PSM 进行了稳健性检验和内生性检验，保证了结论的可靠性。在此基础上分析了社会资本对不同户籍、不同性别以及不同代际流动人口失业影响的差异性。主要结论如下。

第一，流动人口微观个体特征会影响其失业情况。男性流动人口失业发生风险低于女性，受教育程度的提升能够有效抑制失业发生风险，在婚者的失业发生风险相对于不在婚者较低。流入一线城市的流动人口失业发生风险较低。流动距离越长、出于经济原因选择流动的流动人口失业发生风险更低。

第二，制度资本对流动人口失业具有显著影响。参加失业保险和签订劳动合同对流动人口失业具有抑制作用。关系资本对流动人口失业具有显著负向影响。人际关系为弱关系、能够掌握当地的方言以及家庭化流动都能降低流动人口失业发生风险。

第四，社会资本对流动人口失业的影响存在内部差异。社会资本对城城流动人口失业的影响程度大于乡城流动人口。家庭化流动挤占了女性流动人口的工作时间和工作机会，增加其失业发生风险，但抑制了男性流动人口的失业。家庭化流动是降低老一代流动人口失业发生风险的有效机制，劳动合同是降低新生代流动人口失业发生风险的重要机制。

通过社会资本与人力资本的交互回归结果发现，社会资本和人力资本对流动人口失业具有显著的协同影响，具体来讲高水平的社会资本和高水平的人力资本抑制了流动人口的失业。制度资本的作用在于保护流动人口就业，降低其失业发生风险，关系资本的作用在于为流动人口提供就业的信息，而人力资本是实现稳定就业的重要门槛。通过“信息桥梁（关系资本）+制度保护（制度资本）+学历门槛（人力资本）”的协同机制，能够有效抑制流动人口失业发生风险。

为此提出以下拓宽流动人口的社会关系网，提升其社会资本的建议。

第一，举办各种社区活动，增加本地居民与流动人口的交流机会，促进流动人口的社区融入以及城市融入，让流动人口不断扩大自身的社会关系网，使其形成稳定的社会关系网络。通过这种关系网络的建立，提升流动人口的城市融入感，促进其更高质量的就业。

第二，搭建各种社交平台，提升流动人口的参与感。成立相关的工会组织，鼓励和吸纳更多流动人口加入，帮助流动人口维护权益，解决相关的就业问题。积极搭建相关的互助协会，如同乡会、职业介绍协会，为流动人口的提供更多的就业机会和就业信息，促进其更好的就业。

第三，强化流动人口政治参与和基层党建。流动人口社区活动参与、基层党组织活动参与较少，入党比例较低。大量流动人口长期生活在城市，拥有一定的技能和知识，在很多行业、岗位上不怕苦、不怕累，发挥了先锋模范作用，应该积极吸纳有意愿向党组织靠拢的流动人口加入党组织。这样更有利于流动人口的社会融合，更有利于流动人口市民化，更有利于流动人口“安居乐业”。

第八章 流动人口再就业行为选择与影响因素

随着流动人口群体特征和流动模式、流动距离、流动方向的变动，流动人口在失业后的再就业行为选择日益多样化。有些选择回乡、转移其他城市、就地转行、寻找以前同类型的工作、寻找政府帮助、寻找劳动力市场帮助或者选择灵活谋生，继续寻找再就业机会；而有些则选择自怨自艾、自我放弃、自我放逐等消极生活。不同的行为选择往往使其面临的社会风险悬殊。把握流动人口失业后再就业行为选择，是促进流动人口更好就业，化解社会风险的必要条件。本部分采用的数据与第四章相同，均来自课题组 2020 年流动人口失业状况调查数据，选择流动人口较多的上海作为研究范围，共筛选出与本部分研究相关的样本 2135 个。

一 问题的提出

（一）社会风险越来越受到关注

社会风险是社会在发展过程中产生的以人为主体的社会现象。从历史上看，风险这一概念被理解为冒险，并且与保险概念紧密相关。[①] 社会风险的

---

① 〔德〕乌尔里希·贝克：《风险社会：新的现代性之路》，张文杰、何博闻译，译林出版社，2018，第 66~79 页。

理论研究主要有吉登斯的现代社会风险理论、卢曼的系统理论、道格拉斯和拉什的风险文化理论，这些理论都对风险做出了基础的诠释，经过几十年的变化，风险这一概念与人类的决策和行动后果的联系更为紧密，并被视为影响个人和群体事件的特定方式。不同的社会领域，对社会风险概念的界定也不相同。在风险社会学领域，风险就是指一个社会过程。风险的一切特征都源自产生它的社会结构、社会制度、社会秩序等，贝克尔、吉登斯和卢曼对此都做了深刻的研究。道格拉斯（M. Dougiass）和威尔德韦斯（A. Wildavsky）在《风险与文化》一书中指出，虽然事实上科学技术快速发展带来的副作用和负面效应所造成的风险可能已经有所降低，但是我们对风险的认知和察觉程度却大大增加。[①]

随着新型城镇化的推进，越来越多的流动人口已经不愿处在居无定所的漂泊状态，希望可以在流入地有稳定的工作和生活，对流入地有较强的融入意愿[②]，社会融合已然成为一种必然趋势。但由于我国户籍制度、流动人口个体特征以及人们固有的观念等因素，部分流动人口始终不能与主体社会融合，常常被主体社会边缘化，不得不承担着较大的就业风险。[③] 失业不仅会给流动人口个体带来一些负面影响，更会影响流动人口与主体社会群体的融合，进而影响他们失业后的再就业行为选择。对于流动人口个体来讲，失业后的再就业行为选择决定了他们的失业持续时间和面临的社会风险，会对流动人口的思想、心理、工作和生活都产生较大影响，容易使他们对未来感到迷茫。因此，流动人口失业不仅是经济问题，更是社会问题，如何认识流动人口失业后再就业行为选择问题是促进流动人口就业和社会经济发展的重要环节。

---

① M. Dougiass and A. Wildavsky, *Risk and Culture*, Berkeley: University of California Press, 1982: 88.

② S. Tang and J. Feng, "Cohort Differences in the Urban Settlement Intentions of Rural Migrants: A Case Study in Jiangsu Province of China," *Habitat International*, 2015 (49): 357-365.

③ A. Tyner and Y. Ren, "The Hukou System, Rural Institution, and Migrant Integration in China," *Journal of East Asian Studies*, 2016 (16): 331-348.

（二）社会融合与流动人口再就业行为选择

社会融合是影响流动人口失业后再就业行为选择的重要因素，国内对于社会融合和再就业行为选择已有诸多研究成果，总体来看，社会融合对流动人口失业后再就业行为选择的影响主要体现在以下四个方面。

第一，经济融合对流动人口再就业行为有影响。经济融合对流动人口失业后再就业行为选择的影响主要体现在社会保障、住房、工作时间、就业机会和职业声望等方面。流动人口往往是因为收入较低、就业波动性较大，处于社会保障的边缘[①]，而缺乏社会保障、在城市的就业环境差，往往促使农民工在失业后选择回乡[②]。所以关注流动人口社会保障的目的不仅仅在于保障流动人口失业期间的收入，更在于促进这一群体实现再就业。[③] 就住房而言，住房情况是流动人口社会融入的一大表现，有无住房在一定程度上能够改变流动人口的就业观，学者们普遍认为有住房且有房贷的流动人口在失业后更容易产生工作焦虑，从而积极地寻找工作。[④] 就工作时间而言，它是流动人口在就业方面与流入地主流群体融合的重要外在表现之一。流动人口多是体力劳动者，工资较低，为获取更多收入会不惜健康、不惜时间[⑤]，在失业后倾向于继续寻找以前同类型工作。就业是流动人口留在流入地的关键，就业机会和职业声望都对流动人口的再就业行为具有较大影响。在多种因素共同作用下，流动人口在回乡、继续留在本地寻找工作或转移其他城市之间往往会犹豫不决。

---

① 匡亚林、梁晓林等：《新业态灵活就业人员社会保障制度健全研究》，《学习与实践》2021年第1期，第26~30页。

② 王增文、陈源：《影响农村剩余劳动力流动的机理研究》，《统计与信息论坛》2012年第7期，第112页。

③ 金亦奇：《从民生角度看失业保险对社会稳定的影响》，《中国集体经济》2021年第21期，第167~168页。

④ 刘斌、张安全：《有产者的就业焦虑：安居真的可以乐业吗——基于城市住房分层与工作满意度的观察》，《财经研究》2021年第1期，第47~61页。

⑤ 丁煜、王玲智：《就业质量的概念内涵与政策启示》，《中国劳动关系学院学报》2018年第2期，第24~30页。

第二，从行为融合来看，行为融合对流动人口再就业行为的影响主要表现为流动人口与流入地主流群体之间的关系。个体所拥有的社会关系网络能够有效地拓宽流动人口的再就业途径，促使其再就业方式更加多样化。[①] 行为融合不仅可以促进流动人口再就业方式多样化，还可以促进流动人口职业流动。虽然随着人力资本的提升，社会关系对流动人口再就业方式的影响会越来越小[②]，但是对于自身人力资本水平并不高的流动人口而言，社会资本的作用相当凸显。部分研究也证实流动人口再就业行为选择过程当中，社会关系排斥，不仅会影响这一群体自身权益的实现，还会影响这一群体在阶层间的流动。[③]

第三，就文化融合而言，魏下海等人研究了掌握方言技能对流动人口再就业行为的影响，发现掌握方言技能的流动人口失业后在流入地更有就业渠道优势，再就业方式更加多样。[④] 可以看出，方言能力对流动人口再就业行为具有一定的影响，在流动人口集聚度较高的郊区和工业园区，普通话的使用率较低，方言的作用更加明显。[⑤] 文化距离主要表现为方言的差异，文化融合程度直接影响流动人口就业信息来源，已有研究显示方言差异会促进流动人口选择现代化的就业方式来缩短寻找工作的时间。[⑥] 所以文化融合也是影响流动人口再就业行为的重要因素之一。

第四，从心理融合来看，失业会对流动人口造成一定的心理影响，流动

---

① 聂家昕：《亲缘化社会关系网络与人力资本失灵——1990 年代东北城市高人力资本下岗工人就业问题研究》，《山东社会科学》2020 年第 2 期，第 173～178 页。

② 孟大虎、曾凤婵等：《人力资本、社会资本与大学毕业生求职渠道的选择》，《中南财经政法大学学报》2011 年第 6 期，第 38～43 页。

③ 马隽：《社会排斥视角下的失地农民就业问题分析》，《农业经济》2016 年第 2 期，第 74～79 页。

④ 魏下海、陈思宇、黎嘉辉：《方言技能与流动人口的创业选择》，《中国人口科学》2016 年第 6 期，第 36～46 页。

⑤ 杨晔、朱晨、淡毅：《方言能力、语言环境与城市移民创业行为》，《社会》2019 年第 1 期，第 211～216 页。

⑥ 姚先国、冯履冰、周明海：《中国劳动力迁移决定因素研究综述》，《中国人口科学》2021 年第 1 期，第 117～128 页。

人口如果心理融合程度低，会造成心理压力增大，进而影响他们的再就业行为。① 一般而言，流动人口的生活压力越大，再就业行为的风险越高。② 社会融入是建立在流动人口与流入地高度的心理相互认同基础之上的，流动人口仅仅在流入地就业、生活，如果心理上与流入地格格不入，就会增大其消极就业的可能性。③ 流动人口在流入地生活或工作的压力感已经成为阻碍其社会融入的重要因素。已有研究显示，社会排斥在一定程度上增加了流动人口的心理成本，使得流动人口心理压力增大，归属感减弱，使其在流入地再就业行为也变得风险更大。④ 所以心理融合在一定程度上也会影响流动人口再就业行为。

（三）行为选择理论与再就业行为风险

1. 行为选择理论

行为选择理论是从经济学和心理学的角度，研究理性人面对经济活动如何做出反应的学说⑤，其认为理性人会在价值判断的基础上进行自身效用最大化的选择。这一理论包括理性选择理论和计划行为理论。

理性选择理论在社会学中是一种带有目的和意图的行为选择理论。⑥ 具体到流动人口选择再就业方式问题中，根本目的是使流动人口效益最大化，而做出利益最大化的选择需要考虑以下四种情况：一是资源的最大化，流动人口在一定的资源条件下，能够获取的利益最大化与掌握最佳的资源和信

---

① Feather, Davenport. P. R., "Unemployment and Depressive Affect: A Motivational and Attributional Analysis," *Journal of Personality and social Psychology*, 1981 (41): 427.

② 赵婷：《东营地区中年人再就业影响因素分析及对策研究》，上海工程技术大学硕士学位论文，2019，第 33 页。

③ 崔岩：《流动人口心理层面的社会融入和身份认同问题研究》，《社会学研究》2012 年第 5 期，第 141~148 页。

④ 王心蕊、孙九霞：《旅游发展背景下农村劳动力回流迁移研究——影响因素与代际差异》，《旅游学刊》2021 年第 4 期，第 58~69 页。

⑤ 岳远贺：《浅析农户行为选择理论》，《决策与信息（中旬刊）》2016 年第 9 期，第 138 页。

⑥ 孟李娜、严宽：《大学生就业选择行为理论模型构建》，《产业与科技论坛》2012 年第 24 期，第 100~102 页。

息；二是个人能力，即流动人口在就业时所展现出来的能力，不仅包括个人素质，还包括流动人口所掌握的资源与信息；三是做出此项行为选择的后果，即流动人口在采取某项再就业方式后，所获得社会经济地位的情况；四是流动人口个人偏好，也就是指流动人口的个人偏好不同，价值观不同，在选择再就业方式时，对自己行为选择后果价值所做出的判断。

计划行为理论诞生于20世纪七八十年代，认为某一行为的产生直接取决于一个人执行某种特定行为的行为意向，行为意向则是个体行为态度、主观规范和知觉行为控制三者共同的结果，个体行为态度、主观规范和知觉行为控制进一步取决于预期收益风险、制度环境、资源禀赋、社会舆论等因素的影响。① 流动人口失业后想要寻找下一份工作时，搜集和整理信息的能力有限，因此，做出利益最大化的可能性较小，而流动人口的职业兴趣、重要关系人及其所给的压力、流动人口对就业难易程度的认知和流动人口是否打算再就业的概率等潜在计划都影响着流动人口的再就业方式。

2. 再就业行为风险

流动人口失业后再就业行为选择的方式、途径或渠道都具有一定的风险性，这种风险性主要是指流动人口是否能够通过某一种寻求工作的方式、途径或渠道在短期内找到一份比较符合流动人口期望、实现高质量就业、有利于社会融合和新型城镇化推进的工作。

根据行为选择理论，流动人口的再就业行为首先要考虑的就是这一行为发生后所获得的效益是否符合预期，能否实现效益最大化。考虑到流动人口再就业行为选择属于不确定性条件下的决策，根据以往研究和经验判断，流动人口的就业行为选择直接影响其收入和使自己在流入地与本地居民社会融合的效果。因而，流动人口选择继续在流入地务工会获得确定性收益，流动人口个体也会因为风险规避而选择在流入地实现再就业。而根据地方管理和社会融合理论，流动人口属于比较特殊的一个群体，传统的就业方式是其实

---

① 赵建欣、张忠根：《基于计划行为理论的农户安全农产品供给机理探析》，《财贸研究》2007年第6期，第40~45页。

现再就业的主要渠道，但是流动人口在失业后选择消极就业、回乡、寻找亲戚朋友帮助等传统再就业方式带来的社会风险较大，并不能有效促进其社会融合，也不能有效促进城市化的推进。现代化的就业方式相对于传统的就业方式更符合经济社会发展趋势、城镇化高质量发展趋势、城乡融合发展趋势，流动人口通过寻找劳动力市场帮助、寻找政府帮助和继续寻找以前同类型工作等行为选择面临的社会风险更小。一般来看，选择灵活谋生、转移其他城市以及就地转行，既能促使流动人口社会融合，还能在短时间内寻找工作，确保自己的收益最大化，规避了风险。综合来看，流动人口再就业行为选择会导致不同的结果，基于社会效益最大化和个人效益最大化的原则，这种行为选择都具有一定风险性。

3. 研究假设

户籍制度改革及城市的发展为流动人口社会融合提供了重要的社会经济条件，而流动人口的社会融合水平又是解读其再就业方式的关键因素。相比农村，城市的就业机会更多、收入更高、公共服务也相对更为完善，这就吸引了大量劳动力来到城市发展，且目前流动人口素质较之前有所提高，他们在城市的收入与当地人差距缩小，流动人口社会融合程度提高，在流入地继续工作和生活的意愿也有所增强，选择消极就业、回乡等再就业方式的意愿就会降低。据此，提出研究假设 1：社会融合会促使流动人口选择低风险再就业方式再就业。

改革开放以来，流动人口背井离乡流入目的地务工和生活，他们在失业后主要通过继续寻找同类型工作、家乡的人际关系、回乡或消极就业等来寻找工作，而这种就业方式是短暂的，风险较大，其并不能使流动人口获取一份稳定或高质量的工作，不符合城镇化的要求，不利于城镇化的发展。随着经济的发展和时代的进步，城镇化速度加快，流入地的就业机会增多，流动人口也逐渐被流入地居民所接纳，与本地居民的融合程度有所提高，文化和技能水平也有所提高，其再就业观念也发生了较大的变化，失业后希望提高就业质量，积极寻求劳动力市场、政府帮助、就地转行、灵活谋生等再就业方式，实现快速再就业，符合城市化发展方向。流动人口失业后不再仅仅是通过回乡、寻找亲戚朋友帮助等就业方式，再就业方式更加灵活。[①] 基于理性选择的角度，流动人口再就业方式选择不仅仅是一种经济行为，更是一种社会融合行为。[②] 社会融合程度越高的流动人口，越倾向于选择低风险再就业方式，以实现短期内快速、高质量再就业，降低再就业风险。据此，提出研究假设 2：社会融合可以转变流动人口就业观念，使流动人口选择低风险再就业方式再就业。

流动人口与本地居民社会融合程度提高，代表着流动人口经济水平提高、人际关系变广、对当地语言的掌握程度有所提高、当地居民对其的身份认同也较为强烈，流动人口更容易通过自己的文化和技能水平获得更多单位或企业的认可，在失业后更容易获得本地居民的帮助，获取新的技能和就业知识信息，使流动人口实现快速再就业，降低再就业风险，增强流动人口在寻求再就业的过程中规避风险的能力，也使得其更容易选择多元化再就业方式就业，降低再就业风险。据此，提出研究假设 3：社会融合可以提升流动人口风险规避能力，促使流动人口选择低风险再就业方式再就业。

二 流动人口失业后再就业行为选择概况

关于这一项判断标准，在进行问卷调查时就已经对受访的流动人口直接询问了“您在失业后的个人行为选择是什么”，答案设置为“回乡”“转移其他城市”“就地转行”“继续寻找以前同类型工作”“消极生活”“寻找政府帮助”“寻找亲戚朋友帮助”“寻找劳动力市场帮助”“灵活谋生”。根据调查问卷，本部分将流动人口的再就业行为选择与其性别、年龄、受教育程度、婚姻状况、健康状况、户口性质和居留意愿进行交叉分析，并对其进行整体描述。从表 8-1 可以看出，多数流动人口在失业后都

① 倪玖斌：《城乡融合对农民工就业选择影响机理及政策建议——基于人力资本转化视角》，《中国劳动》2017 年第 4 期，第 50~55 页。

② 王箐：《流动人口就业代际差异及其影响因素研究》，首都经济贸易大学博士学位论文，2014，第 35~39 页。

选择积极生活，选择消极生活的流动人口仅有3.1%，而选择继续寻找以前同类型工作的流动人口最多，占63.1%，其次寻找劳动力市场帮助再就业、寻找亲戚朋友帮助再就业和灵活谋生的流动人口也相对较多，分别占到了36.6%、33.9%和33.6%。总体来看，流动人口再就业行为选择呈现较大的群体差异性。

表 8-1　流动人口再就业行为选择整体情况

单位：%

再就业行为	再就业行为选择情况			
	是	否	均值	标准差
回乡	10.3	89.7	0.1	0.304
转移其他城市	12.1	87.9	0.12	0.327
就地转行	15.4	84.6	0.15	0.361
继续寻找以前同类型工作	63.1	36.9	0.63	0.483
消极生活	3.1	96.9	0.03	0.174
寻找政府帮助	4.4	95.6	0.04	0.206
寻找亲戚朋友帮助	33.9	66.1	0.34	0.474
寻找劳动力市场帮助	36.6	63.4	0.37	0.482
灵活谋生	33.6	66.4	0.34	0.472

从再就业行为的群体差异来看，男性流动人口在失业后多数会选择继续留在流入地（86.3%）、继续寻找之前同类型工作（60.1%）、积极生活（97.9%），而选择寻求政府（5.2%）、亲戚朋友（35.7%）和劳动力市场（37.8%）帮助的人数较少。女性流动人口的再就业行为选择方向与男性大致相同，多数选择不回乡（92.5%）、继续留在流入地（89.3%）、继续寻找之前同类型工作（65.8%）、积极生活（95.9%）和灵活谋生（37.0%），而选择寻求政府（3.8%）、亲戚朋友（32.3%）和劳动力市场（35.4%）帮助的比例低于男性流动人口（见表8-2）。相对于男性而言，女性流动人口失业后选择回乡、转移其他城市，寻求政府、亲戚朋友或劳动力市场帮助的概率较小，选择继续寻找以前同类型工作、消极生活和灵活谋生的概率较大。

表 8-2　流动人口再就业行为与性别、年龄的交叉分析

单位：%

再就业行为		性别		年龄				
		男	女	16~20 岁	21~30 岁	31~40 岁	41~50 岁	51~60 岁
回乡	1=否	86.6	92.5	92.3	92.2	87.5	89.6	63.6
	2=是	13.4	7.5	7.7	7.8	12.5	10.4	36.4
转移其他城市	1=否	86.3	89.3	76.9	85.4	90.2	92.5	90.9
	2=是	13.7	10.7	23.1	14.6	9.8	7.5	9.1
就地转行	1=否	84.9	84.3	84.6	83.7	85.3	85.1	90.9
	2=是	15.1	15.7	15.4	16.3	14.7	14.9	9.1
继续寻找以前同类型工作	1=否	39.9	34.2	53.8	33.2	34.4	49.3	90.9
	2=是	60.1	65.8	46.2	66.8	65.6	50.7	9.1
消极生活	1=否	97.9	95.9	84.6	96.9	98.2	95.5	90.9
	2=是	2.1	4.1	15.4	3.1	1.8	4.5	9.1
寻找政府帮助	1=否	94.8	96.2	96.1	95.6	95.1	95.5	97.0
	2=是	5.2	3.8	3.9	4.4	4.9	4.5	2.9
寻找亲戚朋友帮助	1=否	64.3	67.7	61.5	66.1	64.7	67.2	90.9
	2=是	35.7	32.3	38.5	33.9	35.3	32.8	9.1
寻求劳动力市场帮助	1=否	62.2	64.6	92.3	64.7	56.7	70.1	90.9
	2=是	37.8	35.4	7.7	35.3	43.3	29.9	9.1
灵活谋生	1=否	70.1	63.0	53.8	66.8	65.6	68.7	72.7
	2=是	29.9	37.0	46.2	33.2	34.4	31.3	27.3

从年龄来看，整体而言，年龄越大，失业后选择回乡的概率越大，而选择转移其他城市再就业、就地转行、继续寻找以前同类型工作的比例越小。具体来看，16~20 岁流动人口在失业后选择不回乡的比例最大，其选择转移其他城市的比例也明显高于其他年龄段流动人口。选择寻求政府、劳动力市场和亲戚朋友帮助的比例与年龄呈现倒 U 形关系，随着年龄的增大流动人口会越来越倾向于选择寻求各种帮助来实现再就业，但是达到一定年龄后，随着年龄的进一步增大，流动人口选择寻求各种帮助实现再就业的比例会逐步降低。

从受教育程度来看，在回乡行为上，有研究生学历的流动人口在失业后选择不回乡的比例是最高的，高达 100%，其次是大学本科或专科，最后是高中及以下学历者。失业后选择回乡的主要是高中及以下学历的流动人口（11.7%）；选择转移其他城市者中，大学专科或本科学历者的比例较高；选择就地转行者中，研究生学历的流动人口比例较大；选择消极生活者中，具有研究生学历的流动人口选择比例最小，高中及以下学历者所选比例最高，为5.3%；选择寻求政府帮助者中，具有研究生学历的流动人口选择比例较大；选择寻找亲戚朋友帮助者中，具有研究生学历的流动人口选择比例最小，高中及以下学历者所选比例最高，为35.7%；选择寻找劳动力市场帮助者中，具有大学专科或本科学历的流动人口选择比例最高；选择灵活谋生的流动人口中，高中及以下学历者的选择比例最大（见表8-3）。

表8-3　流动人口再就业行为与受教育程度、婚姻的交叉分析

单位：%

再就业行为		受教育程度			婚姻状况			
		高中及以下	大学专科或本科	研究生	未婚	已婚	离异	丧偶
回乡	1=否	88.3	90.0	100.0	92.1	88.6	90.0	87.5
	2=是	11.7	10.0	0.0	7.9	11.4	10.0	12.5
转移其他城市	1=否	91.2	86.5	87.5	83.6	89.3	100.0	100.0
	2=是	8.8	13.5	12.5	16.4	10.7	0.0	0.0
就地转行	1=否	84.8	84.7	75.0	87.3	83.1	100.0	75.0
	2=是	15.2	15.3	25.0	12.7	16.9	0.0	25.0
继续寻找以前同类型工作	1=否	45.0	34.1	12.5	38.1	35.2	30.0	100.0
	2=是	55.0	65.9	87.5	61.9	64.8	70.0	0.0
消极生活	1=否	94.7	97.7	100.0	95.8	97.5	100.0	87.5
	2=是	5.3	2.3	0.0	4.2	2.5	0.0	12.5
寻找政府帮助	1=否	97.7	94.9	87.5	95.2	96.0	90.0	87.5
	2=是	2.3	5.1	12.5	4.8	4.0	10.0	12.5
寻找亲戚朋友帮助	1=否	64.3	66.1	100.0	61.9	67.7	70.0	75.0
	2=是	35.7	33.9	0.0	38.1	32.3	30.0	25.0
寻求劳动力市场帮助	1=否	69.6	61.0	62.5	69.8	60.0	50.0	100.0
	2=是	30.4	39.0	37.5	30.2	40.0	50.0	0.0
灵活谋生	1=否	64.3	67.1	75.0	65.6	66.3	70.0	87.5
	2=是	35.7	32.9	25.0	34.4	33.7	30.0	12.5

从婚姻状况角度来看，丧偶的流动人口在失业后选择回乡、消极生活的比例较大，均为 12.5%；未婚的流动人口倾向于选择转移其他城市、寻找亲戚朋友帮助、灵活谋生等，其该类再就业行为选择比例分别为 16.4%、38.1%、34.4%；已婚者倾向于选择就地转行、寻找亲戚朋友帮助、寻求劳动力市场帮助，其该类再就业行为选择比例分别为 16.9%、32.3%、40.0%；离异者更倾向于选择寻求政府帮助、寻求劳动力市场帮助，其该类再就业行为选择比例分别为 10.0%、50.0%。

流动人口再就业行为与健康状况、户口性质交叉分析结果显示，身体健康程度一般者更倾向于失业后选择回乡、灵活谋生；身体健康者更倾向于失业后选择转移其他城市、继续寻找以前同类型工作、寻求劳动力市场帮助；身体不健康者更倾向于失业后选择就地转行、寻找亲戚朋友帮助和消极生活。从户口性质差异来看，农业户口的流动人口失业后更倾向于回乡、消极生活、寻求亲戚朋友帮助、灵活谋生；非农业户口的流动人口失业后更倾向于选择转移其他城市、就地转行、继续寻找以前同类型工作、寻找政府帮助（见表 8-4）。

表 8-4　流动人口再就业行为与健康状况、户口性质的交叉分析

单位：%

再就业行为		健康状况			户口性质	
		不健康	一般	健康	农业户口	非农业户口
回乡	1=否	90.6	85.4	90.8	87.2	92.3
	2=是	9.4	14.6	9.2	12.8	7.7
转移其他城市	1=否	96.9	86.2	87.7	89.5	86.2
	2=是	3.1	13.8	12.3	10.5	13.8
就地转行	1=否	78.1	86.2	84.6	85.0	84.2
	2=是	21.9	13.8	15.4	15.0	15.8
继续寻找以前同类型工作	1=否	53.1	41.5	34.4	37.1	36.7
	2=是	46.9	58.5	65.6	62.9	63.3
消极生活	1=否	90.6	95.4	97.8	96.5	97.3
	2=是	9.4	4.6	2.2	3.5	2.7

续表

再就业行为		健康状况			户口性质	
		不健康	一般	健康	农业户口	非农业户口
寻找政府帮助	1=否	84.4	98.5	95.5	97.4	93.6
	2=是	15.6	1.5	4.5	2.6	6.4
寻找亲戚朋友帮助	1=否	62.5	66.9	66.1	63.6	68.7
	2=是	37.5	33.1	33.9	36.4	31.3
寻求劳动力市场帮助	1=否	81.3	60.8	62.9	62.9	64.0
	2=是	18.8	39.2	37.1	37.1	36.0
灵活谋生	1=否	62.5	62.3	67.9	64.9	68.0
	2=是	37.5	37.7	32.1	35.1	32.0

三　流动人口社会融合现状

在已有研究的基础上，本书借鉴了杨菊华[①]对流动人口社会融入水平的测量指标体系，从经济融合、行为融合、文化融合和心理融合四个维度进行评价，进而解释流动人口社会融合现状。

（一）社会融合测度指标体系设计

1. 经济融合

经济融合包括就业状况、工作环境、职业声望、收入水平、社会保障与福利、居住状况等6项二级指标。

(1) 就业状况

本书开展的问卷调查中直接询问了流动人口劳动合同签订状况——“您当前或失业前与单位或者雇主签订了正式书面的劳动合同情况”，该问题有三个选项：1=没有签订劳动合同；2=签了无固定期限的劳动合同；3=

① 杨菊华：《流动人口在流入地社会融入的指标体系——基于社会融入理论的进一步研究》，《人口与经济》2010年第2期，第64~71页。

签了有固定期限的劳动合同。研究中将此问题进行重新编码，将其定义为一个二分类变量：1=没有签订劳动合同；原问卷中的2和3合并为签订了劳动合同，并重新赋值为2。

（2）工作环境

工作环境多以平均工作时间来反映，设计问题“您当前或失业前每周的劳动时间？多少天/周，多少小时/天”作为衡量依据。工作时间实际测量分布为0~8天和0~13小时/天，0天0小时代表上周没有从事过1小时以上有收入的工作。按照《劳动法》的规定，工作时间为一周五天，一天8小时工作制，但是该调查样本中，仅有41.8%的流动人口一周工作时间为5天，54.7%的流动人口一天工作时间为8小时；有55.4%的人一周工作时间超过5天，38.6%的人一天工作时间超过了8小时；还有2.1%的人一周工作时间不满5天，6.6%的流动人口一天工作时间不满8小时。造成流动人口工作时间超出5天和8小时/天的原因到底是什么？答案不言而喻，加班已成为流动人口获取高收入的主要做法。对于这一指标，本文经过数据处理，将其定义为二分类变量，1=一周工作时间低于或高于40小时；2=一周工作时间等于40小时。

（3）职业声望

职业声望是反映经济融合的重要指标，它包括职业类型、职业层次、转换、升迁机会等4个层面。根据2015年调整后的《中华人民共和国职业分类大典》，中国的职业可分为大、中、小三类，其中有8个大类、66个种类和413个小类。问卷调查以大类的形式调查了流动人口的职业类别，调查问卷涉及6个职业大类，问题是“您当前或失业前的主要职业是什么”，有7个回答项，包括“1=农民（农、林、牧、渔、水利业生产人员）”“2=工人（生产、运输工人和有关人员）”“3=服务人员（服务性工作人员）”“4=商业工作人员（个体工商、批发零售业人员等）”“5=办事人员（办事人员和有关人员）”“6=专业技术人员”“7=高级管理者（国家机关、党群组织、企业、事业单位负责人）”。因此，为了获得职业声望变量，本书对职业变量进行了重新编码，对每类职业按照国际标准职业地位指数进行重新赋值，以代表各自职业的职业声望。重新分类如下："1＝农民（农、林、牧、渔、水利业生产人员）""2＝工人（生产、运输工人和有关人员）""3＝商业工作人员（个体工商、批发零售业人员等）、服务人员（服务性工作人员）""4＝办事人员（办事人员和有关人员）""5＝专业技术人员""6＝高级管理者（国家机关、党群组织、企业、事业单位负责人）"，数值越大，代表个人职业声望越高。

（4）收入水平

收入水平是衡量经济融合最核心也是最常用的一项指标。采用问卷中受访流动人口当前或失业前的工作的月收入水平来测度，分析中直接采用原始数据作为分类数据以描述样本情况。本书将其月收入情况分为几类："1＝0~3000元""2＝3000~6000元""3＝6000~9000元""4＝9000元以上"。

（5）社会保障与福利

调查问卷中询问了所有的受访流动人口"当前或失业前的单位是否为您缴纳了以下保险"和"当前或失业前的单位是否为您缴纳公积金"，涉及的五险（养老保险、医疗保险、工伤保险、失业保险和生育保险）及其他商业保险每种保险以及公积金的回答均只有"0＝否"或"1＝是"两个选项。在处理这些变量时，将其处理为二分类变量，对这六类保险和公积金进行加总求和，形成取值范围为0~8的计数变量，"0＝没有缴纳任何保险和公积金""8＝缴纳了所有保险和公积金"，数值越大，社会保障和福利越全面。

（6）居住状况

问卷调查过程中，涉及与流动人口住房有关的问题，问题是"您家目前的住房情况"，回答项为"1＝租房""2＝没有租房也没有房贷（或单位提供免费住宿）""3＝自购房，有房贷""4＝自购房无房贷"，数值越大，住房条件越好。

2. 行为融合

社会行为融合是指流动人口除了在理念上可以和流入地保持一致，在行为上也能够按照流入地的习惯展开个人行为，言行举止向流入地当地人靠拢。人际交往、生活习惯、婚育行为、人文举止、社会参与、困难互助等逐步同化。由于问卷限制，本书主要选择人际交往和困难互助两项二级指标来测度行为融合。

（1）人际交往

人际交往是社会行为的一种重要体现，问卷中涉及的问题为“找工作中，给您提供过帮助的人和您都是什么关系”，在这一个问题的答案选项中，除了家人亲属外，还有邻里、同事和上下级领导，邻里帮助可以反映邻里之间的关系，同事和上下级领导帮助可以反映同事之间的关系，代表了人际交往情况。分析中将这些问题进一步合并，其中“1＝与邻里、工友之间的关系都不好”“2＝与邻里或工友之间的关系较好”“3＝与邻里、工友之间的关系都好”。

（2）困难互助

采用问卷中“您当前或失业前的工作是通过什么途径找到的”作为衡量标准，该问题可以反映出流动人口在流入地的困难互助情况，反映流动人口的行为融合状况，该问题的回答为“1＝单位内招”“2＝职业机构介绍”“3＝经过亲戚介绍”“4＝经过好友同学介绍推荐”“5＝其他关系人介绍”“6＝个人直接申请”“7＝互联网”“8＝人才招聘会”“9＝公开招考”“10＝国家分配/组织调动”“11＝其他”。对这些问题进行合并处理为：“1＝个人直接申请”“2＝其他关系人介绍”“3＝当地人介绍”。

3. 文化融合

文化融合是流动人口对流入地文化的一种了解或认知程度。文化融合体现在两个方面，一是价值观念，如饮食、服饰、婚育、丧葬、节庆、娱乐、礼节、禁忌、健康。由于问卷调查只涉及流动人口的教育观念，所以采用“您认为职业技能培训对您就业的重要程度（C1_ 2）”和“您认为专业技能证书对您就业的重要程度（C1_ 4）”来衡量价值观念，回答项均设置为“1＝很不重要”“2＝不重要”“3＝一般”“4＝比较重要”“5＝很重要”。根据研究需要，本文将两个变量的回答项重新设置为“1＝不重要”“2＝重要”。二是流动人口对流入地语言的了解及掌握情况。采用调查问卷的问题“您掌握目前居住地的方言情况”来测度，回答项设置为“1＝完全听不懂”“2＝部分听得懂但不会讲”“3＝听得懂且可以熟练使用”。

4. 心理融合

心理融合也叫心理认同，它是基于城乡分类的流动人口对自己身份的自我认知和情感归属，包括安全感、心理距离和身份认同。安全感是流动人口在流入地的心理安全或公平感受，所以使用问卷中的问题“您觉得工作压力大吗”和“您觉得生活压力大吗”来表示。根据需要，将这两个问题的回答项重新分类为“1=压力大”“2=压力小”。工作和生活压力越大，说明流动人口在流入地越没有安全感，心理融合越差。心理距离是流动人口与流入地人群的距离感受，采用问卷中的问题“您觉得自己的收入与当地人相比怎么样”，回答项为“1=高一些”“2=差不多”“3=偏低，能接受”“4=太低，不能接受”。根据测量需要，将回答项重新设置为“1=不能接受”“2=能接受”。这一划分赋值表明，数值越大，流动人口与流入地人群的心理距离越小；反之，心理距离越大。身份认同主要包括流动人口在流入地的地位感受等，在问卷中则表现为“您认为在工作中遭受不公平待遇的原因（本地人的偏见）”，回答项为“0=否”“1=是”，根据测量需要，将其设置为“1=是”“2=否”，这一划分赋值表明，数值越大，越表明目的地人群越认同该流动人口，他们的心理融合越好。

表 8-5 社会融合指标与赋值

一级指标	二级指标	赋值	均值
经济融合	就业状况	1=没有签订劳动合同;2=签订了劳动合同	1.77
	工作环境	1=一周工作时间低于或高于 40 小时;2=一周工作时间等于 40 小时	1.30
	职业声望	1=农民;2=工人;3=商业工作人员、服务人员;4=办事人员;5=专业技术人员;6=高级管理者	3.32
	收入水平	1=0~3000 元;2=3000~6000 元;3=6000~9000 元;4=9000 元以上	2.43
	社会保障与福利	1=没有缴纳保险和公积金;2=只缴纳了其中一种;3=缴纳了两种;4=缴纳了三种;5=缴纳了四种;6=缴纳了五种;7=缴纳了六种;8=保险和公积金均有缴纳	4.48
	居住状况	1=租房;2=没有租房也没有房贷(或单位提供免费住宿);3=自购房,有房贷;4=自购房无房贷	1.96

续表

一级指标	二级指标	赋值	均值
行为融合	人际交往	1=与邻里、工友之间的关系都不好;2=与邻里或工友之间的关系较好;3=与邻里、工友之间的关系都好	1.31
	困难互助	1=个人直接申请;2=其他关系人介绍;3=本地人介绍	1.95
文化融合	方言掌握情况	1=完全听不懂;2=部分听得懂但不会讲;3=听得懂且可以熟练使用	2.30
	教育观念-职业技能培训	1=不重要;2=重要	1.94
	教育观念-专业技能证书	1=不重要;2=重要	1.93
心理融合	工作压力	1=工作压力大;2=工作压力小	1.37
	生活压力	1=生活压力大;2=生活压力小	1.24
	与本地人差距	1=不能接受;2=能接受	1.93
	受本地人偏见	1=是;2=否	1.60

（二）流动人口社会融合测度

上述部分对社会融合各个具体指标数据进行了赋值，但由于数据中部分变量的分类标准不同，且其测量水平相差较大，不能直接进行对比和整合。为避免评价结果失真，需要对数据进行 0~1 标准化处理。具体公式如下：

$$ZXi = \frac{Xi - MinXi}{MaxXi - MinXi} \times 100\% \tag{8-1}$$

在对研究中所需的具体指标进行标准化处理后，还需要进一步计算各个指标权重，以进一步加总求和。基于数据的结构和特点，采取主成分分析法判定各个指标的权重。使各个变量赋值与其权重相乘，然后加总求和，得到各个维度的得分（公式 8-2），并分别对经济融合、行为融合、心理融合、文化融合四个维度的得分进行整合，得到社会融合总得分（公式 8-3）。其中，ω_i 表示各指标权重，β_i 表示各个维度得分值，m_i 表示各个变量进行标准化后的数值，D_i 表示社会融合综合得分。

$$\beta_i = \sum_{i=1}^{n} m_i \times \omega_i \quad (8-2)$$

$$D_i = \sum_{i=1}^{n} \beta_i \quad (8-3)$$

分别求出经济融合、行为融合、心理融合、文化融合和社会融合得分均值，大于其得分均值，说明融合程度较高；反之，小于其得分均值，说明融合程度较低。然后对经济融合、行为融合、心理融合、文化融合、社会融合的得分进行赋值，“0=融合程度较低”“1=融合程度较高”。整体来看，流动人口社会总融合度平均为 0.40，不是很理想，其中心理融合度最低，平均为 0.34，经济融合度最高，平均为 0.39，行为融合和文化融合居中，平均融合度分别为 0.38 和 0.36（见表 8-6）。

表 8-6 社会融合度情况

变量名称	变量类型	赋值	均值
经济融合	分类变量	0=融合程度较低;1=融合程度较高	0.39
行为融合	分类变量	0=融合程度较低;1=融合程度较高	0.38
文化融合	分类变量	0=融合程度较低;1=融合程度较高	0.36
心理融合	分类变量	0=融合程度较低;1=融合程度较高	0.34
社会融合	分类变量	0=融合程度较低;1=融合程度较高	0.40

四 社会融合对流动人口再就业行为影响的回归分析

（一）模型构建

流动人口失业后再就业行为选择是由多个因素共同作用的结果，单独考虑某一因素很难理清流动人口再就业行为的影响因素。为此，需要构建包含社会融合和控制变量在内的回归模型来检验流动人口再就业行为影响因素。本部分中的被解释变量为流动人口失业后再就业行为（1=高风险再就业行为，2=低风险再就业行为），是一个二分类变量，因此，本部分选取常用于研究二分类变量问题的二元 Logistic 回归模型，其基本公式如下：

$$P_i = F(Z_i) = F(\alpha + \beta X_i) = \frac{1}{1 + e^{-Zi}} = \frac{1}{1 + e^{-(\alpha+\beta x)}} \tag{8-4}$$

其中，P_i为个体选择某一事件的概率。对式 8-4 作对数变化，得到式 8-5：

$$\log \frac{Pi}{1 - Pi} = Zi = \alpha + \beta Xi \tag{8-5}$$

故本部分的实证模型为表达式 8-6：

$$\log \frac{P(CI = 2)}{1 - P(CI = 2)} = \beta_0 + \beta_1 EI + \beta_2 BF + \beta_3 CF + \beta_4 PF + \beta_5 SI + \beta_6 Zi \tag{8-6}$$

其中，*CI* 为因变量，即流动人口再就业行为选择的风险性。*EI* 为流动人口的经济融合程度，*BF* 为流动人口的行为融合程度，*CF* 为流动人口的文化融合程度，*PF* 为流动人口的心理融合程度，*SI* 为流动人口的社会融合程度，*Z* 为控制变量。因变量反映的是 *OR* 值，即解释变量比例的变化，$P=P(CI=2/X)$ 表示自变量为 *X* 时，$CI=2$ 的概率，$1-P=P(CI=1/X)$ 表示自变量为 *X* 时，$CI=1$ 的概率。

1. 因变量

流动人口再就业行为是被解释变量。根据调查问卷的问题，基于社会效益和个人效益最大化的目标，对每一种再就业行为根据风险的大小和效果的好坏，采用专家打分法进行赋值，分为低风险再就业行为和高风险再就业行为，以检验社会融合是否能够降低流动人口再就业风险。具体的风险等级赋值为："消极就业=1""寻找劳动力市场帮助=2""回乡=3""寻找亲戚朋友帮助=4""寻找政府帮助=5""继续寻找以前同类型工作=6""灵活谋生=7""转移其他城市=8""就地转行=9"。需要说明的是，风险赋值越小，再就业行为风险越高，反之，再就业行为风险越低。因为这些选项没有完全排他性，可以同时多选，对于多选的样本，采用多个选项加总求均值作为衡量其再就业风险等级的标准，对于单选的样本直接采用某一行为的风险等级赋值作为衡量标准。然后根据样本均值，将“最低值至 5.4092”划分为高风险再就业行为，将“5.4092 至最高值”划分为低风险再就业行为，并进行赋值，“低风险再就业行为 = 2”和“高风险再就业行为 = 1”，用此来衡量再就业风险。

2. 自变量

流动人口再就业行为选择受到多种因素影响，包括流动人口个人特征和宏观社会政策、城市化质量等各种因素。由于本书基于社会融合的视角来探讨再就业行为选择问题，所以分析中的核心解释变量设计为社会融合、经济融合、文化融合、行为融合、心理融合。控制变量主要包括流动人口的个人特征，包括流动人口的性别、年龄、受教育程度、婚姻状况、健康状况、户口性质等因素（见表 8-7）。

表 8-7　变量设置与赋值

	变量名称	赋值	均值	标准差
因变量	再就业行为选择	1=高风险再就业行为;2=低风险再就业行为	1.46	0.29
自变量	经济融合	1=融合程度较低;2=融合程度较高	1.39	0.39
	行为融合	1=融合程度较低;2=融合程度较高	1.38	0.38
	文化融合	1=融合程度较低;2=融合程度较高	1.36	0.36
	心理融合	1=融合程度较低;2=融合程度较高	1.34	0.34
	社会融合	1=融合程度较低;2=融合程度较高	1.40	0.40
控制变量	性别	1=男;2=女	1.52	0.50
	年龄	1=16~30 岁;2=31 岁及以上	1.62	0.77
	受教育程度	1=高中及以下;2=大学专科及以上	1.33	0.47
	婚姻状况	1=未婚;2=已婚	1.63	0.55
	健康状况	1=不健康;2=健康	1.68	0.56
	户口性质	1=农业户口;2=非农业户口	1.49	0.50

（二）模型检验结果分析

采用逐步回归方法进行检验，第一步单独检验在不加入空变量的条件下，核心解释变量对再就业行为是否具有显著影响（模型 1、模型 2）。第二步将所有可能对再就业行为选择有影响的自变量和控制变量都带入模型进行显著性检验（模型 3、模型 4），具体的模型估计结果见表 8-8。从回归结果可知，经济融合、行为融合、心理融合、文化融合与社会融合对流动人口失业后的再就业行为风险有显著的负向影响，即社会融合程度越高，流动人口失业后越倾向于选择低风险再就业行为。具体分析如下。

表 8-8　社会融合与再就业行为选择的二元 Logistic 回归分析

解释变量	模型 1		模型 2		模型 3		模型 4	
	coef	OR 值	coef	OR 值	coef	OR 值	coef	OR 值
社会融合			0.804*** (0.065)	2.234			0.808*** (0.065)	2.243
经济融合	0.522*** (0.075)	1.685			0.524*** (0.075)	1.689		
行为融合	0.179** (0.072)	1.196			0.178** (0.072)	1.195		
文化融合	0.222*** (0.069)	1.248			0.223*** (0.069)	1.25		
心理融合	0.911*** (0.07)	2.487			0.908*** (0.07)	2.479		
性别					-0.017 (0.063)	0.983	-0.003 (0.062)	0.997
年龄					-0.304**	0.738	-0.288**	0.75
受教育程度					-0.156** (0.072)	0.856	-0.142** (0.071)	0.868
婚姻状况					0.026 (0.077)	1.026	0.021 (0.076)	1.021
健康状况					0.327** (0.144)	1.387	0.332** (0.143)	1.394
户口性质					0.005 (0.065)	1.006	-0.002 (0.064)	0.998
常量	-0.694*** (0.047)		-0.429*** (0.037)		0.072 (0.338)		0.454 (0.33)	

续表

解释变量	模型 1		模型 2		模型 3		模型 4	
	coef	OR 值	coef	OR 值	coef	OR 值	coef	OR 值
样本量	2135		2135		2135		2135	
Prob>chi^2	0.000		0.000		0.000		0.000	
Pseudo R2	0.091		0.058		0.107		0.088	

注：*** 表示 P<0.01，** 表示 P<0.05，* 表示 P<0.1，括号内数据为标准误，OR 值 = EXP（回归系数），表示流动人口再就业方式选择的可能性。

在未加入控制变量的前提下（模型 1 和模型 2），社会融合程度高的流动人口选择低风险再就业行为的概率是社会融合程度低者的 2.234 倍。同时，经济融合程度高、行为融合程度高、文化融合程度高、心理融合程度高的流动人口选择低风险再就业行为的概率分别是经济融合程度低、行为融合程度低、文化融合程度低、心理融合程度低者的 1.685 倍、1.196 倍、1.248 倍和 2.487 倍。

加入性别、年龄、受教育程度、婚姻状况、健康状况和户口性质等控制变量后，社会融合，包括经济融合、行为融合、文化融合、心理融合仍然显著影响流动人口再就业方式，且系数大小和符号均无明显变化（模型 3 和模型 4）。社会融合是影响流动人口再就业方式的关键因素。社会融合与流动人口再就业方式呈正向关系，且在模型 2 和模型 4 中均通过了显著性检验，这就表明，在其他条件不变的情况下，社会融合程度越高，越能够促使流动人口选择低风险再就业行为，且社会融合程度高的流动人口选择低风险再就业行为的概率是社会融合程度低的流动人口的 2.243 倍。这是因为，流动人口与流入地的社会融合程度较好，流动人口的就业质量相对较高，对流入地的归属感也相对较强，一旦出现失业的情况，这一部分流动人口会利用工作经验、人际交往、知识和技能等寻找更高质量的就业机会，从而规避再就业风险。

经济融合是社会融合的重要组成部分，也是影响流动人口再就业行为的重要因素。经济融合与流动人口低风险再就业行为呈正向关系，且在模型 1

和模型 3 中均通过了显著性检验，这就表明，在其他条件不变的情况下，经济融合程度越高，越能够促使流动人口选择低风险再就业行为，且经济融合程度高的流动人口选择低风险再就业行为的概率是经济融合程度低的流动人口的 1. 689 倍。这是因为，流动人口与流入地主流社会经济融合程度较好时，增大了其失业后选择就地转行、继续寻找以前同类型工作等行为的可能性，也使他们的再就业行为选择更加多元化，风险更低。

行为融合是社会融合的重要组成部分，也是影响流动人口再就业行为的重要因素之一。行为融合与流动人口低风险再就业行为呈正向关系，且在模型 1 和模型 3 中均通过了显著性检验，这就表明，在其他条件不变的情况下，行为融合程度越高，流动人口越容易选择低风险再就业行为，且行为融合程度高的流动人口选择低风险再就业行为的概率是行为融合程度低的流动人口的 1. 195 倍。这是因为，如果流动人口与流入地主流行为融合程度较好，表明其人际交往等关系较好，一旦出现失业，流动人口就可以选择寻找本地或者其他关系人寻找工作，帮助他们降低再就业行为选择的风险。

文化融合是社会融合的重要组成部分，也是流动人口再就业行为的影响因素之一。文化融合与流动人口低风险再就业行为呈正向关系，且在模型 1 和模型 3 中均通过了显著性检验，这就表明，在其他条件不变的情况下，文化融合程度越高，流动人口越容易选择低风险再就业行为，且文化融合程度高的流动人口选择低风险再就业行为的概率是文化融合程度低的流动人口的 1. 25 倍。这是因为，流动人口与流入地主流文化融合程度较高，表明其方言掌握能力较好、知识储备更充足，技能水平也相对更高，一旦出现失业，这一部分流动人口相比文化融合程度低的流动人口能够在寻找合适的工作中更加理性，考虑更全面，以促进其快速高质量再就业，降低再就业行为选择风险。

心理融合也是流动人口再就业行为选择的重要影响因素。心理融合与流动人口低风险再就业行为呈正向关系，且在模型 1 和模型 3 中均通过了显著性检验，这就表明，在其他条件不变的情况下，心理融合程度越高，流动人口越容易选择低风险再就业行为，且心理融合程度高的流动人口选择低风险再就业行为的概率是心理融合程度低的流动人口的 2. 479 倍。这是因为，流动人口与流入地心理融合程度越高，表明流动人口与流入地主流群体在生活、工作等方面适配度越高，流动人口在流入地的安全感更强，心理距离更小，本地居民也更加认同该部分流动人口，这让流动人口选择再就业行为更加理性，更有能力快速实现再就业，进而降低再就业行为选择风险。

（三）控制变量对流动人口再就业行为选择的影响

从控制变量的估计结果来看，得到如下结论：男性流动人口、已婚流动人口和农业户口流动人口更倾向于选择低风险再就业行为，但差异并不是很大。就年龄而言，模型 3 和模型 4 结果均表明年龄越小的流动人口，在失业后越倾向于选择低风险再就业方式。年轻流动人口由于没有婚姻、家庭的束缚，且学历相对较高，他们更能积极工作，以提高自己的经济地位和在流入地的归属感；而随着年龄的增加，到了中年，工作挑剔和追求发生了变动，寻找高质量就业岗位的概率增大，从而失业风险增大。进入老年以后，体力智力衰退、放平心态生活，回乡成为他们再就业行为的主要选择，选择高风险再就业行为的概率也逐渐增大。拥有中学及以下学历的流动人口失业后更倾向于选择低风险再就业行为。受教育程度越低，他们就越希望在流入地有一份相对稳定的工作，以保证其经济来源，提高他们在流入地的安全感，缩小其与流入地主流群体的心理距离，失业后选择低风险再就业行的可能性也就越大。健康状况越好，流动人口越倾向于选择低风险再就业行为。“身体是革命的本钱”，流动人口拥有一个健康的身体，会给他们的工作带来便利，使得他们在流入地更快找到工作，获得相较于不健康流动人口更高的收入，因而健康的流动人口在失业后更倾向于选择低风险再就业行为。

（四）稳定性检验

回归模型中虽然考虑到流动人口个人特征，但也有可能遗漏某些重要变量而导致模型产生内生性问题，因此，需要对回归结果进行稳健性检验。关于稳健性检验，采取替换模型的办法进行检验，即 Probit 回归替换二元 Logistic 回归，同时，采用分样本回归法进行稳定性检验与相关分析。

1. Probit 模型回归结果

表 8-9 比较了二元 Logistic 模型和 Probit 模型的回归结果，通过结果可以看出，在二元 Logistic 模型中，模型 1 的 R^2 为 5.03%，LR chi2 统计量为 308.70，P-value = 0.000 < 0.05；模型 2 的 R^2 为 2.84%，LR chi2 统计量为 173.87，P-value = 0.000 < 0.05，因此，两个模型整体是显著的。在 Probit 模型中，模型 3 的 R^2 为 5.03%，LR chi2 统计量为 308.49，P-value = 0.000 < 0.05；模型 4 的 R^2 为 2.84%，LR chi2 统计量为 174.02，P-value = 0.000 < 0.05，模型整体也是显著的。通过表 8-9 中模型 1、模型 2 和模型 3、模型 4 的比较可以看出，两种模型的估计系数值虽然存在一定的差异，但二者回

表 8-9　Logistic 模型和 Probit 模型回归结果比较

变量	Logistic 模型		Probit 模型	
	模型 1	模型 2	模型 3	模型 4
社会融合(全样本)		0.808 *** (0.065)		0.503 *** (0.041)
经济融合	0.524 *** (0.075)		0.317 *** (0.046)	
行为融合	0.178 ** (0.072)		0.117 *** (0.044)	
文化融合	0.223 *** (0.069)		0.136 *** (0.043)	
心理融合	0.908 *** (0.07)		0.561 *** (0.043)	
控制变量	已控制	已控制	已控制	已控制
常数项	0.072 ** (0.338)	0.454 ** (0.33)	0.182 ** (0.198)	0.414 ** (0.191)
样本量	2135	2135	2135	2135
Prob>chi^2	0.000	0.000	0.000	0.000
Pseudo R^2	0.0503	0.0284	0.0503	0.0284

注：*** 表示 P<0.01，** 表示 P<0.05，* 表示 P<0.1，变量检验结果为回归系数，括号内数据为标准误。

归系数的符号一致，且二元 Logistic 模型和 Probit 模型回归结果中社会融合，包括经济融合、行为融合、文化融合和心理融合四个变量都显著，由此可见，两个模型之间是等价的，因此，该研究结论具有一定的稳定性。

2. 群体差异性分析

考虑到流动人口内部存在差异，社会融合对流动人口再就业行为影响也可能存在异质性，即社会融合对流动人口再就业行为的影响存在群体差异性。为此，进一步采取二元 Logistic 回归模型，分析比较在不同性别、婚姻状况、健康状况和户口性质的差异视角下，社会融合对流动人口再就业行为的影响有什么不同。

表 8-10 的结果显示，男性和女性流动人口的经济融合、文化融合、心理融合对其选择低风险再就业行为均具有显著正向影响，估计系数、OR 值

表 8-10　社会融合对流动人口再就业行为影响的回归结果（分性别）

变量名称	男性流动人口				女性流动人口			
	模型 1		模型 2		模型 3		模型 4	
	coef	OR	coef	OR	coef	OR	coef	OR
社会融合			0.813*** (0.093)	2.255			0.78*** (0.093)	2.183
经济融合	0.545*** (0.109)	1.724			0.481*** (0.105)	1.618		
行为融合	-0.019 (0.104)	0.982			0.336*** (0.101)	1.400		
文化融合	0.201* (0.097)	1.222			0.242** (0.099)	1.274		
心理融合	1.04*** (0.102)	2.83			0.771*** (0.098)	2.163		
控制变量	已控制		已控制		已控制		已控制	
常量	1.007** (0.464)		1.544*** (0.457)		-0.684 (0.425)		0.431 (0.417)	
N	1025		1025		1110		1110	
Pseudo R2	0.108		0.066		0.088		0.053	

注：*** 表示 P<0.01，** 表示 P<0.05，* 表示 P<0.1，括号内数据为标准误。

和符号并无显著差异。具体来看，社会融合、经济融合和心理融合对男性选择低风险再就业行为的影响程度明显大于女性；而文化融合对女性选择低风险再就业行为的影响程度大于男性。需要关注的是行为融合对于女性流动人口选择低风险再就业行为有显著的正向影响，对男性流动人口选择低风险再就业行为没有显著影响。

表 8-11 的结果显示，经济融合、文化融合、心理融合对未婚和已婚流动人口选择低风险再就业行为的影响均显著为正。具体来看，社会融合对未婚流动人口选择低风险再就业行为的影响程度大于已婚流动人口。需要说明的是，行为融合对已婚流动人口选择低风险再就业行为的影响显著为正，而对未婚流动人口选择低风险再就业行为没有显著影响，表明行为融合程度越高，已婚流动人口凭着自身规避风险的能力和较为现代化的就业观念优势，失业后越倾向于选择低风险再就业行为。

表 8-11 社会融合对流动人口再就业行为影响的回归结果（分婚姻状况）

变量	未婚流动人口				已婚流动人口			
	模型 1		模型 2		模型 3		模型 4	
	coef	OR	coef	OR	coef	OR	coef	OR
社会融合			0. 967*** (0. 11)	2. 63			0. 706*** (0. 082)	2. 026
经济融合	0. 757*** (0. 128)	2. 133			0. 400*** (0. 094)	1. 618		
行为融合	0. 116 (0. 12)	1. 123			0. 187** (0. 09)	1. 4		
文化融合	0. 283* (0. 115)	1. 327			0. 202** (0. 087)	1. 274		
心理融合	1. 006*** (0. 119)	2. 736			0. 875*** (0. 088)	2. 163		
控制变量	已控制		已控制		已控制		已控制	
常量	-0. 049 (0. 344)		0. 445 (0. 331)		-0. 463*** (0. 142)		-0. 241* (0. 137)	
N	726		726		1409		1409	
Pseudo R^2	0. 132		0. 089		0. 077		0. 038	

注：*** 表示 P<0. 01，** 表示 P<0. 05，* 表示 P<0. 1，括号内数据为标准误。

表 8-12 的结果显示，经济融合、心理融合对不健康和健康流动人口选择低风险再就业行为的影响均显著为正。具体来看，社会融合对不健康流动人口选择低风险再就业行为的影响程度大于健康流动人口。进一步分析发现，行为融合和文化融合对健康流动人口选择低风险再就业行为的影响显著为正，而对不健康流动人口选择低风险再就业行为的影响不显著，表明行为融合和文化融合与健康程度紧密相关，行为融合和文化融合程度越高，健康流动人口规避风险能力越强，失业后越倾向于选择低风险再就业行为。

表 8-12　社会融合对流动人口再就业行为影响的回归结果（分健康状况）

变量	不健康流动人口				健康流动人口			
	模型 1		模型 2		模型 3		模型 4	
	coef	OR	coef	OR	coef	OR	coef	OR
社会融合			0.819*** (0.132)	2.269			0.791*** (0.076)	2.205
经济融合	0.412*** (0.156)	1.511			0.546*** (0.086)	1.726		
行为融合	0.232 (0.151)	1.262			0.141** (0.082)	1.152		
文化融合	0.182 (0.137)	1.2			0.249*** (0.08)	1.283		
心理融合	1.202*** (0.139)	3.326			0.817*** (0.082)	2.263		
控制变量	已控制		已控制		已控制		已控制	
常量	-0.316 (0.493)		0.15 (0.467)		0.838* (0.466)		1.237*** (0.463)	
N	321		321		1814		1814	
Pseudo R^2	0.13		0.058		0.083		0.054	

注：*** 表示 P<0.01，** 表示 P<0.05，* 表示 P<0.1，括号内数据为标准误。

表 8-13 的结果显示，经济融合、行为融合、文化融合和心理融合对农业户口和非农业户口的流动人口选择低风险再就业行为的影响均显著为正，且无较大差异。具体来看，对非农业户籍流动人口选择低风险再就业行为的

影响程度大于农业户籍流动人口。进一步分析发现，文化融合对非农业户籍流动人口选择低风险再就业行为的影响程度远大于农业户籍流动人口；而行为融合对非农业户籍流动人口选择低风险再就业行为的影响相比于农业户籍流动人口更加显著。

表 8-13 社会融合对流动人口再就业行为影响的回归结果（分户口性质）

变量	农业户口流动人口				非农业户口流动人口			
	模型 1		模型 2		模型 3		模型 4	
	coef	OR	coef	OR	coef	OR	coef	OR
社会融合			0.773*** (0.088)	2.167			0.849*** (0.098)	2.337
经济融合	0.414*** (0.102)	1.513			0.652*** (0.113)	1.92		
行为融合	0.163* (0.097)	1.177			0.180** (0.107)	1.198		
文化融合	0.193** (0.093)	1.213			0.274*** (0.103)	1.315		
心理融合	0.888*** (0.094)	2.431			0.943*** (0.106)	2.567		
控制变量	已控制		已控制		已控制		已控制	
常量	0.643* (0.389)		1.016*** (0.381)		-0.666 (0.612)		-0.345 (0.604)	
N	1089		1089		1046		1046	
Pseudo R^2	0.088		0.055		0.099		0.053	

注：*** 表示 P<0.01，** 表示 P<0.05，* 表示 P<0.1，括号内数据为标准误。

（五）作用机制分析

为探究社会融合是否会通过改变流动人口就业观念、提升其规避风险能力进而对其选择低风险再就业行为产生间接影响。因为职业流动和职业地位，在一定程度上反映了流动人口的就业期望、职业规划和人生理想。传统的就业观念，会使流动人口故步自封，在低端岗位徘徊不前，或者回乡务农，而现代化的就业观念会使流动人口积极提升自身就业质量，实现职业流动。为此，分析中选择问卷中的问题“您当前或失业前的主要职业”表示就业观念。同时，由于个人风险感知，能够在一定程度上反映出流动人口风险规避能力，一般个人风险感知越大，其风险规避能力越弱，故此，采用问卷中“您认为您的失业发生风险怎么样”表示流动人口规避风险能力作为中介变量，检验结果如表 8-14 所示。

表 8-14　Bootstrao 间接效应检验（N=610）

中介模型效应		系数	Bootstrap 标准误	95%置信区间	检验结果
社会融合→就业观念→低风险再就业行为	总效应	0.1971***	0.0147	[0.1683,0.2258]	显著
	直接效应	0.1969***	0.0147	[0.1681,0.2257]	显著
	间接效应	0.0002***	0.0004	[0.0007,0.0024]	显著
社会融合→规避风险能力→低风险再就业行为	总效应	0.1971***	0.0153	[0.1671,0.2271]	显著
	直接效应	0.1970***	0.0153	[0.1670,0.2271]	显著
	间接效应	0.0001***	0.0003	[0.0005,0.0017]	显著

注：检验过程中均包含表 8-7 中的所有控制变量。

由表 8-14 可以看出，流动人口就业观念在社会融合对流动人口选择低风险再就业行为的影响中发挥着中介作用。社会融合对流动人口选择低风险再就业行为的直接影响效应为 0.1969，就业观念对流动人口选择低风险再就业行为的间接影响效应为 0.0002，总效应为 0.1971。社会融合对流动人口选择低风险再就业行为的总影响效应、直接影响效应、间接影响效应的置信区间均不包括 0，进一步证明，就业观念在社会融合对流动人口选择低风险再就业行为的影响中的中介效应具有统计学意义，且进一步证实了就业观念在社会融合对流动人口选择低风险再就业行为的影响中起到了正向作用，即控制了就业观念这一中介变量后，社会融合程度越高，流动人口越倾向于选择低风险再就业行为。

同理，规避风险能力对流动人口选择低风险再就业行为的间接影响效应为 0.0001，且显著。社会融合、规避风险能力对流动人口选择低风险再就业行为的总影响效应、直接影响效应、间接影响效应的置信区间均不包括

0，进一步证明，规避风险能力在社会融合对流动人口选择低风险再就业行为的影响中的中介效应具有统计学意义。这也进一步证实了规避风险能力在社会融合对流动人口选择低风险再就业行为的影响中起到了正向作用，即控制了规避风险能力这一中介变量后，社会融合程度越高，流动人口越倾向于选择低风险再就业行为。

（六）研究结论

社会融合对流动人口再就业行为选择的影响是巨大的，社会融合程度提高不仅能够改变流动人口传统的就业观念，实现就业方式多元化、现代化，还能够提升流动人口失业后规避再就业行为选择风险的能力。研究中基于流动人口失业调查数据，利用二元 Logistic 回归模型分析了社会融合对流动人口再就业行为选择的影响，并通过分样本回归进行了检验，保证了结论的可靠性。主要结论如下。

总体上，社会融合对流动人口选择低风险再就业行为具有正向影响，表明社会融合程度越高，流动人口选择低风险再就业行为的概率越大。具体来看，经济融合、行为融合、文化融合、文化融合对流动人口选择低风险再就业行为均具有显著正向影响。其中经济融合、心理融合对流动人口选择低风险再就业行为的影响程度较大。文化融合、行为融合对流动人口选择低风险再就业行为的影响程度较小。因此，在提高流动人口社会融合程度时，应该重点关注经济融合和心理融合，缓解其心理压力，帮助他们摆正心态，改变传统就业观念，积极选择低风险再就业行为。

研究结果还表明，除性别、婚姻状况和户口性质外，流动人口年龄、受教育程度、健康状况等因素均对其选择低风险再就业行为具有显著影响。这表明，降低流动人口再就业行为选择的风险不仅要提高其文化素质、身体素质，还应尊重流动人口的个体特征差异以及其城乡流动规律。

社会融合对流动人口选择低风险再就业行为的影响存在群体差异性。就业观念和规避风险能力在社会融合对流动人口选择低风险再就业行为的影响中发挥着显著的中介作用。社会融合能够改变流动人口传统的就业方式、就业观念，提升其规避就业选择风险的能力，促进其就业行为向现代化转变，进而降低了其再就业行为选择风险，促进了城镇化高质量发展。

为此提出以下政策建议。

第一，提高流动人口与流入地行为融合程度。鼓励社会组织进入流动人口社区。鼓励流动人口积极参与社区、企业单位、社会组织等社会交往活动，加强与邻里、工友交流，与其保持良好互动和联系，维持良好的邻里关系和工友关系。强化其多方面的正当社会关系，包括与政府再就业服务部门、当地劳动力市场等之间的联系。促进流动人口行为融合，以确保其失业后，可以快速寻找到下一份工作，降低再就业行为选择的社会风险。

第二，提高流动人口与流入地文化融合程度。鼓励流动人口提高自身整体素质和水平。积极参与职业技能培训，提高自身技能水平。此外，还应该注重进一步提高流动人口的学历水平，现行提高学历水平的方式多种多样，包括参加成人高考、函授、在职研究生等，不断与市场需求贴合，确保在失业后，可以快速寻找到下一份工作，降低再就业行为选择的社会风险。

第三，引导流动人口树立正确的就业观。树立正确的就业观是顺利就业或再就业的关键，也是降低流动人口再就业行为选择社会风险的关键，包括正确的自我评价和恰当的职业评价。流动人口走向就业市场，做出正确的自我评价和恰当的职业评价可以进一步增强流动人口在流入地的就业稳定性，以增强其在流入地的安全感和归属感。此外，流动人口还应该调整自己的心理状态，降低工作、生活、心理压力，失业后更应积极面对工作和生活。

第九章 流动人口就业服务需求与政策供给

2021年3月5日召开的第十三届全国人民代表大会第四次会议上，国务院总理李克强在政府工作报告中提出“支持和规范发展新就业形态，继续对灵活就业人员给予社保补贴，推动放开在就业地参加社会保险的户籍限制，促进失业人员再就业”，“实施提升就业服务质量工程”，“运用就业专项补助等资金，支持各类劳动力市场、人才市场、零工市场建设，广开就业门路，为有意愿有能力的人创造更多公平就业机会”。灵活就业是流动人口就业的主要方式，探索流动人口失业保障政策是增加就业机会、提升群众收入的重要举措。我国流动人口规模庞大且失业风险普遍较高，流动人口在流入地属于弱势群体，应对各种社会风险的能力低，生产与生活条件差，社会融合进度慢。因此，如何通过提供就业服务以促进流动人口就业、失业预防和失业救助政策完善，已经成为我国当前和未来必须面对和解决的重要民生问题，失业流动人口再就业及其服务需求问题必须摆在最突出的位置上。本章主要探讨失业流动人口的群体特征、就业服务需求、群体差异和影响因素，并对就业服务供给和失业预防作用进行了探讨，为失业保障政策的制定和完善提供参考依据。

一 就业服务的界定

就业服务供给始于20世纪的英国，20世纪初英国首创的国家职业介绍所，被认为是世界上最早的公共就业服务雏形。1919 年国际劳工组织成员国家开始建立公共就业服务体系[①]，1970 年经济合作与发展组织（OECD）指出保障劳动力市场运转正常的唯一工具便是公共就业服务。1996 年，欧洲联盟理事会再次强调，公共职业服务在解决劳动力市场的结构性问题方面起着重要作用。

就业服务的类型包括公益性就业服务和非公益性就业服务两种。茨韦费尔（P. Zweifel）和扎博罗夫斯基（C. Zaborowski）比较了公益性和非公益性就业服务效果，指出任意一方离开另一方都会产生社会冲突，而公私合作关系才是就业服务体系的适当方式。[②] 通常认为公共就业服务机构与私人就业服务机构存在四种伙伴关系：合作、互补、竞争、交易。皮埃尔（K. Pierre）指出，应促进公共职业服务供应的多样化，促进公共就业服务的社会化生产，并促进供给的民主化和合作性改善。[③]

在全球范围内，公共就业服务是政府实施积极劳动力市场政策的中心，但是具体政策因国家而异。对瑞典就业政策和就业服务的研究发现该国很早就建立了就业能力测试体系，对失业者进行职业指导，并提供免费职业培训、培训替工和预备工制度、雇用津贴、创业津贴、迁居补贴等就业服务。[④] 美国公共职业服务的主要计划包括制订个人就业计划，提供最新的劳动力市场信息、就业介绍、就业培训、雇主招募援助、就业补偿以及提供医疗服务。在欧美等发达国家，公共就业服务中个体化服务、一站式管理和自助服务的实践已经成熟，并在促进就业方面发挥着重要作用。

概括已有文献，流动人口就业政策是指国家、政党、相关机构等在一定

---

① 马树才、张华新：《公共就业服务体系效率研究》，《商业经济与管理》2009 年第 4 期，第 60~65 页。

② P. Zweifel and C. Zaborowski, "Employment Service: Public or Private," *Public Choice*, 1996 (89): 1-2.

③ Pierre Koning, "The Effectiveness of Public Employment Service Workers in the Netherlands," *Empirical Economics*, 2009 (2): 21-33.

④ 张立凡、李东：《用灰关联方法分析辽宁省的再就业问题》，《商业时代》2005 年第 14 期，第 76~77 页。

时期采取的涉及流动人口培养、引进、使用、管理等活动的系列法规、措施、条例、办法的总称。同时，流动人口就业政策的研究受到学术界的高度关注。就业服务是特定机构通过提供职业指导、创业指导、职业介绍、职业培训等多种方式的服务，从而满足劳动者和用工单位的需求。就业服务不仅帮助劳动者寻找到合适工作岗位，同时也为单位寻找满足用工需求的劳动者，提高求职者与岗位的匹配度。就业服务在促进劳动者就业，保障劳动力市场供需平衡以及健康平稳发展中发挥重要作用。在市场经济条件下，劳动力服务市场、民办培训机构、民办职业介绍所等服务机构涌现，政府部门应加强日常监管，促进服务机构有序健康发展，有助于提升服务质量和水平。

一般而言，就业服务主要包含两个方面的目的：一是满足劳动者就业需求，二是满足招工单位的用人需求。程青青考虑了提升劳动者就业能力的就业服务，认为就业服务是一种促使劳动者实现就业，由特定机构或部门提供相应的服务。[①] 王惠惠认为就业服务是特定机构为劳动者以及用人单位提供相关服务以满足劳动者就业以及招工单位用人需求的项目。[②] 2017 年 3 月《公共就业服务术语》中规定了公共就业服务的概念，公共就业服务是指通过提供公益性服务措施，以满足劳动者就业或者用人单位招用人员需求为目的的行为。[③] 公共就业服务和就业服务不同点在于公共就业服务更强调其公益性，即实现社会效益最大化，就业服务则不强调公益性，提供服务的主体既可以是公益性的也可以是收取费用的。

参考相关文献，本部分将就业服务界定为：就业服务是政府或特定机构为劳动者和用人单位提供相应的服务以满足劳动者就业和用人单位招工需求，就业服务体系包含职业指导与信息咨询、职业介绍与培训、就业保障、失业预防等其他相关的服务。

---

① 程青青：《返乡农民工再就业服务体系研究》，济南大学硕士学位论文，2017，第 13~16 页。

② 王惠惠：《淄博市就业困难人员公共就业服务问题及对策研究》，山东大学硕士学位论文，2020，第 19~21 页。

③ 中华人民共和国国家质量监督检验检疫总局、中国国家标准化管理委员会：《公共就业服务术语》，中国标准出版社，2017，第 2~5 页。

二　流动人口就业服务的重要性

关于流动人口就业服务需求的研究主要集中在劳动权益保障、就业培训和就业公平方面。

（一）流动人口劳动权益保障有待完善

针对 1920 年美国城市的移民现象，帕克（O. Parker）就曾提出“边缘人”的概念，指出边缘人是处在两种文化两个社会边缘的人群，他们构成了城市的主要移民群体。[①] 从歧视理论的角度来看，歧视是指拒绝给予特定群体平等获得社会报酬和机会的行为。安东诺维斯基（A. Antonovsky）认为歧视是一种排斥某个外群体种族或文化的制度过程，又表现为位于从属地位群体的成员在一定社会结构中产生有差异的及负面的态度认知。[②] 吴珊珊等将农民工与城市本地户籍职工比较研究发现，控制人力资本、就业等相关因素后，户籍身份仍对就业和收入有显著负作用，这是对农民工的就业歧视。[③] 流动人口在就业权益方面落后于本年龄段的城市务工人员，流动人口的权益受到侵害的问题主要存在内因和外因两个方面：内因是流动人口缺乏自身维权意识，文化素质水平较低；外因是二元户籍制度，相关立法不完善，劳动执法不严格，司法环境宽松等。[④] 许多流动人口进入城市后，不适应城市，城市也不适应流动人口[⑤]，

① Owen Parker, “Commercializing Citizenship in Crisis EU: The Case of Immigrant Investor Programmes,” *Journal of Common Market Studies*, 2017 (2): 33-39.

② A. Antonovsky, “Implications of Socio-economic Differentials in Mortality for the Health System,” *Population Bulletin*, 1980 (13): 25-31.

③ 吴珊珊、孟凡强：《农民工歧视与反歧视问题研究进展》，《经济学动态》2019 年第 4 期，第 99~111 页。

④ 黄晓燕：《劳动力流动模式对就业权益保障的影响——基于八个城市的实证分析》，《南开学报》（哲学社会科学版）2014 年第 4 期，第 125~135 页。

⑤ 许世存：《城市适应对流动人口主观幸福感的影响分析——以黑龙江省为例》，《人口学刊》2015 年第 4 期，第 36~47 页。

生活没有保障、风俗习惯得不到尊重、子女教育受到限制、就业问题十分严峻[①]。

（二）流动人口参加就业培训的比例仍较低

近年来，中国劳动力市场上人力资本回报率不断提高，就业培训是提高流动人口人力资本的重要渠道，然而在流入地，却存在着流动人口培训选择性问题[②]，企业更愿意将职业培训的机会给市民员工。陈浩等人对2006~2007年武汉市部分流动人口参加就业培训情况进行了调查，发现由于费用太高，流动人口往往选择不参加培训，该调查结果还反映出一个问题：政府有关部门缺乏对流动人口在职业技能培训选择方面的指导，企业员工的人力资本存量（受教育程度）越高，则被挑选参加培训的可能性越高。[③] 由于流动人口缺少就业培训，其就业能力难以提升，失业风险增大。目前，对流动人口就业培训存在的不足主要包括相关宣传跟不上、信任危机、培训制度体系不够完善、资金扶持力度不够、企业偏见等。[④] 农民工就业歧视可以概括为两方面，一方面表现为就业前的制度性歧视以及人力资本投资的歧视，另一方面表现为就业后的工资、就业机会、社会保障以及福利待遇方面的歧视。冯虹和叶迎指出，有些地方政府在就业优惠政策方面区别对待城市本地务工人员和农民工，对于城市本地务工人员会提供充分的就业信息推送和就业优惠政策，而对于农民工不仅没有这方面的政策支持，还出现用工歧视、就业和培训收费的现象，使得流动人口进入劳动力市场的成本增加。[⑤]

---

① 梁土坤：《适应转化：新生代流动人口定居意愿的实证研究及其政策意涵》，《中国人口·资源与环境》2017年第2期，第151~159页。

② 戴凤燕、田艳芳：《企业培训的学历选择性及收益估计：以北京市流动劳动力为例》，《教育与经济》2016年第5期，第36~43页。

③ 陈浩、杨晓军：《农民工就业培训调查分析》，《人口学刊》2009年第2期，第27~32页。

④ 李玉霞：《流动人口就业培训管理中存在的问题》，《人力资源》2019年第8期，第57页。

⑤ 冯虹、叶迎：《完善社会正义原则实现农民工就业待遇公平》，《管理世界》2009年第8期，第173~175页。

（三）流动人口失业预防措施有待加强

失业风险预防是我国就业保障体系的首要环节，在如今严峻的就业形势之下，做好失业预防工作可以将失业风险控制在失业发生之前，可以有效控制失业大面积蔓延。[①] 吕学静等认为，目前我国就业形势较为严峻，降低失业率必须从促进就业和预防失业两方面入手，并且不得不重视失业保险制度对失业预防的作用。[②] 颜少君认为我国一直以来对失业人员的基本生活保障过分关注，忽视了促进就业和失业预防等方面的就业服务，因此对于社会保障制度需要突出其失业预防作用。[③] 在流动人口中，新成长劳动力群体占比较大，失业保险参保率低，失业预防、生活保障难以覆盖全部流动人口。王伯安等人研究了我国现阶段失业保险制度在预防失业方面存在的问题，如稳定就业岗位和预防失业时间较短、力度小、覆盖面窄等，认为对于失业保险制度存在的问题应该通过完善失业保险制度推动预防失业工作，进一步扩大预防失业工作的对象[④]。由于流动人口中灵活就业比例较高，而灵活就业人员失业保障仍是失业保险制度的主要空白点。党的十九届五中全会明确提出"完善灵活就业人员社保制度"，《失业保险条例》修订工作仍在推进中。针对流动人口等灵活就业特征突出的重点群体，分类施策，为至少2亿灵活就业者敞开失业保险参保大门，参保后还可享受预防失业、促进就业等政策保障。

（四）贯彻落实国家法律法规的内在要求

在中国法律层面对流动人口就业以及就业服务皆有一定的规定。《宪

① 朱莉莉：《国内失业预防问题研究历程与文献评述》，《北京劳动保障职业学院学报》2018年第2期，第21~27页。

② 吕学静、陈蕊：《农民工就业与就业促进问题实证研究——以北京市为例》，《人口与经济》2007年第4期，第36~39页。

③ 颜少君：《社会保障制度的完善与劳动者权益保护》，《中国劳动关系学院学报》2011年第4期，第20~24页。

④ 王伯安、张景增、王跃：《社会保障对预防失业、促进就业的影响及对策建议》，《中国商论》2017年第10期，第155~156页。

法》是我国的根本大法，其他一切法律皆以《宪法》为依据制定，不得与之相抵触。我国《宪法》第四十二条第二款规定："国家通过各种途径，创造劳动就业条件，加强劳动保护，改善劳动条件，并在发展生产的基础上，提高劳动报酬和福利待遇。"该条第四款也有规定，"国家对就业前的公民进行必要的劳动就业训练"。这说明只要是中华人民共和国公民，政府就有义务为其提供相应的就业服务，他们均享有从国家和政府获得就业服务的权利。因此，此规定可以作为流动人口获得就业服务的一个宪法性权利，也是制定其他相关法律法规的宪法依据。并且，《劳动法》第三条第一款："劳动者享有平等就业和选择职业的权利、取得劳动报酬的权利、休息休假的权利、获得劳动安全卫生保护的权利、接受职业技能培训的权利、享受社会保险和福利的权利、提请劳动争议处理的权利以及法律规定的其他劳动权利。"从该条款可知，首先，只要是符合《劳动法》调整范围的一切劳动者都拥有平等就业和接受就业服务的权利，而不管是否属于农民工或其他的劳动者。其次，《就业促进法》也和《劳动合同法》一样，对我国的就业服务及进城务工的农民工就业服务权提供了切实有效的法律支撑。该法第二十八条规定："各族劳动者享有平等的劳动权利。"尤其是该法第三十一条规定："农村劳动者进城就业享有与城镇劳动者平等的劳动权利，不得对农村劳动者进城就业设置歧视性限制。"而且劳动和社会保障部颁布施行的《就业服务与就业管理规定》第五条规定"农村劳动者进城就业享有与城镇劳动者平等的就业权利，不得对农村劳动者进城就业设置歧视性限制。"这是关于进城务工农民工平等地享有就业服务权的又一次明文规定。也是部门规章首次肯定了进城务工农民工能够享有与城镇居民平等的就业权的规定。

三　流动人口就业服务需求的群体差异性分析

（一）数据说明

本章使用的数据与第四章相同，主要来源于课题组于 2020 年 6~9 月对上海、北京、河北等12个省份流动人口失业状况的问卷调查。调查内容主要涉及流动人口的人口学特征、人力资本特征与社会资本状况，以及流动人口就业服务需求、失业经历相关问题。对失业率的测量主要采用ILO标准失业率，失业人口的标准是有劳动能力、在劳动年龄段内（本文定义为16~59岁）、无工作且有就业意愿，目前国际上通用的就是这个标准，失业率的计算方式为：ILO标准失业率=ILO标准失业人口/（在业人口+ILO标准失业人口）。为了突出研究的针对性，本章实证内容研究范围选择北京地区，并以流动人口就业服务需求和使用为条件筛选出有效调查问卷1532份。

（二）流动人口就业服务需求概况

根据调查问卷数据，流动人口中83%的人认为在失业时需要就业服务，流动人口对就业服务需求十分迫切。为了进一步深入分析流动人口对就业服务需求的差异性，我们将就业服务具体化，分成13类：失业救济金、就业技能培训、职业介绍、就业信息推送、组织招聘会、创业补贴及贷款、失业保险、提供更多就业岗位、提高工资标准、提供福利待遇、促进就业公平、改善居住条件、改善工作环境。

根据图9-1，流动人口对就业技能培训的需求最大，49.92%的流动人口在问及"您在失业时，需要哪类就业服务"时选择了就业技能培训。其次是提供更多的就业岗位，占比达到49.75%，表明流动人口除了自身人力资本存量不足之外，目前劳动力市场提供的就业岗位不足以满足劳动力就业需求，需要提供更多的就业岗位以实现其再就业。排在第三的是失业救济金，这表明流动人口最基本的就业需求是谋生需求，在满足其基本谋生需求之后才会产生进一步的高层次需求，流动人口对工作岗位的需求程度要远比其他服务项目需求程度高。改善工作环境和改善居住条件分别排在了需求的倒数第二和第一位，这表明流动人口为了较快获得就业岗位，增加收入，宁可牺牲工作环境和居住条件，这与人口流动的经济目的性也是一致的。

为了进一步深入分析流动人口就业服务需求的差异性，将就业服务按照服务的类别分成三类：经济支持型就业服务、就业信息类服务、职业发

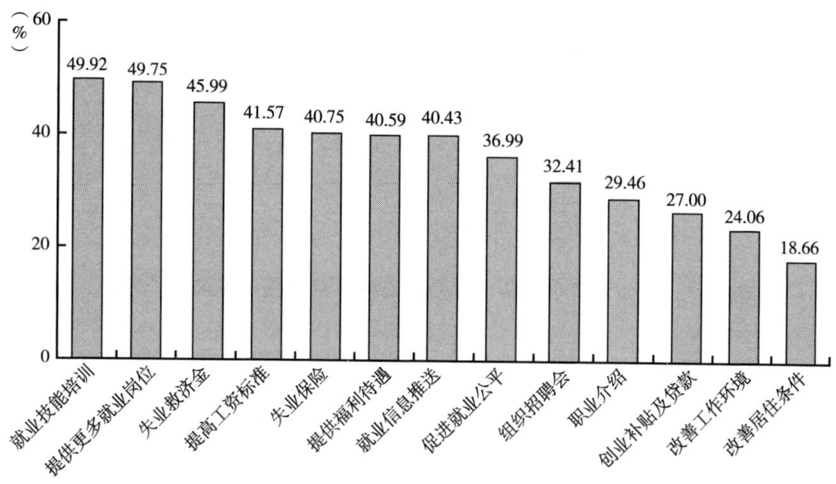

图 9-1　流动人口就业服务需求程度

展型就业服务。经济支持型就业服务包括失业救济金、创业补贴及贷款以及失业保险三项服务，主要是针对流动人口经济支持方面提供的就业服务。就业信息类服务包括就业技能培训、职业介绍、就业信息推送、组织招聘会以及提供更多就业岗位五项服务，主要是针对流动人口就业信息收集能力弱、信息闭塞等情况提供的就业服务。职业发展型就业服务包括提高工资标准、提供福利待遇、促进就业公平、改善居住条件以及改善工作环境五项就业服务，主要是为流动人口更好的生存以及社会融入而提供的就业服务类型。

（三）个体特征与就业服务需求的差异性分析

1. 个体特征与经济支持型就业服务需求的差异性

通过对流动人口个体特征进行分析（见表 9-1），可以看出，流动人口在经济方面的就业服务需求具有个体特征差异。男性更加偏向于失业救济金，年龄较大的流动人口对失业救济金的需求较低，农业户籍的流动人口对失业救济金的需求更高。这表明就业服务需求通常与家庭问题以及经济积累有关。年龄较大的流动人口在找工作时，由于自身拥有多年工作经验，可以暂时满足生存需求，因此对这一层次的需求不那么明显。而男性与女性相比，作为家庭的主要劳动力和收入支持者，不仅需要满足自身的生存需求，还要考虑到家庭的生计，因此相较于女性，对失业救济金的需求较为迫切。

表 9-1 流动人口个体特征与经济支持型就业服务需求交叉分析

单位：%

变量	变量属性	失业救济金	创业补贴及贷款	失业保险
性别	男	50.7	29.8	37.7
	女	41.7	24.5	43.6
年龄	16~19 岁	44.4	44.4	66.7
	20~29 岁	45.3	27.7	44.9
	30~39 岁	46.4	26.5	40.8
	40~49 岁	42.0	24.0	42.0
	50~59 岁	33.3	22.2	33.3
受教育程度	高中及以下	45.6	23.4	46.8
	专科及以上	46.1	28.4	38.4
婚姻状况	未婚	44.2	24.5	39.7
	已婚	50.0	32.6	43.2
健康状况	健康	46.7	27.2	41.5
	不健康	44.2	26.4	38.7
户口性质	农业	48.2	25.6	41.5
	非农业	43.6	28.5	39.9

创业补贴及贷款方面，需求整体较低。在个体特征方面，男性高于女性，年龄较小的流动人口需求较高，达到 44.4%，受教育程度高的流动人口对创业补贴及贷款的需求相对较高，已婚者对创业补贴及贷款的需求比未婚者的高出 6.1 个百分点，相对于健康状况较差者，健康状况较好者对创业补贴及贷款需求更大。创业对于流动人口而言是一个较为困难的就业途径，由于缺乏资金、社会资源不足等，大部分流动人口不会选择创业，因此创业补贴及贷款方面的需求整体较低。而男性、年龄小和受教育程度高的流动人

口可能对未来的抱负或理想更为远大，更有拼搏的激情，且由于受教育程度较高，有一定的知识储备以及视野，有机会实现创业成功，因而他们对创业补贴及贷款方面的就业服务需求较高。

在失业保险方面，女性流动人口、受教育程度低的流动人口、已婚者以及农业户籍流动人口的需求较为强烈。随着年龄增长流动人口对失业保险的需求程度呈现下降的趋势，健康状况越好对失业保险的需求程度越低。不同身体健康状况的流动人口对失业保险的需求不一，健康的流动人口对失业保险的需求更大，不健康者需求较小，这是由健康者和不健康者所处的工作环境和就业行业不同所导致的。

2. 个体特征与就业信息类服务需求的差异性

通过对流动人口个体特征与就业信息类服务需求进行交叉分析（见表9-2），可以发现，不同个体特征的流动人口对就业信息类服务需求存在差异。在就业技能培训需求方面，年龄越小的流动人口对就业技能培训的需求越大。年龄小的流动人口由于工作经验少，职业技能不能满足就业需求，因而对就业技能培训的需求较大，而随着年龄增大，流动人口技能水平得到提升，对就业技能培训服务的需求强度降低。受教育程度低的流动人口对就业技能培训需求程度更高，主要是因为受教育程度低的流动人口，深深地体会到要获得更好的就业机会需要提高自己的人力资本。

职业介绍和组织招聘会方面，流动人口对这方面的需求普遍较低，职业介绍的总需求率为29.5%，组织招聘会的总需求率为32.4%。在就业信息推送方面，女性流动人口对此方面的服务需求较高，达到了42.0%，原因可能是女性流动人口就业信息获取渠道窄，社会支持网络覆盖面小。在年龄方面，随着年龄增大，对就业信息推送的需求先升后降，50~59岁这个年龄段对就业信息推送的需求程度最低，仅占22.2%，这表明年龄较大的流动就业人口即将达到退休年龄，工作岗位已经稳定，对就业信息推送服务的需求较小；而20~29岁和40~49岁的流动人口对就业信息推送服务的需求较大，青中年流动人口就业岗位不稳定，且对就业、增收的渴望程度较高，

表 9-2 流动人口个体特征与就业信息类服务需求交叉分析

单位：%

变量	变量属性	就业技能培训	职业介绍	就业信息推送	组织招聘会	提供更多就业岗位
性别	男	49.7	28.8	38.7	30.5	43.8
	女	50.2	30.1	42.0	34.2	55.2
年龄	16~19 岁	66.7	22.2	33.3	55.6	44.4
	20~29 岁	53.6	30.0	43.4	34.8	53.9
	30~39 岁	49.8	31.3	38.9	32.7	53.6
	40~49 岁	42.0	26.0	56.0	28.0	46.0
	50~59 岁	33.3	22.2	22.2	22.2	44.4
受教育程度	高中及以下	53.8	28.1	38.6	29.2	42.1
	专科及以上	48.4	30.0	41.1	33.6	52.7
婚姻状况	未婚	48.2	28.5	39.7	30.9	48.7
	已婚	53.7	31.6	42.1	35.8	52.1
健康状况	很不健康	27.3	18.2	9.1	9.1	36.4
	比较不健康	57.1	19.0	38.1	38.1	71.4
	一般	49.6	30.5	38.2	28.2	48.9
	比较健康	51.4	27.0	42.1	34.7	48.9
	很健康	47.4	36.5	41.6	32.1	50.4
户口性质	农业	54.3	29.7	41.5	32.9	51.4
	非农业	45.3	29.2	39.3	31.9	48.0

需要就业信息推送服务，使其获得更多的机会。健康水平方面，随着健康程度提升，流动人口对就业信息推送服务需求有所增大。健康状况较好的流动人口身体素质等各方面的能力具有优势，劳动能力强，对就业信息的需求较大，因而健康水平提高会导致流动人口对就业信息推送服务需求提升。

流动人口对提供更多就业岗位方面的需求较大，相较于男性，女性更希望增加就业岗位供给，这可能是用人单位性别偏好，使得女性流动人口更需要就业岗位。年龄对就业岗位方面的需求影响不大，但各年龄段都有近半流动人口认为需要提供更多就业岗位以实现稳定就业。从受教育程度来看，专科及以上的流动人口希望提供更多就业岗位；身体健康者比不健康的流动人口需要更多的就业机会，对提供更多就业岗位的需求更为迫切。

3. 个体特征与职业发展型就业服务需求的差异性

根据表 9-3 可知，在职业发展型就业服务方面，不同个体特征的流动人口有不同的需求倾向。在提高工资标准方面，性别差异不明显，男性和女性都有近半的人希望提高工资标准。在年龄方面，20～29 岁流动人口对工资标准有较大的需求，其中有 47.2%的人希望提高工资标准，这主要是因为这个年龄段的流动人口职业发展前景期望更高，不满足现阶段的工资水平，希望提高工资标准。

表 9-3　流动人口个体特征与职业发展型就业服务需求交叉分析

单位：%

变量	变量属性	提高工资标准	提供福利待遇	促进就业公平	改善居住条件	改善工作环境
性别	男	40.8	42.1	38.7	19.2	27.1
	女	42.3	39.2	35.4	18.2	21.3
年龄	16～19 岁	44.4	44.4	55.6	33.3	22.2
	20～29 岁	47.2	42.3	37.1	20.2	23.6
	30～39 岁	35.5	40.8	43.1	17.1	22.3
	40～49 岁	40.0	48.0	28.0	12.0	30.0
	50～59 岁	44.4	44.4	33.3	22.2	55.6
受教育程度	高中及以下	42.1	39.2	32.7	19.9	25.1
	专科及以上	41.4	41.1	38.6	18.2	23.6
婚姻状况	未婚	40.1	39.2	35.9	15.4	25.2
	已婚	44.7	43.7	39.5	25.8	21.6
健康状况	很不健康	10.0	9.1	9.1	9.1	18.2
	比较不健康	47.6	42.9	42.9	23.8	33.3
	一般	45.0	35.9	38.2	24.4	24.4
	比较健康	42.4	43.7	39.2	18.6	24.1
	很健康	38.7	40.1	32.1	13.1	22.6
户口性质	农业	43.8	40.3	35.8	19.8	24.0
	非农业	39.3	40.9	38.3	17.4	24.2

在提供福利待遇方面，流动人口普遍表现出较高的需求。提高福利待遇会提升就业稳定性，流动人口难以享受到各种福利待遇已经成为制约其稳定就业的重要因素。企业的工资水平和福利待遇达不到预期而选择离职或失业的流动人口大有人在，因而提高福利待遇可以起到预防失业的功效。男性对提供福利待遇的需求高于女性，40~49 岁年龄段的流动人口对提供福利待遇服务需求程度最高，达到 48.0%。

在促进就业公平方面，年龄在 16~19 岁的流动人口对公平就业的需求最大，有 55.6%的人认为需要促进就业公平，其次是 30~39 岁流动人口，有 43.1%认为需要促进就业公平。其他方面，专科及以上学历者、身体健康者、非农业户籍者、已婚者对促进就业公平的需求更大。在改善居住条件和改善工作环境方面，流动人口对此需求程度不高，流动人口就业的主要目的是获得较高收入，他们对居住条件和工作环境的承受能力较大，因而对于改善居住条件以及改善工作环境方面的需求较低。从年龄与居住条件的关系来看，随着年龄的增大，对改善居住条件的需求呈现左偏的 U 形，50 岁之前，随着年龄的增大，居住需求下降，50 岁之后居住需求开始出现上升。在改善工作环境方面，随着年龄的增大，对工作环境的要求也越来越高，其中 50~59 岁流动人口对此需求最大，有 55.6%的人认为需要改善工作环境，年龄越大，工作经验积累越多，掌握技能的流动人口对工作环境会有一定的挑剔性，进而增加了他们对改善工作环境的需求。

（四）流动人口就业质量与就业服务需求

1. 流动人口就业质量概况

本部分主要分析流动人口在流入地的就业环境中存在的劣势以及需要哪方面的就业服务可以提升其在此种环境中的就业质量。主要从流动人口是否签订劳动合同、工作加班情况、工资待遇情况、工资发放情况、职位晋升状况、工作压力状况、企业裁员状况等方面进行分析。

（1）劳动合同签订情况

从流动人口与单位或者雇主是否签订了书面的劳动合同看（见表 9-4），没有签订劳动合同的流动人口占19.0%，有81.0%的流动人口与雇主签订了劳动合同，表明大部分流动人口的劳动权益受到了法律保障，而19.0%的流动人口没有签订劳动合同，在维护自己的合法权益方面难度较大，很多就业保障政策也难以惠及流动人口。为流动人口提供就业服务时，对于未签订劳动合同者，需要将劳动合法权益保护服务作为重点，想办法扩大就业服务的覆盖面。

表 9-4　流动人口签订劳动合同情况

单位：%

劳动合同	百分比	累计百分比
没有签订劳动合同	19.0	19.0
签了无固定期限的劳动合同	23.8	42.9
签了有固定期限的劳动合同	57.1	100.0
总　计	100.0	

（2）工作加班情况

从加班情况来看流动人口就业质量情况（见表9-5），有90.5%的流动人口是需要加班的，其中23.8%的流动人口加班没有任何加班补偿，流动人口在劳动力市场中处于劣势地位，就业岗位属于城市中的低端行业，薪酬待遇较低，只能通过加班来获取高收入。许多公司甚至不支付加班费，迫于就业形势，许多流动人口只能尽力适应低工资高强度的工作岗位。因而，对流动人口加班多或者无报酬加班情况，需要从待遇、福利和就业公平角度进行就业服务机制创新。

表 9-5　流动人口工作加班情况

单位：%

加班情况	百分比	累计百分比
有加班，加班时间弥补请假时间	14.3	14.3
经常加班，领取加班工资	33.3	47.6
有加班，领取加班工资且弥补请假时间	19.0	66.7
有加班，无任何加班补偿	23.8	90.5
没有加班	9.5	100.0
总　计	100.0	

（3）工资待遇情况

从收入水平来看（见表 9-6），流动人口在就业市场中工资水平较低。流动人口中收入在 4500 元及以下的占 60%，超过一半的流动人口处于低收入水平，而收入水平在 8000 元以上的流动人口仅占 15%。总体来看，流动人口的收入水平呈现金字塔状态，底部收入水平较低的流动人口占全部流动人口的一半以上，中等收入水平次之，高收入的流动人口最少，需要减少收入金字塔底部的流动人口数量，扩大中部收入水平的流动人口数量。2020 年城镇私营单位就业人员月平均工资为 4810 元，城镇非私营单位就业人员月平均工资为 8115 元，而流动人口月平均工资仅为 4027 元，与城镇非私营单位就业人员工资水平仍存在较大差距。

表 9-6　流动人口工资收入

单位：%

工资水平	百分比	累计百分比
0～3000 元	40.0	40.0
3001～4500 元	20.0	60.0
4501～6000 元	10.0	70.0
6001～8000 元	15.0	85.0
8000 元以上	15.0	100.0
总　计	100.0	

（4）工资发放情况

从流动人口的工资发放情况看（见表 9-7），近一半的流动人口有过被拖欠工资的经历。能足额按时领取工资的流动人口仅占 52.4%，有 4.8%的流动人口经常被拖欠工资。这表明流动人口就业质量较差，迫切需要实现公平就业以及就业权益的保障。

（5）职位晋升状况

从流动人口职位晋升状况来看（见表 9-8），流动人口晋升机会较少。流动人口在工作中有过晋升经历的人只占 23.8%，而 76.2%的流动人口没有得到过任何晋升机会。可以看出，流动人口在流入地的晋升机会较少，

表 9-7　流动人口工资发放情况

单位：%

是否拖欠工资	百分比	累计百分比
足额按时领取	52.4	52.4
偶尔拖欠	42.8	95.2
经常拖欠	4.8	100.0
总　计	100.0	

有一半以上的人希望得到晋升机会，但只有不到 1/4 的人能够获得晋升机会。企业更倾向于将好的工作岗位以及晋升机会留给本地员工，这使流动人口工作稳定性相对较差。这对流动人口而言有失公允，所以，通过促进公平就业可以提升流动人口的就业积极性和就业稳定性，进而降低其失业发生风险。

表 9-8　流动人口职位晋升状况

单位：%

晋升状况	百分比	累计百分比
有　过	23.8	23.8
没有，希望能够	57.2	81.0
没有，也不想	19.0	100.0
总　计	100.0	

（6）工作压力状况

从工作压力来看（见表 9-9），流动人口普遍认为工作压力较大。流动人口中认为工作压力很大、比较大和一般的人数合计占全部流动人口的 95.2%，这表明绝大多数流动人口在流入地存在工作压力。仅有 4.8% 的流动人口认为在流入地工作压力较小，这表明流动人口就业质量不容乐观，工作压力较大。流动人口工作压力大的主要原因是收入低、风险高、就业不稳定、前途迷茫，向流动人口提供更好的福利待遇以及工作环境，增强其就业稳定性，成为缓解流动人口就业压力和焦虑的重要措施。同时，要为流动人口提供职业技能培训，提高其职业技能，减少流动人口在工作中遇到的困难和失业、生存焦虑。

表 9-9　流动人口工作压力情况

单位：%

工作压力自评	百分比	累计百分比
很　大	9.5	9.5
比较大	52.4	61.9
一　般	33.3	95.2
不　大	4.8	100.0
总　计	100.0	

（7）企业裁员状况

从企业裁员状况来看（见表 9-10），一半以上的流动人员遭遇过被企业裁员。在企业进行产业转型升级或战略裁员时，流动人口被裁员的可能性较户籍人口更大，57.1%的流动人口经历过被裁员，这表明流动人口在流入地属于弱势群体，就业质量不高，“招之即来，挥之即去”，存在感和归属感较差。减少企业裁员，创造更多的就业岗位成为保证流动人口就业的重要途径。

表 9-10　被企业裁员状况

单位：%

裁员	百分比	累计百分比
是	57.1	57.1
否	42.9	100.0
总计	100.0	

2. 就业质量与就业服务需求的交叉分析

流动人口的就业质量涉及指标较多，这里仅从劳动合同签订状况以及劳动纠纷状况两个方面进行分析，其他差异放在回归模型中进行详细分析。劳动合同签订状况可以反映流动人口的就业稳定性，而劳动纠纷在一定程度上反映了流动人口对就业岗位的满意度，是衡量就业质量的重要标准。

（1）劳动合同签订状况与就业服务需求的差异性

从劳动合同签订状况来看（见表9-11），签订过劳动合同的流动人口对就业服务需求更低。不管流动人口是否签订劳动合同，流动人口对就业服务的需求程度均在80%以上，签订劳动合同的流动人口对就业服务的需求程度比未签订劳动合同的流动人口低。

表9-11　劳动合同签订状况与就业服务需求交叉分析

单位：%

劳动合同	就业服务		总计
	不需要	需要	
未签订	15.7	84.3	100.0
签订	18.5	81.5	100.0

（2）劳动纠纷状况与就业服务需求的差异性

流动人口遭遇劳动纠纷状况对其就业服务需求的影响较小（见表9-12），遭遇过劳动纠纷的流动人口对就业服务的需求程度略高于没有遭遇过劳动纠纷的流动人口。此外，流动人口对就业服务的需求程度整体较高。

表9-12　劳动纠纷状况与就业服务需求交叉分析

单位：%

劳动纠纷	就业服务		总计
	不需要	需要	
有	16.8	83.2	100.0
无	17.9	82.1	100.0

总的来看，就业质量较高的流动人口对就业服务的需求程度相对较低，反之，对就业服务的需求程度相对较高。用人单位签订了劳动合同、没有遭遇过劳动纠纷的流动人口就业质量较高，其对就业服务的需求程度相对较

低。反之，未与用人单位签订过劳动合同者、经历过劳动纠纷的流动人口就业质量较差，对就业服务的需求程度相对更高。

（五）流动人口生活状况与就业服务需求

1. 流动人口生活状况

（1）住房情况

从流动人口住房情况可以看出（见表 9-13），流动人口住房以租房和单位宿舍为主，生活成本高。流动人口中租房的人占 40%，贷款购房的流动人口占 20%，表明有 60%的流动人口生活支出中有房租或者房贷这一项。较高的住房开支，增加了流动人口的生活成本，给他们带来了较大的生活压力。所以改善流动人口居住环境，提高工资标准以及提供福利待遇的就业服务显得十分重要。

表 9-13　流动人口住房情况

单位：%

住房情况	百分比	累计百分比
租房	40.0	40.0
自购房，有房贷	20.0	60.0
自购房无房贷	5.0	65.0
单位提供免费住宿	35.0	100.0
总　计	100.0	

（2）收入差距感知情况

从流动人口主观收入差距来看（见表 9-14），流动人口认为自身与本地人之间的收入差距较大。70.6%的流动人口认为自身与本地人之间的收入差距在 1001～3000 元，其中 35.3%的流动人口认为收入差距在 1001～2000 元，29.4%的流动人口认为收入差距在 3000 元以上。可以看出流动人口与流入地当地居民的收入水平仍存在较大差距，要想缩小流动人口的收入差距感知，必须为流动人口提供更多就业机会，打破劳动力市场分割，提高流动人口的待遇水平。

表 9-14　流动人口主观收入差距情况

单位：%

收入差距	百分比	累计百分比
1001～2000 元	35.3	35.3
2001～3000 元	35.3	70.6
3001～4000 元	23.5	94.1
4000 元以上	5.9	100.0
总　计	100.0	

（3）社会融合情况

从掌握居住地的方言情况来看，仅有极少数的流动人口完全听不懂当地方言，流动人口社会融入较好。根据表 9-15 可知，有 47.6%的流动人口听得懂但不会讲居住地方言，另外有 47.6%的流动人口可以听懂并且可以熟练使用当地方言进行交流。掌握方言是流动人口社会资本的一种重要体现，方言掌握情况越好表明流动人口在流入地的社会融入程度越高，更易形成有助于就业的社会关系网络，这也会导致其对就业服务的需求不一样。

表 9-15　流动人口掌握居住地的方言情况

单位：%

掌握方言情况	百分比	累计百分比
完全听不懂	4.8	4.8
部分听得懂但不会讲	47.6	52.4
听得懂且可以熟练使用	47.6	100.0
总　计	100.0	

（4）工作寻找方式

根据表 9-16 可知，流动人口认为最有用的找工作途径是互联网、经过好友同学介绍推荐以及个人直接申请。流动人口认为通过熟人介绍是最有效的找工作途径的占比为 33.3%，认为互联网是最有效找工作途径的流动人口占比为 19.0%。可以发现流动人口找工作主要是通过自身的社会关系网络以及互联网的就业信息，而类似人才招聘会、单位内招以及职业机构介绍等形式对流动人口就业的作用较小。对流动人口提供就业服务，既要发挥他们已有的熟人社会关系网络对就业的作用，也要发挥招聘会、职业介绍所的作用，加大招聘会宣传力度和网络信息推送力度，增加这些服务的福利性和政府补贴力度，让信息流通到有需求的流动人口手中。

表 9-16　流动人口认为最有用的找工作途径

单位：%

最有用的找工作途径	百分比	累计百分比
单位内招	9.5	9.5
职业机构介绍	9.5	19.0
经过亲戚介绍	9.5	28.6
经过好友同学介绍推荐	14.3	42.9
其他关系人介绍	9.5	52.4
个人直接申请	14.3	66.7
互联网	19.0	85.7
人才招聘会	4.8	90.5
国家分配/组织调动	9.5	100.0
总计	100.0	

（5）就业政策知晓度

从就业政策方面看（见表 9-17），流动人口对就业政策的了解程度较低。仅有 14.3%的流动人口对就业政策较为了解，而 85.7%的流动人口对就业服务政策了解程度较低。这表明目前就业政策宣传较差，许多人对就业服务政策不了解，导致就业服务政策处于一种未被享受的状态。如果有需求的人不知道就业服务政策，就需要向有需求的人提供有针对性的就业服务政策信息，进而使政策效果得到最大发挥。

表 9-17　就业服务政策的了解程度

单位：%

就业服务政策了解程度	百分比	累计百分比
一点不了解	19.0	19.0
了解过一些	66.7	85.7
较为了解	14.3	100.0
总　计	100.0	

（6）生活压力情况

从生活压力方面来看（见表 9-18），大部分流动人口认为生活压力较大。流动人口中有 81.0%的人认为生活压力大，19.0%的人认为生活压力一般，这表明流动人口就业外部条件较差，要面对非常大的生活压力，没有机会提升自我。提高福利待遇、改善居住条件、提高工资标准成为流动最急需的就业服务需求，这也是减轻流动人口的生活压力，提高流动人口的就业稳定性，降低失业发生风险的重要举措。

表 9-18　流动人口生活压力情况

单位：%

生活压力	百分比	累计百分比
很　大	28.6	28.6
比较大	52.4	81.0
一　般	19.0	100.0
总　计	100.0	

2. 流动人口生活状况与就业服务需求的交叉分析

（1）收入差距感知与就业服务需求的差异性

从收入差距情况分析（见表 9-19），收入高于当地人的流动人口对就业服务需求程度最低，收入越低、收入差距越大，对就业服务的需求程度相应越高，当收入差距太大时，流动人口对就业服务的需求减少。收入差距过大时，流动人口已经被严重边缘化，过低的职业期望，使他们对就业服务的需求相应减少。

表 9-19　收入差距感知与就业服务需求交叉分析情况

单位：%

收入差距	就业服务		总计
	不需要	需要	
高于当地人	33.3	66.7	100.0
和当地人差不多	18.1	81.9	100.0
较小，能接受	14.5	85.5	100.0
太大，不能接受	22.0	78.0	100.0

（2）企业对员工的学历偏好与就业服务需求的差异性

根据表 9-20 可知，流动人口所在公司对员工的学历偏好会影响其对就业服务的需求。流动人口所在公司有学历偏好的情况下，流动人口对就业服务的需求程度较高，反之，流动人口对就业服务的需求程度较低。公司对学历的偏好，增加了流动人口就业成本，同时这种成本一方面提高了就业门槛；另一方面也迫使流动人口提升自身人力资本水平。所以，学历偏好在一定程度上增加了流动人口对就业培训、职业介绍等方面服务的需求。

表 9-20　公司的学历偏好与就业服务需求的交叉分析情况

单位：%

有无学历偏好	就业服务		总计
	不需要	需要	
是	13.0	87.0	100.0
否	28.3	71.7	100.0

四　流动人口就业服务需求的影响因素分析

上文内容对流动人口就业服务需求进行了简单描述分析，但流动人口就业服务需求受到多种因素制约，那么在多种因素制约的复杂环境下，就业服务需求有何特征？本部分接下来对流动人口就业服务需求的影响因素进行模型检验，第一步，对研究的变量进行定义分类并对研究样本进行描述。第二步，通过二元 Logistic 模型检验各变量对流动人口就业服务需求的影响程度，根据回归结果分析流动人口就业需求受哪些因素影响，不同特征的流动人口对就业服务需求有何差异。

（一）模型选择

就业服务需求是一个二分类变量，所以采用二元 Logistic 回归模型对流动人口就业服务需求的影响因素开展研究，从流动人口的个人特征、人力资本特征、社会资本特征以及就业质量特征四个方面选取变量分析其对流动人口就业服务需求的影响。共建立了 13 个模型，分别检验了流动人口的个人特征、人力资本、社会资本以及就业质量四个方面的因素对流动人口就业服务需求的影响。二元 Logistic 回归模型表达式如下：

$$P_i = F(Z_i) = F(\alpha + \beta X_i) = \frac{1}{1 + e^{-Zi}} = \frac{1}{1 + e^{-(\alpha+\beta Xi)}} \qquad (9-1)$$

其中，P_i 为个体选择某一事件的概率。本文使用二元 Logistic 模型分析流动人口就业服务需求的影响因素，为估计式 9-1 的模型，对其作对数变化，得到式 9-2：

$$\text{Logit}P = ln(\frac{p}{1-p}) = \alpha + \sum \beta_i X_i + m \qquad (9-2)$$

其中，$\frac{p}{1-p}$是优势比，p 代表对某一种就业服务存在需求的概率，$1-p$ 代表对某一种就业服务不需要的概率；α 表示截距项；β 表示回归系数，x 表示自变量。对回归方程的解释为，当其他变量不发生变化时，解释变量 x 每增加一个单位，Logit$P$ 增加或减少 β_i 个单位，m 是随机扰动项。

（二）变量定义及样本描述

本部分的因变量为“就业服务需求”，根据问卷中的问题“您需要哪种类型的就业服务”来进行操作化，分别为“是否需要失业救济金”“是否需要就业技能培训”“是否需要职业介绍”“是否需要就业信息推送”“是否需要创业补贴及贷款”“是否需要失业保险”“是否需要提供更多就业岗位”“是否需要提高工资标准”“是否需要增加福利待遇”“是否需要促进就业公平”“是否需要改善居住条件”“是否需要改善工作环境”。

自变量按照四类进行选取，个人特征包括性别、年龄、婚姻状况、健康状况、户口性质；人力资本特征包括技能证书、职业培训、受教育程度；社会资本特征包括方言掌握情况、工作获得方式；就业质量特征包括劳动合同、劳动纠纷、工作满意度。对上述变量的描述如表 9-21 所示。

表 9-21　变量定义及样本描述

变量	变量含义	均值	标准差
因变量			
是否需要失业救济金	是=1,否=0	0.62	0.487
是否需要就业技能培训	是=1,否=0	0.52	0.501
是否需要职业介绍	是=1,否=0	0.33	0.473
是否需要就业信息推送	是=1,否=0	0.48	0.501
是否需要组织招聘会	是=1,否=0	0.38	0.487
是否需要创业补贴及贷款	是=1,否=0	0.33	0.473
是否需要失业保险	是=1,否=0	0.48	0.501
是否需要提供更多就业岗位	是=1,否=0	0.67	0.473
是否需要提高工资标准	是=1,否=0	0.38	0.487
是否需要提供福利待遇	是=1,否=0	0.48	0.501
是否需要促进就业公平	是=1,否=0	0.33	0.473
是否需要改善居住条件	是=1,否=0	0.14	0.351
是否需要改善工作环境	是=1,否=0	0.19	0.394
自变量			
个人特征			
性别	男性=1,女性=0	0.52	0.501
年龄	被调查者年龄,单位:岁	31.71	8.347
婚姻状况	未婚=1,已婚=0	0.57	0.496
健康状况	健康=1,不健康=0	0.62	0.487
户口性质	农业户口=1,非农业户口=0	0.48	0.501
人力资本特征			
技能证书	有技能证书=1,无技能证书=0	0.48	0.501
职业培训	接受过职业培训=1,未接受过=0	0.48	0.501
受教育程度	高中及以下=0,专科及以上=1	0.35	0.442

续表

变量	变量含义	均值	标准差
社会资本特征			
方言掌握情况	能听懂＝1，听不懂＝0	0.48	0.501
工作获得方式	熟人介绍工作＝1，其他方式找工作＝0	0.52	0.501
就业质量特征			
劳动合同	有劳动合同＝1，无劳动合同＝0	0.43	0.496
劳动纠纷	经历过劳动纠纷＝1，为经历过＝0	0.14	0.351
工作满意度	满意＝1，不满意＝0	0.33	0.473

资料来源：2020 年流动人口失业发生风险问卷调查数据。

总体来看，流动人口较年轻，受教育水平仍较低，部分流动人口接受过职业技能培训且有职业技能证书，但就业能力仍不高，失业率有提高趋势。那么流动人口群体差异是否对就业服务需求产生影响？需要对流动人口就业服务需求与流动人口个人特征、人力资本特征、社会资本特征以及就业质量特征等变量进行回归分析，确定不同流动人口群体的就业服务需求差异。

（三）结果分析

1. 流动人口对失业救济金需求的影响因素分析

表 9-22 中模型 1 将流动人口对失业救济金需求作为因变量的回归结果显示，流动人口的性别、健康状况、户口性质、受教育程度、工作获得方式、劳动纠纷，这 6 个自变量会对失业救济金需求具有显著的正向影响，其发生比（OR 值）都大于 1，这表明流动人口中男性、健康者、农业户口者、大专及以上学历者、通过熟人关系获得工作者与经历过劳动纠纷者具有更大的失业救济金需求。具体来看，相比于女性，男性需求失业救济金的发生比要高出 43%；健康者需求失业救济金的发生比是不健康者的 1.165 倍；农业户籍者需求失业救济金的发生比是非农业户籍者的 1.145 倍；具有大专及以上学历者需求失业救济金的发生比是大专以下者的 1.208 倍；通过熟人关系获得工作的流动人口需求失业救济金的发生比是通过其他方式获得工作者的

1.22 倍；遭遇过劳动纠纷者需求失业救济金的发生比是未遭遇过劳动纠纷者的 1.28 倍。

表 9-22　流动人口就业服务需求的影响因素回归结果（一）

变量	模型 1	模型 2	模型 3	模型 4	模型 5
性别	0.358** (1.430)	0.019 (1.020)	-0.091 (0.913)	-0.134* (0.874)	-0.160** (0.852)
年龄	-0.090* (0.914)	-0.253** (0.777)	-0.087 (0.916)	0.111* (1.118)	0.004 (1.004)
婚姻状况	-0.097 (0.907)	0.066 (1.068)	-0.064 (0.938)	-0.201** (0.818)	-0.255** (0.775)
健康状况	0.153* (1.165)	-0.010 (0.990)	0.040 (1.041)	0.251** (1.285)	0.232** (1.261)
户口性质	0.135* (1.145)	0.24** (1.282)	-0.028 (0.972)	0.114* (1.121)	0.144* (1.155)
技能证书	0.105 (1.111)	0.009 (1.009)	-0.156* (0.855)	0.021 (1.021)	0.283** (1.328)
职业培训	0.066 (1.068)	0.355** (1.427)	-0.089 (0.915)	-0.008 (0.992)	-0.170** (0.843)
受教育程度	0.189** (1.208)	-0.231** (0.794)	0.126 (1.135)	0.180** (1.197)	0.125 (1.133)
方言掌握情况	0.040 (1.041)	0.161** (1.174)	0.297** (1.347)	-0.133* (0.875)	-0.207** (0.813)
工作获得方式	0.199** (1.220)	0.205** (1.227)	0.339** (1.404)	0.244** (1.277)	-0.100 (0.905)
劳动合同	-0.146* (0.868)	-0.139* (0.870)	-0.689** (0.502)	-0.039 (0.962)	-0.043 (0.957)
劳动纠纷	0.247** (1.280)	-0.106 (0.900)	-0.062 (0.940)	-0.497** (0.608)	0.025 (1.025)
工作满意度	-0.230** (0.794)	-0.029 (0.972)	-0.146* (0.864)	0.053 (1.055)	0.192** (1.212)
截距	-0.634** (0.531)	0.210 (1.234)	-0.633** (0.531)	-0.718** (0.488)	-1.027** (0.358)
卡方检验值	150.770	178.980	154.264	115.495	95.787
-2LL	1280.150	1291.262	1253.724	1129.331	1601.483
R^2	0.180	0.117	0.121	0.143	0.128
样本量	2532	2532	2532	2532	2532

注：表中括号内为发生比（OR 值），***、** 和 * 分别表示在 1%、5%和 10%的水平显著。

年龄、劳动合同、工作满意度这3个变量对失业救济金需求具有显著的负向影响，具体来看，流动人口中年龄越小者、工作越不满意者对失业救济金需求越大。流动人口年龄每增加10岁，流动人口需求失业救济金的概率就会下降8.6%；对工作满意的流动人口需求失业救济金的发生比是工作不满意者的0.794倍，签订劳动合同的流动人口需求失业救济金的发生比是未签订劳动合同者的0.868倍；这与前文的描述统计分析结果相一致。婚姻状况、技能证书、职业培训、方言掌握情况对失业救济金需求没有显著影响。

2.流动人口对就业技能培训需求的影响因素分析

表9-22中模型2的因变量为就业技能培训需求，户口性质、职业培训、方言掌握情况、工作获得方式对就业技能培训需求具有显著的正向影响。具体来看，农业户籍者需求就业技能培训的概率是非农业户籍者的1.282倍；参加过职业培训者需求就业技能培训的发生比是没有参加过职业培训者的1.427倍；通过熟人关系获取工作的流动人口需求就业技能培训的发生比是通过其他方式寻找工作者的1.227倍；能熟练使用方言的流动人口需求就业技能培训的发生比是未掌握方言者的1.174倍。这表明农业户籍者、参加过职业培训者、掌握流入地方言者、通过熟人关系获取工作者对就业技能培训需求更大。

年龄、受教育程度、劳动合同对就业技能培训需求具有显著的负向影响，具体来看，年龄每增加10岁，需求就业技能培训的概率会下降22.3%，年龄越大的流动人口对就业技能培训需求程度越低。这主要是因为年长的老一代流动人口工作岗位已经定形，他们一般不会随意更换工作岗位，凭借积累的工作技能任劳任怨地在原有岗位工作到退休，所以就业技能培训需求较新生代流动人口要低。签订劳动合同的流动人口需求就业技能培训的发生比是未签订劳动合同者的0.87倍。从其他变量来看，性别、婚姻状况、健康状况、技能证书、劳动纠纷、工作满意度对就业技能培训需求没有显著影响，群体差异不明显。

3.流动人口对职业介绍需求的影响因素分析

表9-22中模型3的因变量为职业介绍需求，回归结果显示，方言掌握

情况、工作获得方式对职业介绍需求具有显著的正向影响。具体来看，掌握流入地方言的流动人口需求职业介绍服务的发生比是没有掌握方言者的1.347倍；依靠熟人关系获得工作的流动人口需求职业介绍服务的发生比是通过其他方式获取工作者的1.404倍。主要是因为掌握流入地方言者，在当地社会关系更好，社会融入程度高，更能享受当地的职业介绍服务，而依靠熟人关系获取工作的流动人口获取工作的渠道窄，也增加了其对职业介绍服务的需求和渴望程度。

技能证书、劳动合同以及工作满意度对职业介绍需求具有显著的负向影响。具体来看，签订劳动合同的流动人口需求职业介绍服务的发生比是未签订劳动合同者的0.502倍；工作满意者需求职业介绍服务的发生比是工作不满意者的0.864倍。主要是因为签订劳动合同者、工作满意度较高者工作更加稳定，各项劳动权益保障程度高，失业风险较小，对职业介绍服务需求也不大。从其他变量来看，流动人口的性别、年龄、婚姻状况、健康状况、户口性质、职业培训、受教育程度、劳动纠纷对职业介绍需求没有显著影响。

4. 流动人口对就业信息推送需求的影响因素分析

表9-22中模型4的因变量为就业信息推送需求，回归结果显示，流动人口的年龄、健康状况、户口性质、受教育程度、工作获得方式对就业信息推送需求具有显著的正向影响。具体来看，流动人口年龄越大，对就业信息推送服务的需求越大，流动人口年龄每增加10岁，需求就业信息推送的概率就会增加11.8%；身体健康者需求就业信息推送服务的发生比是身体不健康者的1.285倍，意味着流动人口身体健康状况越好，越需要就业信息服务；农业户籍者需求就业信息推送服务的发生比是非农业户籍者的1.121倍；大专及以上学历者需求就业信息推送服务的发生比是大专以下学历者的1.197倍，表明受教育程度高，流动人口对就业信息推送服务的需求越高，主要是因为人力资本水平越高，业期望越高，越希望获取就业信息，进而获得更好的就业岗位；通过熟人关系获取工作的流动人口需求就业信息推送服务的发生比是通过其他方式获取工作者的1.277倍。这意味着流动人口中年龄较

大者、身体健康者、农业户籍者、高学历者、通过熟人关系获取工作者对就业信息推送服务需求更大。

性别、婚姻状况、方言掌握情况、劳动纠纷对就业信息推送需求具有显著的负向影响。具体来看，男性需求就业信息推送服务的发生比是女性的 0.874 倍；未婚者需求就业信息推送服务的发生比是已婚者的 0.818 倍；掌握当地方言的流动人口需求就业信息推送服务的发生比是未掌握方言者的 0.875 倍；遭遇过劳动纠纷的流动人口需求就业信息推送服务的发生比是未遭遇过劳动纠纷者的 0.608 倍。这表明女性、已婚者、未掌握当地方言者、未遭遇过劳动纠纷者对就业信息推送服务需求更大。流动人口是否拥有技能证书、是否参加过职业培训、是否签订劳动合同和工作满意度对就业信息推送服务需求没有显著影响。

5. 流动人口对组织招聘会需求的影响因素分析

表 9-22 中模型 5 的因变量为组织招聘会需求，回归结果显示，流动人口的健康状况、户口性质、技能证书、工作满意度对组织招聘会需求具有显著的正向影响。具体来看，身体健康的流动人口需求招聘会的发生比是身体不健康者的 1.261 倍；农业户籍的流动人口需求招聘会的发生比是非农业户籍者的 1.155 倍；拥有技能证书的流动人口需求招聘会的发生比是没有技能证书者的 1.328 倍；工作满意的流动人口需求招聘会的发生比是工作不满意者的 1.212 倍。这意味着身体健康者、农业户籍者、有技能证书者、工作满意者对招聘会需求更大。

表 9-22 中性别、婚姻状况、职业培训、方言掌握情况对流动人口组织招聘会需求具有显著的负向影响。具体来看，男性对招聘会服务需求的发生比是女性的 0.852 倍；未婚者对招聘会服务需求的发生比是已婚者的 0.775 倍；参加过职业培训的流动人口需求招聘会的发生比是未参加过职业培训者的 0.843 倍；掌握流入地方言的流动人口需求招聘会服务的发生比是未掌握流入地方言者的 0.813 倍。这意味着女性、已婚者、未参加过职业培训者对招聘会需求更大。从其他变量来看，流动人口年龄、受教育程度、工作获得方式、劳动合同、劳动纠纷对组织招聘会需求没有显著影响。

6. 流动人口对创业补贴及贷款需求的影响因素分析

表 9-23 中模型 6 的因变量为创业补贴及贷款需求，回归结果显示，流动人口的性别、技能证书会对创业补贴及贷款产生显著的正向影响。具体来看，男性需求创业补贴及贷款服务的发生比是女性的 1.35 倍；有技能证书的流动人口需求创业补贴及贷款服务的发生比是无证书者的 1.267 倍。这表明男性、有技能证书的流动人口创业意愿较大，对创业补贴及贷款需求更大。

表 9-23 流动人口就业服务需求的影响因素回归结果（二）

变量	模型 6	模型 7	模型 8	模型 9	模型 10
性别	0.300 ** (1.350)	-0.277 ** (0.758)	-0.513 ** (0.598)	-0.088 (0.915)	0.096 (1.100)
年龄	-0.075 (0.928)	-0.230 ** (0.795)	-0.166 ** (0.847)	-0.261 ** (0.771)	-0.062 (0.939)
婚姻状况	-0.404 ** (0.668)	0.008 (1.008)	0.045 (1.046)	-0.019 (0.982)	-0.146 * (0.864)
健康状况	-0.005 (0.995)	0.083 (1.086)	-0.099 (0.906)	-0.106 (0.899)	0.351 ** (1.420)
户口性质	-0.151 * (0.860)	-0.128 * (0.880)	0.157 ** (1.170)	0.108 (1.114)	-0.078 (0.925)
技能证书	0.237 ** (1.267)	0.210 ** (1.234)	0.205 ** (1.228)	0.141 (1.151)	0.027 (1.027)
职业培训	-0.115 (0.891)	-0.119 (0.888)	-0.360 ** (0.698)	-0.492 ** (0.611)	-0.286 ** (0.751)
受教育程度	0.142 (1.153)	-0.380 ** (0.684)	0.483 ** (1.621)	-0.068 (0.934)	0.143 * (1.154)
方言掌握情况	0.037 (1.037)	0.097 (1.101)	-0.115 * (0.891)	0.273 ** (1.314)	-0.071 (0.932)
工作获得方式	-0.159 * (0.853)	0.192 ** (1.211)	0.301 ** (1.351)	0.065 (1.068)	0.154 ** (1.167)
劳动合同	0.025 (1.025)	0.108 (1.115)	-0.378 ** (0.685)	-0.117 * (0.890)	-0.020 (0.980)
劳动纠纷	-0.047 (0.954)	-0.054 (0.948)	0.234 ** (1.263)	0.041 (1.042)	0.161 * (1.175)

续表

变量	模型 6	模型 7	模型 8	模型 9	模型 10
工作满意度	0.011 (1.011)	-0.127* (0.881)	-0.271** (0.763)	0.004 (1.004)	-0.123* (0.884)
截距	-0.805** (0.447)	0.261 (1.298)	0.372** (1.451)	0.332* (1.394)	-0.423** (0.655)
卡方检验值	113.261	132.032	296.301	137.455	99.501
-2LL	1014.758	1128.033	1173.810	1158.338	1153.013
R^2	0.162	0.161	0.157	0.164	0.121
样本量	2532	2532	2532	2532	2532

注：表中括号内为发生比（OR 值），***、** 和 * 分别表示在 1%、5%和 10%的水平显著。

婚姻状况、户籍、工作获得方式对创业补贴及贷款需求具有显著的负向影响。具体来看，流动人口中未婚者需求创业补贴及贷款服务的发生比是已婚者的 0.668 倍；农业户籍者需求创业补贴及创业贷款服务的发生比是非农业户籍者的 0.86 倍；通过熟人关系获取工作的流动人口需求创业补贴贷款服务的发生比是通过其他方式获取工作者的 0.853 倍。这表明已婚者、非农业户籍者、通过其他方式寻找工作者对创业补贴及贷款服务需求更大。从其他变量来看，年龄、健康状况、职业培训、受教育程度、方言掌握情况、劳动合同、劳动纠纷、工作满意度对创业补贴及贷款需求没有显著影响。

7. 流动人口对失业保险需求的影响因素分析

表 9-23 中模型 7 的因变量为失业保险需求，回归结果显示，流动人口技能证书、工作获得方式对失业保险服务需求具有显著的正向影响。具体来看，有技能证书的流动人口需求失业保险的发生比是没有技能证书者的 1.234 倍；通过熟人关系获取工作的流动人口需求失业保险的发生比是通过其他方式获取工作者的 1.211 倍。表明技能等级越高者、对传统社会关系网络依赖越大者，对失业保险需求越大。

性别、年龄、户口性质、受教育程度、工作满意度对失业保险需求具有显著的负向影响。具体来看，男性流动人口需求失业保险的发生比是女性的

0.758倍；年龄每增加10岁，流动人口对失业保险需求的概率就会降低20.5%；农业户籍者需求失业保险的发生比是非农业户籍者的0.88倍；大专及以上学历者需求失业保险的发生比是大专以下学历者的0.684倍；工作满意者需求失业保险的发生比是工作不满意者的0.881倍。这表明女性、年龄较小者、非农业户籍者、大专以下学历者、工作不满意者对失业保险需求更为强烈。从其他变量来看，婚姻状况、健康状况、职业培训、方言掌握情况、劳动合同、劳动纠纷对失业保险需求没有显著影响。

8.流动人口对提供更多就业岗位需求的影响因素分析

表9-23中模型8的因变量为提供更多就业岗位需求，回归结果显示，流动人口的户口性质、技能证书、受教育程度、工作获得方式、劳动纠纷对就业岗位需求具有显著的正向影响。具体来看，农业户籍的流动人口对就业岗位需求的发生比是非农业户籍者的1.17倍；有技能证书者对就业岗位需求的发生比是没有技能证书者的1.228倍；大专及以上学历者对就业岗位需求的发生比是大专以下学历者的1.621倍；通过熟人关系找工作者对就业岗位需求的发生比是通过其他方式获取工作者的1.351倍；遭遇过劳动纠纷的流动人口对就业岗位需求的发生比是未遭遇过劳动纠纷者的1.263倍。这说明乡城流动人口、技能水平较高者、受教育年限较长者、通过熟人关系找工作者、遭遇过劳动纠纷者对就业岗位需求更为强烈。

性别、年龄、职业培训、方言掌握情况、劳动合同、工作满意度对就业岗位需求具有显著的负向影响。具体来看，相对于女性而言，男性需求就业岗位的发生比低40.2%；年龄每增加10岁，就业岗位需求的概率就会降低15.3%；参加过职业培训者需求就业岗位的发生比是未参加职业培训者的0.698倍；掌握方言者需求就业岗位的发生比是未掌握方言者的0.891倍；签订劳动合同者对就业岗位需求的发生比是未签订劳动合同者的0.685倍；工作满意者对就业岗位需求的发生比是工作不满意者的0.763倍。表明女性、年龄较小者、未参加过职业培训者、未掌握方言者、未签订劳动合同者、工作不满意者对就业岗位需求更大。从其他变量来看，婚姻状况和健康状况对就业岗位需求没有显著影响。

9. 流动人口对提高工资标准需求的影响因素分析

表 9-23 中模型 9 的因变量为提高工资标准需求，回归结果显示，方言掌握情况对提高工资标准的需求具有显著的正向影响。具体来看，掌握方言者对提高工资标准需求的发生比是未掌握方言者的 1.314 倍。这表明，技能水平越高的流动人口、人际关系越好的流动人口对提高工资待遇的需求越强烈。

年龄、职业培训、劳动合同对提高工资标准的需求具有显著的负向影响。具体来看，年龄每增加 10 岁，流动人口对提高工资标准需求的概率就会下降 22.9%；参加过职业培训者对提高工资待遇需求的发生比是未参加过职业培训者的 0.611 倍；签订劳动合同者对提高工资待遇需求的发生比是未签订劳动合同者的 0.89 倍。这说明年龄较小、未参加职业培训、未签订劳动合同的流动人口对提高工资标准的需求更为强烈。从其他变量来看，性别、婚姻状况、健康状况、户口性质、技能证书、受教育程度、工作获得方式、劳动纠纷、工作满意度对提高工资标准需求没有显著影响。

10. 流动人口对提供福利待遇需求的影响因素分析

表 9-23 中模型 10 的因变量为提供福利待遇需求，回归结果显示，健康状况、受教育程度、工作获得方式、劳动纠纷对提供福利待遇需求具有显著的正向影响。具体来看，身体健康者对福利待遇需求的发生比是身体不健康者的 1.42 倍；大专及以上学历者对福利待遇需求的发生比是大专以下学历者的 1.154 倍；依靠熟人关系获取工作的流动人口对福利待遇需求的发生比是通过其他方式获取工作者的 1.167 倍；遭遇过劳动纠纷者对福利待遇需求的发生比是未遭遇过劳动纠纷者的 1.175 倍。这说明身体健康者、高学历者、依靠熟人关系获取工作者、遭遇过劳动纠纷者对福利待遇需求更为迫切。员工福利既是社会保障内容的重要组成部分，也是企业绩效管理的重要手段，员工福利项目中的带薪休假、福利食堂、图书馆、班车、年终分红、员工持股、利润分享、企业补充保险等项目大大增强了员工工作的积极性，这是流动人口梦寐以求的福利待遇。

婚姻状况、职业培训、工作满意度对福利待遇需求具有显著的负向影响。具体来看，未婚者对福利待遇需求的发生比是已婚者的 0.864 倍；参加过职业培训者对福利待遇需求的发生比是未参加过职业培训者的 0.751 倍；工作满意者对福利待遇需求的发生比是工作不满意者的 0.884 倍。这说明已婚者、未参加过职业培训者、工作不满意者对福利待遇需求更为迫切。从其他变量来看，性别、年龄、户口性质、技能证书、方言掌握情况、劳动合同不会对福利待遇需求产生影响。

11. 流动人口对促进就业公平需求的影响因素分析

表 9-24 中模型 11 的因变量为促进就业公平需求，回归结果显示，流动人口的性别、受教育程度、方言掌握情况、工作获得方式、劳动纠纷、工作满意度对就业公平的需求具有显著的正向影响。具体来看，男性流动人口对就业公平需求的发生比是女性的 1.12 倍；大专及以上学历者对就业公平需求的发生比是大专以下学历者的 1.367 倍；掌握流入地方言者对就业公平需求的发生比是未掌握方言者的 1.185 倍；通过熟人关系获取工作者对就业公平需求的发生比是通过其他方式获取工作者的 1.35 倍；遭遇过劳动纠纷者对就业公平需求的发生比是未遭遇劳动纠纷者的 1.247 倍；工作满意者对就业公平需求的发生比是工作不满意者的 1.178 倍。这说明男性、高学历者、掌握流入地方言者、通过熟人关系获取工作者、遭遇过劳动纠纷者、工作满意者对就业公平的需求更高。

表 9-24　失业流动人口就业服务影响因素回归结果（三）

变量	模型 11	模型 12	模型 13
性别	0.113* (1.120)	0.019 (1.019)	0.233** (1.262)
年龄	-0.025 (0.976)	-0.330** (0.719)	-0.029 (0.971)
婚姻状况	-0.163* (0.850)	-0.441** (0.644)	0.231* (1.261)
健康状况	0.046 (1.047)	-0.480** (0.618)	-0.027 (0.973)

续表

变量	模型 11	模型 12	模型 13
户口性质	-0.060 (0.942)	-0.061 (0.941)	0.059 (1.061)
技能证书	0.011 (1.011)	0.493** (1.638)	0.143* (1.153)
职业培训	-0.092 (0.912)	-0.481** (0.618)	-0.260** (0.771)
受教育程度	0.312** (1.367)	-0.172* (0.842)	-0.036 (0.965)
方言掌握情况	0.170** (1.185)	-0.021 (0.979)	0.177** (1.194)
工作获得方式	0.300** (1.350)	0.091 (1.095)	0.393** (1.482)
劳动合同	0.105 (1.111)	0.000 (1.000)	-0.073 (0.929)
劳动纠纷	0.221** (1.247)	0.144 (1.155)	0.595** (1.814)
工作满意度	0.164** (1.178)	-0.186* (0.831)	0.250** (1.285)
截距	-0.955** (0.385)	-0.181 (0.835)	-1.720** (0.179)
卡方检验值	92.830	218.013	166.409
-2LL	1958.863	1662.555	1576.075
R^2	0.109	0.171	0.143
样本量	2532	2532	2532

注：表中括号内为发生比（OR 值），***、** 和 * 分别表示在 1%、5%和 10%的水平显著。

婚姻状况对促进就业公平需求具有显著的负向影响。具体来看，未婚者对就业公平需求的发生比是已婚者的 0.85 倍。这说明相对于未婚流动人口，已婚流动人口更希望获得公平就业的机会。从其他变量来看，年龄、健康状况、户口性质、技能证书、职业培训、劳动合同对就业公平需求没有显著影响。

12. 流动人口对改善居住条件需求的影响因素分析

表 9-24 中模型 12 的因变量为改善居住条件需求，回归结果显示，技能证书对改善居住条件需求具有显著的正向影响。具体来看，技能等级较高的流动人口对改善居住条件需求的发生比是技能较低者的 1.638 倍。技能等级较高的流动人口凭借其技能人力资本，在劳动力市场中已经具有较高的就业筹码，在企业中也属于技术工人，收入相对较高，工棚、工厂宿舍、群租房已经满足其生活要求，对改善居住条件的需求也更为迫切。

年龄、婚姻状况、健康状况、职业培训、受教育程度、工作满意度对改善居住条件需求具有显著的负向影响。具体来看，流动人口年龄每增加 10 岁，对改善居住条件需求的概率就会降低 28.1%，年龄越大对改善居住条件的需求越小；未婚者对改善居住条件需求的发生比是已婚者的 0.644 倍；身体健康者对改善居住条件需求的发生比是身体不健康者的 0.618 倍；参加过职业培训者对改善居住条件需求的发生比是未参加过职业培训者的 0.618 倍；大专及以上学历者对改善居住条件需求的发生比是大专以下学历者的 0.842 倍；工作满意者对改善居住条件需求的发生比是工作不满意者的 0.831 倍。这说明年龄较小者、身体不健康者、未参加过职业培训者、已婚者、大专以下学历者、工作不满意者对改善居住条件需求更为迫切。从其他变量来看，流动人口的性别、户口性质、方言掌握情况、工作获得方式、劳动合同、劳动纠纷等自变量并未呈现显著性，因此对改善居住条件需求没有显著影响。

13. 流动人口对改善工作环境需求的影响因素分析

表 9-24 中模型 13 的因变量为改善工作环境需求，回归结果显示，流动人口的性别、婚姻状况、技能证书、方言掌握情况、工作获得方式、劳动纠纷、工作满意度对改善工作环境需求具有显著的正向影响。具体来看，男性对改善工作环境需求的发生比是女性的 1.262 倍；未婚者对改善工作环境需求的发生比是已婚者的 1.261 倍；拥有技能证书者对改善工作环境需求的发生比是没有技能证书者的 1.153 倍；掌握流入地方言者对改善工作环境需求

的发生比是未掌握方言者的 1.194 倍；通过熟人关系获取工作者对改善工作环境需求的发生比是通过其他方式获取工作者的 1.482 倍；遭遇过劳动纠纷者对改善工作环境需求的发生比是未遭遇劳动纠纷者的 1.814 倍；工作满意者对改善工作环境需求的发生比是工作不满意者的 1.285 倍。这说明男性、未婚者、技能水平较高者、人际关系较好者、对传统社会关系比较依赖者、遭遇劳动纠纷者、工作满意者对改善工作环境需求更大。

职业培训对流动人口改善工作环境需求具有显著的负向影响。具体来看，参加职业培训者对改善工作环境需求的发生比是未参加职业培训者的 0.771 倍。这说明流动人口参加职业培训有利于促进其职业流动，进而实现工作环境优化，未参加过职业培训的流动人口仍处在产业链低端，对改善工作环境需求更大。从其他变量来看，年龄、健康状况、户口性质、受教育程度、劳动合同不会对改善工作环境需求产生显著影响。

14. 流动人口就业服务需求的综合比较分析

根据描述统计和回归模型检验结果综合来看，流动人口在经济方面的就业服务需求主要受个体特征的影响，男性流动人口更容易产生失业救济金、创业补贴及贷款方面的需求；年龄较小的流动人口对失业救济金需求较大，随着年龄增加，对失业保险的需求会有所增加；已婚流动人口对创业补贴及贷款的需求更强；身体健康状况较好的流动人口对失业救济金的需求更为强烈。

流动人口对就业信息方面的需求受到人力资本和社会资本的双重影响。流动人口中无技能证书者的职业介绍需求更强，有技能证书者、未参加过职业培训者对招聘会和就业岗位需求更强；高中及以下学历的流动人口对就业技能培训需求较强，大专及以上学历的流动人口对就业信息需求和就业岗位需求更大；掌握方言的流动人口对就业技能培训需求、职业介绍需求和招聘会需求更大，而未掌握方言的流动人口则更需求就业信息和就业岗位；通过熟人关系获取工作的流动人口更需求就业技能培训、职业介绍、就业信息和就业岗位。

从流动人口对职业发展服务方面的需求来看，在个体特征方面，流动人口的性别对促进就业公平需求、改善工作环境需求具有显著影响。流动人口中男性比女性对促进就业公平和改善工作环境的需求更为迫切；随着年龄增大，流动人口对提高工资标准和改善居住条件的需求增大；未婚者比已婚者更需要改善工作环境，已婚者则更需要福利待遇、促进就业公平和改善居住条件；身体健康状况较好的流动人口提供福利待遇需求较大，健康状况较差的流动人口对改善居住条件的需求较大。在人力资本方面，未参加过职业培训的流动人口对改善居住条件以及改善工作环境的需求更大，而参加过职业培训的流动人口对福利待遇需求更大。无技能证书者对改善居住条件需求更明显，有技能证书者对提高工资标准以及改善工作环境的需求更强烈。高中及以下学历的流动人口更希望获取改善居住条件的服务，大专及以上学历的流动人口则对福利待遇和就业公平需求更明显。在社会资本方面，掌握流入地方言的流动人口对提高工资标准和改善工作环境的需求更大；通过熟人关系获取工作的流动人口对提供福利待遇、促进就业公平以及改善工作环境方面的需求更迫切。在就业质量方面，未签订劳动合同的流动人口更需求提高工资标准；经历过劳动纠纷者对提供福利待遇、促进就业公平和改善工作环境的需求较高；工作满意者对促进就业公平以及改善工作环境的需求较明显，工作不满意的流动人口对提供福利待遇和改善居住条件需求更大。

从流动人口就业服务需求的影响因素回归结果来看，性别、年龄、健康状况、学历、工作获得方式、劳动合同、劳动纠纷以及工作满意度等因素均对流动人口的失业救济金需求具有显著的影响，其中影响程度排在前三位的是性别、劳动纠纷以及工作满意度。可以看出，流动人口对失业救济金的需求主要受个体特征和就业质量特征影响。性别、婚姻状况、户口性质、技能证书以及工作获得方式这 5 个自变量对流动人口的创业补贴及贷款需求具有显著的影响。其中婚姻状况和性别对其创业补贴及贷款需求的影响最大。

就失业保险而言，性别、年龄、户口性质、技能证书、受教育程度、工作获得方式以及工作满意度这 7 个自变量对失业保险这一服务需求具有显著影响，其中受教育程度、年龄和性别的影响程度最大。就就业技能培训需求而言，年龄、受教育程度、户口性质、职业培训、方言掌握情况、工作获得方式、劳动合同等自变量均会影响就业技能培训需求，其中年龄和户口性质两个自变量的影响程度最大，流动人口对就业技能培训的需求主要受个体特征、人力资本特征以及社会资本特征的影响，就业质量特征对其影响不大。

从职业介绍需求来看，技能证书、方言掌握情况、工作获得方式、劳动合同均对其具有显著影响，其中方言掌握情况、工作获得方式、劳动合同影响较大。流动人口的个体特征对职业介绍需求影响较小，职业介绍服务需求主要受流动人口社会资本特征和就业质量特征影响。从就业信息需求来看，性别、年龄、婚姻状况、健康状况、户口性质、受教育程度、方言掌握情况、工作获得方式以及劳动纠纷均对其具有显著影响，其中劳动纠纷、健康状况以及工作获得方式的影响较大。流动人口对就业信息的需求主要受到个体特征以及社会资本特征的影响。

从组织招聘会需求来看，性别、婚姻状况、健康状况、户口性质、技能证书、职业培训、受教育程度、方言掌握情况以及工作满意度这几个自变量对其具有显著影响，其中技能证书、健康状况对组织招聘会需求的影响最

表 9-25　回归模型检验结果汇总

变量	A	B	C	D	E	F	I	J	K	L	M	N	P
性别	+			-	-	+	-	-			+		+
年龄	-	-		+			-	-	-			-	
婚姻状况				-	-	-				-	-	-	+
健康状况	+			+	+					+		-	
户口性质	+	+		+	+	-	-	+					
技能证书			-		+	+	+	+				+	+
职业培训		+			-			-	-	-		-	-
受教育程度	+	-		+			-	+			+	-	
方言掌握情况		+	-	+	-			-	+		+		+
工作获得方式	+	+	+	+		-	+	+		+	+		+
劳动合同	+	+	+					-	-				
劳动纠纷	+			-						+	+		+
工作满意度	-		-	-	+		-	-		-	+	-	+

注：A 为失业救济金；B 为就业技能培训；C 为职业介绍；D 为就业信息推送；E 为组织招聘会；F 为创业补贴及贷款；I 为失业保险；J 为提供更多就业岗位；K 为提供工资标准；L 为提供福利待遇；M 为促进就业公平；N 为改善居住条件；P 为改善工作环境。

大。从提供更多就业岗位需求来看，性别、年龄、户口性质、技能证书、职业培训、受教育程度、方言掌握情况、工作获得方式、劳动合同、劳动纠纷等均对就业岗位需求具有显著影响，其中性别、受教育程度以及劳动合同这3个自变量的回归系数最大。

从提高工资标准需求来看，年龄、技能证书、职业培训、方言掌握情况以及劳动合同这5个变量对提高工资标准的需求具有显著影响，其中职业培训的影响程度最大。从提供福利待遇需求来看，婚姻状况、健康状况、职业培训、受教育程度、工作获得方式、劳动纠纷以及工作满意度均对福利待遇需求具有显著影响，其中健康状况和职业培训这2个自变量的影响最大。

从促进就业公平需求来看，性别、婚姻状况、受教育程度、方言掌握情况、劳动纠纷等自变量对促进就业公平需求具有显著影响，其中受教育程度、工作获得方式、劳动纠纷对其影响程度最大。从改善居住条件需求来看，年龄、婚姻状况、健康状况、技能证书、职业培训、受教育程度等自变量均对改善居住条件的需求具有显著影响，其中技能证书、职业培训、健康状况以及婚姻状况的影响程度较大。从改善工作环境需求来看，性别、婚姻状况、技能证书、职业培训、方言掌握情况、工作获得方式、劳动纠纷以及工作满意度等因素对改善工作环境的需求具有显著影响，其中影响程度最大的是劳动纠纷，其次是工作获得方式。

五　流动人口就业服务供给现状及其存在的问题

（一）流动人口就业服务供给现状

目前，人力资源和社会保障部公布《2021年全国就业公共服务专项活动清单》，就业服务既面向农民工，也聚焦高校毕业生，还专门针对残疾人。按照相关法律规定和就业政策，公共服务机构向失业人员提供了10项就业服务：①政策法规咨询服务，主要向失业人员提供就业创业相关法律政策的咨询服务；②就业信息指导服务，主要向失业人员提供劳动市场的供求信息、市场工资价位指导信息以及培训指导；③就业创业指导服务，主要包括对失业人员的职业介绍服务以及创业开业指导服务；④公共就业服务专项服务；⑤就业援助服务，主要是对就业困难的群体实施就业援助使其能顺利就业；⑥就业失业登记服务，开展就业登记及失业登记事务的办理服务；⑦高校毕业生档案服务，为高等学校、职业技术学校和技工学校的毕业生办理档案接收手续；⑧流动人口信息管理服务，为流动人口办理人事档案的接收、存储和转出服务；⑨失业人员劳动权益保护服务，主要为失业人员提供劳动关系协调服务并保护其劳动合法权益不受侵犯；⑩其他公共就业服务，包含县级以上人民政府对失业人员提供的其他就业服务。可以看出，失业人员可以享有除了第七条之外的所有就业服务。

我国对失业人员的就业服务面向的群体较为全面，服务内容较丰富。失业流动人口可以获取政策法规咨询、职业培训、职业介绍、职业指导、劳动权益保护等就业服务。失业流动人口可以享有的专项就业服务活动包括：就业援助月、春风行动、民营企业招聘周以及金秋招聘月。这四项就业服务从元旦开始至 9 月结束，就业援助月为流动人口实现就业提供援助服务以及政策扶持；春风行动则面向农村转移劳动力和建档立卡贫困劳动力；民营企业招聘周则是向民营企业提供招聘用工服务；金秋招聘月则是在 9 月面向各类企业开展的就业服务活动，主要是民营企业和中小微企业，目的是促进各类用人单位开展招聘活动，促进就业。

（1）就业技能培训服务情况

根据《关于实施外来农民工职业技能特别培训计划的通知》（京人社办发〔2009〕16 号）规定，针对外来农民工的职业技能培训包括岗前培训和职业资格培训。岗前培训主要在家政、护理业中开展，内容为职业道德、职业知识、实操培训，经考核合格取得结业证书；职业资格培训主要针对已就业人员按照相应工种的职业要求，进行分级的理论和实操培训，经鉴定合格颁发职业资格证书。为满足北京市发展需要，在集中使用外来农民工的建筑业和居民生活急需的家政业、护理业，还启动了特别培训计划，免费向外来农民工提供职业技能培训，被建筑行业、家政服务机构、护理服务机构招用的农民工，可参加一次免费职业技能培训和鉴定。《北京市职业培训补贴资金管理办法（试行）》（京人社能发〔2010〕233号）也指出，在北京市从事家政服务、养老护理的外来农民工，可在用人单位统一组织下，参加定点培训机构的职业技能培训。国家制定的《2003—2010年全国农民工培训规划》，开始将农民工的就业服务和培训纳入公共财政范围，各地清理和取消了针对农民工跨地区就业的歧视性规定、不合理限制和收费：开放城市公共职业介绍结构。免费向农民工提供就业信息、职业培训、职业介绍服务等，农民工权益保护力度明显加大。并且2008年初开始实行的《中华人民共和国就业促进法》明确了政府在这方面的责任，规定其要为求职者营造良好的就业氛围，不能有就业歧视现象的发生。

2014年公布的《国家新型城镇化规划（2014—2020年）》关注了失地农民相关的就业问题，其中重点提到失地农民再就业职业技能培训。由政府提供相关经费帮助企业开展失地农民职业技能培训，整合相关信息，建立完备的统筹网络，使失地农民能够保障自己的权益，了解及时有效的信息。2020年中共中央、国务院印发《关于抓好“三农”领域重点工作确保如期实现全面小康的意见》，提出实施家政服务、养老护理、医院看护、餐饮烹饪、电子商务等技能培训，打造区域性劳务品牌。鼓励地方设立乡村保洁员、水管员、护路员、生态护林员等公益性岗位。开展新业态从业人员职业伤害保障试点。国家发展改革委颁布了《2021年新型城镇化和城乡融合发展重点任务》，其中提到需要提升农业转移人口技能素质。高质量推进补贴性培训，完成职业技能提升行动方案确定的5000万人次目标。面向农业转移人口特别是农民工，深化实施农民工“春潮行动”“求学圆梦行动”和农民工职业技能提升行动，支持企业开展新型学徒制培训并按规定给予培训补贴。结合疫情防控形势，适时加大农民工稳就业职业技能培训计划力度。结合促进农民工返乡就业创业和承接产业转移，开展针对性创业技能培训。扩大职业院校面向农业转移人口的招生规模。

在针对女性流动人口群体方面，早在 2001 年发布的《中国妇女发展纲要》就从目标上确定了保障女性劳动者就业的规划。要求政府部门切实做好女性就业者的保障工作，采取多种方式，为她们的求职、在职期间及失业等各阶段提供全方面服务；相关部门要为有再就业意愿的女性求职者提供免费的咨询及指导等服务，并针对她们的知识、技能等提供更多的有针对性的培训；同时，考虑到男女劳动者最大的区别之处——生育问题，政府对此建立并健全了生育保险制度，从而减轻了企业及个人的负担，使得企业能够更放心地录用合适的女性，同时也为女性劳动者增强了竞争力。人力资源社会保障部办公厅、国家乡村振兴局综合司和全国妇联办公厅发布《关于开展家政服务劳务对接助力乡村振兴行动的通知》（人社厅发〔2021〕46 号），提出加强家政服务技能培训。实施职业技能提升行动、康养职业技能培训计划，面向有意愿从事康养服务的脱贫人口、防止返贫监测对象和农村劳动力，开展就业上岗前培训、岗位技能提升培训、转岗转业培训和创业培训，不断提高家政从业人员职业技能水平。组织制定健康照护师等家政服务领域职业标准。按规定落实好职业技能培训补贴、职业技能鉴定补贴、生活费补贴政策，所需资金从职业技能提升行动专账资金中列支。按规定落实好参保职工技能提升补贴政策，所需资金从失业保险基金中列支。有条件的地方，可适当提高职业技能培训补贴标准。同时加强家政培训能力建设。指导技工院校积极开设家政服务等专业，加大与相关企业合作力度，扩大招生和培训规模，提升家政服务业人才培养质量。发挥省级家政服务培训示范基地、各级巾帼家政培训示范基地的示范引领作用，大力开展家政服务从业人员职业技能培训工作。通过积极举办家政服务业相关职业（工种）的职业技能竞赛促进乡村技能人才队伍建设，在全国技能大赛、全国乡村振兴职业技能大赛等各类涉农职业技能竞赛中积极设置家政服务类竞赛项目。

针对大学生流动人口群体，《人力资源社会保障部关于做好 2021 年全国高校毕业生就业创业工作的通知》提出加强职业技能培训：各地要深入实施“百万青年技能培训行动”，对接产业发展与毕业生就业急需，推进高质量职业培训，提升毕业生职业发展能力。扩大职业培训规模，开展青年企业新型学徒制培训、技能研修培训、以工代训，增加新兴产业、智能制造、现代服务业等岗位培训，支持毕业生参加线上技能培训，对有培训需求的应培尽培，符合条件的毕业生按规定享受职业培训补贴。着力拓展新职业培训，开发一批云计算、大数据、物联网等领域培训项目。调动企业、培训机构优质培训资源，提供一批适合毕业生的高质量培训项目。拓展精细化职业指导，组建专业化高素质职业指导师队伍，开展职业指导师进校园进社区活动，每人联系服务一定数量的本地高校和社区，为毕业生提供求职指导、职业规划等服务，有条件的地方可开发面向毕业生的职业指导教材，推出一批精品指导课。

（2）创业、补贴及贷款情况

国家发展改革委等颁布了《关于科学利用林地资源　促进木本粮油和林下经济高质量发展的意见》，对符合条件的返乡入乡创业农民工，按规定给予税费减免、创业补贴、创业担保贷款及贴息等创业扶持政策。对在农村建设的保鲜仓储设施用电以及木本粮油和林下经济产品就近初加工用电，实行农业生产用电价格。将符合条件的木本粮油和林下经济良种培育、优质丰产栽培、林机装备、循环利用、储藏加工、质量检测等方面的关键技术研发纳入国家科技计划，支持全产业链科技创新。2020 年 7 月 29 日，李克强总理主持召开国务院常务会议，部署推出支持农民工就业创业新举措，助力保就业保民生。会议指出，进一步支持农民工就业创业，是促进稳就业和农民增收的重要内容。为此要压实地方责任，拓宽就业渠道，稳定城镇常住农民工就业；要支持农民工就地就近就业；要以创业带动就业。会议特别强调，对农民工首次创业且正常经营 6 个月以上的，可先行申领一次性创业补贴的一半资金。人力资源社会保障部办公厅、国家乡村振兴局综合司和全国妇联办公厅发布《关于开展家政服务劳务对接助力乡村振兴行动的通知》（人社厅发〔2021〕46 号），提出支持家政服务领域创业。引导脱贫人口、防止返贫监测对象和农村劳动力返乡入乡在家政服务领域创业、乡村能人就地创业，帮助有条件的脱贫人口和防止返贫监测对象自主创业，按规定落实税费减免、场地安排、创业担保贷款及贴息、一次性创业补贴和创业培训等政策支持。2020 年中共中央、国务院印发《关于抓好“三农”领域重点工作确保如期实现全面小康的意见》提出深入实施农村创新创业带头人培育行动，将符合条件的返乡创业农民工纳入一次性创业补贴范围。

疫情期间，我国出台了带训补贴新政策。主要针对中小微企业：根据《国家统计局关于印发〈统计上大中小微型企业划分办法（2017）〉的通知》（国统字〔2017〕213 号）的规定执行，或税务信息系统已按照《统计上大中小微型企业划分办法（2017）》，对企业类型进行划分的，可根据税务信息系统予以划分界定。以工代训范围包括——支持困难企业以工代训，稳岗位、保生活。具体措施可以分为，①对受疫情影响出现生产经营暂时困难的中小微企业，组织职工开展以工代训的，可根据组织以工代训人数给予企业以工代训补贴。②受疫情影响较大的住宿餐饮、文化旅游、交通运输、批发零售等行业，以工代训补贴范围扩展到大型企业。支持各类企业吸纳特殊群体以工代训：①对中小微企业新吸纳（以职工在该企业新增参加失业保险不超过一年认定）就业困难人员、零就业家庭成员、离校两年内高校毕业生、登记失业人员就业，开展以工代训并进行实名制登记的，可根据新吸纳人数给予企业以工代训补贴。②企业、农民专业合作社和就业扶贫车间等各类生产经营主体吸纳脱贫人口（原建档立卡贫困家庭劳动力）就业，可根据吸纳人数给予生产经营主体以工代训补贴。③参保企业吸纳就业困难人员、零就业家庭成员就业，开展以工代训并进行实名制登记的，可根据吸纳人数给予生产经营主体以工代训补贴。满足以工代训条件的，按每人每月 500 元标准给予企业以工代训补贴，最长不超过 6 个月（劳动者在不同生产经营主体就业的，申请补贴的月数总和不超过 6 个月）。政策实施期限为 2021 年 1 月 1 日至 12 月 31 日。12 月 31 日前提交申请，可从 2021 年 1 月起，按规定一次性申领全部月份以工代训补贴。企业可登录“补贴性职业培训管理平台”，将相关材料录入、扫描至管理平台并提交属地人社部门审核。劳务派遣人员由用工单位申领以工代训补贴。如有符合条件的企业未列入名单，由企业提供 2020 年 1～6 月和 2021 年 1～6 月的《增值税纳税申报表》进行核查。韶关市人社局发布《“以工代训”职业培训补贴办事指引》，明确韶关市用人单位开展以工代训，可获每人每月 500 元的补贴，最长不超过 6 个月。

针对大学生流动人口群体数量增加、就业压力持续上升的情况，自 2002 年起，国务院印发关于普通高等学校毕业生就业工作的通知中开始出现“创业”字眼。《关于促进以创业带动就业工作指导意见的通知》（国办发〔2008〕111 号）提到，“创业是劳动者通过自主创办生产服务项目、企业或从事个体经营实现市场就业的重要形式。劳动者通过创业，在实现自身就业的同时，吸纳带动更多劳动者就业，促进了社会就业的增加。以创业带动就业工作是实施扩大就业发展战略的重要内容，是新时期实施积极就业政策的重要任务”。2010 年，人力资源和社会保障部印发《关于实施大学生创业引领计划的通知》（人社部发〔2010〕31 号），专门针对大学生这一特殊群体的创业问题进行规划，市场导向的大学生创业机制初步建立。同年，教育部办公厅下发《关于做好核发〈高校毕业生自主创业证〉有关工作的通知》（教学厅函〔2010〕31 号），明确了发放对象、创业税收优惠政策享受流程、《创业证》申领程序和监督管理工作等。随后几年，各部门从完善创业政策、创业教育、创业服务等角度提出意见或建议，推动大学生就业创业工作的发展。2014 年 9 月夏季达沃斯论坛上李克强总理首次提出“大众创业、万众创新”，迎来“大众创业、万众创新”的新时代。根据 2015 年《政府工作报告》部署，国务院印发《关于大力推进大众创业万众创新若干政策措施的意见》（国发〔2015〕32 号），这是推动“大众创业、万众创新”的系统性、普惠性政策文件。同年，各部门出台了一系列相关政策通过发展众创空间、加快构建支撑平台、进一步做好新形势下就业创业工作、深化高校创新创业教育改革、建立部际联席会议制度和政策协调联动机制及政策措施落实情况督查督导机制，形成强大推动力。《人力资源社会保障部关于做好 2021 年全国高校毕业生就业创业工作的通知》提出引导扶持创业创新。各地要结合创新驱动、新兴产业发展，积极支持有意愿、有潜能的毕业生投身创业创新。将创业培训向校园延伸，针对毕业生特点提供创业意识教育、创业项目指导、网络创业等培训。加大资金保障力度，落实创业担保贷款提高额度、降低利率政策和免除反担保要求，允许毕业生在创业地申请创业担保贷款。倾斜创业服务资源，为毕业生推荐适合的创业项目，提供咨询辅导、成果转化、跟踪扶持等一站式服务，政府投资开发的各类创业载体安排一定比例场地，免费向毕业生提供。支持留学回国人员创业创新，加强留学人员创业园建设，提供创业项目支持，鼓励开展创业研修班、创业导师进园区等活动，深入实施留学人员回国创业启动支持计划。积极挖掘数字经济、平台经济从业机会，瞄准线上教育、文化创意、新媒体运营等领域，加大税收优惠、社保补贴等政策落实力度，完善保障举措，支持毕业生从事个体经营、非全日制就业和平台就业。

（3）增加就业岗位情况

针对农民工等低学历流动人口群体，国家发展改革委等发布了《关于在农业农村基础设施建设领域积极推广以工代赈方式的意见》，文中提到，广泛组织动员农村劳动力参与工程建设。对于采取以工代赈方式实施的农业农村基础设施项目，有关行业主管部门要鼓励引导项目实施单位按照就地就近的原则，优先吸纳脱贫不稳定户、边缘易致贫户、其他农村低收入群体参与工程建设，在确保工程质量和项目进度的前提下，尽量动员当地农村劳动力参与，最大可能提供更多就业岗位。2020 年中共中央、国务院印发《关于抓好“三农”领域重点工作确保如期实现全面小康的意见》提到，稳定农民工就业。落实涉企减税降费等支持政策，加大援企稳岗工作力度，放宽失业保险稳岗返还申领条件，提高农民工技能提升补贴标准。农民工失业后，可在常住地进行失业登记，享受均等化公共就业服务。出台并落实保障农民工工资支付条例。以政府投资项目和工程建设领域为重点，开展农民工工资支付情况排查整顿，执行拖欠农民工工资“黑名单”制度，落实根治欠薪各项举措。实施家政服务、养老护理、医院看护、餐饮烹饪、电子商务等技能培训，打造区域性劳务品牌。鼓励地方设立乡村保洁员、水管员、护路员、生态护林员等公益性岗位。开展新业态从业人员职业伤害保障试点。深入实施农村创新创业带头人培育行动，将符合条件的返乡创业农民工纳入一次性创业补贴范围。

结合当前疫情防控常态化新形势，北京市人社局、财政局联合印发《关于精准支持重点行业中小微企业稳定就业工作的通知》，把职业技能培训作为保持就业稳定的重要举措，精准施策，提升劳动力技能素质，助力企业复工复产。援企稳岗政策包括：以训稳岗培训补贴和临时性岗位补贴两项政策。从5月6日起，分四批公布重点行业中小微企业名单，企业可叠加申请上述两项补贴政策，最高标准可达每人4540元。其中，对于组织职工开展培训时长累计不低于20课时（900分钟）的，按照每人500元补贴企业，培训补贴最高不超过120课时（5400分钟）3000元；而临时性岗位补贴在开展培训的同时，按参训职工每人1540元的标准，企业就可立即申请。重庆市为切实减轻中小企业负担，充分发挥中小企业在抗击疫情中稳定就业岗位的重要作用，发布《关于支持中小企业应对新型冠状病毒感染肺炎疫情实施援企稳岗返还政策的通知》，实施援企稳岗返还政策，预计返还资金16亿元，稳定就业岗位70多万个。2020年，辽宁省各级人社部门深入贯彻落实习近平总书记“要用好用足援企稳岗政策”“抓好失业保险援企稳岗政策落地”重要指示精神和省委、省政府决策部署，扎实推进失业保险稳岗返还政策持续发力，失业保险“稳就业、防失业”作用充分发挥，为企业发展保驾护航。截至10月中旬，辽宁省已为5.2万户企业核拨返还资金33.3亿元，稳定就业岗位378万个。2020年，福建省坚决贯彻落实党中央、国务院决策部署，大力实施就业优先战略，创新“1234”稳就业工作法，减负稳岗扩就业并举，确保就业局势稳定，稳就业工作做法被国务院通报表扬。2020年，全省城镇新增就业54.62万人，失业人员再就业24万人，均超额完成全年任务；城镇登记失业率控制在3.5%～4.19%。截至2020年12月底，2020届高校毕业生就业率达98.5%，高于2019年同期的96.84%。

针对高校毕业生这类流动人口群体，政策为其提供了众多就业岗位，包括“西部计划”、选聘高校毕业生到村任职工作、“三支一扶”计划、特设岗位计划等政策计划：“大学生志愿服务西部计划”（简称西部计划）是经国务院常务会议决定，由团中央、教育部、财政部、人力资源社会保障部共同组织实施的一项重大人才工程，该项目于2003年正式启动。该计划鼓励大学毕业生到西部基层进行志愿服务，服务期为1~3年，主要从事教育、卫生、农技、扶贫等工作，并大力支持志愿者服务期满后扎根当地就业创业。促进优秀人才到偏远地区流动，一定程度上缓解大学生就业压力，为大学生服务社会、建功立业创造机会。"选聘高校毕业生到村任职工作"，中央办公厅、国务院办公厅印发《关于引导和鼓励高校毕业生面向基层就业的意见》（中办发〔2005〕18号）摸索推进选聘高校毕业生到村任职工作，加大对大学生基层就业的鼓舞力度，各省区市认真学习政策文件，并结合当地实情加以落实。"三支一扶"由中组部、原人事部等八部门下发《关于组织开展高校毕业生到农村基层从事支教、支农、支医和扶贫工作的通知》（国人部发〔2006〕16号）正式提出，旨在解决乡镇教育、农业、医疗、扶贫等问题。2011年4月，人力资源社会保障部等下发《关于继续做好高校毕业生三支一扶计划实施工作的通知》（人社部发〔2011〕27号），决定继续组织开展"三支一扶"计划，巩固并扩大"三支一扶"计划实践成果。2016年9月，人社部、财政部印发《"三支一扶"人员能力提升专项计划实施方案》（人社厅发〔2016〕136号），该方案明确规定了"三支一扶"人员的岗前培训时间、覆盖人员数量、政治思想水平等具体内容，对"三支一扶"人员提出更加严格的要求。此后，国家相继发布《"十三五"促进就业规划》《关于进一步引导和鼓励高校毕业生到基层工作的意见》《关于做好2019年高校毕业生"三支一扶"计划实施工作的通知》等，高度重视"三支一扶"计划的实施、发展。教育部、财政部、原人事部、中央编办下发《关于实施农村义务教育阶段学校教师特设岗位计划的通知》（教师〔2006〕2号），联合启动实施"特岗计划"，公开招聘高校毕业生到"两基"攻坚县农村义务教育阶段学校任教。特岗教师聘期3年。"特岗计划"的实施改善了农村师资力量，有效缓解了农村教育资源落后的现象，明显改变了农村学校的精神面貌。并且"特岗计划"为高校毕业生增加了就业岗位，为高校毕业生提供了一个展示自我、锻炼自我、服务社会的机会，为大学生就业问题提供了一个新的解决方案。

（4）社会保障和失业救助情况

针对较低学历的农民工就业保障政策，2002 年发布的《关于进一步做好下岗失业人员再就业工作的通知》指出，“要坚持市场导向的就业机制，实施积极的就业政策，多渠道开发就业岗位，努力改善就业环境”，该文件强调在重点解决下岗失业人员再就业问题和重组改制关闭破产企业职工安置问题的同时，继续做好高校毕业生、进城务工农村劳动者和被征地农民等的就业和再就业工作。2006 年国务院出台了《关于建立被征地农民培训就业和社会保障制度的意见》，失地农民被纳入农村社会保障体系之中，不仅可以获取补偿款和再就业安置，地方财政也将失地农民的再就业培训和社会保障纳入其工作职责中。在 2007 年发布的《关于切实做好被征地农民社会保障工作有关问题的通知》中着重提到，对于被征地农民社会保障要明确工作责任、加强监督审查，确保资金来源、规范资金管理。民政部、财政部印发《关于进一步做好困难群众基本生活保障工作的通知》，提到适度扩大临时救助范围，实现“应救尽救”，加强对生活困难未参保失业人员的救助帮扶，适度扩大临时救助范围。对受疫情影响无法返岗复工、连续三个月无收入来源，生活困难且失业保险政策无法覆盖的农民工等未参保失业人员，未纳入低保范围的，经本人申请，由务工地或经常居住地发放一次性临时救助金，帮助其渡过生活难关。具体标准由各地根据救助保障需要和疫情影响情况确定。2006 年 1 月，原劳动保障部、财政部联合下发的《关于适当扩大失业保险基金支出范围试点有关问题的通知》开始逐步扩大保障范围，着重从就业促进等方面入手，发挥失业保险积极作用。2010 年 10 月 28 日中华人民共和国主席令公布了《中华人民共和国社会保险法》，将进城农民工纳入社会保险体系，村保、镇保、城保相互衔接。随着 2008 年国际金融危机的爆发，稳定就业局势开始成为政府重要工作之一，因此政府于 2009 年颁布了《关于延长东部 7 省（市）扩大失业保险基金支出范围试点政策有关问题的通知》，明确相关省（市）政府可适当增加就业问题的决策权和自主权。2011 年是我国法律以及社会保障发展过程中的重要节点，颁布的《社会保险法》从法律层面对失业保险作出规定，并且对于女性农民工不仅有失业保险的保障，还有生育保险政策的保障。这都是对女性流动人口失业层面的保障和救助。2020 年中共中央、国务院印发《关于抓好“三农”领域重点工作确保如期实现全面小康的意见》提出稳定农民工就业。落实涉企减税降费等支持政策，加大援企稳岗工作力度，放宽失业保险稳岗返还申领条件，提高农民工技能提升补贴标准。农民工失业后，可在常住地进行失业登记，享受均等化公共就业服务。出台并落实保障农民工工资支付条例，以政府投资项目和工程建设领域为重点，开展农民工工资支付情况排查整顿，执行拖欠农民工工资“黑名单”制度，落实根治欠薪各项举措。

针对高校毕业生这类流动人口群体：在劳动部和社会保障部发布的《关于贯彻落实国务院办公厅关于做好 2003 年普通高等学校毕业生就业工作的通知若干问题的意见》中，首次提出加强失业登记和组织管理，对未就业和生活困难的高校毕业生，在失业、求职期间给予生活和就业方面的帮助。凡进行失业登记的离校毕业生，凭失业登记证明享受各项免费就业服务。2005 年，中共中央办公厅、国务院办公厅印发《关于引导和鼓励高校毕业生面向基层就业的意见》，明确提出了帮助回到原籍、尚未就业的高校毕业生提升职业技能和促进供需见面，地方政府要创造条件，探索建立高校毕业生见习制度。地方政府有关部门可根据实际需要，联系部分企事业单位，为高校毕业生建立见习基地或提供见习岗位，安排见习指导老师，组织开展见习和就业培训，促进他们尽快就业。见习期一般不超过 1 年，见习期间，由见习单位和地方政府提供基本生活补助。人力资源和社会保障部、教育部、工业和信息化部等联合下发《关于印发三年百万高校毕业生就业见习计划的通知》，决定自 2009 年至 2011 年，拓展和规范一批用人单位作为高校毕业生见习基地，用 3 年时间组织 100 万离校未就业高校毕业生参加就业见习。2011 年国务院颁布《关于进一步做好普通高等学校毕业生就业工作的通知》，强调强化就业援助，各级公共就业人才服务机构要将就业困难的高校毕业生纳入当地就业援助体系，建立专门台账，实施“一对一”职业指导和重点帮扶，并向用人单位重点推荐，或通过公益性岗位安置就业。

对符合条件的人员按规定落实社会保险补贴和公益性岗位补贴。在政府的推动下，未就业高校毕业生的失业救助政策正一步步走向深化。人力资源和社会保障部发布的《关于做好2012届离校未就业高校毕业生实名登记和就业服务工作的通知》，要求进一步完善以实名制为基础的高校毕业生就业统计制度，做好高校毕业生离校前后的信息衔接和服务接续，广泛开展离校未就业高校毕业生就业服务工作。2013年，人社部发布了《关于实施离校未就业高校毕业生就业促进计划的通知》，明确规定了促进未就业高校毕业生就业的工作措施，即通过开展实名登记、提供职业指导、提供就业信息、提供创业服务、开展重点就业帮扶、组织就业见习、组织职业培训等措施，实现未就业高校毕业生的就业。《人力资源社会保障部关于做好2021年全国高校毕业生就业创业工作的通知》提出积极拓展就业见习。各地要按照扩大见习规模的要求，明确本地年度目标任务，细化措施安排，抓好见习组织实施。多渠道募集见习岗位，动员企事业单位履行社会责任，提供更多能够发挥毕业生专长的管理、技术、科研类岗位。制定见习单位目录和岗位清单，广泛发布并向毕业生及时推送，举办见习宣传推介、专场招募、双向洽谈活动，将有见习需求的毕业生及时组织到见习活动中。推进见习规范管理，指导做好见习协议签订、带教制度落实、见习待遇保障相关工作。开展高校毕业生就业见习示范单位创建活动，选树一批岗位质量高、见习成效好、行业代表性强的单位，带动提升见习吸引力和见习工作质量。

（5）就业信息及招聘会情况

《中华人民共和国就业促进法》第三十五条："县级以上人民政府建立健全公共就业服务体系，设立公共就业服务机构，为劳动者免费提供下列服务：（一）就业政策法规咨询；（二）职业供求信息、市场工资指导价位信息和职业培训信息发布；（三）职业指导和职业介绍。"《人力资源社会保障部办公厅关于做好农村贫困劳动力就业信息平台有关工作的通知》（人社厅发〔2017〕9号），提出为贯彻落实《人力资源社会保障部财政部国务院扶贫办关于切实做好就业扶贫工作的指导意见》（人社部发〔2016〕119号），为就业扶贫工作提供技术支撑，组织建设了"农村贫困劳动力就业信息平台”：旨在依托互联网，通过平台建设全国农村贫困劳动力就业信息实名制动态数据库，形成跨部门、跨地区联动维护机制，使各级人力资源社会保障部门明确本地区就业扶贫工作对象，并动态管理农村贫困劳动力就业失业信息，记载提供相关就业服务和享受政策情况，全面体现本地区就业扶贫工作进展和成效。北京市按照国家开展“春风行动”的通知，发布《关于开展2013年春风行动的通知》（京人社职介发〔2013〕16号），提出结合当前产业结构调整以及转移就业的新特点，开展以“搭建供需平台，促进转移就业”为主题的职业介绍活动。要求各区（县）在完成岗位信息采集工作的基础上，结合本区特点，为外来农民工定期举办不同行业、工种的专场招聘会，还深入火车站、长途汽车站等重点集散地，设立公共职业介绍机构的信息服务站，帮助外来农民工实现就业和有序流动。

为推进政府部门网站的信息化建设进程，让政府部门发挥好信息化建设的表率作用，近年来，我国先后针对政府公众信息网站建设、政府网站建设和管理等方面颁布了多个文件。2016年人社部办公厅发布了《关于加快推进公共就业服务信息化建设和应用工作的指导意见》，对就业创业工作的新目标、服务对象的新需求和信息技术的新发展深度融合做出了要求，就加快公共就业服务业务应用系统建设、打造“互联网+”公共就业创业服务平台等方面做出了具体要求。得益于国家层面对于信息化建设的顶层设计和制度安排，各级政府也逐渐对就业公共服务的信息化给予高度重视。2017年，福建省人力资源和社会保障厅办公室也发布了《关于印发福建省“互联网+人社服务”工作方案的通知》，文件要求福建省加快构建线上线下一体化的“互联网+人社服务”体系，提升人力资源社会保障部门服务水平和能力。此外，还有部分先进县市建立了专门的就业网站。官方信息的公开发布，不仅保证了就业信息的权威性，大大节约了求职者信息筛选的时间，还有助于政府部门及时分析出就业困难群众的困难原因以便帮助他们精准就业，有助于发挥就业对于精准扶贫的重要作用。

针对高校毕业生这类流动人口群体：2006年，由中组部、中宣部等部门联合下发了《关于切实做好2006年普通高等学校毕业生就业工作的通知》，提出了加强对离校后未就业高校毕业生的就业服务和社会保障工作。离校后未就业高校毕业生可到各类人才和职业中介机构登记求职，政府举办的公共就业服务机构、人才交流服务机构、高校毕业生就业指导服务机构应提供免费职业介绍服务。2020 年新冠疫情突袭而至，政府及时印发《关于做好疫情防控期间有关就业工作的通知》，提出完善高校毕业生就业的具体举措，确保“线上招聘不停歇，就业服务不打烊”。从组织网上就业大市场、优化网上就业服务、强化线上就业创业指导等三方面完善网上就业服务政策，保障大学毕业生就业工作的顺利开展。《人力资源社会保障部关于做好 2021 年全国高校毕业生就业创业工作的通知》提出强化精准招聘服务。各地要针对毕业生特点，搭建便捷高效的求职招聘通道，提升人岗匹配效率。常态化开展线上招聘，对标部级高校毕业生就业服务平台加快完善本地服务专区，丰富栏目内容和服务资源，有条件的增设简历投递、视频面试等功能，广泛归集发布招聘信息，推广应用高校毕业生精准招聘平台。开展高校毕业生就业云服务活动，围绕热门行业、重点企业、地方特色，联合社会力量推出“直播带岗”“直播政策”“新职业体验”等，提升服务吸引力。提升线下服务品质，根据当地疫情防控要求，结合毕业生求职特点，灵活举办分行业、分专业、小型化招聘活动，拓展本地化服务项目，创新跨区域招聘组织模式，积极促进供需对接。将海外留学回国毕业生全面纳入公共就业人才服务体系，有针对性地挖掘提供就业岗位，举办专场招聘或开设网上招聘专区，对符合条件的落实就业创业支持政策。

（6）就业援助（帮扶）服务情况

《就业促进法》于 2007 年 8 月 30 日第十届全国人民代表大会常务委员会第二十九次会议通过，自 2008 年 1 月 1 日起施行，2015 年 4 月进行修订，该部法律对公共就业机构所需提供的服务内容作出明确规定，指出健全公共就业服务体系。同时，对就业困难人员进行界定以及强调实行优先帮扶。该法第五十二条、五十三条和第五十四条皆为关于就业援助的相关规定，尤其第五十四条规定：“地方各级人民政府加强基层就业援助服务工作，对就业困难人员实施重点帮助，提供有针对性的就业服务和公益性岗位援助；地方各级政府鼓励和支持社会各方面为就业困难人员提供技能培训、岗位信息等服务。”这是进城务工农民工享有就业服务权相关内容的又一次明确化。并且对于女性农民工，相关部门要为有再就业意愿的女性求职者提供免费的咨询及指导等服务。

针对较低学历的流动人口群体：2010 年，人力资源社会保障部印发《关于加强就业援助工作的指导意见》，要求就业援助工作要更加精细、长效化，做好就业困难群体的就业工作。2015 年，国务院印发《关于进一步做好新形势下就业创业工作的意见》，指出新形势下进一步加强就业困难人员的就业援助。2018 年，人力资源社会保障部等三部门联合印发《关于推进全方位公共就业服务的指导意见》，提出明确服务的基本内容，对困难人员求职创业全过程实施就业援助和帮扶。2009 年，《山东省就业促进条例》指出，公共就业服务机构应当为就业困难人员免费的就业援助服务。2017 年，山东省人民政府《关于印发山东省“十三五”促进就业规划的通知》规定，通过完善就业援助制度以及相关政策，进一步促进企业吸纳就业困难人员，从而实现就业。2018 年，山东省人民政府《关于进一步稳定和扩大就业的若干意见》，指出对就业困难人员范围进行合理界定，强化分类帮扶的就业援助长效机制。2019 年，山东省人力资源和社会保障厅《关于印发就业政策落实服务落地专项行动方案的通知》，要为就业困难人员实施个性化的帮扶，尽快使有就业意愿的就业困难人员实现就业。山东省人力资源和社会保障厅、省发改委、省财政厅联合印发《关于推进全方位公共就业服务的实施意见》，明确就业困难人员等重点群体的专项服务，跟踪解决就业过程中遇到的难题，实施优先帮扶。

针对高校毕业生这类流动人口群体：国务院办公厅发布的《关于做好 2007 年高校毕业生就业有关工作的通知》中提出重点帮助困难家庭高校毕业生落实就业，针对困难家庭毕业生的特点和需求开展就业指导，提供“一对一”就业服务和重点推荐，并尽量给予适当求职经济补贴。2009 年，人力资源和社会保障部、教育部和财政部《关于开展高校毕业生就业推进行动的通知》提出强化对困难高校毕业生的就业援助，要落实促进困难毕业生就业的各项扶持政策，通过优先推荐就业和见习岗位、帮助自谋职业和自主创业、开发公益性岗位安置等方式，力争使所有困难毕业生在年底前实现就业。2011 年国务院颁布《关于进一步做好普通高等学校毕业生就业工作的通知》继续强调强化就业援助，各级公共就业人才服务机构要将就业困难的高校毕业生纳入当地就业援助体系。2009 年，为积极应对国际金融危机对高校毕业生就业的影响，教育部办公厅发布《关于当前做好高校困难毕业生就业帮扶工作的通知》（教学厅〔2009〕7 号），指示各级教育行政部门和高等学校开展就业帮扶工作，尽快帮助他们实现就业，在就业过程中对高校困难毕业生给予适当倾斜，切实保障高校困难毕业生顺利就业。同年，中华全国总工会、教育部发布《关于开展“困难职工家庭高校毕业生阳光就业行动”的通知》（总工发〔2009〕20 号），深入困难职工家庭中开展普遍调查，各部门加强协调配合，对困难家庭高校毕业生给予经济支持，并提出学费补偿、助学贷款代偿资助、创业贷款和税收优惠等扶持政策。《人力资源社会保障部关于做好 2021 年全国高校毕业生就业创业工作的通知》提出扎实做好困难帮扶。各地要将困难毕业生作为重点对象，实施专项帮扶、优先援助。依托求职创业补贴政策数据库，建立低收入家庭、零就业家庭、残疾毕业生及就业困难的少数民族毕业生帮扶清单，指定专人负责，开展“一对一”帮扶。根据毕业生需求量身定制求职计划，优先提供岗位、优先推荐录用，对通过市场化方式确实难以实现就业的，按规定利用公益性岗位托底安置。

（7）工资标准及福利待遇情况

2012 年初，国务院发布的《关于批转促进就业规划（2011—2015 年）的通知》明确提出要消除制度导致的就业问题，为农民工就业进行顶层政策设计，围绕培训、服务、维权，建立健全“三位一体”工作方法，让农村富余劳动力转移到城市实现稳定再就业。《关于批转促进就业规划（2011—2015 年）的通知》还要求增加服务内容，提升服务能力，为农民工提供可以得到充分保障的就业方面的服务。与此同时，还要加强基层就业和社保体系的建设与完善。国家出台的这些政策文件，充分彰显出国家对农村富余劳动力就业的高度重视，充分表明国家有决心、有能力为农民工提供优质的就业服务。但是，我们还应注意到在已经颁布的众多制度文件中仅仅只有《就业促进法》一部是法律性文件，但依然不是专门针对农民工颁布的就业法律，这说明我国在专门保障农民工就业方面还存在法律失位。《就业促进法》要求各级政府统筹改善农村富余劳动力的就业，但只是限于顶层的方向性规划，并没有就如何完善农民工就业服务体系、丰富服务内容、拓展服务路径等方面给出具体实施意见。《中华人民共和国妇女权益保障法》明确规定了禁止用人单位性别歧视以及对女性合法权利进行保护："国家保障妇女享有与男子平等的劳动权利"，"实行男女同工同酬"。2001 年发布的《中国妇女发展纲要》从目标上确定了保障女性劳动者就业的规划。要求政府部门切实做好女性就业者的保障工作，采取多种方式，为她们求职、在职期间及失业等各阶段提供全方面服务。这样可以有效提高女性农民工的工资标准和福利待遇。

（8）就业公平与权益保障情况

2006 年出台的《国务院关于解决农民工问题的若干意见》（国发〔2006〕5 号）明确将农民工纳入城市公共服务体系，并就农民工管理、培训、维权等方面给出了现实解决路径。《中共中央、国务院关于促进农民增加收入若干政策的意见》《国务院办公厅关于做好农民进城务工就业管理和服务工作的通知》《国务院办公厅关于进一步做好改善农民进城就业环境工作的通知》等文件逐步取消了农民工就业中的不合理收费。2006 年人社部在全国范围内开展了"春风行动"，此次行动的意义在于解决农民工在城市中就业出现的一系列问题。同一年，国家出台了《国务院关于加强和改进社区服务工作的意见》（国发〔2006〕14 号），文件要求为流动人口的生活与就业创造好的环境和条件。2010 年公布的《中华人民共和国就业促进法》要求建立完善的就业服务体系，创造条件扩大就业。2010 年中央一号文件明确要求"采取有针对性的措施，着力解决新生代农民工问题"。2011 年末，中共中央经济工作会议强调：必须解决农民工在城市中工作时带来的生活方面的问题，帮助农民工解决因为进城务工带来的包括就业和生活等方面一系列困难。2012 年民政部出台的《关于促进农民工融入城市社区的意见》是中央就农民工融入社区下发的第一个专门性文件，文件指出将社区的功能发挥到极致，将农民工的服务和管理纳入以社区为单位的平台中，并加以完善，促进农民工更好地接纳城市生活。城市社区的主要任务是建立以社区为载体的农民工服务管理平台，落实各项政策，做好社区农民工就业服务。2018 年人社部等三部门印发的《关于推进全方位公共就业服务的指导意见》提出要坚持改革创新，提供覆盖全民、贯穿全程、辐射全域、便捷高效的全方位公共就业服务。2015 年，《国务院办公厅关于支持农民工等人员返乡创业的意见》（国办发〔2015〕47 号）旨在通过政策引导和产业扶持鼓励农民工返乡创业。同年，国务院发布了《关于大力推进大众创业万众创新若干政策措施的意见》（国办发〔2015〕32 号），对创新、创业提供了指导意见和根本遵循。2016 年，人社部等五部门发布了《关于实施农民工等人员返乡创业培训五年行动计划（2016~2020 年）的通知》，对农民工如何提升创业能力进行了分类细化指导。

在女性就业权益的保障过程中，更是强调就业公平性，这一直以来都是政府相关部门的工作重点，主张用法律的方式来保护女性合法利益，并将此作为社会文明进步的重要体现。针对妇女就业权益保障的法律法规很多，如《劳动法》《劳动合同法》《劳动者权益保护法》中均对此有所规定；此外，《女职工劳动保护特别规定》《妇女权益保障法》等法律则专门保护该群体的权益，以免相关就业者的合法利益受到侵害。例如我国的宪法就明确规定了妇女在政治、经济、文化等各个方面与男性平等，尽管《劳动法》的对象为全体就业者，但是其中明文规定了男女平等的就业权益。企业不能用性别作为将女性拒之门外的理由，不能对她们实行更加严苛的标准，且不能在她们处于特殊生理时期与其解除劳动合同。且针对女性及未成年劳动者的特别保护，明确提出各种不得强制女性职工工作的情况。此外，《中华人民共和国妇女权益保障法》明确规定了禁止用人单位性别歧视以及对女性合法权利进行保护："国家保障妇女享有与男子平等的劳动权利"，"实行男女同工同酬"。《女职工劳动保护规定》则明确指出如无特殊规定，任何单位不得只招录男职工，且对女性劳动者在特殊生理时期的健康权益进行了保护。2001 年发布的《中国妇女发展纲要》从目标上确定了保障女性劳动者就业的规划。要求政府部门切实做好女性就业者的保障工作，采取多种方式，为她们求职、在职期间及失业等各阶段提供全方面服务；相关部门要为有再就业意愿的女性求职者提供免费的咨询及指导等服务，并针对她们的知识、技能等提供更多的有针对性的培训；同时，考虑到男女劳动者最大的区别之处——生育问题，政府对此建立并健全了生育保险制度，从而减轻了企业及个人的负担，使得企业能够更放心地录用合适的女性，同时也为女性劳动者增强了竞争力。2008 年初开始运行的《中华人民共和国就业促进法》明确了政府在这方面应尽的责任，规定其要为求职者营造良好的就业氛围，不能有就业歧视现象。

（9）改善居住条件及工作环境情况

进入 21 世纪，国家出台了一系列与农民工就业服务有关的法律法规及文件制度。如 2004 年出台了《国务院办公厅关于进一步做好改善农民进城就业环境工作的通知》（国办发〔2004〕92 号），有利于改善农民进城就业环境，促进农村富余劳动力转移，增加农民收入。2010 年中央一号文件明确要求“采取有针对性的措施，着力解决新生代农民工问题”。2011 年末，中共中央经济工作会议强调：必须解决农民工在城市中工作时面临的生活方面的问题，帮助农民工解决因为进城务工带来的包括就业和生活等方面的一系列困难。2012 年民政部出台的《关于促进农民工融入城市社区的意见》是中央就农民工融入社区下发的第一个专门性文件，文件指出将社区的功能发挥到极致，将农民工的服务和管理纳入以社区为单位的平台中，并加以完善，促进农民工更好地接纳城市生活。城市社区的主要任务是建立以社区为载体的农民工服务管理平台，落实各项政策，做好社区农民工就业服务。2018 年人社部等三部门印发的《关于推进全方位公共就业服务的指导意见》提出要坚持改革创新，提供覆盖全民、贯穿全程、辐射全域、便捷高效的全方位公共就业服务。

（二）流动人口就业服务使用情况

对流动人口就业服务使用情况进行分析，需要对流动人口就业服务进行调查，本部分主要从失业救济金、医疗补助金、职业培训和介绍、人才招聘会、养老保险、医疗保险、工伤保险、失业保险、生育保险、住房公积金这几个方面来分析失业流动人口享受就业服务的情况。

由表 9-26 可知，失业流动人口中未享受失业救济金的人数超过 50%，一半以上的失业流动人口未享受失业救济金这一服务；享受了医疗补助金的失业流动人口数量占比更低，仅达到了 15.9%，大部分失业流动人口未享受医疗补助金这一服务；而未享受到职业技能培训和职业介绍的失业流动人口数量占比达到了 77.8%；未参加过人才招聘会的失业流动人口数量超过一半，占 58.1%；从“五险一金”来看，失业流动人口养老保险、医疗保险和工伤保险的参保率较高，超过一半的失业流动人口参保，而生育保险和失业保险则参保率较低，分别为 41.7%和 30.0%，住房公积金的缴纳人数占比较低，仅为 37.3%。

表 9-26　流动人口就业服务享受情况

单位：%

就业服务	否	是	合计
失业救济金	55.6	44.4	100
医疗补助金	84.1	15.9	100
职业培训和介绍	77.8	22.2	100
人才招聘会	58.1	41.9	100
养老保险	42.7	57.3	100
医疗保险	37.8	62.2	100
工伤保险	45.3	54.7	100
失业保险	58.3	41.7	100
生育保险	70.0	30.0	100
住房公积金	62.6	37.3	100

（三）流动人口就业服务存在的问题

1. 就业服务供给主体缺乏整体性和系统性

（1）政府部门与非政府组织协同缺失

由于组织建设主体的不同，政府部门和非政府部门的地位存在巨大差异。现阶段的农民工就业服务仍由政府部门占据主导地位，非政府机构还处于相对弱势的地位。相比于传统而言，就业服务机构虽然在形式上有了一定的丰富，但机构作用的发挥却不够全面。当前非政府机构的监管还不完善，非政府机构受自身自发性和营利性的影响，其管理也较为混乱。当前，参与就业服务供给的社会团体更像是政府的附属部门，其经费来源主要是政府的财政补贴，严重制约了社会团体主观能动性的发挥，使得社会民间组织形同虚设，政府机构和民间组织之间无法实现有效的平衡协调。

（2）地方政府间协作不足

随着社会的发展，很多人背井离乡外出谋发展。但是现有的就业服务主要由户籍所在地提供，由于户籍的限制，跨地区的就业服务没有得到有效开展。2015 年《政府工作报告》曾指出“基本公共服务的提供要以居住证为基础”。但由于各方面因素，这项政策收效甚微。现阶段，政府部门之间缺乏有效沟通，跨区域协调不畅等问题已经严重阻碍了就业服务供给的发展，跨区就业的农民工犹如“弃婴”般被忽视，严重影响了跨区就业服务的效率。现阶段，不仅跨地区的服务不畅通，本地区各部门之间的服务渠道也不完善。我国对农民工的服务内容主要还是划分给各职能部门去完成，但是权利和责任的分解势必导致力量的分散。多头管理往往导致无人管理的尴尬现象，没有一个明确的服务体系，当农民工有问题寻求政府帮助时，就会被各个部门当皮球踢，周转徘徊于部门之间，这样一来不仅浪费了农民工的精力，还会降低政府部门在农民工群体中的公信力。

2. 就业服务难以跨层级协调运行

（1）就业服务职能错位跨层级协作缺失

以街道办事处和社区居委会为例，我国农民采用的是住房集中安置模式，农民失去土地背井离乡进入城镇后，受到经济压力的影响，往往居住在人群较为集中的社区，这些社区可能是“城中村”或者“拆迁安置小区”。农民社区居委会的管理者文化素养不高，社区的自治水平较低。加之农民工参与社区自治的积极性不高，社区居委会的自治作用难以有效发挥。又受到政府层级制度的影响，街道办事处会将一些行政事务交由居委会办理，居委会俨然成为街道办事处的派出机构，如此居委会的行政性就会远远超过其自治性，带来许多层级问题。这种现象也会导致街道办事处和社区居委会的作用无法有效发挥，最终降低相关层级对农民工就业服务的供给质量和水平。

（2）政府层级间缺乏整体性统筹规划

我国地方普遍存在四级就业服务机构，基层组织作为直面农民工群体的单位，往往承担着繁杂的事务性工作。但是事实上基层组织的设置却不受重视，而且基层组织的人力物力以及财力配备也不充足，这就使得基层组织“无米为炊”。相反，事务性工作相对较少的高层组织拥有充足的人、财和物保障，呈现“粥多僧少”的现象。如在街道办事处中有关农民工就业的机构就有劳动管理站、人才服务中心等，而农民工的服务机构只有社区居民委员会和社会工作站，虽然这是两个机构，但实际上却是同一套班子。由此充分体现出管理者多而办事者少这一现象。这种机构设置上的不平衡，进一步加深了层级矛盾。总而言之，当前就业服务中职能错位、机构设置不合理等层级分化现象，已经严重影响了各层级间服务功能的发挥和服务效率的提升。

3. 就业服务功能整体性协作乏力

功能整体性协作乏力的表现形式主要有以下两种：一种是不同的职能部门承担着同一种职责，发挥着同样的效果，如此在同类竞争性运转中就会出现矛盾和冲突；另外一种则是职能的发挥需要多部门协调合作，在协调过程中沟通不畅，就会产生部门间互相排斥、拒绝合作的现象。当前的协作乏力问题主要是在各项就业服务功能的供给过程中。

（1）岗位开发的功能性不足

针对就业服务数据中心的建立，现阶段还是以国家级以及地市级以上人社部门为主，县市、村居在基础配套服务方面还是相对落后。我国现有职业介绍所 3 万余家，但是受利益驱使以及国家扶持政策不足等因素的影响，还无法改变职业介绍所的商业化性质。市场化势必导致职业介绍所的信息来源复杂、可信度不高，容易使农民工遭受坑蒙拐骗，影响公共服务的效果。同时，官方服务机构的编制紧缺，专业性人才的招聘少之又少，导致就业服务水平的降低和岗位开发功能的不足。

（2）职业介绍与就业培训力度不足

随着社会信息化程度不断提升，企业对求职者的要求不再局限于某种单一技能，而是更加注重劳动者的综合素养和专业素养。2018 年中国人力资源市场信息监测中心公布的数据表明，八成以上的用人单位在招聘时对应聘者的文化水平提出了要求，高中以上的文化程度更易于求职成功，高学历的求职者更受用人单位的青睐。但是由于农村地区教育意识不强、教育基础较差等因素的影响，农民工的文化水平往往不高，这就对农民工的高质量就业形成了阻碍。虽然当前政府部门重视农民工素质的提升，也举办了不少技能培训，但是由于以下三方面因素，农民工被职业培训冷落的现象还是时有发生。第一，相较于老一代农民工，新一代农民工接受了一定程度的学校教育，他们已经不再满足于单纯的体力劳动，而是具有更高的职业期许，但是由于政府部门培训信息宣传渠道有限，农民工往往不能及时掌握培训信息，此外，由于社会机构无法从农民工培训中获取利益，社会机构开展农民工培训的热情往往不高。第二，农民工相对来说还是较为贫穷的群体，即使有合适的高质量培训机会，由于政府补助有限，迫于经济压力，他们往往会选择放弃培训，选择外出打工赚钱养家。第三，部分培训以骗取政府补贴为目的组织培训，此类培训往往是流于形式的简单教学。这种没有实践意义的培训不仅严重消耗了农民工的精力，还让他们对技能培训失去信任。

（3）创业服务支持力度小

创业服务和创业的政策支持是农民工就业服务的重要组成部分。目前政府部门针对农民工的创业已经出台了相关政策予以大力支持，但是由于各部门协调不足等，支持创业的政策在实施过程中存在不少问题。农民工创业服务的功能涉及民政、人力社保、工商管理、市政、财政等多个部门。这种涉及多部门的公共服务，在职能上容易造成交叉，产生各部门间的矛盾与冲突，出现不支持创业项目和目标的现象。这种功能上的不足主要表现在各相关部门在目标执行上由于职责不同和目标差异产生的相互摩擦。例如，农民工会通过流动摊点或者地摊的模式进行自主创业等。此类活动经常被城市管理部门以影响市容市貌或社会治安等原因强行关闭，严重的更是会处以罚款或没收物资。这极大地降低了农民工群体自主创业的积极性，因此也导致就业服务功能的分裂。

4. 就业服务信息整合不到位

（1）信息跨区域整合力度有待提升

受区域管理的影响，当前的就业信息跨区域整合力度还不够大，就业信息的服务载体存在碎片化现象。虽然当前各级人力资源和社会保障部门已经建立了信息网站，提升了信息整合和公开程度，但是各级部门之间的信息共享机制还不够完善。首先，跨区信息共享不畅通加大了农民工跨区就业的难度。其次，政府部门和非政府机构之间的网络不畅通，缩小了农民工的就业选择范围。最后，受利益因素的影响，在信息服务领域出现了干预以及封锁现象。因此，跨区域信息交流缺乏引起的碎片化就业服务模式会降低农民工的就业效率以及农民工岗位选择与自身的匹配程度，不利于农民工的职业发展规划。与此同时，服务载体碎片化现象还存在于就业服务信息管理运营过程中。当前，我国的社保、公安、民政、市场监管、教育等部门已经成立了相对完善的部门政务系统，信息收集与发布也日趋正常。但是就农民工就业服务信息提供方面而言，这些部门之间缺乏有效的共建共享机制，“各自为政”的工作模式不仅是对社会资源的浪费，更是变相地给农民工就业信息的获取设置了阻碍。

（2）信息共享机制欠缺

目前借助网络平台的实时沟通共享功能，我国已逐步完善了就业信息公开体系，在部分城镇进行试点并成功取得了一些成绩。但是面向全国的多种职业信息共享机制仍处在起步阶段，出现这种情况的原因有两个方面，一方面是我国的网络覆盖能力并不完善；另一方面是劳动力数量与就业信息所需的数量并不对等，而且在信息平台中主要面向农村劳动力需求的岗位并不多，这也在一定程度上使得农民工获取就业信息的途径受限。正是因为途径受限，用工企业联系不到农民工，用工市场的“供需矛盾”就进一步演变成“用工荒”“民工荒”的现象。由于缺乏相关联系信息，即使有关部门介入其中也无法及时调节这一矛盾。这种用工市场中显现出来的信息共享机制的缺失主要与以下几个方面有关：第一，地方政府之间财政资金的恶意竞争。作为中央政府的“附属机构”，中央政府会下放一定量的财政资金支持地方政府开展就业信息的宣传，而中央政府的财政资金分配比例会严格按照各地方政府的业绩，这在一定程度上造成地方政府间产生竞争，这种竞争是恶意的，恶意竞争最终导致农民工就业信息资源的整合力度不足，导致他们只能找到自己所在地区的少量就业信息。第二，就业信息供给主体没有进行预先合作和协调。受到各种条件的限制，各种信息供给主体把就业信息上传到网络平台时，容易造成互不相容的状况，类似的就业信息会被平台自动折叠隐藏。另外，基于现实状况考虑，各种就业信息普及率较低，对农民工应该享有的就业服务政策的普及率也比较低，加之目前监督机制的缺失，就业信息虚假程度高，这些问题都最终导致服务载体的无序化和零散化。第三，各地区就业信息不均等。农民工的职业选择会受到各种条件的限制，如就业信息的获取途径影响农民工职业选择的优先性，就业信息的质量影响农民工职业选择的参考性，就业信息的零散化影响农民工职业选择的方向性，这些同样都会浪费用工单位和劳动者的时间成本和金钱成本，最终导致很多不稳定因素的出现。而这些不稳定因素的根源是各地区就业信息不均等。

5. 就业服务制度保障不健全

（1）就业服务政策规范性较弱

就业服务政策法规尚不健全，缺乏统一的服务规范和人力资源市场法规。多地政府开展的就业服务仍以经验为主，这就使得就业服务标准不一，就业服务水平参差不齐，各个年龄阶段的就业保障体系的具体内容也不健全，优化就业保障内容体系的步伐有所放缓，就业服务制度和规范不健全还造成农民工问题的进一步无序化扩大和农民工就业保障质量的进一步下降。

一部分学者根据这种现象提出了自己的思考方向以及研究成果，为进一步健全就业服务制度需要从以下多个方面进行改善：第一，培育各省内人口的社会保障文化心理，建立全方面投诉与处理机制。基于各省内现状的分析，相关部门要做好不同人口类型的登记工作，培育人口的社会保障文化心理，通过心理引导，使得相关人员尽可能地改变自己的消费观念和消费倾向。第二，完善相关的劳动合同法。结合目前的相关调查结果，可以看出，在城市中工作的农民工很少会与用工单位签订长期的保障合同，部分用工单位与劳动者只在口头上互相达成了用工协议和保障协议。

（2）就业服务覆盖面有待扩大

由于落户制度的限制，许多城市中的居住者不被城市基本公共服务纳入服务范围，但正是这些人加快了城镇化的速度，户籍制度却延缓了城镇化全面覆盖的速度。目前我国已有一些管理机构提供就业服务，但是其数量和功能却远远不能和农民工就业的需要相适应。诸多原因导致了农民工就业服务的缺失。农民工对城市所做的贡献和他们享受的待遇呈现不对称的局面。而农民工就业的高流动性，也在一定程度上使得地方政府难以为他们提供针对化、个性化的服务。因此，必须进一步加快城镇中公共服务均等化改革步伐，将其作为加速城镇化进程工作的重点来抓。要逐步将推动人口城镇化的目标从发展城市、扩张城市面积向城市带动居住人口、城市人员经济协同化发展转变。

一直以来，我国的目标都是逐步将推动人口城镇化的目标从发展城市和扩张城市面积向城市带动乡村和城市乡村经济协同化发展转变，虽然目前的城市发展正在有序进行，但是统筹乡村地区的城市化建设步伐还要继续加强，向鼓励和支持农民工的服务型方向改革以及一体化规划发展还需进一步加速，城镇中的公共服务均等化改革步伐也需进一步加速。

（3）就业服务整体性决策有待强化

研究结果显示，如果公共服务的整体性决策一直趋于不完善，会在一定程度上影响农民工就业的不确定性，而完善的社会保障制度则有利于解除这种约束。完善的社会保障是政府给予农民工的一道安全屏障，涉及他们在城市生活的各方面。这种公共服务整体性决策不完善的表现有二：第一，全方面投诉与处理机制缺失。基于现状分析，城市中相关部门没有做好不同人口类型的登记工作，这就导致农民工应该享受的公共服务缺失。第二，社会保障服务体系的未来发展方向不完善。资金是社会保障实施的基础，城市管理者必须着重加强和保证社会保障资金的投放和流向。目前城乡保障制度的联系与接轨并不完善，甚至缺乏有效的整体性措施。

我国政府部门运行过程带有一定的内部倾向，公共部门即使没有获得公众满意评价也可以从上级部门获得拨款。这客观上导致公共部门在制定政策时对公众参与政策制定的重视度不够，使得所提供的就业服务与公众的需求相去甚远，难以满足公众的现实需要。此外，农民工社区管理制度尚不健全、农民工参与公共政策制定的渠道不畅，也加剧了这种碎片化。

（4）对侵害农民工劳动权益行为的管治有待加强

我国的城镇化是政府主导型城镇化，这种城镇化在其进程中会受到城乡二元经济体制和城乡分割式的户籍制度的影响。当前虽然能够人为控制城镇化发展方向和发展速率，但是也会大规模出现城镇户籍问题。由于城市人口的进一步饱和以及城市容纳人口数量的进一步下降，我国农民工居住在城市长期受到不公正待遇。因此需要国家在推行城镇发展战略的同时，一方面进一步放宽非城镇户口的居民的落户条件，给越来越多的非城镇户口以落户城镇的机会；另一方面加快居住证制度建设，消除因户籍造成的城市公共服务两分化问题，放宽户籍制度在落户方面的限制。

六　就业服务对流动人口失业预防的贡献

1. 变量选择

将流动人口目前享受的就业服务作为自变量，将流动人口的失业作为因变量来检验就业服务使用是否对流动人口失业具有影响，从客观角度分析提供某项就业服务对流动人口失业是否具有差异性的抑制效果。

自变量为是否享受了失业救济金、医疗补助金、职业培训和介绍、人才招聘会、养老保险、医疗保险、工伤保险、失业保险、生育保险、住房公积金，享受了某一项就业服务，则赋值为 1，未享受赋值为 0。因变量则选择流动人口是否处于失业，从已有研究可以看出，失业人口主要有以下几个特征：第一，目前没有工作；第二，有工作意愿和工作能力。因此对因变量的界定采用调查问卷中的问题"您上一周是否为了取得收入而从事了一小时以上的劳动"，回答"否"则处于无业状态，然后根据问题"您最近 1 个月内是否找过工作"，回答"是"则具有工作意愿，且针对问题"如果有合适的工作，您能否在两周之内开始工作"，回答"是"则判断为具有劳动能力，并以此来综合筛选确定为失业。控制变量包括个人特征（性别、年龄、婚姻、学历）、流动特征（流动原因、流动距离、流动时间、居住意愿、流出地、流入地）。

2. 结果分析

流动人口失业作为因变量，是一个二分类变量，故此采用二元 Logistic 回归模型进行检验。以是否享受了失业救济金、医疗补助金、职业培训和介绍、人才招聘会、养老保险、医疗保险、工伤保险、失业保险、生育保险、住房公积金为自变量，分析其对流动人口失业的影响。

由表 9-27 模型 1 和模型 2 可知，无论是加入控制变量还是不加入控制变量条件下，生育保险、人才招聘会、失业救济金、失业保险、住房公积金等就业服务项目均对流动人口失业具有显著的负向影响。其中，失业救济金、人才招聘会、失业保险、职业培训和介绍等服务对流动人口失业的影响程度较大，养老保险、工伤保险、医疗保险、医疗补助金对流动失业影响较小。因此，应扩大人才招聘会规模，进一步扩大失业救济金、失业保险、职业培训和介绍类就业服务的覆盖面。

表 9-27　就业服务对流动人口失业影响的回归结果

变量	模型 1		模型 2	
	回归系数	EXP(B)	回归系数	EXP(B)
失业救济金	-0.803***	0.478	-0.633***	0.531
医疗补助金	-0.204**	0.815	-0.218***	0.804
职业培训和介绍	-0.481**	0.618	-0.507***	0.602
人才招聘会	-0.970***	0.379	-0.899***	0.407
养老保险	-0.319*	0.728	-0.274**	0.761
医疗保险	-0.138*	0.871	-0.253**	0.776
工伤保险	-0.093***	0.911	-0.088***	0.916
失业保险	-1.357***	0.257	-1.112***	0.329
生育保险	-0.801**	0.449	-0.778*	0.459
住房公积金	-0.572**	0.564	-0.491*	0.612
截距	-1.892**	0.150	-1.113**	0.328
控制变量	否		是	
卡方检验值	75.467		99.301	
-2LL	929.736		1188.675	
R^2	0.121		0.137	
样本量	1532		1532	

注：***、**和*分别表示在1%、5%和10%的水平显著。

可以看出，由于流动人口社会资本不足，在流入地社会融入性较差，信息获取效率低，对招聘会、职业介绍等就业服务需求较大。通过对就业服务政策进行分析可知，专门针对流动人口的就业服务政策较少，部分政策虽然将流动人口纳入其中，但含糊其辞，执行力度小，难以落实的实际工作中。公共就业服务中对失业预防的就业服务种类丰富，这能够起到失业预防的效果，但能够覆盖流动人口的就业服务供给存在明显不足，有待完善。

七　结论与讨论

本部分首先对流动人口的特征以及其对就业服务的主观需求进行描述统

计分析；其次将流动人口的个体特征、人力资本特征、社会资本特征以及就业质量作为自变量，以具体的 13 种就业服务需求为因变量分析了流动人口对就业服务需求的群体差异性；最后分析了流动人口已享有的就业服务，及其对流动人口失业的预防效果，在客观上就业服务对流动人口失业具有预防作用，但各种就业服务的失业预防效果不一。

流动人口就业服务需求受到人力资本和社会资本的双重影响。流动人口社会资本不足，在流入地社会融入较差，信息获取效率低，就业信息获取渠道窄，对就业技能培训、职业介绍、人才招聘会等就业服务需求强度较大。除了流动人口自身人力资本存量不足之外，目前劳动力市场中符合流动人口就业的岗位不足，导致流动人口就业岗位需求较大。

为此，需要开展流动人口专项就业服务。流动人口本身即弱势群体，在求职过程中与流入地务工人员相比会处于弱势地位，流动人口社会资本存量低，获取工作机会的难度相对本地人更大。政府和就业服务机构要像开展养老保险、医疗保险、社区管理工作那样开展专门针对流动人口的就业服务，建立流动人口就业服务信息库，了解其就业情况，为流动人口提供更多的动态化就业服务，及时对流动人口进行就业信息推送、职业介绍、组织专项招聘会，并对流动人口开展就业技能培训。

要针对不同特征失业流动人口提供精准就业服务。不同流动人口的就业服务需求存在一定差异，提供就业服务需要考虑其群体特征，有针对性地提供就业服务。性别方面，对男性应该提供更多经济支持和创业支持方面的就业服务，对女性则应该提供更多的就业信息方面服务；对农业户籍者、年龄偏小者应该提供更多招聘会、职业介绍等就业信息类服务，对非农业户籍者、年长者应该提供更多的失业预防类就业服务；人力资本方面，对高学历者应该提供更多生活性就业服务，对低学历者应该提供更多就业技能培训服务。就业质量方面，应该为就业质量较差者提供更多劳动权益保障，如提供福利待遇、促进就业公平等，为就业质量较好者应该提供更多改善工作环境和提高工资标准的就业服务。

第十章 流动人口失业发生风险预警模型构建与检验

目前我国正处于市场经济由高速发展向高质量发展转型的关键时期，失业作为市场经济体制转换的必要成本，是市场经济的产物，在相当长的时间内将持续存在。[①] 习近平在党的十九大报告中指出，我国目前正处于全面建成小康社会的决胜阶段，随着全面建成小康社会、实现第一个百年奋斗目标的提出，失业这一经济发展难题受到政府和社会各界学者的普遍关注。就业是经济发展的重要支撑，充分就业一直是各国政府追求的目标，也是我国宏观调控的重要目标之一，随着我国流动人口规模不断扩大，流动人口在经济建设过程中发挥着越来越重要的作用，流动人口的就业保障工作也需要引起重视，流动人口失业风险预防是我国流动人口就业保障的首要环节，面对严峻的就业形势，如果能够做好失业预防工作，有效地将失业风险控制在失业发生之前，可以有效控制失业在流动人口中大面积蔓延，将使其就业保障工作产生事半功倍的成效。

① 张心慧：《现代市场经济体制下劳动力人口相对过剩问题探讨》，《商业时代》2011 年第 28 期，第 20~21 页。

一　流动人口失业发生风险预警系统的理论基础

（一）流动人口失业发生风险预警系统概念

风险，是指未来的不确定性。陈仲常认为失业风险是指失业发生的可能性，以及失业发生后对社会经济造成的压力。失业风险可表示为失业发生的概率及其后果的函数：R=f（P，C）。其中，R 表示失业风险，P 表示失业的可能性，C 表示失业引起的系列成本和后果。[①] 目前我国学者在失业风险预警方面做了深入研究，陈仲常提出，失业风险预警系统定义为通过分析失业与经济发展的关系，在经济预测的基础上对失业进行预测。然后在分析失业率、失业内部结构及影响失业的因素的基础上，建立失业预警指标体系，最后根据不同失业水平及警兆因素对社会经济造成的压力水准，确立警戒线，分析预警，并采取必要的调控手段，把失业风险控制在社会能承受的范围内。[②] 沈凯禹和俞倩兰认为失业预警系统是利用信息网络技术获取各个监测点的信息，通过计算机模型进行分析，及时发布劳动力的供给和需求动态平衡信息的大型网络系统。系统获取劳动力信息和宏观经济信息，由专业人员根据预警模型计算结果分析失业形势，发布失业警情，确定失业警戒线，政府部门据此采取干预措施控制失业规模，缓和因失业造成的社会动荡问题。[③]

本书认为流动人口失业风险是指具有劳动能力并愿意就业的流动人口在寻找工作的过程中存在的可能找不到工作或者失业的不确定性，在现有失业风险预警研究的基础上，结合流动人口失业风险影响因素进一步提出流动人

① 陈仲常：《失业风险自动监测和预警系统研究——基于电子政务平台设计》，中国社会科学出版社，2010，第 58 页。

② 陈仲常：《失业风险监测预警指标体系研究》，《统计研究》1999 年第 2 期，第 41~44 页。

③ 沈凯禹、俞倩兰：《失业预警系统的理论考察》，《财贸研究》2000 年第 4 期，第 10~13 页。

口失业风险预警系统的概念。流动人口失业预警系统是在分析流动人口特征、劳动力市场信息、宏观经济环境和社会保障水平的基础上，建立流动人口失业风险预警模型，根据模型的计算结果分析失业现状并对未来形势做出预测，发布流动人口失业警情，确定失业警戒线，将失业防线前提，防止局部失业风险演化为总体失业风险，使政府相关部门能够提前采取必要宏观调控手段，防范和化解流动人口失业风险。

（二）流动人口失业发生风险预警系统功能

流动人口失业风险预警系统的主要功能包括以下几方面。

1. 监测和预测流动人口失业率的变化

按照“以人为本”的原则，将失业风险预警看作在经济运行过程中一个具有因果关系的系统，建立流动人口失业风险预警系统一方面可以考察劳动力市场变动、产业结构调整和宏观经济环境变动情况，进而分析其对流动人口失业率的影响，另一方面可以分析流动人口个人、家庭和就业特征对流动人口失业率的影响。通过将宏观变量和微观变量纳入失业风险预警系统中进行分析，可以分析各个指标之间的内在联系，进一步找到制约我国流动人口就业的关键因素，为我国宏观调控和政策制定提供理论依据。

2. 在高失业率来临前发布警报

流动人口失业风险预警系统考察了影响流动人口失业的宏观因素和微观因素，全面分析了宏微观环境变动对流动人口失业风险的影响，在此基础上借助信息管理技术，运用系统科学的方法，对流动人口失业风险警情值进行划分，同时能够及时准确地预测未来流动人口失业率的变化趋势，具有较高的准确性。通过对未来失业率变动趋势的分析，精准识别高失业率，在失业率高于警戒线之前发出警报，政府及相关部门则可以提前采取措施降低流动人口失业率，化解流动人口失业风险。

3. 针对可能出现的风险做好预案

失业是市场经济运行中不可避免的现象，流动人口失业会对经济社会产生一定的负面影响：第一，失业使得流动人口失去收入来源，加剧流动人口贫困程度，扩大了社会贫富差距，造成两极分化现象；第二，提高群体事件和犯罪事件发生的可能性，造成社会问题，影响社会稳定；第三，流动人口失业不利于劳动力资源充分利用，降低了劳动力资源配置效率和劳动报酬水平，进而使劳动力市场陷入“低技术陷阱”；第四，在流动人口与户籍人口之间建立边界感，使得流动人口与社会分离，不利于流动人口的社会融入。预警系统发出警报之后，相关政府部门和社会组织能够提前采取措施降低未来失业率，减小流动人口失业对经济社会的负面影响，提高抵御高失业率带来的社会风险的能力。

（三）流动人口失业发生风险预警系统构建的指标思考

1. 流动人口在劳动力市场处于弱势地位

城乡二元分割导致流动人口在劳动力市场上处于弱势地位。当前我国经济结构仍然具有明显的二元经济结构特征，现代化工业和技术落后的传统农业同时并存。由于我国在农业发展较为落后的经济背景下超前发展了现代工业，我国农村地区剩余劳动力在很长一段时间内未能得到有效的转移，一定程度上导致了流动人口劳动力资源的浪费，也不利于实现通过人口流动促进我国不同区域之间劳动力资源优化配置的目标。带有身份识别性质的户籍制度和地方的就业保护政策也限制了流动人口的就业，使得就业市场存在明显的行业分割的特征，流动人口通常不能进入高收入与职业稳定的流入地正规部门，只能在非正规部门从事低收入工作或者在城市待业，在较长时间内都处于就业不稳定状态，流动人口在劳动力市场上处于弱势地位。

流动人口个人和家庭禀赋导致其在劳动力市场的弱势地位。与户籍人口相比，流动人口的受教育程度普遍偏低，而用人单位为了节约成本，在招聘时往往将学历作为选择和录用员工的首要标准，因此流动人口进入劳动力市场具有一定的先天劣势。流动人口对教育的重视程度不足，导致受教育水平较低，在就业过程中流动人口人力资本积累较弱，使其在就业市场中竞争力较弱[①]，流动人口自身拥有的低人力资本是造成其失业风险的原因之一[②]。另外，特殊信息对流动人口迁移决策具有非常重要的影响[③]，但是我国相关就业信息平台建设并不完善，流动人口获取特殊信息主要依靠私人关系型社会关系网络支持，获取信息渠道较为单一；此外，受教育程度越高的流动人口越容易获得迁移目的地的一般信息和特定信息，由此可见流动人口个人和家庭禀赋对于失业风险来说具有重要的影响作用。

劳动力市场的异质性导致了流动人口的弱势地位。雇主在劳动力市场中具有明显的强势地位，而雇员的谈判能力相对较弱，劳动力市场的异质性使得流动人口的谈判能力相对较弱，且具有明显的地区差异。[④] 城乡流动人口和城镇户籍人口之间依然存在就业隔离现象，城乡流动人口很难进入正式部门就业，但是工资决定机制逐渐与城镇劳动力趋同，工资歧视在一定程度上得到改善。[⑤]

2. 流动人口失业预警具有复杂性和特殊性

流动人口是推动我国经济高质量发展、处理社会矛盾需要重点关切的人群和矛盾焦点，流动人口就业问题是促进平等就业、加快推进城乡一体化进程需要重点关注的问题之一。根据“推—拉”理论，流动人口迁移决策是流出地推力和流入地拉力共同作用的结果，是流动主体在对比流动前后的收益与成本之后做出的理性决策，而这一决策又受到流动主体自身的资源禀赋、判断能力和对待风险的态度的影响，因此与其他劳动力群体相比，流动人口的失业风险问题更为复杂。流动人口失业问题不仅涉及劳动力市场的供

---

① 武善哲、高春凤：《社会排斥理论视角下流动人口就业问题研究》，《产业与科技论坛》2019 年第 4 期，第 77~78 页。

② 陈华同、彭仁贤：《流动人口就业问题研究进展》，《中国经贸导刊（中）》2021 年第 10 期，第 80~86 页。

③ 谌新民：《农村剩余劳动力外出就业风险：预警与公共政策选择》，人民出版社，2012，第 21~22 页。

④ 阳玉香、莫旋、刘杰、谢汶莉：《流动人口获得了公平的劳动收入吗？——基于双边随机前沿模型的实证分析》，《华东经济管理》2017 年第 6 期，第 31~37 页。

⑤ 孙婧芳：《城市劳动力市场中户籍歧视的变化：农民工的就业与工资》，《经济研究》2017 年第 8 期，第 171~186 页。

需结构变动和宏观经济环境的影响，还与流动人口的个人家庭禀赋、迁移决策等因素密切相关。

从微观层面的研究来看，杨胜利和姚健分析了省际流动人口失业风险的影响因素和群体变动特征，考虑了个人特征、户籍制度、城乡收入差距和土地制度对流动人口失业风险的影响[①]，并从个体特征、制度特征、流动特征、流出地特征和流入地特征几个角度分析了变动趋势和对失业风险的影响[②]。杨胜利和柴方园则针对流动人口失业发生风险提出了对策建议。[③] 宋全成和甘月童分析了个体因素、流迁因素和职业背景因素对劳动年龄流动人口就业状况的影响。[④] 而流动人口非正规就业者和正规就业者收入差距的一半原因在于流动人口内部特征上的差异，受教育程度差异是造成其工资收入差异的主要原因[⑤]，工资收入则与流动人口失业风险密切相关。以上研究分析了流动人口的微观特征对其就业状态的影响，考虑了流动人口这一群体的特殊性，但是并没有与宏观经济社会环境结合起来考虑，不能充分反映出流动人口的微观特征和宏观经济社会环境的相互作用。

从宏观层面的研究来看，早期失业风险预警系统研究主要关注经济发展的周期性变动的影响。刘红霞从经济发展水平、劳动力市场和构成三个维度出发，利用主成分分析和多元回归相结合的方法构建了失业风险预警模型。[⑥] 失业风险背后存在非常复杂的影响机制，多元回归采用的线性拟合的方法并不能准确反映失业风险的复杂影响因素。陈仲常与吴永球研究发现神

---

① 杨胜利、姚健:《中国流动人口失业风险变动及影响因素研究》,《中国人口科学》2020 年第 3 期，第 33~46 页。

② 杨胜利、姚健:《流动人口群体特征变动与失业风险差异》,《南方人口》2021 年第 1 期，第 31~42 页。

③ 杨胜利、柴方园:《流动人口失业发生风险与对策》,《人口与社会》2020 年第 5 期，第 30~40 页。

④ 宋全成、甘月童:《劳动年龄流动人口就业状况及其影响因素研究》,《社会科学辑刊》2021 年第 4 期，第 63~72 页。

⑤ 苏晓芳、杜妍冬:《人力资本、社会资本与流动人口就业收入——基于流动人口正规就业与非正规就业的比较分析》,《科学决策》2016 年第 9 期，第 43~57 页。

⑥ 刘红霞:《失业风险预警模型构建研究》,《现代财经（天津财经大学学报）》2008 年第 11 期，第 28~32 页。

经网络方法能够较为准确地拟合失业风险的复杂作用机制，同时具备较强的容错能力和泛化能力，从宏观经济的角度出发研究了失业风险预警问题。[①]其建立的失业风险预警机制较为准确地反映了经济周期变动对失业的影响，但是没有考虑社会保障水平、平等就业机制等政策性因素对失业风险的影响。

近年来，关于失业风险预警的研究开始逐渐关注宏观经济环境和政策性因素对于失业风险的综合性影响，但是仍然不够重视流动人口这一特殊群体，仅仅在宏观层面讨论我国总体失业风险，不能很好地反映流动人口失业问题的复杂性和特殊性。鲍春蕾利用调查失业率和宏观经济指标、劳动力供给指标、政策性指标，结合扩散指数法和综合指数法进行了失业风险预警模拟[②]，仅仅从劳动力总体层面进行了监测和预警，不能准确反映出流动人口这一特殊群体的失业风险。陈怡安[③]、王樱[④]、尹宁[⑤]等从不同角度出发，运用不同的方法对失业风险进行了预测，但是均采用登记失业率作为模型校准指标，排除了登记制度之外的流动人口因素的影响，具有一定的片面性。

3. 流动人口失业预警研究仍然处于探索阶段

流动人口失业问题直接关系流动人口在城市的生存状态，进而影响我国城镇化进程。过去，学者认为流动人口失业后仍然可以返乡从事农业生产活动，不会处于失业状态，因此在理论研究上往往忽略了流动人口失业这一重要议题。但是现实情况表明农业生产的机械化产生了大量的农村剩余劳动力，土地流转制度使得部分农村劳动力成为失地农民，流动人口返乡从事农业生产的难度较大再加上流动人口已经处于“半城

---

① 陈仲常、吴永球：《失业风险预警系统研究》，《当代财经》2008 年第 5 期，第 5~10 页。

② 鲍春雷：《失业预警系统的构建与模拟应用》，《中国劳动》2019 年第 2 期，第 67~80 页。

③ 陈怡安：《中国失业风险动态预测——基于联立方程模型的实证》，《云南财经大学学报》（社会科学版）2012 年第 2 期，第 117~122 页。

④ 王樱：《失业风险预警机制浅析》，《现代商业》2015 年第 4 期，第 191~192 页。

⑤ 尹宁：《统计方法在失业风险预警系统中的应用》，《中国外资》2013 年第 23 期，第 134~135 页。

市化”状态，已经适应了城镇的生活方式和生活节奏，返乡意愿较低，在失业后仍然会选择在流入地继续寻找工作。[①] 此外，随着城镇化进程的推进，城城流动人口在流动人口中的占比不断提高，其失业问题同样不容忽视。

当前失业风险研究开始关注劳动力市场就业不平等、社会保障水平等政策性因素对劳动力失业风险的影响，弥补了早期研究中主要关注经济市场周期性变动影响的不足，可以较为全面地分析经济社会环境变动对劳动力失业风险的影响，多位学者提出了兼顾经济性因素和政策性因素的指标体系，并在此基础上提出了合理的数理分析模型，较为准确地模拟了未来失业率的变动趋势，为我们对当前劳动力就业市场形成综合性认识奠定了坚实的基础。但是当前对于流动人口这一特殊群体失业风险的研究仍然处于摸索阶段，学者们或兼顾了宏观经济社会因素而忽视了流动人口在劳动力市场中的特殊性，或从微观角度出发分析了流动人口群体特征对其失业风险的影响而忽视了经济社会环境对其失业风险的影响。近来，少数学者尝试探讨宏微观环境对失业风险的综合性影响，并对未来失业率的变动趋势做出预测，但是均建立在城镇登记失业率的基础上开展研究。我国流动人口是处于城乡二元分割体制中的边缘群体，受制于登记体制，流动人口始终被排除在城镇失业登记体系之外，将城镇登记失业率作为研究基础并不能准确反映出流动人口风险。

因此，迫切需要在现有研究的基础上，将影响流动人口失业的宏观环境和微观环境结合起来，考虑流动人口在劳动力市场中的弱势地位，将个人、家庭和就业特征等微观指标纳入宏观经济社会环境指标，建立一个宏观微观相结合的流动人口失业风险评价体系。这样既可以兼顾宏观环境对流动人口失业风险的影响，又反映了各部分因素之间的相互作用，从而更加全面地考虑宏微观环境对流动人口失业的影响。据此分析流动人口失业

① 杨胜利、柴方园：《流动人口失业发生风险与对策》，《人口与社会》2020 年第 5 期，第 30~40 页。

风险，可以较为准确地对未来发展趋势进行预测，以便在高失业风险来临之前进行预警，及时采取措施减小和化解流动人口失业风险。此外，还需要根据流动人口动态监测数据计算得出流动人口失业率，将其作为模型校准指标，综合考虑流动人口微观特征、经济性因素和政策性因素对流动人口失业风险的影响，在此基础上建立流动人口失业风险预警系统，提高预测的准确性。

4. 流动人口失业预警应纳入新型城镇化高质量发展体系

随着流动人口受教育程度和职业素质的提高，他们不再简单地满足于获得就业岗位和预期收入，对就业公共服务也提出了更高的要求。化解流动人口失业风险，为流动人口提供高质量的就业岗位和均等的社会公共服务，不仅有利于提高生产效率和经济发展水平，还有利于推进我国城镇化建设。另外，新型城镇化发展战略要求实现“人的城镇化”，而新型城镇化中“人”的主体是流动人口，这要求我们密切关注流动人口失业风险，重视流动人口的劳动力转移和在城市中的就业问题，在保证流动人口能够获得平等就业机会和稳定就业状态的基础上推进新型城镇化进程。

综合来看，迫切需要从劳动力就业角度出发，考察影响流动人口失业的各方面因素，在城乡一体化和平等就业的基础上建立流动人口失业风险预警指标体系，对流动人口的失业风险进行预测，在政策上重视流动人口失业问题，从而提高流动人口就业水平，改善其非正规就业状态。宏微观结合的流动人口失业风险指标的建立，有利于分析城乡户籍分割的劳动力市场对流动人口的影响，推动相关就业政策出台，强化就业服务，逐步破除劳动力市场的城乡分割壁垒，让流动人口就业有门路，求职有信息，营造一个就业、居住和流动的良好环境，降低迁移成本，逐步建立城乡统一的劳动力市场。户籍制度改革是推进城镇化进程的核心工作之一，消除户籍制度对流动人口的限制，也有利于促进户籍制度与流动人口就业和社会保障等方面逐步脱钩，推动户籍制度改革进程，使户籍制度仅仅是单纯的人口登记制度，不再成为享受社会政策的限制条件。

二　流动人口失业发生风险预警系统的构建

（一）构建原则

为了较为准确地监测流动人口失业风险的大小，并在此基础上做出预警，流动人口失业风险监测指标应符合以下几个标准。

1. 规范性

流动人口失业风险监测指标体系应尽量采用权威统计机构发布的规范化数据，或者可以从相关的统计资料中计算得出。本文中涉及的指标数据均来自国家权威机构发布的《中国统计年鉴》《中国劳动统计年鉴》以及流动人口动态监测数据，具有很高的规范性。

2. 可操作性

可操作性要求每一个指标都是可获得的，并且都可以用精确的数值来度量，客观指标可以直接通过统计调查获得，主观指标可以通过评分方法赋值获得。本文涉及的指标大多数为客观数据，均可以通过相关调查数据获得，主观数据如居留意愿则可以运用评分方法对其赋值，使其可以用数值计量，从而进行数据分析。

3. 综合性和敏感性

流动人口失业问题是一个涉及经济社会发展方方面面的复杂问题，综合性要求流动人口失业风险监测指标能够高度概括失业现象，准确反映复杂的失业问题以及各方面的表现，从而全方位地测度流动人口失业风险，并做出科学合理的预测。敏感性要求选择的指标需要具有高度的灵敏性，因此选择的流动人口失业风险预警指标需要敏感反映出各个因素的变动对流动人口失业的影响。

4. 互补性

互补性要求体系内的各个指标相互联系、互为补充。流动人口失业是一个复杂的社会问题，是由一个或者几个社会经济问题造成的共同影响导致的，一个统计指标只能简单地揭示造成流动人口失业的某一方面的问题，不能揭示社会问题之间的内在联系，具有片面性。要使流动人口失业风险监测和预警体系真正起到“显示器”“信号灯”的作用，就需要建立一个客观全面的指标体系。

5. 特殊性

特殊性要求指标能够反映出影响流动人口失业风险的最本质、最重要的因素。流动人口失业风险在不同地区、不同时期的成因和影响程度均不相同，指标的设计必须能够反映我国现阶段流动人口的国情和特点，突出主要矛盾和矛盾的主要方面，以提高预警的准确性。

（二）流动人口失业预警指标体系设计

失业是一个复杂的社会现象，失业发生后会通过多种途径向社会传导风险与压力。通过分析流动人口的就业状况和流动人口失业的影响因素，本文确立了流动人口个人特征、流动人口家庭特征、流动人口就业特征、劳动力供求、宏观经济指标、就业服务与社会保障六个流动人口失业风险警源因子，根据上述原则，筛选并构建了失业风险预警模型的指标体系。具体指标体系如表 10-1、表 10-2 所示。

表 10-1 流动人口失业风险预警模型微观指标

一级指标	二级指标	指标意义	赋值	均值
个人特征	性别 X_1	社会分工	1=男;2=女	1.48
	平均年龄 X_2	工作经验	连续变量	29.37
	平均流动时间 X_3		连续变量	5.23
	平均受教育程度 X_4	人力资本	1=小学及以下;2=初中;3=高中及中专;4=大专及以上	2.09
	流出地 X_5	流动特征	1=西部地区;2=中部地区;3=东部地区	1.91
	流动范围 X_6		1=跨省流动;2=省内跨市;3=市内跨县	1.66
	居留意愿 X_7	身份认同	1=非常低;2=较低;3=较高;4=非常高	3.30
家庭特征	婚姻 X_8	家庭资本	1=未婚,2=已婚	1.74
	抚养负担 X_9	家庭负担	连续变量	27.58

续表

一级指标	二级指标	指标意义	赋值	均值
就业特征	行业 X_{10}	就业结构	1=第一产业;2=第二产业;3=第三产业	2.63
	职业 X_{11}		1=国家机关、党群组织、企事业单位负责人;2=专业技术人员;3=公务员、办事人员和有关人员;4=商业、服务业人员;5=农林牧渔水利业生产人员;6=生产运输设备操作及有关人员;7=无固定职业;8=其他	4.79
	就业单位性质 X_{12}		1=机关事业单位;2=国有及国有控股企业;3=集体企业;4=股份/联营企业;5=个体工商户;6=私营企业;7=港澳台独资企业;8=外商独资企业;9=中外合资企业;10=社团/民办企业;11=土地承包者;12=其他;13=无单位	6.50
	就业身份 X_{13}		1=雇员;2=雇主;3=自营劳动者;4=其他	1.70
	平均工资月收入 X_{14}	劳动报酬	连续变量	3494
	平均周工作时间 X_{15}	劳动强度	连续变量	56.84

表 10-2　流动人口失业风险预警模型宏观指标

一级指标	二级指标	指标意义	均值
劳动力供求	劳动年龄人口占比(%)X16	劳动力供给	73.22
	城镇登记失业率(%)X17		3.30
	人口老龄化程度(%)X18		10.20
	人口自然增长率(‰)X19		4.96
	居民人均可支配收入(元)X20	劳动力需求	20127
	产业结构与就业结构偏离度 X21		3.96
宏观经济指标	人均国内生产总值(元)X22	经济水平	49772
	人均固定资产投资(万元)X23	投资水平	0.63
	人均进出口总额(美元)X24	对外开放程度	2865
	产业结构 X25	经济结构	1.04
	经济增长率(%)X26	经济水平	10.84
	非国有企业职工占比(%)X27	市场化程度	80.69
	基尼系数 X28	贫富差距	0.27

续表

一级指标	二级指标	指标意义	均值
就业服务与社会保障	公共就业服务人数占比（%）X29	公共服务均等化	13.10
	就业与社会保障财政支出占比（%）X30		2.37
	失业保险参保率（%）X31		12.18
	工伤保险参保率（%）X32		14.87
	生育保险参保率（%）X33		12.25

1. 流动人口个人特征

流动人口的个人特征是影响失业的重要因素之一。性别结构是衡量流动人口失业风险的重要指标，由于社会分工和历史观念的影响，不同性别的劳动力面临不同的失业风险，失业后给家庭与社会带来的影响也大不相同。不同年龄的流动人口也面临着不同的失业风险，流动人口中主要为劳动年龄人口，在这一年龄人口中，年龄越大意味着具有越多的就业经验，同时与年轻流动人口相比需要承担更多的赡养责任，因此流动人口年龄越大，失业风险越小。由于流动人口较多从事操作性工作，工作经验是其择业过程中的重要影响因素，随着流动时间的延长，流动人口积累了更多的工作经验，失业风险也随之降低。不同受教育程度的流动人口失业风险也有所不同，受教育程度越高意味拥有更高的人力资本，在劳动力市场中具有更大优势，面临较小的失业风险。流出地因素影响着流动人口的技能、学历水平，进而影响了流动人口的失业风险，西部地区流出人口失业风险最高，中部地区次之，东部地区最低。从流动范围来看，市内跨县流动人口失业风险最高，省内跨市次之，跨省流动人口失业风险最低。居留意愿越高，失业后返乡的可能性就越小，也就增加了失业风险。

2. 流动人口家庭特征

家庭特征包括婚姻和抚养负担两个因素，从婚姻对失业风险的影响来看，与已婚者相比，未婚者面临着更大的失业风险。抚养负担越大，就业意愿越强，失业风险越小，抚养比计算公式为：

$$GDR = \frac{P_{0-14} + P_{65+}}{P_{15-64}} \times 100\% \quad (10-1)$$

其中 *GDR* 表示总抚养比，$P_{0\sim14}$表示 0~14 岁少年儿童人口数，P_{65+}表示 65 岁及以上老年人口数，$P_{15\sim64}$表示 15~64 岁劳动年龄人口数。

3. 流动人口就业特征

流动人口就业特征直接反映了就业人口的就业环境，流动人口所从事的行业、职业、所属单位性质和其就业身份均对其失业风险具有一定的影响。平均月收入水平反映了流动人口的预期收入，平均周工作时间反映了其劳动强度，均会影响其就业决策和就业状态。

4. 劳动力供求

劳动力供给过多会增加失业率，劳动力供给指标包括劳动年龄人口占总人口比重、城镇登记失业率、人口老龄化程度、人口自然增长率；劳动力需求指标包括居民人均可支配收入、产业就业结构与就业结构偏离度。劳动力需求指标反映了劳动年龄人口的变动给就业带来的压力，就业压力越大，失业风险越大。居民人均可支配收入反映了劳动力的质量和就业形式，人均可支配收入越高，失业风险越小。产业结构与就业结构偏离度衡量了就业结构，偏离度越大，失业风险越大。各指标计算公式为：

$$P_i = \frac{P_{15-64}}{P} \times 100\% \quad (10-2)$$

其中，P_i表示劳动年龄人口占比，$P_{15\sim64}$表示劳动年龄人口数，*P* 表示总人口数。

$$UER = \frac{unemp}{uemp + NPS + UPO + IH + UPEIE + unemp} \times 100\% \quad (10-3)$$

其中，*UER* 表示城镇登记失业率，*unemp* 表示城镇登记失业人数，*uemp* 表示城镇单位就业人员（扣除使用的农村劳动力、聘用的离退休人员、港澳台及外方人员），*NPS* 表示城镇单位中不在岗职工，*UPO* 表示城镇私营业主，*IH* 表示个体户主，*UPEIE* 表示城镇私营企业和个体就业人员。

$$P_a = \frac{P_{65+}}{P} \times 100\% \tag{10-4}$$

其中，P_a表示人口老龄化程度，P_{65+}表示65岁及以上老年人口数，P表示总人口数。

$$P_g = \frac{P_b + P_d}{\overline{P}} \times 1000‰ \tag{10-5}$$

其中，表示P_g人口自然增长率，P_b表示本年出生人口数，P_d表示本年死亡人口数，$\overline{P}$表示年平均人口数。

$$\text{居民人均可支配收入} = \frac{\text{工资性收入} + \text{经营净收入} + \text{财产净收入} + \text{转移净收入}}{\text{总人口}} \tag{10-6}$$

$$S = \sqrt{\sum_{i=1}^{3}\left(\frac{Y_i/Y}{L_i/L} - 1\right)^2} \tag{10-7}$$

其中，S表示产业结构与就业结构偏离度，Y表示国内生产总值，L表示从业人数，$i=1$，2，3，分别代表第一、第二、第三产业。

5. 宏观经济指标

国民经济增长率与失业成反比，按照数据可获得性的原则，选择人均国内生产总值、产业结构、经济增长率来反映国民经济发展水平。固定资产投资可以增强企业的生产能力，增加市场对劳动力的需求，从而降低失业率，本文选择人均固定资产投资来反映固定资产投资水平。对外开放程度代表了经济的活跃程度，一般来说，出口增加了输出国的经济总量和就业机会，进口则有利于国内引进先进的生产技术和设备，促进产业结构转型升级，增强经济竞争力，从而促进就业。劳动力市场化程度对流动人口失业具有负向影响，本文选择非国有企业职工占比代表劳动力市场化程度。基尼系数反映了居民收入差距，与失业成正比。基尼系数的计算参考田卫民的计算公式①，其他各指标具体计算公式如下：

① 田卫民：《中国基尼系数计算及其变动趋势分析》，《人文杂志》2012年第2期，第56~61页。

$$人均国内生产总值 = \frac{国内生产总值}{总人口数} \quad (10-8)$$

$$人均固定资产投资 = \frac{固定资产投资}{总人口数} \quad (10-9)$$

$$人均进出口总额 = \frac{货物进口总额 + 货物出口总额}{总人口数} \quad (10-10)$$

$$产业结构 = \frac{第二产业产值}{第三产业产值} \quad (10-11)$$

$$经济增长率 = \frac{当年生产总值 - 上年生产总值}{上年生产总值} \times 100\% \quad (10-12)$$

$$NSEER = \frac{emp_1 + emp_2 + emp_4}{\sum_{i=1}^{4} emp_i} \times 100\% \quad (10-13)$$

其中，$NSEER$ 表示非国有企业职工占比，emp 表示就业人员，$i=1$，2，3，4，分别表示城镇单位、城镇集体单位、国有单位和其他单位。

$$G = P_c^2 \frac{u_c}{u} G_c + P_r^2 \frac{u_r}{u} G_r + P_c P_r \frac{u_c - u_r}{u} \quad (10-14)$$

其中，G_c、G_r分别为城镇居民收入差别的基尼系数与农村收入差别的基尼系数，P_c、P_r分别为城乡人口比重，U_c、U_r分别为城乡人均收入，u 为全国人均收入。

6. 就业服务与社会保障指标

流动人口失业风险不仅受到失业状况的影响，还与政府的就业与社会保障政策密切相关。完善的就业与社会保障政策体系可以有效提高失业后的再就业能力和缓解失业后社会风险的能力，从而在很大程度上影响一个国家或地区的失业风险状况，就业与社会保障水平与失业水平成反比。各指标具体计算公式如下：

$$公共就业服务人数占比 = \frac{公共就业服务人数}{劳动年龄人数} \times 100\% \quad (10-15)$$

$$就业与社会保障财政支出占比 = \frac{就业与社会保障财政支出}{国内生产总值} \times 100\% \quad (10-16)$$

$$失业保险参保率 = \frac{失业保险参保人数}{总人口数} \times 100\% \qquad (10-17)$$

$$工伤保险参保率 = \frac{工伤保险参保人数}{总人口数} \times 100\% \qquad (10-18)$$

$$生育保险参保率 = \frac{生育保险参保人数}{总人口数} \times 100\% \qquad (10-19)$$

（三）评价指标标准化

由于所选指标不仅存在量纲差异，而且存在正指标和逆指标的差异，因此为了消除指标间差异，提高模型的稳定性和准确率，先将各指标变量进行标准化处理，标准化方法如下：

正指标标准化公式为：

$$ZX_i = \frac{x_i - minx_i}{maxx_i - minx_i} \qquad (10-20)$$

逆指标标准化公式为：

$$ZX_i = \frac{maxx_i - x_i}{maxx_i - minx_i} \qquad (10-21)$$

其中，ZX_i为标准化后的第 i 个指标。

（四）BP 神经网络模型简介

BP 算法是目前最为重要、应用最广的人工神经网络算法之一。BP 神经网络是一种单向传播的多层前向无反馈神经元网络，可以实现从输入到输出的多元映射，采用误差反向传播的算法，其基本思想是梯度下降法，利用梯度搜索技术，使网络的实际输出值和期望输出值的均方误差为最小。信息由输入层进入，通过中间层（即隐藏层）和输出层的处理后，得到输出结果。

BP 神经网络的学习过程由信号的正向传播与误差的反向传播两个过程组成。正向传播时，输入样本经各隐藏层逐层处理后，传向输出层。若输出层的实际输出与期望的输出不符，则转入误差的返向传播阶段。信号正向传播与误差反向传播的权值调整过程，周而复始进行。权值不断调整的过程，就是网络的学习训练过程。

BP 神经网络模型具体训练步骤如下：

①网络初始化。首先确定在系统里输入和输出的序列（X，Y），网络输入层的节点数 n、隐藏层的节点数 m；然后将输入层、隐藏层和输出层之间的连接权重 w_{ij}、w_{jk}初始化，将隐含层阈值 a、输出层阈值 b 初始化，并给定学习速率和激励函数（Sigmoid 函数）：

$$f(x) = \frac{1}{1 + e^{-x}} \qquad (10-22)$$

②隐藏层输出的计算。根据输入向量 X、输入层和隐含层之间连接权值 w_{ij}以及隐藏层阈值 a，计算隐含层输出矩阵 H。

$$H_j = f\left(\sum_{i=1}^{n} w_{ij}x_i - a_j\right) \quad j = 1,2,\cdots,l \qquad (10-23)$$

其中，l 为隐藏节点数，f 为隐藏层激励函数。

③输出层输出的计算。根据隐含层输出向量 H、连接权重 w_{jk}和阈值 b，计算 BP 神经网络预测输出向量 Y。

$$Y_k = \sum_{j=1}^{l} H_j w_{jk} - b_k \quad k = 1,2,\cdots,m \qquad (10-24)$$

④计算误差。根据网络预测输出向量 Y 和期望输出向量 O，计算网络预测误差 e。

$$e_k = O_k - Y_k \quad k = 1,2,\cdots,m \qquad (10-25)$$

⑤更新权值。根据网络预测误差 e，更新连接权值 w_{ij}、w_{jk}。

$$w_{ij} = w_{ij} + \eta H_j(1 - H_j)x(i)\sum_{k=1}^{m} w_{jk}e_k \quad i = 1,2,...,n;\ j = 1,2,...,l \qquad (10-26)$$

$$w_{jk} = w_{jk} + \eta H_j e_k \quad j = 1,2,...,l;\ k = 1,2,...,m \qquad (10-27)$$

其中，η 为学习速率。

⑥更新阈值。根据网络预测误差 e 的情况更新网络节点阈值 a、b。

$$a_j = a_j - \eta H_j(1 - H_j) \sum_{k=1}^{m} w_{jk} e_k \qquad j = 1,2,...,l \qquad (10-28)$$

$$b_k = b_k + e_k \qquad k = 1,2,...,m \qquad (10-29)$$

⑦若误差仍没有达到理想效果，则重复步骤 2。

（五）流动人口失业率预警模型训练结果

1. 全国流动人口失业率预警模型

经过多次实验，最终选择了多输入单输出的三层 BP 神经网络作为全国流动人口失业风险预警模型，模型包括 33 个输入层神经元、10 个隐含层神经元、1 个输出层神经元。为了避免人为选择样本对训练结果造成影响，本书采用随机训练样本的方法使训练结果达到最优效果。最终模型选择了 7 个样本作为训练样本，2 个样本作为测试样本。模型测试集相对错误为 3.6%，仿真结果较为准确。

2. 区域流动人口失业率预警模型

经过多次实验，最终选择了多输入单输出的三层 BP 神经网络作为东部地区、中部地区、西部地区流动人口失业风险预警模型，模型包括 33 个输入层神经元、10 个隐含层神经元、1 个输出层神经元。为了避免人为选择样本对训练结果造成影响，本文采用随机训练样本的方法使训练结果达到最优效果，最终各区域均模型选择了 7 个样本作为训练样本，2 个样本作为测试样本。东部地区模型测试集相对错误为 18.2%，中部地区模型测试集相对错误为 15.3%，西部地区模型测试集相对错误为 12.2%，仿真结果较为准确。

3. 省级流动人口失业率预警模型

经过多次实验，最终选择了多输入单输出的三层 BP 神经网络作为省级流动人口失业风险预警模型。为了避免人为选择样本对训练结果造成影响，本文采用随机训练样本的方法使训练结果达到最优效果。模型具体信息如表 10-3 所示，仿真结果较为准确。

表 10-3 省级流动人口失业率预警模型信息

单位：个，%

省份	输入层	隐含层	输出层	测试样本	训练样本	相对错误
北京	33	9	1	7	2	0.8
天津	33	6	1	7	2	14.4
河北	33	6	1	5	4	46.2
山西	33	10	1	7	2	2.1
辽宁	33	10	1	7	2	1.3
吉林	33	10	1	7	2	3.6
上海	33	8	1	7	2	11.4
浙江	33	10	1	7	2	40
山东	33	10	1	7	2	9.5
河南	33	5	1	6	3	39.6
湖北	33	7	1	6	3	44.1
湖南	33	9	1	7	2	11.8
广东	33	7	1	5	4	32.7
广西	33	6	1	7	2	0.2
贵州	33	6	1	7	2	3.9
陕西	33	9	1	7	2	20.3

三　流动人口失业发生风险预警系统的检验

（一）基于全国数据检验

为了进一步检验模型仿真效果，将 2010~2018 年全国指标代入模型，将其仿真结果与真实值进行对比。经过对比发现，受到经济周期性波动的影响，2010 年和 2016 年失业率存在较大的仿真误差，为了消除经济周期性波动对仿真结果造成的影响，对输出结果进行修正。修正后仿真效果如图 10-1 所示。模型对 2010~2018 年数据拟合程度较好，历年误差均小于 0.3。

$$Y_k = \sum_{j=1}^{l} H_j w_{jk} - b_k + \mu_0 \qquad k = 1,2,\cdots,m_0 \qquad (10-30)$$

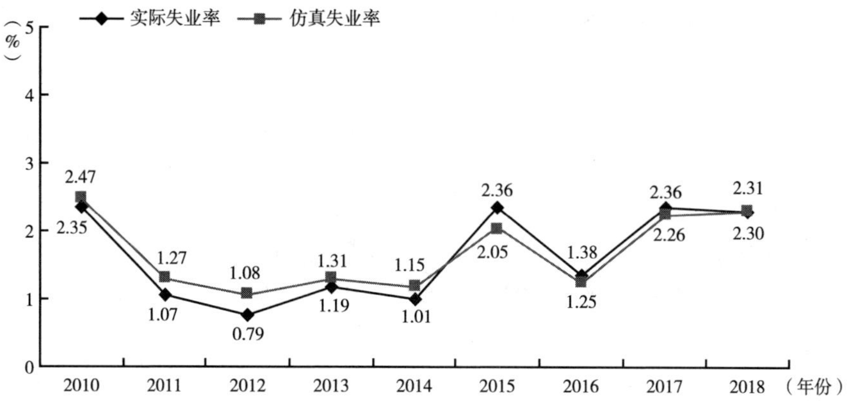

图 10-1 全国流动人口失业率仿真结果

（二）基于区域数据检验

将 2010~2018 年东部地区各指标代入模型，将其仿真结果与真实值进行对比。经过对比发现，受到经济周期性波动的影响，2014 年和 2016 年失业率存在较大的仿真误差。为了消除经济周期性波动对仿真结果造成的影响，对输出结果进行修正，修正后仿真效果如图 10-2 所示。可以看出模型对 2010~2018 年数据拟合程度较好，历年误差均小于 0.3。

$$Y_k = \sum_{j=1}^{l} H_j w_{jk} - b_k + \mu_1 \qquad k = 1,2,\cdots,m_1 \tag{10 - 31}$$

将 2010~2018 年中部地区各指标代入模型，将其仿真结果与真实值进行对比。经过对比发现，受到经济周期性波动的影响，2010 年和 2015 年失业率存在较大的仿真误差。为了消除经济周期性波动对仿真结果造成的影响，对输出结果进行修正，修正后仿真效果如图 10-3 所示。可以看出模型对 2010~2018 年数据拟合程度较好，历年误差均小于 0.3。

$$Y_k = \sum_{j=1}^{l} H_j w_{jk} - b_k + \mu_2 \qquad k = 1,2,\cdots,m_2 \tag{10 - 32}$$

将 2010~2018 年西部地区各指标代入模型，将其仿真结果与真实值进

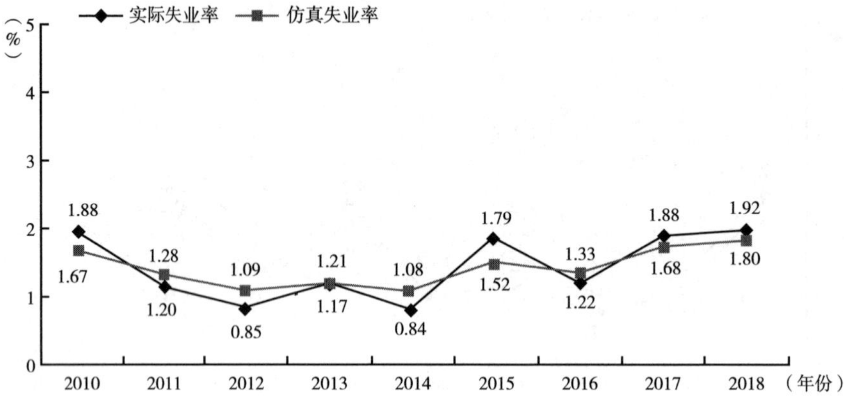

图 10-2　东部地区流动人口失业率仿真结果

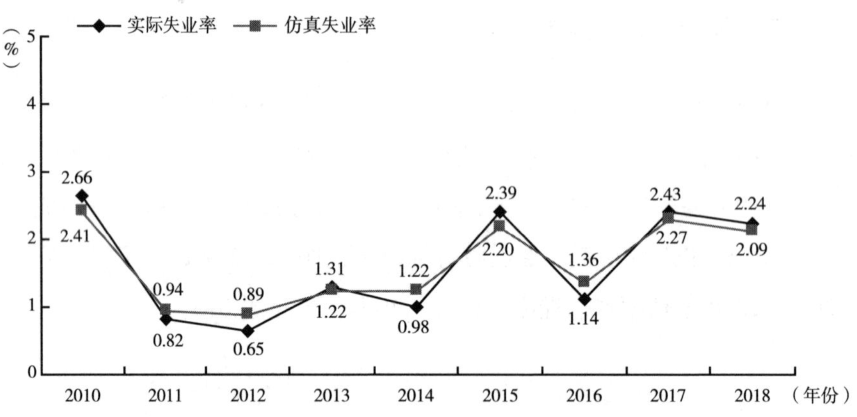

图 10-3　中部地区流动人口失业率仿真结果

行对比。经过对比发现，受到经济周期性波动的影响，2010 年和 2015 年失业率存在较大的仿真误差。为了消除经济周期性波动对仿真结果造成的影响，对输出结果进行修正，修正后仿真效果如图 10-4 所示。可以看出模型对 2010~2018 年数据拟合程度较好，历年误差均小于 0. 3。

$$Y_k = \sum_{j=1}^{l} H_j w_{jk} - b_k + \mu_3 \qquad k = 1,2,\cdots,m_3 \tag{10-33}$$

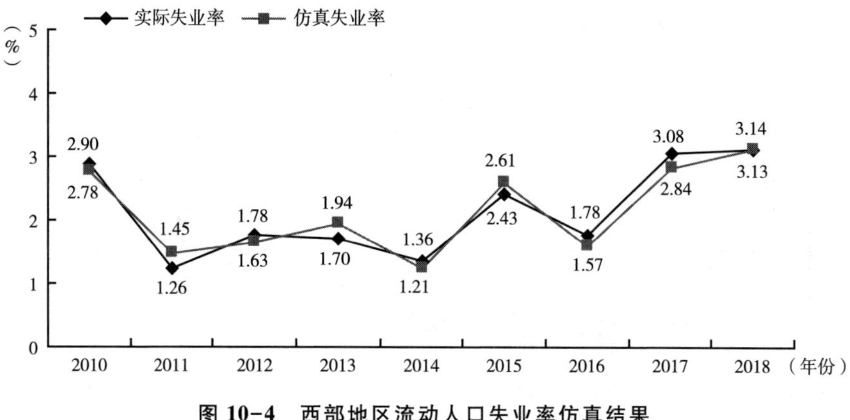

图 10-4　西部地区流动人口失业率仿真结果

（三）基于主要省级数据检验

把 2010~2018 年省份指标代入模型，将其仿真结果与真实值进行对比，并对由经济周期波动造成的较大仿真误差进行修正。修正后仿真效果如图 10-5 至图 10-20 所示。可以看出模型对 2010~2018 年数据拟合程度较好，历年误差均小于 0. 4。①

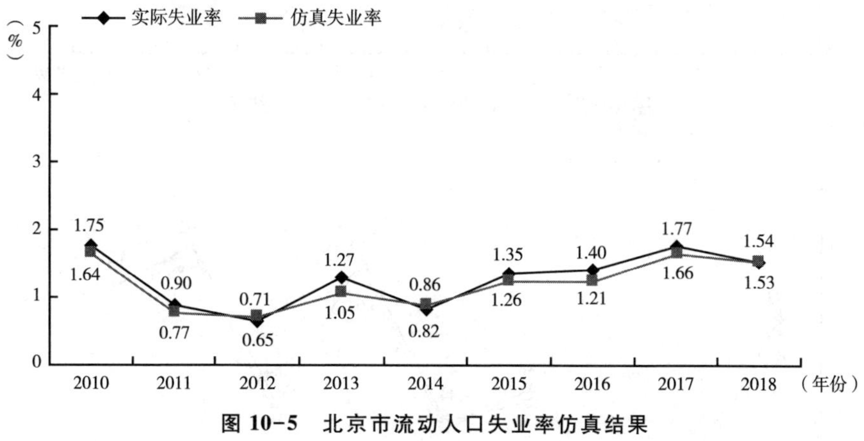

图 10-5　北京市流动人口失业率仿真结果

① 注：受到篇幅限制，本书只展示了主要省份的数据仿真效果，需要其他省份具体结果可以联系课题组。

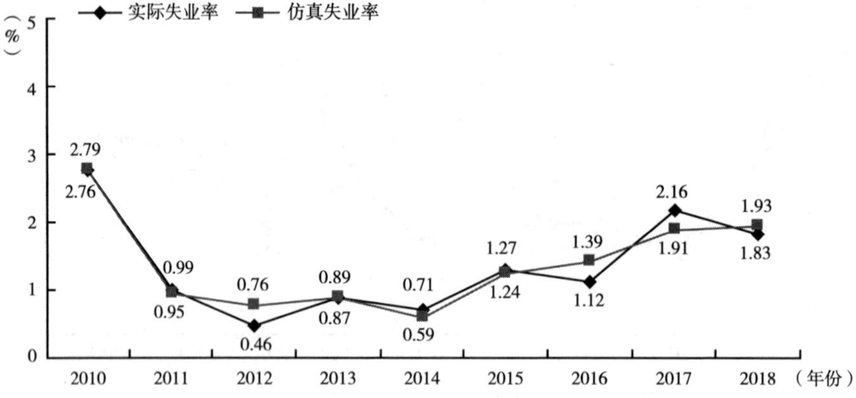

图 10-6　天津市流动人口失业率仿真结果

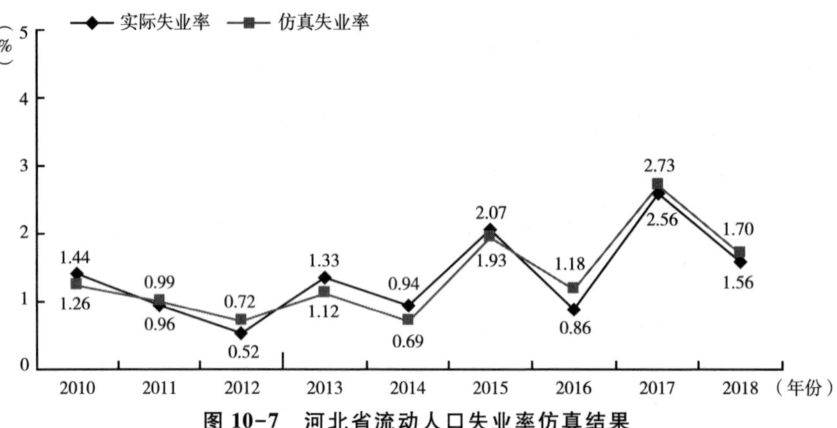

图 10-7　河北省流动人口失业率仿真结果

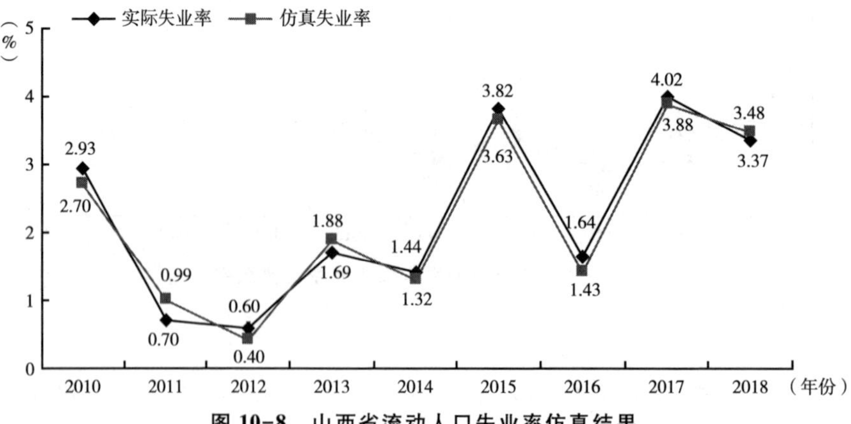

图 10-8　山西省流动人口失业率仿真结果

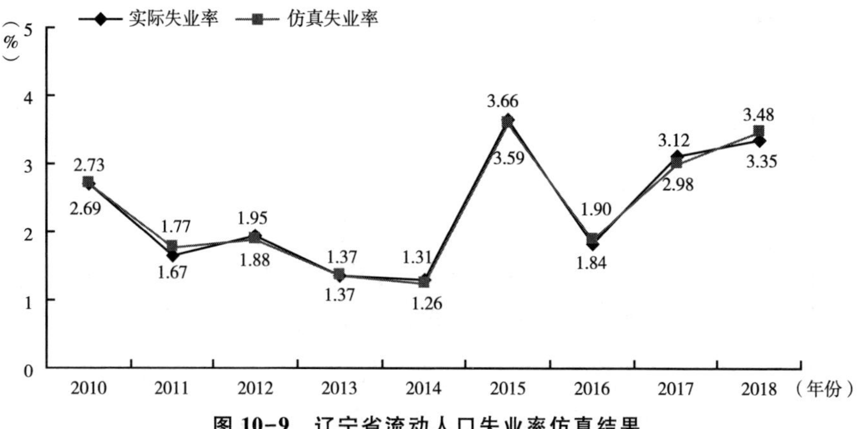

图 10-9　辽宁省流动人口失业率仿真结果

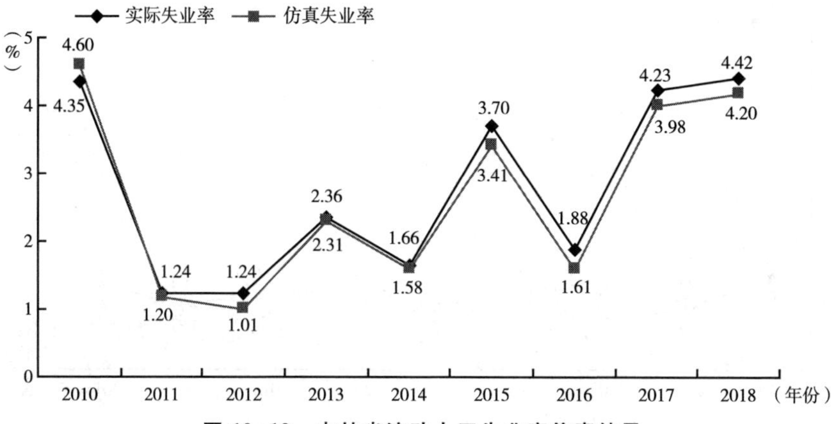

图 10-10　吉林省流动人口失业率仿真结果

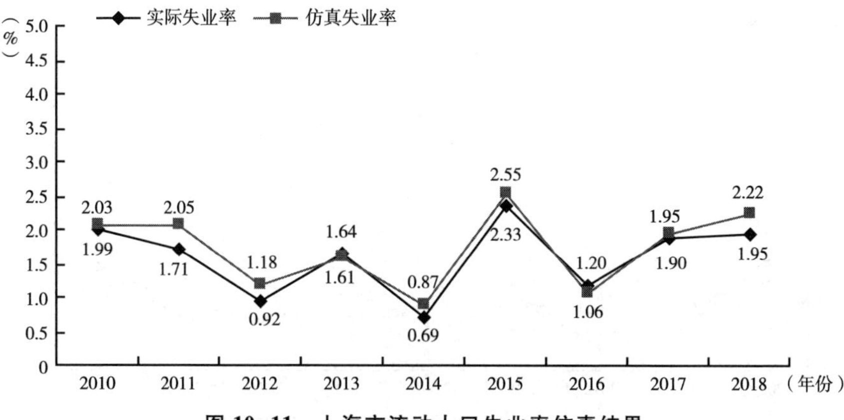

图 10-11　上海市流动人口失业率仿真结果

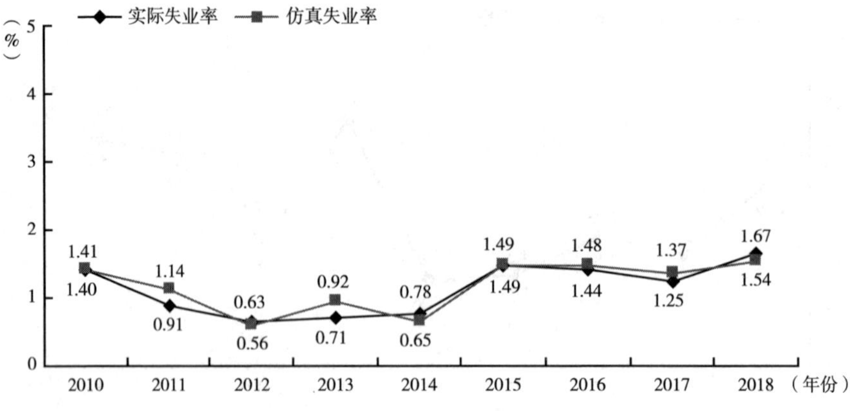

图 10-12　浙江省流动人口失业率仿真结果

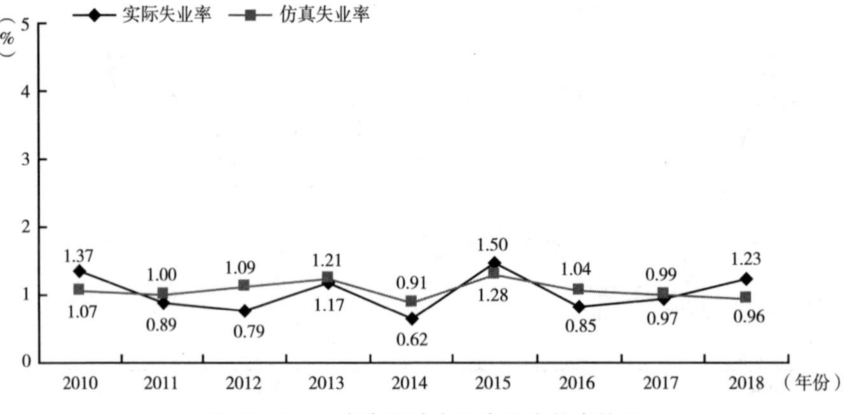

图 10-13　山东省流动人口失业率仿真结果

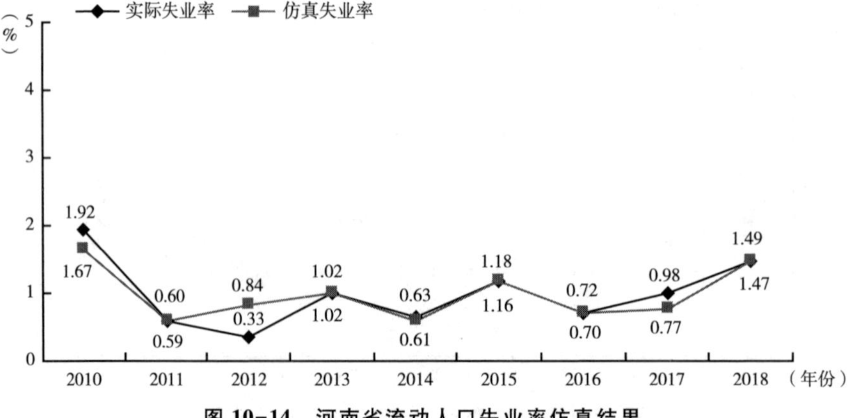

图 10-14　河南省流动人口失业率仿真结果

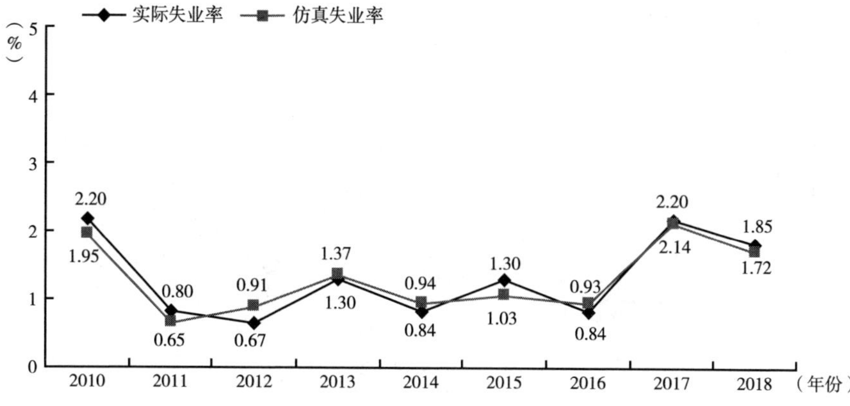

图 10-15　湖北省流动人口失业率仿真结果

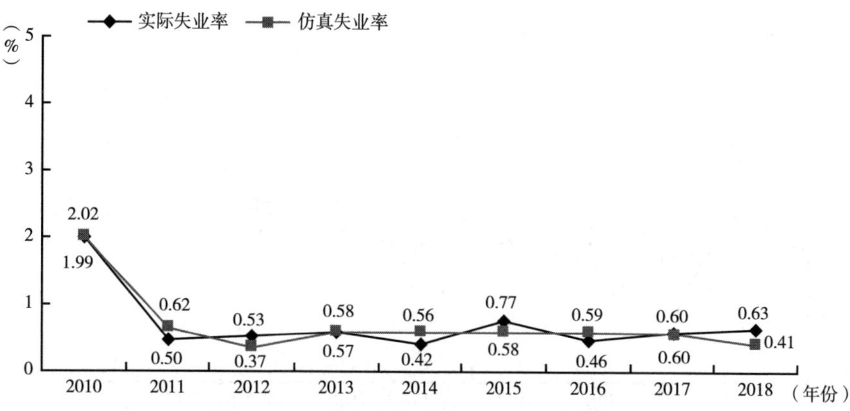

图 10-16　湖南省流动人口失业率仿真结果

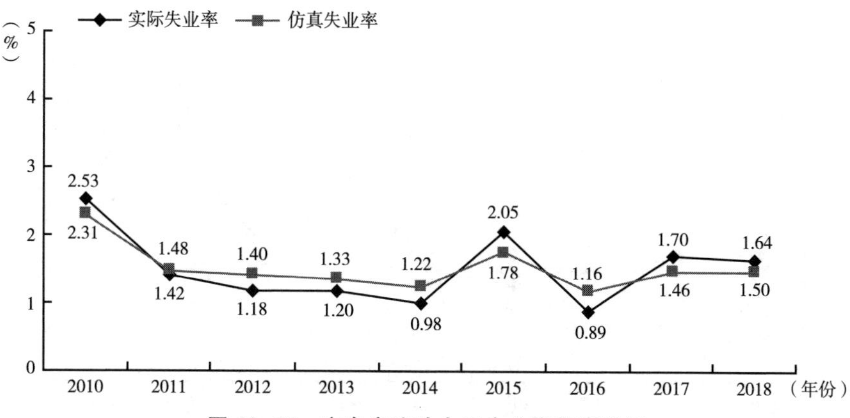

图 10-17　广东省流动人口失业率仿真结果

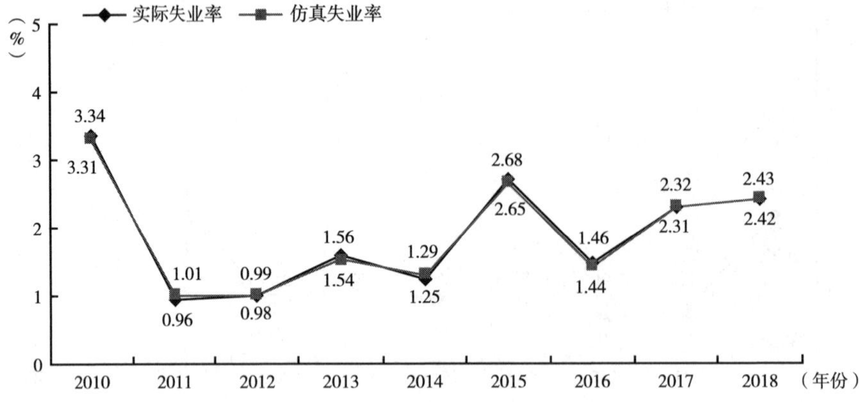

图 10-18　广西壮族自治区流动人口失业率仿真结果

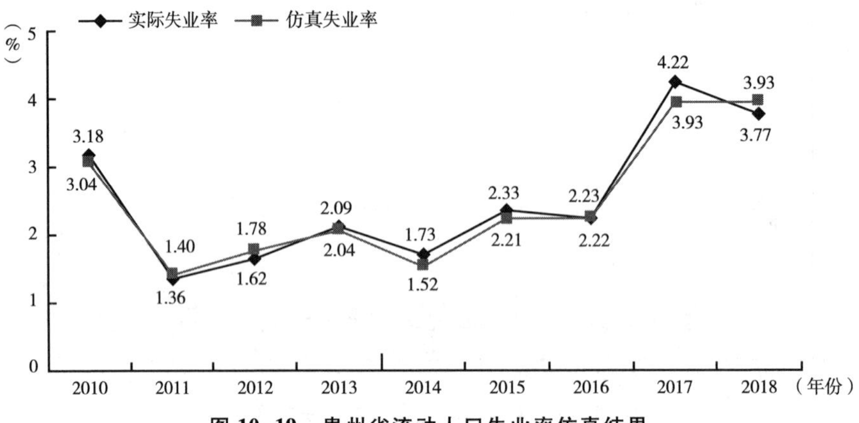

图 10-19　贵州省流动人口失业率仿真结果

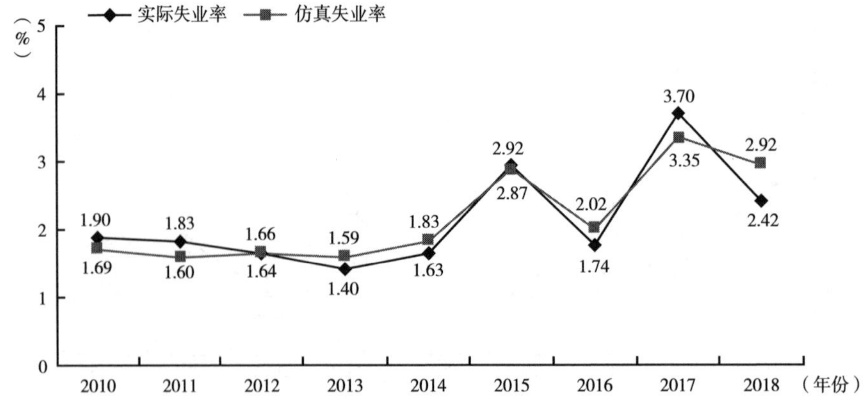

图 10-20　陕西省流动人口失业率仿真结果

四　警源分析

由 SPSS 软件运行结果可知各评价指标对流动人口失业率的重要性。由表 10-4 可知，微观警源和宏观警源均对流动人口失业风险具有重要的影响。微观警源指诱发流动人口失业风险的个人因素、家庭因素和就业因素，涉及社会分工、工作经验、就业身份、人力资本储备、家庭资本等多个方面。宏观警源指诱发流动人口失业风险的劳动力市场因素、宏观经济因素、就业与社会保障因素。由于各地区发展水平不同，各评价指标对流动人口失业风险的作用程度也有一定差异。

表 10-4　各评价指标的重要性

单位：%

指标	全国	东部	中部	西部
性别	34.63	81.37	100.00	70.85
平均年龄	79.13	9.92	35.36	17.15
平均流动时间	30.70	60.67	68.39	100.00
平均受教育程度	12.40	6.41	9.91	4.44
流出地	57.81	9.97	68.37	10.39
流动范围	59.73	55.59	13.07	71.06
居留意愿	5.83	9.57	36.22	11.32
婚姻	40.09	100.00	33.58	7.80
抚养负担	28.35	31.19	15.90	66.09
行业	16.78	3.11	22.92	25.01
职业	19.36	69.64	11.44	8.26
就业单位性质	19.61	67.14	48.39	12.89
就业身份	39.60	24.22	4.91	26.95
平均工资月收入	22.07	48.72	25.57	4.05
平均每周工作时间	7.50	44.36	29.67	10.45
劳动年龄人口占比	46.64	42.80	22.88	63.09
城镇登记失业率	4.58	65.57	43.97	36.49
人口老龄化程度	4.16	8.58	37.48	16.73

续表

指标	全国	东部	中部	西部
人口自然增长率	24.76	64.90	26.08	67.50
居民人均可支配收入	100.00	63.87	25.22	53.89
产业结构与就业结构偏离度	12.12	75.20	54.10	54.78
人均国内生产总值	28.09	23.51	7.74	18.93
人均固定资产投资	50.12	74.89	17.75	63.29
人均进出口总额	36.58	41.40	20.86	5.54
产业结构	4.07	60.93	9.35	55.37
经济增长率	29.55	18.31	5.80	63.09
非国有企业职工占比	9.34	7.60	21.08	51.47
基尼系数	41.13	26.09	66.89	3.24
公共就业服务人数占比	49.72	67.69	95.60	1.62
就业与社会保障财政支出占比	51.76	4.77	74.53	4.65
失业保险参保率	3.31	54.75	26.87	13.54
工伤保险参保率	4.62	23.57	15.97	12.97
生育保险参保率	60.52	45.87	61.74	10.81

1. 全国警源分析

从全国范围来看，“居民人均可支配收入”“生育保险覆盖率”“流动范围”“流出地”“就业与社会保障财政支出占比”6 个指标对流动人口失业风险影响较大。可见，流动特征、劳动力需求和公共服务均等化水平对流动人口失业具有重要影响。流动特征对失业风险具有显著的负面影响，这与流动人口主要从事体力劳动和简单技术劳动密切相关，随着流动时间的增加，流动人口积累了丰富的工作经验，失业风险也随之减小。但是随着产业结构转型升级，劳动力市场对劳动力素质和劳动力质量的要求越来越高，劳动密集型产业的劳动力需求量也有所减少，失业风险则有所提高。公共服务均等化水平反映了流动人口享受相关就业服务情况，公共服务均等化水平越高，就业服务与社会保障覆盖面越大，流动人口失业风险也就越小。

2. 区域警源分析

通过分析区域流动人口失业风险警源可以发现，各区域之间既有共性又有特性。社会分工、流动特征、劳动力需求是影响东中西部地区的共性警源。其中，社会分工是影响各区域失业风险最为重要的警源，这是由于劳动力市场上存在性别歧视现象，女性在劳动力市场上处于弱势地位，而女性流动人口作为双重弱势群体在劳动力市场中的弱势地位更加明显[①]，面临更高的失业风险。从流动特征来看，中西部流动人口面临着更高的失业风险，且流动时间越长，失业风险越高。从劳动力需求来看，流动人口就业普遍集中在低端服务和制造业，整体上就业水平较低、可替代性较强，不能满足产业转型升级对劳动力素质的要求，使得流动人口面临较高的失业风险。

除上述共性之外，各区域流动人口失业风险警源还有各自的特性。东部地区警源较为复杂，“婚姻”“性别”“产业结构与就业结构偏离度”“人均固定资产投资”“职业”“公共就业服务人数占比”等 14 个指标均对流动人口失业风险具有重要的影响，东部地区流动人口失业风险警源较为复杂，这与东部地区庞大的流动人口规模和复杂的流动机制密切相关。其中婚姻是影响东部地区流动人口失业风险最重要的因素，这是受到家庭化流动趋势的影响。此外，东部地区流动人口失业风险还受到社会分工、产业结构、就业结构、劳动力供给和需求、经济结构和社会公共服务均等化等诸多方面的影响。

中部地区流动人口失业风险受“性别”“公共就业服务人数占比”“就业与社会保障财政支出占比”“平均流动时间”“流出地”“基尼系数”“生育保险参保率”7 个指标的影响。中部地区警源相对简单，流动人口失业风险主要受到社会分工、流动特征和公共服务均等化水平的影响。除社会分工这一重要警源之外，公共服务均等化水平也对流动人口失业风险具有重要影响，这与中部地区经济发展水平和社会保障水平不均衡密切相关。

西部地区受到“平均流动时间”“流动范围”“性别”“人口自然增长率”“抚养负担”“人均固定资产投资”等 12 个指标的影响。其中微观警源对流动人口失业风险的影响较大，社会分工和流动特征是其中最为重要的两

① 陈华同、彭仁贤：《流动人口就业问题研究进展》，《中国经贸导刊（中）》2021 年第 10 期，第 80~86 页。

个方面，这与西部地区人口流出规模较大有关。此外，宏观经济环境也是影响流动人口失业率的重要警源，西部地区经济水平较低，流动人口可以选择的就业岗位较少，流动人口就业水平较低，从而面临较高的失业风险。

3. 主要省份警源分析

通过分析主要省份流动人口失业风险警源可以发现，各省份的主要警源基本上与其所属区域保持一致。其中，北京市流动人口失业风险主要警源为"流出地""产业结构与就业结构偏离度""就业与社会保障财政支出占比"；天津市流动人口失业风险主要警源为"流动范围"；河北省流动人口失业风险主要警源为"职业""经济增长率"；山西省流动人口失业风险主要警源为"居民人均可支配收入""平均年龄"；辽宁省流动人口失业风险主要警源为"人口自然增长率""流出地"；吉林省流动人口失业风险主要警源为"抚养负担"；上海市流动人口失业风险主要警源为"平均年龄"；浙江省流动人口失业风险主要警源为"就业身份""劳动年龄人口占比"；山东省流动人口失业风险主要警源为"经济增长率""行业"；河南省流动人口失业风险主要警源为"平均年龄""失业保险参保率"；湖北省流动人口失业风险主要警源为"平均流动时间""公共就业服务人数占比"；湖南省流动人口失业风险主要警源为"人均固定资产投资""平均流动时间""生育保险参保率"；广东省流动人口失业风险主要警源为"劳动年龄人口占比""居民人均可支配收入"；广西壮族自治区流动人口失业风险主要警源为"流出地""工伤保险参保率""平均流动时间"；贵州省流动人口失业风险主要警源为"基尼系数"；陕西省流动人口失业风险主要警源为"就业身份""产业结构与就业结构偏离度"。

五　警情划分

（一）预警界限确定

流动人口失业风险预警警戒线的确定既需要节约成本、操作简便，又需要准确划分警情，因此本文在兼顾成本、可行性和准确度的前提下选择采用四分位法来确定流动人口失业风险警戒线。四区域法是在正态分布的前提下根据分布概率确定界限值，相对应的划分为稳定区、趋势区、危险区、极危险区四个区域范围，分别用绿灯、蓝灯、黄灯、红灯来表征。按照正态分布中平均值（$\bar{x}$）两侧标准差（σ）的分布规律，对流动人口失业率进行预警区域划分，当警情值处于 $\bar{x}-3\sigma \sim \bar{x}$ 范围内时，说明当前流动人口失业风险处于安全范围内，发出绿灯警报，表示没有警情；当警情值处于 $\bar{x} \sim \bar{x}+\sigma$ 范围内时，说明当前流动人口失业风险较轻，发出蓝灯警报，表示轻警；当警情值处于 $\bar{x}+\sigma \sim \bar{x}+2\sigma$ 范围内时，说明当前流动人口失业风险达到警戒范围，发出黄灯警报，表示中警；当警情值处于 $\bar{x}+2\sigma \sim \bar{x}+3\sigma$ 范围内时，说明当前流动人口失业风险较为严重，发出红灯警报，表示重警。经过计算，全国及区域的标准差和平均值如表 10-5 所示。根据标准差和平均值计算出的预警实测值范围如表 10-6 所示。

表 10-5 失业率均值与标准差

区域	均值	标准差
全国	1.65	0.64
东部	1.42	0.42
中部	1.62	0.75
西部	2.16	0.70

表 10-6 流动人口失业率预警区域划分

分区		稳定区	趋势区	危险区	极危险区
标准分范围		−3σ～0	0～σ	σ～2σ	2σ～3σ
预警实测值范围	全国	0～1.65	1.65～2.29	2.29～2.93	2.93～3.57
	东部	0.15～1.42	1.42～1.84	1.84～1.27	2.27～2.69
	中部	0～1.62	1.62～2.37	2.37～3.12	3.12～3.86
	西部	0.07～2.16	2.16～2.85	2.85～3.55	3.55～4.25

（二）警度确定

根据流动人口失业风险预警区域的划分，将警度分为无警、轻警、中警、重警四个等级，分别用绿灯、蓝灯、黄灯、红灯来表示（见表10-7）。由警情划分结果可知，除2010年流动人口失业率受到经济危机变动影响呈现中警警情之外，我国流动人口失业率随着时间推移呈现上升趋势，并且没有出现重警警情。从全国范围来看，流动人口失业风险在2010年和2017年存在两个高峰期，这是由于经济发展周期性变动直接影响了就业市场的平稳发展，流动人口作为处于弱势地位的劳动力更易受到影响。从区域分布来看，西部地区流动人口失业风险较高，这是由于西部地区流动人口素质普遍偏低，更容易受到劳动力市场排挤；中部地区次之，东部地区失业风险最低，这与当地相对成熟的市场环境和较为完善的社会保障体系密切相关。

表10-7　警度划分

警度	对应区域	信号灯
无警	稳定区	绿灯
轻警	趋势区	蓝灯
中警	危险区	黄灯
重警	极危险区	红灯

六　流动人口失业预测

（一）流动人口失业的决定因素预测

预测未来流动人口失业风险变动趋势既可以在高失业风险来临前提前采取措施进行干预，提前化解失业带来的各种不良后果，又可以为评价当前干预措施和社会保障政策的实施效果提供依据。本文考虑到人口迁移模式转变、宏观经济环境变化、劳动力市场变动和社会保障水平提高等多方面的因素，对流动人口失业风险各决定因素进行预测，在分析各类型决定因素散点图分布特征基础上，对比各曲线估计预测模型的显著性，选择最符合其变动趋势的曲线估计模型（见表 10-8）。

表 10-8 各决定因素预测模型

指标	模型	全国		东部		中部		西部	
		R 方	sig.	R 方	sig.	R 方	sig.	R 方	sig.
X1	线性	0.355	0.090	0.457	0.046	0.357	0.090	0.668	0.007
X2	线性	0.167	0.275	0.128	0.345	0.293	0.133	0.255	0.165
X3	线性	0.688	0.006	0.642	0.009	0.577	0.018	0.653	0.008
X4	线性	0.902	0.000	0.915	0.000	0.907	0.000	0.906	0.000
X5	线性	0.134	0.333	0.184	0.249	0.167	0.275	0.173	0.265
X6	线性	0.148	0.306	0.584	0.016	0.435	0.053	0.001	0.934
X7	线性	0.991	0.000	0.003	0.893	0.918	0.000	0.941	0.000
X8	对数	0.638	0.010	0.628	0.011	0.640	0.010	0.638	0.010
X9	logistic	0.639	0.010	0.614	0.012	0.593	0.015	0.655	0.008
X10	logistic	0.753	0.002	0.569	0.019	0.416	0.061	0.572	0.018
X11	logistic	0.605	0.014	0.413	0.062	0.516	0.029	0.479	0.039
X12	线性	0.005	0.854	0.828	0.001	0.704	0.005	0.452	0.047
X13	线性	0.406	0.065	0.273	0.149	0.759	0.002	0.202	0.225
X14	线性	0.873	0.000	0.941	0.000	0.862	0.000	0.781	0.002
X15	线性	0.015	0.754	0.129	0.343	0.004	0.875	0.146	0.310
X16	logistic	0.955	0.000	0.965	0.000	0.937	0.000	0.805	0.001
X17	对数	0.942	0.000	0.226	0.196	0.951	0.000	0.970	0.000
X18	logistic	0.992	0.000	0.964	0.000	0.980	0.000	0.976	0.000
X19	线性	0.002	0.920	0.126	0.348	0.299	0.128	0.595	0.015
X20	线性	0.999	0.000	0.999	0.000	0.988	0.000	0.999	0.000
X21	幂	0.859	0.000	0.907	0.000	0.925	0.000	0.966	0.000
X22	logistic	0.977	0.000	0.986	0.000	0.959	0.000	0.946	0.000
X23	线性	0.415	0.085	0.364	0.113	0.424	0.080	0.440	0.073
X24	线性	0.431	0.055	0.202	0.225	0.665	0.007	0.342	0.128

续表

指标	模型	全国		东部		中部		西部	
		R 方	sig.	R 方	sig.	R 方	sig.	R 方	sig.
X25	logistic	0.963	0.000	0.967	0.000	0.954	0.000	0.933	0.000
X26	幂	0.764	0.002	0.807	0.001	0.716	0.004	0.750	0.003
X27	对数	0.880	0.000	0.878	0.000	0.884	0.000	0.841	0.000
X28	logistic	0.985	0.000	0.968	0.000	0.991	0.000	0.991	0.000
X29	logistic	0.758	0.002	0.803	0.001	0.735	0.003	0.748	0.003
X30	logistic	0.958	0.000	0.930	0.000	0.940	0.000	0.544	0.023
X31	logistic	0.965	0.000	0.983	0.000	0.554	0.022	0.976	0.000
X32	logistic	0.950	0.000	0.996	0.000	0.856	0.000	0.851	0.000
X33	logistic	0.941	0.000	0.939	0.000	0.847	0.000	0.925	0.000

考虑到各决定因素受到经济发展周期性变动的影响，根据现有数据反映出的经济周期变动对模型进行修正。

线性预测模型为：

$$y = \beta_0 + \beta_1 x_i + \mu_i \tag{10-34}$$

对数曲线预测模型为：

$$y = \beta_0 + \beta_1 \ln(x_i) + \mu_1 \tag{10-35}$$

Logistic 曲线预测模型为：

$$y = \frac{1}{1/\xi + \beta_0 \beta_1^x} + \mu_i \tag{10-36}$$

幂函数预测模型为：

$$y = \beta_0(x^{\beta_1}) + \mu_i \tag{10-37}$$

利用 2010～2018 年全国及各区域时间序列数据对流动人口失业风险决定因素进行预测，预测效果较好。

（二）流动人口失业率预测结果

首先将各决定因素预测值进行标准化处理，得到标准化后的各决定因素预测值，然后将其放入训练好的神经网络系统中，根据各指标的权重预测2019~2030年全国及各区域范围失业率，预测结果如图10-21所示。由图可知，全国及各区域未来流动人口失业率变动趋势基本保持一致，总体呈现波动上升趋势，西部地区流动人口失业率最高，中部地区次之，东部地区流动人口失业率最低，未来各区域之间流动人口失业率差距将不断扩大。中西部地区流动人口失业率均高于全国平均水平，但中部地区失业率逐渐趋近全国平均水平。从变动趋势来看，2018~2020年全国及各区域流动人口失业率呈上升趋势，并在2020年达到第一个失业率高峰，然后流动人口失业率开始下降；2020~2022年就业市场发展较好，全国及各区域流动人口失业率呈下降趋势；2022年以后全国及各区域流动人口失业率继续波动上升，在2027年达到第二个失业率高峰；2027年以后流动人口失业率迅速下降并保持一个较为稳定的状态。

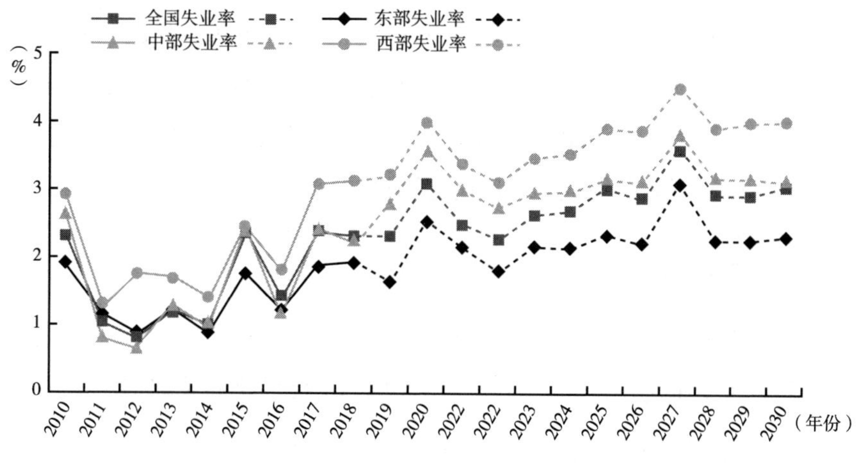

图10-21 流动人口失业率预测结果

（三）警情预测

未来全国及各区域流动人口失业率整体呈现波动上升的趋势，且在2020年和2027年出现两个失业率高峰期，发出重警警报，需要采取措施防范高失业风险带来的不良后果。从区域发展来看，西部地区流动人口失业率最高，在 2025 年以后始终处于极危险区，需要提高对流动人口就业问题的重视程度，采取相应措施降低流动人口失业率，不断向全国平均水平靠近；中部地区流动人口失业率与全国平均水平较为接近，需要在总结当前经验的基础上继续探索降低流动人口失业率的措施；东部地区流动人口失业率最低，需要重点关注 2020 年、2027 年和 2030 年三个重警警报年份，未来需要进一步推进平等就业，促进社会公平，并向中西部地区提供先进的发展经验。

七　排警系统

对流动人口失业率进行监测和预警，不仅为了分析当前流动人口的就业状态和失业风险，更是为了观察流动人口失业率的变动趋势，对未来可能出现的异常状况及其可能造成的风险做出预测，提前采取措施加以干预，以此来防范和化解流动人口失业风险。本文对通过分析全国及区域流动人口失业率的变动趋势，建立了流动人口失业风险预警系统，对失业警情进行了划分，进一步根据不同警情提出相应的干预措施。

（一）绿灯区

当系统发出绿灯警报时，表示劳动力市场处于就业稳定状态，流动人口失业风险处于安全范围内，此时需要从宏观制度建设层面采取相应措施，进一步推动流动人口实现充分就业，防范流动人口失业风险提高。

首先，推进户籍制度改革，促进社会融合，实现社会公平。通过户籍制度改革将其作为我国人口管理工作的基础，不再与公共服务、社会保障等权利挂钩，减少户籍制度对流动人口就业的限制，从而使流动人口与户籍人口享受平等的就业政策和社会公共服务。其次，充分发挥市场作用，促进劳动力优化配置。由于各地产业转型升级水平和方向不同，对劳动力需求也有所不同，通过市场选择可以促进劳动力流动与市场需求相适应。最后，建立完善的法制环境，将流动人口纳入法制体系的保障范围，规范企业用工制度，使流动人口面临的就业问题有法可依，将流动人口就业问题写入法律和规章条例，保障流动人口享受平等的就业服务与社会保障服务，通过法律的约束建立一个公平宽松的劳动力市场环境。

（二）蓝灯区

当系统发出蓝灯警报时，表示劳动市场基本上处于稳定就业状态，流动人口面临着较低的失业风险，此时需要化解流动人口就业矛盾，防范流动人口失业风险进一步提高，从而越过警戒线。

首先，加强流动人口就业信息服务，通过健全相关软硬件建设，整合多方就业信息，为流动人口获取用工信息提供便利条件，完善就业信息平台可以提高流动人口获取就业信息的能力，增加就业机会；大力发展就业服务机构，发挥就业机构沟通用人单位和流动人口的桥梁作用，降低流动人口择业过程的成本，提高其失业后再就业效率。其次，将流动人口纳入当地社会保障体系，使流动人口和户籍人口平等享受社会公共服务，提高抵御失业风险的能力。再次，稳定宏观经济环境，保持其稳定高质量增长，减少就业不稳定性因素，推进产业结构优化升级，推动实体经济、制造业和第三产业的发展，为失业流动人口创造就业机会。最后，鼓励创业，激发劳动者的创业热情，引导和鼓励劳动者自主创业，从而带动就业，增加流动人口就业机会。

（三）黄灯区

当系统发出黄灯警报时，表示劳动力市场处于不稳定的就业状态，流动人口面临着较高的失业风险，此时需要采取措施提高流动人口就业能力，稳定劳动力市场就业状态。

首先，提高对流动人口基础教育的重视程度。流动人口人力资本存量先天不足造成了流动人口在劳动力市场的弱势地位，因此需要加大基础教育投入，促进基础教育公平，为流动人口就业做好人力资本储备，提高劳动力素质，从而缓解流动人口面临的失业风险。其次，加强流动人口就业培训服务，建立失业流动人口就业前培训和就业后继续教育相结合的职业教育体系，健全职业教育体系可以提高流动人口就业技能，提高其在劳动力市场的竞争力，提高就业培训与市场需求的契合度，满足流入地对高素质劳动力的需求。最后，通过政府购买服务为失业流动人口提供基层公共服务等，增加就业机会，增加就业岗位，扩大流动人口就业规模。

（四）红灯区

当系统发出黄灯警报时，表示劳动力市场就业状态非常不稳定，流动人口面临着极高的失业风险，此时需要政府发挥“兜底”作用，防止风险进一步扩大。

首先，建立完善的失业登记体制，统一失业登记口径，扩大失业登记范围，精准识别流动人口就业状态，并进一步分析其失业原因，根据其失业特征提供相对应的就业服务。其次，为处于较高失业风险的流动人口群体提供社会救助，通过紧急补助和社会保障救助提高流动人口抵御失业风险的能力；基于用人单位相应补贴，减少其裁员人数。最后，加大流动人口相关政策制度的执行力度和监督力度，做好政策宣传和落实工作，建立政策执行监督体系，确保流动人口相关政策真正落实和执行。

第十一章
应对流动人口失业发生风险的对策建议

随着城镇化的推进，我国流动人口规模日益增大。然而近年来受产业转型升级的影响，我国流动人口就业形势略有恶化，流动人口失业率呈现曲折上升的趋势。为进一步提升我国城镇化质量、推动城乡一体化，降低流动人口失业率、提升流动人口就业质量是十分必要的。就业是民生之本，教育是民生之基，健康是民生之需，本章基于我国流动人口教育、健康、劳动权益、社会保障、家庭发展、就业服务、创新创业、工作特征、失业风险等生活和就业现状，提出相应的对策建议。

一　强化职业教育，提高就业能力

受教育程度作为影响流动人口就业能力与就业质量的重要因素之一，在促进流动人口择业就业方面具有重要作用。研究表明，受过教育的流动人口可以找到收入水平更高、社会保障更完善、工作时间更短、劳动合同更加合理稳固的工作，并且这种效应随着流动人口受教育水平的提高越发明显。然而，2018 年我国流动人口动态监测数据显示，在调查的全部样本中 42. 18% 的流动人口仅有初中学历。对于一个流动人口大国而言，我国流动人口受教育程度过低不仅增加了流动人口就业的困难，还不利于我国高质量劳动力市场的建设，因此提高流动人口受教育水平进而促进其再就业就显得尤为重要，因此，立足我国流动人口受教育现状，分别针对我国已流动及潜在流动人口提出以下建议。

（一）完善流动人口职业培训与职业规划服务体系

2018 年流动人口动态监测数据显示，我国流动人口平均受教育年限为 10.3 年，呈现明显的上升趋势。但是我国流动人口平均受教育年限的提高，主要是由于我国近年来各大高校产出的人才不断增加，这些人才一般会流入北京、上海、杭州等大城市，其呈现“迁徙式”移动趋势，一旦流动一般不会再返乡。而由乡村转移出来的“候鸟式”移动的劳动力依旧主要从事劳动密集型产业，其受教育程度与职业化程度均较低，故而失业率较高。农村劳动力的这种就业现状，一方面将流动的农村劳动力限制在劳动密集型产业中，从事低工资、低回报、高劳动的工作，呈现低保障、低效率、低收益的特点；另一方面也不利于我国的技术转型与产业升级，不利于城乡融合工作的推进与现代化经济体系的建设。因此针对这一部分流动劳动力，我们要加强其职业培训与规划管理，加强在职培训、职业生涯规划教育。

1. 深化在职培训，完善职业培训体系

作为人力资本提升的重要途径之一，在职培训对减少流动人口失业的重要性目前没有得到充分重视。《劳动法》第八章第 68 条规定：“用人单位应当建立职业培训制度，按照国家规定提取和使用职业培训经费，根据本单位实际，有计划地对劳动者进行职业培训。”2018 年，我国出台《国务院关于推行终身职业技能培训制度的意见》（国发〔2018〕11 号），其中明确指出“要面向全面劳动者，完善从劳动预备开始，到劳动者实现创业就业并贯穿学习和职业生涯全过程的终身职业技能培训政策。明确企业培训主体地位，完善激励政策，支持企业大规模开展职业技能培训”。然而目前我国对于流动人口的在职培训较少，关注程度也较低，这导致流动人口的在职教育普及程度不够，推动流动人口在职教育可以遵循以下思路。

第一，确立流动人口职业培训规范。推进流动人口在职培训规模化、规范化、一体化。流动人口在职培训目前呈现单一化、分散化的特点，因此要确立规范化的在职培训体系，必须明确“什么样的企业需要组织在职培训，什么样的流动人口有必要接受在职培训”的问题。应在政府指导下，制定对于流动人口在职培训的明确规范，形成明确统一的标准，明确企业在流动人口在职培训中的主体责任。

第二，政府补贴，加强监督。对流动人口进行在职培训的过程其实就是对流动人口进行人力资本投资的过程，一般而言，本着“谁获益，谁投资”的原则，企业大多不会对于流动性较强的劳动力进行人力资本投资。而流动人口的经济基础又较为薄弱，很大程度上难以支撑自己进行人力资本投资，此时就需要企业负责，而企业在对流动人口进行在职培训的过程中“入不敷出”的部分就需要政府来补足。对于流动人口在职培训的补贴要形成企业申报、政府出资、流动人口受益的模式，为积极如实组织促进流动人口就业的企业提供相应奖励。除此之外，还要严加监督，确保补贴资金用于企业对于流动人口的在职培训。

第三，建立企业培训中心。企业培训中心作为在职培训的重要场所，在流动人口在职培训过程中具有不可或缺的作用。1982 年 1 月，中共中央、国务院发布的《关于国营工业企业进行全面整顿的决定》就要求“大企业建立培训中心，中小企业单独建立有困难的，可联合由上一级主管部门统一建立，对工人进行政治、文化、技术业务培训”。目前来看，我国企业培训中心建设的力度不够、数量不足，这就导致流动人口在职培训组织能力弱、系统性低，因此要重视企业培训中心建设，各地针对自身现状可相应降低申请条件、提高嘉奖额度与推行力度，进而在增加企业培训中心数量的同时提高其质量。

2. 加强流动人口职业生涯规划教育

职业生涯是一个人一生之中从事工作、承担职务的职业经历，是一个贯穿劳动力整个劳动年龄区间的动态过程。而职业生涯教育是围绕职业发展进行的一种具有鲜明目的性、组织性和计划性的系统性教育，职业生涯教育是促进职业技能培养，提高就业能力的必然选择。[①] 职业生涯规划影响劳动力一生的就业选择，也与终身失业率密切相关。而对于候鸟式迁徙的流动人口而言，他们对于职业生涯规划缺乏认知，使得其在寻找工作的过程中具有盲目性。我国目前的职业生涯规划教育主要针对高职及以上院校的在读学生，却忽略了流动人口这一庞大的劳动力群体。因此，我们要加强对于流动人口的职业生涯规划教育，培养具有明确职业意识的流动劳动力，进而达到降低流动人口失业率、预防流动人口失业的目的。

第一，创建流动人口职业生涯规划教育教学体系。首先要筛选出职业生涯规划受教育人群，在此主要是指青壮年流动人口；其次要明确教育教学目的，让流动人口充分认识到规划好职业生涯的重要性，对于未来从事职业以及是否再次流动形成初步规划；最后建立相关档案，对于流动人口未来规划意愿进行电子归档，建立相应数据库，对与流动人口未来规划等相匹配的职位进行智能识别与网络匹配，充分提高失业流动人口再就业的可能。

第二，加强对职业生涯规划重要性的宣传与调研。作为政府，要推动流动人口职业生涯规划教育体系建设，一方面敦促企业进行统计调研，另一方面对流动人口职业生涯规划教育给予充分支持。而企业是与流动人口直接接触的第一责任人，作为企业，要充分筛选能够且适宜接受职业生涯规划教育的流动人口，做好基础数据的采集与调研，自觉主动为其提供职业生涯规划教育并营造良好的就业环境。

（二）提高农村教育资源供给水平，推动教育资源城乡融合发展

第七次人口普查数据显示，2020 年我国乡城流动人口占流动人口总数的 66.3%，乡城流动人口依然是流动人口的主要组成部分，农村已经成为我国潜在流动人口的最大发源地。作为我国流动人口的储备军，今天的潜在

---

① 周婷、罗玲云：《现代学徒制背景下高职学生职业生涯教育研究》，《湖北开放职业学院学报》2021 年第 20 期，第 66~67 页。

流动人口就是明天的流动人口，所以要想提高流动人口受教育水平，必须从根源做起，提升潜在人口的受教育程度，这就要求提高我国农村教育水平，推动教育发展城乡均衡。针对我国农村教育发展的现状，具体有以下几方面措施。

1. 强化基础教育，提高农村人口受教育程度

2021 年 12 月，国家统计局发布《中国儿童发展纲要（2011—2020 年）》终期统计监测报告，报告显示 2020 年我国九年义务教育巩固率为 95.2%。可以说，我国义务教育已基本上达到全民普及的阶段，但没有接受义务教育的 4.8%的国民大部分集中在农村，因此要继续推进义务教育，逐步转变农村教育理念，提高农村潜在流动人口的受教育年限。

第一，继续推进义务教育，进一步扩大农村及偏远地区义务教育覆盖面。2021 年 3 月发布的《中华人民共和国国民经济和社会发展第十四个五年规划和 2035 年远景目标纲要》第十三篇指出“提升国民素质，促进人的全面发展”。其中要求“推进基本公共教育均等化，巩固义务教育基本均衡成果，完善办学标准，推动义务教育优质均衡发展和城乡一体化，加快城镇学校扩容增位，保障农业转移人口随迁子女平等享有基本公共教育服务，改善乡村小规模学校和乡镇寄宿制学校的条件，加强乡村教师队伍建设，提高乡村教师素质能力，完善留守儿童关爱体系，巩固义务教育控辍保学成果”。这充分说明国家对于教育资源城乡均衡的重视程度。因此，为进一步提高我国潜在流动人口受教育水平，进而降低其流动后的失业可能性，必须继续坚定不移地提升农村及偏远地区等劳动力流失严重地区的义务教育覆盖程度与普及力度。

第二，延长农村地区义务教育年限，试行十二年义务教育。2017 年 3 月两会期间，有政协委员提出要在全国普及十二年义务教育，尽快立法保障高中阶段教育，其中首先要覆盖广大农村地区，其次就是随父母离开农村进入城市的外来务工人员子女。但目前十二年义务教育试点大部分集中在沿海地区与民族聚居区，应因地制宜地在农村推广十二年义务教育，尤其是中职教育，培养职业技术人才。

第三，转变农村教育理念。要提高农村地区受教育水平，必须先转变农村地区的教育理念，目前我国偏远地区农村的教育理念依旧是追求“非文盲”即可，我们应该逐步推进其向追求“拥有专业技术知识”转变，只有转变教育理念，才能从根本上提高农村的受教育水平。因此要构建政府引导、企业宣传、城镇落实、农村获益的模式，逐步转变农村教育理念。

2. 优化乡村职业教育资源，不断培育高素质专业化人才

2010 年中共中央、国务院召开全国教育工作会议，发布《国家中长期教育改革和发展规划纲要（2010—2020 年）》，提出要“加快发展面向农村的职业教育”等五项重点任务。对全国各地制定的教育规划纲要进行统计发现，全国 31 个省区市中有 19 个在地方教育规划纲要中明确提出发展“面向农村”或“农村地区”的职业教育，占地方教育规划纲要总数的 61%①，我国农村职业教育逐步成为国家重点关注的对象。党的十九大报告强调，要坚持农业农村优先发展，实施乡村振兴战略，这就需要农村职业教育履行好社会服务使命。

第一，建立完善针对乡村职业教育的资助体系。2019 年中央对中等职业学校的财政资助支出预算达 142 亿元，其中，河南、云南两省作为劳动力输出大省，为支持中等职业学校教育而设立的财政支出预算更是高达 10 亿元以上。这一方面反映出国家和各省份对于中等职业教育的重视程度提高，另一方面也警示我们要不断完善职业教育资助体系，将财政预算用于真正该用、真正能用的地方。作为地方政府，要明确能够接受职业教育资助的人群，尽快根据当地产业发展情况建立相应的职业院校，为相关职业人才的培育提供基础；作为职业学校，要完善自己的教育教学理念，将教学与实践相结合，融入当地产业发展，建立起地方特色与专业技术能力兼具的职业人才培训体系；除此之外，可以加大对于职业教育的宣传力度，宣传教育平等的

---

① 张祺午：《我国农村职业教育政策走向研究》，《职业技术教育》2013 年第 13 期，第 68～72 页。

理念，普通高中与职业高中的人才都值得大家尊重，进一步推动乡村职业教育的发展。

第二，提高乡村职业教育能力。这就要求我国提高对职业教育的重视程度以及加大对中职高职院校的建设力度。2019 年，国务院印发《国家职业教育改革实施方案》，要求“到 2022 年职业院校教学条件基本达标，一大批普通本科高等学校向应用型转变，建设 50 所高水平高等职业院校和 150 个骨干专业（群），建成覆盖大部分行业领域、具有国际先进水平的中国职业教育标准体系”。对此，北京市提出“面向新型农民开展具有针对性和实用性的职业培训”，河南省作为流动人口流出大省，也明确提出要“推行终身教育培训制度，面向城乡各类劳动者开展大规模职业技能培训，支持下岗失业人员、农民工和新型职业农民接受适合的高等职业教育和培训”，充分证明了国家对于农村职业教育的重视。我们要不断提高农村职业教育能力，一方面加强对于农村新型农民与其他适宜人群的职业培训以减少其流动倾向，另一方面也要为农村学龄潜在流动人口提供职业教育机会，增加技能储备，从源头上减少流动人口失业的情况。

第三，普及乡村传统技能教育，发展传统产业，为返乡流动人口提供退路。随着我国城镇化水平的不断提高，产业结构逐渐升级，农民逐步脱离土地，变成新就业形态下的流动人口。在此过程中大部分乡城流动的农村流动人口已经丧失了传统的农业生产技能，因此一旦其在城市中失业，返乡这一退路也会受到阻碍。因此，我们要在农村中开展传统技能以及当地特有产业的相关技能教育，为失业流动人口畅通返乡这一退路。其一，要加强与传统产业相关的知识技能教育，尤其是各地特色产业相关的知识技能教育，比如河北省清河县的羊绒产业、山东省嘉祥县的手套产业等，推动特色产业发挥示范作用。其二，开展新型农业教育，推动流动人口农业生产技能的提高，一旦失业可以返乡从事农业生产等活动。

（三）转变就业观念，扩大择业区间

随着经济的发展与社会的进步，新生代劳动力的就业观念不断转变，传

统就业观念认为教师、医生、公务员等较为稳定、福利较好、受人尊敬的岗位是最好的。如今，新生代劳动力则更注重就业的收入，逐步“向钱看”，公司是否能够为其实现人生价值创造通路，是否能够提供好的就业环境与通畅的上升通道是其选择就业与否的关键，否则其宁可失业也不愿意“屈就”。就业观念在就业行为的选择中发挥着重要作用，就业观念落后保守是造成流动人口失业的原因之一。他们的就业观念、专业技能与就业岗位需求不匹配，对新兴产业和新型就业形式的接受度较低，再就业率不高，严重阻碍了流动人口提高自身就业质量。因此，要预防流动人口失业风险就要改变流动人口就业观念，提高再就业积极性。

首先，加强对于新就业观念的舆论宣传与引导。要改变流动人口就业观念主要包括以下几个方面，首先是改变传统的认为公职单位强于私企的观念，其次要树立先就业再择业的观念，最后对工作要形成合理的心理预期。对于政府而言，需要加强舆论宣传与引导，借助新媒体等网络途径加强对流动人口就业与择业观念的引导，增强流动人口对新兴产业与新型就业形式的理解。在此基础上，以社区为媒介积极组织和开展就业培训讲座与就业指导活动，注重讲座内容的实用性，做到理论与实践相结合、说教与示范相结合，保证内容通俗易懂，引导流动人口转变自身就业观念，主动提高个人技能来适应工作岗位的需求，提高在择业过程中的适应能力与竞争力。除此之外，要通过合理宣传的方式确保流动人口针对自身职业技能等条件对工作形成合理的心理预期，确保其调整期望值、树立正确的择业观念。

其次，树立平等职业观。政府要宣传并推动树立平等的职业观，尤其是对于大部分高学历的流动人口而言，必须树立起平等的职业观，要先就业后择业，打破对于铁饭碗的执念，正视各个职业之间的差距。除此之外，也要通过发展农村教育来推动农村流动人口就业观念的转变，让他们意识到通过技能培训等教育方式，他们并非只能从事高付出、低收入的劳动密集型行业，也可以从事一些具有基础技能的高收入职业，从而拓宽其职业区间。

二　完善社会保障制度，提升流动人口失业风险应对能力

出于经济、政策等多方面原因，流动人口在获得住房保障、医疗卫生、子女教育等公共服务方面还有所欠缺。与户籍人口相比，流动人口大多集中在低薪、高危行业，并且面临着更为严重的拖欠工资和无劳动合同的现象。此外，流动人口的社会保障情况也与户籍人口存在较大差距，大多数流动人口被排除在城市社会保障体系之外，这种不均等的公共服务制约了流动人口城市融入的意愿和能力。2021 年 6 月，人力资源和社会保障部印发《人力资源和社会保障事业发展“十四五”规划》，其中规定要“坚持权责清晰、保障适度、应保尽保的原则，按照兜底线、织密网、建机制的要求，健全覆盖全民、统筹城乡、公平统一、可持续的多层次社会保障体系”，因此，为进一步减轻流动人口失业后的负担，保障流动人口生活稳定性，应积极解决流动人口社会保障问题，减少流动人口的后顾之忧。

（一）推动流动人口社会保障不断向户籍人口靠拢

1. 扩大医疗保险覆盖面与提高流动人口参保率

流动人口一旦失业就面临“小病不用看，大病看不起”的困境，目前我国流动人口医疗保险依旧存在覆盖面窄、补贴力度有限等一系列不足。2018 年我国流动人口动态监测数据显示，受调查流动人口中仅有 0.2%参与了公费医疗，3.2%的流动人口最近一年住过院，其中 6.8%的流动人口通过城乡居民基本医疗保险报销相关费用，19.6%通过新型农村合作医疗报销相关费用，4.7%通过城镇居民医疗保险报销相关费用，17.4%通过城镇职工医疗保险报销相关费用，报销后流动人口人均支付医药费 7990 元。医疗支出是流动人口支出的重要组成部分，对于没有医疗保险的流动人口而言，一旦生大病不仅会导致失业，还会带来生活水平的急剧下降。因此，我们应该进一步推动医疗保险全覆盖，尤其是覆盖流动人口。2021 年 9 月，国务院

办公厅发布《关于印发“十四五”全民医疗保障规划的通知》（国办发〔2021〕36号），要求“基本医疗保障要更加公平普惠，各方责任均衡，保障范围和标准都与经济发展水平相适应，制度间、人群间、区域间差距逐步缩小，医疗保障再分配功能持续强化”，并且强调到2025年，基本医疗保险参保率要达到95%以上，提高流动人口医疗的覆盖面与参保率势在必行。

首先，做好城乡医疗保险两级衔接，健全医疗保障实施机制。针对流动人口在户籍地与流入地两地参保的衔接问题，要做到规范体系、加强衔接，确保城乡流动人口医疗保障规划一盘棋，明确各部门的责任，落实各个项目开始的时间，进而提升规划效率；与此同时，还要开展规划、实施评估、及时汇报各项任务的完成情况并对政策实施效果形成反馈，不断完善优化项目政策；另外，政府要做好信息公开工作，及时召开新闻发布会，通过权威渠道发布相关消息，促进城乡医疗保障衔接融合，引导社会舆论，开展针对流动人口医疗保障政策的普法活动等，增强全社会尤其是农村流动人口的医保法治意识，提高政策知晓度，营造良好的政策实施舆论环境。

其次，建立统一规范的医疗保障公共服务体系。一方面，统一各个县市涉及流动人口的医疗保障规则，推动建成覆盖面更广泛、保障力度更大、各个县市相统一的医疗保障服务体系，发挥乡镇在医保经办过程中的主体作用；另一方面，对于流动人口流入地而言，可通过扩大基层就业人员保障范围等方式补足医疗保障公共管理短板，尤其要扩大对于流动人口医疗保障的公共服务供给，可增设基层岗位、设立咨询窗口，不断推进服务能力与服务质量的升级，提高经办效率，切实为流动人口解决医疗保障难题。

最后，强化法治支撑。要将流动人口医疗保障规定纳入法律体系，明确流动人口与户籍人口享有同等医疗保障权利，不断推进医疗保障立法工作，夯实流动人口医疗保障事业发展的法制基础。针对违法行为制定全国统一的行政处罚程序规定，规范执法行为，使得流动人口医疗保障有法可依、有法必依。

2. 完善流动人口失业保险制度

随着城市化、工业化进程的不断加快，大量劳动力向城市地区涌入，形成流动人口并催生农民工群体。《2018 年农民工监测调查报告》显示，2018 年在本地从事非农产业或外出从业 6 个月及以上的农民工总量为 28836 万人，与 2005 年相比增长了 65.98%。流动人口素质不一，普遍缺乏专业技能，在产业结构调整升级过程中容易遭遇结构性失业的风险，生活缺乏保障。在个体特征、家庭特征、流动特征等因素的影响下流动人口长期失业风险存在较大可能性。失业保险制度对缓解流动人口的失业压力，构建和谐社会具有重要意义。但是在流动人口失业率居高不下的背景下，我国失业保险制度仍存在多方面的问题亟待解决。失业保险供需矛盾失衡问题突出，“供非所需”“需无以供”并存，仍然停留在消极保障阶段且保障水平较低，导致失业保险功能难以发挥[①]，为充分保障流动人口权益，发挥失业保险缓和劳资矛盾、平滑经济波动和增加个人收入的基本功能，要继续推进失业保险，尤其是流动人口失业保险的进一步完善。

首先，扩大失业保险覆盖面。2017 年《失业保险条例（修订草案征求意见稿）》将农民工纳入失业保险参保范围，在实现已建立劳动关系职工失业保险全覆盖的过程中迈出重要一步。但是农民工实际参保率并不高，且流动人口构成呈现多样化趋势，仅仅将农民工纳入参保范围具有片面性。2020 年，李克强总理明确要求“将失业保险保障范围扩大至城乡所有参保失业人员，将去年 1 月以来参保不足一年的失业农民工阶段性纳入保障范围”，通过提供失业补助金的方式扩大失业保险的保障范围。国际、国内对非正规就业人员社会保障问题也进行了很多探索实践：美国部分州和丹麦允许非正规就业人员以个人身份参加失业保险；浙江省宁波市针对灵活就业人员劳动关系不确定、社保参加难问题，优先探索工伤保险向灵活就业人员覆盖，为实现失业保险向灵活就业人员覆盖奠定基础；广东省实行灵活就业人员承诺制失业登记制度，对生活困难又不符合失业保险金领取条件的失业人员给予一次性临时生活补助。以上探索对我国失业保险惠及流动人口提供宝

---

① 丁煜：《完善我国失业保险制度的政策研究——以促进就业为导向》，《经济理论与经济管理》2008 年第 2 期，第 40~44 页。

费经验，失业保险覆盖面扩大至流动人口可以遵循以下思路。其一，将流动人口纳入失业保险覆盖范围应该遵循渐进式原则以保障制度的可持续性，减少制度改革过程中存在的阻力。因此，建议先将一部分具有参保意愿的新一代流动人口纳入失业保险覆盖范围，从参保主体出发，落实参保人群精准定位的目标要求，提升参保率。其二，缩短保费缴纳时限，激励流动人口参加失业保险制度。流动人口自身流动性强，缴纳失业保险金的时间难以超过1年，且很难获取“非自愿失业”的证明。因此缩短保费缴纳时限，甚至以小时数为单位计算缴费时间，符合流动人口的特征。此外，在缩短保费缴纳时限的基础上进行一次性补贴具有可行性。2014年7月1日实施的《广东省失业保险条例》统一了城镇职工和农民工的失业保险待遇标准，该条例提出，对不选择在参保地按月享受失业保险待遇或者转移失业保险关系的，可以申请领取一次性失业保险金。流动人口无需按月领取保险金，可在一次性领取保险金后再次流动，对流动人口实现再就业具有促进作用。

其次，推进保险基金省际统筹。失业保险制度统筹层次提升符合我国国情，面对巨额失业保险基金结余与低替代水平、低基金使用率并存的挑战，提高失业保险统筹层次能够兼顾效率与公平、缩小地区差异，弥补保险费用和待遇水平地区分割的缺陷。① 着眼历史，我国失业保险统筹层次正在经历从县级统筹向省级统筹的过渡，实现省级统筹的有山东、浙江、河北等共16个省份，实现市级统筹的省份有21个。关于提高失业保险统筹层次问题，我国从2010年采取鼓励有条件地区积极探索实施失业保险省级统筹，到2019年出台《关于失业保险基金省级统筹的指导意见》（人社部发〔2019〕95号），国家对推进失业保险基金省级统筹问题高度重视，并在指导意见中明确总体要求、保障措施等内容。第十三届全国人民代表大会第三次会议《关于2019年国民经济和社会发展计划执行情况与2020年国民经济和社会发展计划草案的报告》中同样提到要推进失业保险省级统筹。失业

① 张盈华、张占力、郑秉文：《新中国失业保险70年：历史变迁、问题分析与完善建议》，《社会保障研究》2019年第6期，第3~15页。

保险由市级、县级统筹向省级统筹转变的过程中需要建立统一的管理机构、缴费标准、待遇水平，对失业保险基金进行统收统支，从而节省流动人口失业保险关系省内转移、衔接带来的巨大管理成本，实现保险基金的调剂使用。另外，要重视对保险基金的监管，建立统一的管理制度，在缓解保险基金结余问题的同时，保证基金合法使用，不定期对保险基金账目进行核验。目前失业保险基金统筹层次逐步提高与我国国情相适应，是失业保险制度设计改革的必由之路。

再次，落实平等化制度安排。失业救助金作为失业保险金的重要补充，有助于保障失业群体的基本生活需要，为失业群体实现再就业提供了一定的物质条件。当前，失业救助金的覆盖范围仍然仅限于参保人员，只是在参保缴费时限上放宽要求，而并非将失业救助金的救济功能惠及全体流动人口，在制度安排上具有不平等性。因此，有必要扩大失业救助金的覆盖范围，保证全体流动人口公平享受权利。根据法律规定，灵活就业人员只能在户口所在地以个人名义参保，这就导致真正参保的灵活就业人员只占很小比例。因此，要推动放开灵活就业人员在就业地参加社保的户籍限制，促进失业救助金覆盖面的扩大。放开户籍限制之后，部分有能力且有意愿参保的灵活就业人员将摆脱过去的制度约束，纳入失业救助金的保障范围之内，以保证全体流动人口公平享受权利，维护流动人口的权益，创造更好的就业环境。此外，为将扩大失业救助金覆盖范围落实到位，在失业救助金待遇领取标准设计方面，应当尽量缩小因参保缴费时间不同所造成的差距，发挥兜底保障作用。

最后，以促进就业为导向开展给付制度改革。其一，缩短失业保险给付期限，提升给付待遇。目前，我国失业保险制度存在保险给付待遇低、给付期限长的问题，过长的给付期限对流动人口实现再就业产生不良影响。相较而言，加拿大现行失业保险给付期限为 14～45 周，英国为 24 周，美国多数州失业保险给付期限不超过 26 周。为增强制度激励性，避免失业者产生福利依赖，积极缩短失业保险给付期限成为各国通用做法，值得我国从中汲取经验。此外，提升失业保险待遇水平是提升流动人口参保意愿的有效途径，对强化失业保险制度的保障功能，推动失业保险制度激励效应的发挥起到关键作用，进一步推动流动人口实现再就业。[①] 可以直接提升失业保险金给付标准，增强制度吸引力。建议将“失业保险金不超过最低工资”的限制改为按最低工资的比例确定保险金给付标准，对于缴费时间长的参保人员可考虑让比例超过 100%，在提升保险金给付标准的同时增加给付弹性。其二，变更失业保险给付资格，突出就业期要求。加拿大经历失业保险制度向就业保险制度转变的过程，突出对就业期的要求，在制定失业津贴给付资格时规定以小时为单位缴费期限，并根据地区失业率差异确定对就业期的要求。同时，严格要求初入职者和再就业者的就业期限。德国规定每周就业时间超过 18 个小时的失业者才能领取失业津贴，美国要求失业者每年至少就业 20 周。与之相比，我国失业保险缴费时间的计算有必要向精细化转变，这一转变维护了流动人口的切身利益，与流动人口特征相契合，有利于积累其投保时间。其三，丰富失业保险给付项目，调整基金支出方向。当前，我国失业保险待遇主要包括：失业保险金、领取失业保险金期间的医疗补助金、领取失业保险金期间死亡的失业人员的丧葬补助金以及其供养的配偶和直系亲属的抚恤金、职业培训和职业介绍补贴。从失业保险给付项目来看，在制度设计中有必要丰富促进就业项目种类，增加促进就业基金支出比例；从给付项目覆盖人群来看，有必要向弱势群体倾斜，减少其失业发生风险。例如，法国为失业者和吸纳失业者的雇主提供 18 小时咨询费用补助，利用失业保险金创造就业机会；丹麦给予失业者旅费补贴、重新安置津贴、各地不同的房租津贴等；澳大利亚在失业者参加就业培训时提供餐券、交通费补贴，与联邦就业服务中心签订就业协议后可领取新开业津贴，不与父母一同居住的失业未成年可申请无家可归青年津贴。以上经验对丰富我国失业保险基金的使用方式具有积极意义，值得我国学习借鉴。除此之外，参保之后能否获益是确定流动人口是否参保的根本原因，如何将参保后获益这一偶然事件变为必

① 杜凤莲、刘文忻：《失业救济金与中国城镇人口失业持续时间》，《经济科学》2005 年第 4 期，第 18~28 页。

然事件，决定了流动人口的参保积极性。例如，德国除了给予失业者失业保险金、失业救济金、职业促进费用和劳动管理费用外，还增加了短工时补偿、恶劣气候补偿及其他创造就业措施的费用；加拿大就业保险给付类型除了一般给付（即失业给付），还有特殊给付（疾病给付、怀孕给付、生育给付与同情照顾给付）、工作分担、就业给付和就业服务。即便参加失业保险的劳动者没有失业也可以领取补贴，以应对突发事件，提高劳动者参保自主性。

（二）加强对于随迁人口的保障，提高家庭发展能力

家庭因素对流动人口就业质量的影响十分明显，家庭收入的增加会提高流动人口收入水平、养老保险参保率以及长期固定劳动合同的签订率，而且这种影响对流动人口中的雇员群体更为显著，提高流动人口中低就业质量群体的就业质量。研究发现，与家庭成员一起流动和流动次数的增加会显著降低流动人口的就业质量。由此可见，随着流动人口家庭化迁移趋势的不断增强，流动人口的随迁儿童和老人数量不断增加，流动人口的家庭发展与社会融合问题对其就业质量的影响也越来越明显。因此，为了有效提高流动人口的就业质量，应该尽快构建面向流动人口家庭的公共服务体系，实现服务对象由流动人口个体向流动人口家庭的转变，实现城镇基本公共服务覆盖流动人口及其家庭，更好地满足流动人口自身以及随迁配偶、儿童和老人的各方面需求，特别是重点关注流动人口随迁儿童的教育保障问题，让流动人口及其家庭真正融入城市中，减少流动次数，提高流动人口的就业稳定性。

1.解决随迁子女教育问题，降低流动人口抚育压力

随着流动人口规模的不断增加，流动人口随迁子女数量与规模也有所扩大，流动人口随迁子女的教育问题成为影响其就业的主要因素之一。我国流动人口随迁子女的入学政策经历了由最初的“借读”到目前“异地高考”的转变，可以说流动人口随迁子女教育取得了很大的进步。但是目前流动人口随迁子女的教育问题依旧存在，很多流动人口由于子女在流入地无法入学

而放弃工作或返乡，造成流动人口失业现象增加，因此需要认真对待、积极解决流动人口随迁子女教育问题，排除流动人口择业的后顾之忧。

其一，推动构建区域间开放的基础教育体系，积极推进以基础教育为核心的基本公共服务均等化，加快推动城镇义务教育学校扩容增位，为流动人口随迁子女创造平等的入学机会。其二，流入地政府需要加大对流动人口子女教育方面的资金投入，将其纳入正常财政预算支出范围，创建专项教育基金，资助流动人口子女就地入学，解决随迁子女入学难、上学贵的问题。其三，落实流动人口子女升学政策，建立全国统一的高考制度。2010 年，国务院审议并通过了《国家中长期教育改革和发展规划纲要（2010—2020年）》，纲要指出“研究制定进城务工人员随迁子女接受义务教育后在当地参加升学考试的办法，各地针对随迁子女出台相应的异地高考政策”。但是由于区域间政策协调衔接难度大，政策准入门槛较高，随迁子女升学问题并没有得到妥善解决，未来需要进一步完善异地高考政策，建立全国统一的高考制度。

2. 完善随迁老人社会支持体系，减轻流动人口赡养老人压力

目前，计划生育前期的独生子女已迈入中年，进入抚养孩子、赡养老人的人生阶段，越来越多的流动人口在流动时会有老人随迁。然而迫于生活压力，进入流入地的流动人口一般都将重心放在经济活动上，很难关注随迁老人的身体与心理健康，随迁老人与空巢老人无异。赡养随迁老人的压力也迫使其不能失业、不敢失业，很大程度上造成流动人口职位与技能不匹配现象的存在，因此，为帮助流动人口正确择业、顺利就业、减少失业，要不断完善对于随迁老人的社会支持体系，降低流动人口的养老压力。

首先，完善养老保险制度，根据随迁老人迁入地的经济发展水平和生活水平确定养老金数额，满足随迁老人的基本生活需求。其次，完善医疗保险异地就医制度，扩大医疗保险的报销范围，降低保险门槛，提高随迁老人异地就业的便捷程度。最后，为随迁老人提供相应的社会福利待遇，如免费体检、免费公交等，增强老年人对迁入地的心理认同感，社区定期举办活动，帮助随迁老人在迁入地建立人力关系网络，促进随迁老人的社会融入，提高随迁老人的心理健康素质和身体健康素质。

（三）加强对流动人口的关怀，减少就业歧视

长期以来，由农村流向城市的流动人口往往会遭受就业歧视，这种歧视严重收窄了流动人口的就业面、增加了流动人口的失业率，威胁社会平等与稳定。我国《劳动法》第 12 条规定“劳动者就业不因民族、种族、性别、宗教信仰等不同而受歧视”，因此必须保障流动人口在城市就业时的平等权益，加强对于流动人口的人文关怀、企业关怀与社区关怀，最大限度减少对于流动人口的就业歧视。

1. 加强对流动人口的人文关怀

加强人文关怀就要做到尊重流动人口的主体地位与个性差异，其核心在于肯定人的价值。目前，流动人口在城市中处于弱势地位，很大一部分原因就是流动人口与户籍人口因社会地位不同造成的自然隔阂，因此应该加强对于流动人口的人文关怀，给予其充分的尊重和重视，营造流动人口与户籍人口平等的良好社会氛围。

首先，树立以人为本思想。流动人口能否拥有公正合理的待遇关系流动人口就业积极性与心态稳定性。目前在“以人为本、科学发展、全面构建和谐社会”的大环境下，无论是社会风气还是教育目标都必须以“以人为本”为导向。面对流动人口，无论是社会还是个人，都要牢牢树立以人为本的思想，将我们对于人的评判标准与目光集中在这个人本身，而不是其身份背景上，为流动人口营造和谐平等的社会氛围，在任何场所、任何情况下面对流动人口都不应该戴有色眼镜。从心理上将流动人口视为流入地的一员，给予充分的尊重与信任，打破当前流动人口与户籍人口隔阂的现状。

其次，开展宣扬人人平等的教育。一方面，在教育教学过程中不要将农民工等流动人口作为城市环境的破坏者，而是注重宣扬流动人口尤其是乡城流动人口在建设城市、丰富城市中的重要作用，教育大家将流动人口和户籍

人口均作为城市主体来看待；另一方面，增强流动人口的主人翁意识，让他们认识到自己与户籍人口享有同样的权利与平等的地位，不断提高其参与城市治理与城市生活的主动性，降低他们对于自身的职业歧视。另外，可以借助公共媒体的宣传，加大对于流动人口在城市建设中重要性的宣传科普力度，同时政府应不断加快社会改革的脚步，为流动人口营造平等的就业环境与就业理念，从根本上消除就业歧视。

2. 加强对流动人口的企业关怀

企业作为流动人口就业的主要场所，在减少就业歧视上对流动人口负有不可或缺的责任。为提高流动人口就业积极性，同时减少因歧视而造成的流动人口失业，必须加强对于流动人口的企业关怀。

首先，提高企业责任感。企业履行社会责任存在的问题与其自身发展相伴相生，也必将在发展的过程中得以解决。当前，我国企业承担社会责任面临着内外部多种因素的影响和制约，因此，改进和完善国有企业的社会责任需要企业、政府和社会三方有效配合、精准发力、协同推进；兼顾企业的经济效益和社会效益，切实提高企业承担社会责任的能力和水平。当前，我国流动人口人力资本投资的方式主要依赖政府培训、自我出资培训和在工作过程中积累经验，近年来在一些大城市也出现了社会培训的方式，但是规模不大，对提升流动人口人力资本的作用有限。企业培训应当成为提高流动人口人力资本的主要途径之一，但是由于缺乏成熟的奖励机制，企业针对流动人口开展培训的动力不足，仅仅停留在最简单的操作流程、企业制度等培训。为了提高企业的责任感，督促其积极开展就业培训，政府需要设立奖惩政策，设立明确标准，对针对流动人口开展培训的用人单位采取财政补贴、税收优惠等奖励政策，针对未开展培训的用人单位给予一定的惩罚措施，督促其建立起完善的企业就业培训体系。企业需要改善流动人口的就业环境，公平公正地为流动人口提供就业岗位和职位晋升的机会，积极为流动人口提供就业培训服务以满足流动人口就业需求。此外，企业还需要积极落实流动人口应当享受的各项权益，使流动人口享受与其他劳动力同等的社会保障和社会福利。

其次，建立政府主导、企业落实、职工受益的关怀体系。政府作为主导制定关怀企业的相关政策，一方面加强对于企业用工的平等教育，另一方面也要对相应的企业采取奖惩措施；企业作为落实该政策的主体，必须切合实际地做到关怀每一位员工，不需要刻意强调对于流动人口的关怀，而是要在企业的日常运行过程中从行动上做到平等对待员工，节日时为流动人口发放慰问礼品，面试时不刻意歧视应聘员工的出身、不主观臆测流动人口的能力，做到在生活中涓涓细流的关怀。

3. 加强对流动人口的社区关怀

邻里社区作为国家治理中的最小单元，内容丰富、功能多样，尤其是在促进城乡融合与流动人口社会融合方面发挥着重要的作用，也是减少流动人口歧视的重要一环。社区作为流动人口及随迁人员生活的主要环境，在减少对流动人口歧视尤其是失业流动人口歧视上具有重要的作用，良好的社区关怀不仅能够消除流动人口就业择业的心理压力，也能够为其提供良好的生活环境，扩大流动人口的社交圈，加快促进流动人口融入城市生活。

首先，社区要重点关注流动人口随迁人员。一方面要关爱随迁老人，传播友爱、互助、进步的社区精神，不定期组织志愿者开展关爱老人的志愿服务活动，及时到流动人口随迁老人家中询问他们的生活状况，了解其对于居住环境与日常生活的需求，陪同流动人口随迁老人聊天解闷，帮助其打扫卫生等，解决流动人口随迁老人的实际困难，要通过不断开展的各类关爱活动，提高流动人口随迁老人生活的便捷程度；另一方面要关注随迁儿童的教育与陪伴问题，增加对于流动人口随迁儿童的社区访问，密切关注缺失陪伴的随迁儿童心理与教育问题，不要将随迁儿童与社区活动隔离开，帮助随迁儿童拥有美好童年，解决流动人口就业的后顾之忧。

其次，打造多元共治的开放融合社区。促进流动人口家庭的社区融入而非隔离，增强流动人口社区交际的便利性，一方面能够缓解流动人口失业、择业的心理压力，另一方面人际交往也能为流动人口提供相应的就业信息。社区要积极组织流动人口参与到社区活动中来，在社区委员会中增设流动人口的席位，及时调查明确流动人口生活中的需求，给予流动人口与本地户籍人口相同的权利、给予租房的流动人口与拥有房产的社区人员相同的生活环境，从而降低流动人口社区生活中的压力。

三　强化就业公共服务，拓宽就业渠道

（一）拓宽针对流动人口的就业信息发布渠道

目前，我国劳动力市场信息不对称现象依旧严峻，尤其是对于流动人口而言，用工部门招聘信息发布的渠道窄、方式较为单一，这导致流动人口在寻找工作的过程中存在较大的盲目性，不仅增加了搜寻成本，还延长了失业时间，使得流动人口很难找到与自己求职需求相匹配的工作。因此要构建高效、公开、统一的就业信息平台，为流动人口提供简洁明确的就业信息，促进失业流动人口尽快实现再就业。

1. 构建信息简洁明了、公开性强的就业信息共享平台

我国现存大部分就业信息平台都只针对高校毕业生，流动人口作为我国劳动力市场的重要组成部分，在就业信息获取上有很大的困难。目前企业招聘信息公布途径复杂多样，有些企业采取线上发布的方式，将招聘信息发布在企业官网、招聘网站上，还有一部分企业依旧采取之前线下招工的方式，在火车站、汽车站等地招聘流入人口。对于很多不熟悉互联网的流动人口而言，企业发布在网络上的信息他们无从得知，而很多线下招聘信息又不够公开透明，使得流动人口容易陷入易失业、难就业的困境。因此，要构建针对流动人口的信息简洁明了、公开性强的就业信息共享平台。

首先，制定统一标准，线上线下并行，提高平台规范化程度。面向流动人口的就业信息平台要包括线上与线下两部分，线上就业信息平台要做到信息简洁明了、统一规范，按工种分区、按招聘条件分区、按在岗待遇分区，让不了解互联网的流动人口也能看懂、能报名、能受益，除此之外还可以针对流动人口自身填写的条件推送一些就业信息，同时配备高素质的互联网技术人才，提高就业信息共享平台的技术水平，使寻找匹配的就业信息功能更

为简洁实用，提升就业信息共享平台的使用便捷性，不断推动线上就业信息共享平台的智能化；线下信息共享平台需要依靠政府推进，组织企业与流动人口面对面交流，定时定期汇总各个企业的用工需求，开展线下招聘会，切实方便流动人口择业，此外还要对参会企业进行细致筛选、明确归类，最大限度提高平台规范化程度，便捷流动人口择业，线上线下平台携手共进、不断推进流动人口就业。

其次，做到及时收集、尽快发布，减少信息时滞。政府作为就业信息平台的构建者，同时也要做就业信息平台的监管者，一方面要督促当地企业尽快将自身需求尽可能详尽、清晰、明了地上报政府或上传到网络平台上，另一方面也要督促流动人口在政府调查档案或就业信息平台上填写说明自身的就业条件或就业需求以便进一步匹配，缩短就业信息平台的审批申请流程，做到及时收集、尽快发布，最大限度减少信息时滞，保障流动人口能够获得一线、一手的招聘信息，从而提高其就业率，减少失业。

2. 加强农村劳动力市场建设，充分发挥其信息传递作用

农村劳动力市场是我国劳动力市场的重要组成部分，也是农村劳动力获取信息的重要途径之一，但是目前我国农村劳动力市场依旧存在信息传递范围窄、速度慢的缺点。农村流出的劳动力是我国流动人口的重要组成部分，其中相当一部分受教育程度与对网络的熟悉程度均较低，因此其就业信息获取途径很窄。为改善农村流动人口就业信息获取途径窄的现状，提高农村流动人口在劳动力市场中的选择权，要从源头做起，加强农村劳动力市场建设。

首先，提高各层干部专业能力。一方面，要提高基层干部的专业能力，发挥基层干部在乡村的就业指导与信息指导作用，这样既能提高就业信息在农村劳动力中的可信度，还可以使基层干部详细了解农村劳动力的具体需求，匹配企业与劳动力的供求信息；另一方面，要提高信息服务专业人员的能力，在农村建立起信息服务队伍，设置就业规划专员，为流动人口就业提供切实可行的建议，衔接农村与城市劳动力市场，为农村劳动力择业就业提供科学指导。

其次，丰富农村就业信息公开途径。其一，可以在农村设置固定的就业信息展示场所，由村干部负责及时张贴宣传招聘通知，帮助因失业暂时返乡的流动人口及时获取就业信息。其二，定时定期在村中开展就业信息宣讲，村干部积极履行责任，为符合任职条件的农村流动人口提供就职就业信息。同时为了使失业人员再就业更加高效，企业应适时开展针对性强的招聘活动，通过宣讲等形式深入乡镇、流动人口集聚社区进行直接招聘，从而减轻流动人口求职的中介费用负担，为失业流动人口提供更便利的求职途径。

3. 打造针对返乡流动人口的创业平台

创业作为新就业形势下灵活就业的一种形式，是流动人口再就业的重要方式之一，随着目前“大众创业、万众创新”工作的推进，越来越多的流动人口加入了返乡创业的队伍。为进一步丰富流动人口就业途径，减少流动人口失业现象，要增加对于流动人口创业的支持力度，促进创业方式多元化，打造有特色、公开化的创业平台，为流动人口创业提供帮扶。

要不断深化政府促进流动人口返乡创业的带头作用。其一，要为流动人口提供创业知识培训，拓展流动人口的创业思维，鼓励发展地摊经济，流动人口自身知识水平较低，有时缺乏发现商机的敏锐思维，因此政府在引导流动人口创业的方式选择上要结合流动人口自身的意愿对其进行引导，对于与实际情况相背离的创业想法及创业行为及时制止，帮助流动人口及时止损，提升流动人口创业的可能性。其二，政府要出台相关优惠政策，对流动人口创业提供政策支持，打造针对返乡流动人口的创业平台，将促进流动人口创业的各项政策与申请条件明确标明，同时给予财政支持，通过给予创业者各类创业相关补贴来解决流动人口创业资金短缺的难题，为创业人口增加信心。其三，政府可以担任第三方担保人为流动人口提供担保服务，减少流动人口创业的贷款利息，强化资金支持，促进流动人口安心创业、正常创业、理性创业。

（二）发展非营利性职业中介机构，满足流动人口就业需求

职业中介机构是沟通企业和就业人员的桥梁，随着城镇化进程的加快及

劳动力素质的提高，越来越多的农村流动人口涌入城市，伴随着产业结构的转型升级，职业中介机构的重要性越来越凸显出来。建立健全职业中介机构，使企业和流动就业人口能够平等友好交流，匹配企业和就业人员关于招聘和求职的需求，为城乡劳动力提供机会均等的就业信息介绍服务，为企业自主选择与岗位匹配的劳动力和劳动力自主选择合适的就业岗位提供了可靠的保障。

1. 加强从业人员培训

人才始终是企业的核心竞争力，职业中介机构自然也不例外。职业中介机构在早期的发展过程中对人才的要求不高，准入门槛较低，然而在现代市场经济环境中，职业中介机构引入先进设备和管理技术已经是必然，人才的重要性也日益显现。职业中介机构的工作人员应该具备较高的综合素质。目前市场上相关从业人员的平均素质并不能满足要求，所以要展开相关的培训，具体可以从这几方面入手。

第一，严格准入。《劳动力市场管理规定》中明确规定相关从业人员需持证上岗，但实践中有关部门对民营中介从业者的培训与认证工作大多见之于形式。这种情况不仅不利于民营中介的发展，也不利于劳动力市场秩序的维护，故而有必要加强培训与认证工作，真正做到严格准入。

第二，加强职业道德教育。针对相关人员的培训不仅要在专业技能和职业技能方面下功夫，更要重视其个人品质的提升，或者道德素养的提升，促使其养成爱岗敬业的高尚品德，重视社会核心价值观在公民道德层面的表述。民营职业中介机构中存在的违法违规现象也侧面证实了这一点。在对民营职业中介机构从业人员的培训过程中应该突出敬业精神和职业道德的重要性，恪守“职业道德一票否决制”，对于职业道德存在问题的机构实施禁入，对其进行坚决的、彻底的清理出局。

2. 构建行业信用体系

社会主义核心价值观在公民个人层面提出了诚信的必然要求，同爱国、敬业、友善并列，共同构成个人的最基本的道德要求。我们应该顺应社会发展大环境和大要求，积极鼓励诚信教育，鼓励、支持、引导人们积极响应、习惯、享受诚信，反对“失信”“老赖”。职业中介目前存在的一些违法违规现象，正是信用缺失的表现。在社会信用体系尚未完全建立起来的情况下，可以由国家工商行政管理部门或者人力资源和社会保障部门通过为职业中介建立信用档案等方式，记录中介的不法行为并及时定期向社会发布，以示惩戒。此外，应公开表彰守法经营、诚信经营的中介机构，在税收政策和金融支持等方面给予一定的倾斜。

现代社会中信用在社会经济活动中所起的作用不亚于润滑剂，如果市场主体都能做到诚实守信，将会大大减少经济运行中的摩擦，节约交易费用，提高经济效率，反之则带来效率损失。职业中介信用体系的建设必须依托相关的法律法规设计，只有当职业中介违法违规操作时得到相应的惩戒和经济处罚，信用体系才能真正建立起来。

3. 强化执法保障

针对目前职业中介行业存在的乱象，不仅要科学立法，也要严格执法。只有加强执法保障才能使职业中介机构行业形成良好的公平竞争环境，规范当前乱象丛生的职业中介机构，促进职业中介机构的发展，更好地保障流动人口就业权益。具体应该考虑以下方面。

第一，劳动监察。针对部分从业人员无证上岗、违法获取求职者个人信息，甚至为了盈利与企业串通损害求职者合法权益等恶劣现象，应该坚决予以惩处。第二，工商检查。对于没有正常登记注册、无证经营、通过散播虚假广告导致夸大宣传的一部分民营职业中介机构，应该依照《公司法》《劳动力市场管理规定》等法律严格处理。第三，物价监督。针对市场中存在的较为严重的不合理收费现象，物价主管部门应当严格依照《价格法》的规定进行处罚。第四，一定程度的综合执法。民营职业中介机构在其经营过程中通常会涉及许多法律部门，从而加大执法的难度，因此必要时应该考虑实施综合执法，由政府主导，参与主体可以包括工商部门、物价部门以及公检法系统等。对劳动力市场进行综合执法，可以有效协调不同的职能部门，高效处理不同的违法行为，使得职业中介机构之间可以公平竞争，进而使劳动者的合法权益得到强有力的保护。

四　构建失业预警机制，降低失业发生风险

本课题在前文构建了流动人口失业风险预警指标体系，将个人、家庭和就业等微观指标与劳动力市场、宏观经济环境、社会保障水平等宏观指标结合起来考察流动人口失业风险。在此基础上，以流动人口失业率为校准指标构建了流动人口失业风险预警模型，为流动人口失业风险预警系统的建立提供了技术支持。但是仅仅有技术支持并不能够使流动人口失业风险预警系统真正应用到实际工作中，还需要各级政府、各方主体做好政策支持，相互协调，保证流动人口失业风险预警系统的顺利落实和运行。从而尽早识别高失业风险人群，发出失业警报，以便提前采取相应措施，提高化解流动人口失业风险的能力，防止失业风险进一步扩散，造成更为恶劣的影响。

（一）做好流动人口失业风险预警系统顶层设计

顶层设计在流动人口失业风险预警系统建设工作当中起着指导性的作用，要增强系统运行的内在动力和可持续发展能力，为系统建设奠定坚实的体制基础。要自上而下地做好顶层设计，必须树立全局意识，把握住流动人口失业风险全局工作中最根本、最具有影响力的本质性问题，从而对全局工作做出正确的指导和规划，指明工作目标和发展方向。要做好流动人口失业风险预警系统顶层设计，需要从以下几个方面入手。

1. 把握全局，确立总体发展目标

我国是一个幅员辽阔、疆域广大的国家，受到自然条件、历史因素等多个方面的影响，我国东、中、西部地区的经济社会发展存在较大差异，因此流动人口失业风险预警系统的设计必须全面考虑和把握各方面的实际情况，由国家及政府部门牵头组织，确保流动人口失业风险预警系统能够客观全面地反映各地区的实际情况，准确地预测流动人口失业风险。总体目标的确立则需要与各级政府流动人口失业预警工作目标趋同，否则会造成中央与各级政府工作目标相悖的现象，削弱了流动人口失业预警系统最大效益的发挥，

也不利于系统的顺利推行。

2. 把握各地方之间的关联性

做好流动人口失业风险预警工作顶层设计很重要的一点就是把握好不同地区之间流动人口失业问题的关联性，从各地方不同影响因素和表现形式之中分析出造成全国流动人口失业的共性原因，从根本上解决问题。此外，流动人口失业风险预警是一个动态预测的过程，需要兼顾各地区之间的经济环境、政治环境、社会保障水平等各种因素和各方面发展之间的影响，才能够满足流动人口失业风险动态预测的需要。

（二）建立严格的数据分析汇总机制

准确的指标数据来源是精准监测流动人口失业风险、预测未来发展趋势、识别流动人口失业风险的前提、保障和基础，数据来源应当具有权威性、准确性和规范性，为流动人口失业风险预警系统提供数据支持。

1. 扩大失业登记范围，完善失业预警研究体系

我国当前失业登记制度仅仅覆盖了城镇失业人员，并不包含处于城乡二元分割体制边缘地带的流动人口，使得流动人口失业问题没有得到应有的重视。尽管当前失业预警工作取得了显著的成绩，但是专门针对流动人口的失业预警研究较少，仍然处于探索阶段。因此需要扩大我国失业登记范围，将流动人口纳入失业登记的制度范围当中，统一失业登记口径，使流动人口失业登记成为常态化的就业服务工作。同时需要简化失业登记程序，鼓励流动人口自发进行失业登记，确保数据来源的全面性。

2. 明确数据来源，设立专门管理部门

要保证研究数据来源准确可靠，就需要设立专门部门负责流动人口失业登记与管理工作。目前我国流动人口管理工作较为分散，行政管理以公安部门为主，主要管理流动人口的治安问题，劳动和社会保障、卫生、教育、计划生育等部门则分管流动人口的不同方面。然而流动人口失业问题是一个具有长期性、艰巨性、复杂性的问题，涉及流动人口问题的方方面面，当前各部门各行其是的管理体系导致流动人口失业问题的相关数据统计口径不一，数据汇总不够及时全面，加大了失业预警工作前期搜集梳理数据的难度，进一步影响了流动人口失业风险监测和预警的及时性和准确性。因此需要由人社部牵头，成立负责流动人口失业登记与管理工作的专门部门，建立科学的工作系统，开展官方的权威统计，将失业登记体系渗入社区管理，由社区搜集数据后层层上报，最终由中央部门汇总整理后，定期发布相关指标数据，确保数据来源及时、准确、权威。

（三）建立失业风险警情分析报告机制

流动人口失业风险预警机制要能够及时、准确地预判未来流动人口可能面对的各种风险，提前采取相应的措施，提高流动人口就业能力和抵御失业风险的能力，以防失业风险进一步扩大，造成更加严重的后果。

1. 成立专家委员会，科学分析判断失业状况

由专业人员实时监管流动人口失业风险各指标的发展情况，并对其进行科学准确的分析，及时收集和传递可能导致流动人口失业风险的各种信息，准确辨别可能导致失业风险的各种征兆，以便为日后制定流动人口就业政策和社会保障政策提供理论依据。针对周期性变动因素造成的经济社会发展异常情况，专家委员会需要分析和判断造成这种现象的主要原因，预估其可能造成的风险，评价其可能造成的成果。

2. 针对地区发展差异，适当调整工作重点

受到各方面因素的影响，我国东、中、西部地区经济社会发展存在较大差距，政策侧重点也有所不同，因此需要各级政府和相关部门在分析报告各地失业风险时，根据当地经济社会发展实际情况，在科学论证之后调整监测和分析重点，对引起当地流动人口失业风险的主要影响因素进行重点关注和分析。此外，相关部门还需要形成综合结论，定期发布报告。相关部门应根据专家委员会分析的结果，总结出最后的结论，整理成书面的流动人口失业状况、影响因素以及趋势分析报告，预测和预警可能发生的各种失业风险，为其他部门的工作提供理论指导。

（四）建立失业风险警情处理机制

失业风险处理就是根据流动人口失业风险预警实施过程中的信号显示，针对不同的失业警情采取不同的应对办法和措施，具体落实预警机制的组织体制、运行机制、应急保障和监督管理工作，将流动人口失业风险降至最小，避免大规模失业现象的发生。

1. 建立合理预案体系

失业风险的发生具有很强的不确定性，很可能是意料之外，而流动人口失业风险一旦发生，就需要政府及相关部门及时采取措施，正确应对流动人口失业现状，防范和化解失业风险，因此应当建立完善的流动人口失业风险预案体系。科学合理的风险等级认知是建立合理预案体系的重点，前文将流动人口失业风险划分为无警、轻警、中警、重警四个等级，相关部门分析风险发生的经济社会环境及其自身特点，在此基础上针对每一类风险等级制定相应的应急措施。各级地方政府则需要结合当地经济社会发展环境，在科学论证合理性之后适当调整，提高预案体系对当地流动人口失业风险的适用性。

2. 组织应急预案真正落实

在建立科学合理的应急预案之后，还需要建立与之将适应的组织部门，科学合理、运行高效的组织部门是确保流动人口失业风险应急预案真正落实的中坚力量。组织部门需要将应急预案层层下发到各级部门，督促各级流动人口管理部门认真研究预案内容，制订工作方案，以便在流动人口失业风险增长到临界值之后能够及时采取措施应对，有条不紊地开展相关工作。当前有关流动人口应急预案的讨论仅仅停留在理论层面，各级部门领导者需要切实履行自身职责，积极交流协作，根据当地行政管理的具体情况，探讨具体的职能划分，将责任落实到具体部门，由专人负责，避免应急预案的实施工作流于形式，不能发挥真正作用。

3. 评估应急预案实施效果

系统思维的方法要求我们将流动人口失业风险预警机制看作一个有

机整体，由许多相互联系、相互影响的元素组成，我们的研究不仅要关注各要素及其相互关系，更要从系统整体出发关注系统的优化问题。首先，由于流动人口身份的特殊性，其失业风险是一个涉及多个地域、多个主体的复杂问题，应急预案的评估也需要考虑各方利益，探索能够平衡各方利益的最优方案。其次，及时反馈应急预案对流动人口失业风险的化解效果，肯定取得的成效，总结先进经验，及时交流学习；总结不足，探讨没有达到理想效果的原因，为完善应急预案和做好应急处置工作积累经验。

五　推动城乡融合发展，引导人口合理流动

城乡差距是我国人口流动的重要原因，城市中的收入水平、生活保障、教育条件等几乎都优于农村，因此很多农村人口选择流向城市。但是城市的容量是有限的，农村人口大量流向城市，一方面会导致城市空间拥挤、环境恶化、交通拥堵、治理低效，另一方面也会造成农民脱离土地，甚至第一产业衰退等严重后果，因此要推动城乡融合，建立健全有利于乡村经济多元化发展的体制机制，引导人口合理流动。2020 年 7 月，李克强总理在国务院常务会议上提出“要部署加强新型城镇化建设、确定促进多渠道灵活就业的措施”，并特别指出“灵活就业规模大、空间大，是稳就业的重要途径。要压实地方特别是市和区县政府责任，通过深化‘放管服’改革，取消对灵活就业的不合理限制，引导劳动者合理有序经营”。因此，我们要更重视新型城镇化建设，营造公平合理的社会氛围，从而达到引导流动人口合理流动的目的，避免流入地劳动力市场供过于求而导致流动人口失业的状况。

（一）加快新型城镇化建设，缩小城乡差距

1. 调整产业布局，引导人口流动

受到经济社会环境的影响，多数流动人口选择到较为发达的大型城

市、超大城市就业，中小城镇落后的经济结构、尚不完善的社会保障体系和较少的就业机会无法对流动人口形成较强的吸引力。即使一些中小城镇放开了落户限制，流动人口也更倾向于选择落户门槛较高的大型及以上城市落户。然而当前我国正处于产业转型升级的关键时期，大型及以上城市集聚了我国优秀的经济、政治、人力资源，是产业转型升级的中坚力量。就业结构与产业结构具有密切的互动关系，产业结构的变动必然会影响就业结构的变动，大型及以上城市在升级产业结构的同时也对劳动力素质提出了更高的要求，排除了劳动力市场中的低素质劳动力。然而，我国流动人口素质普遍偏低，同时受到学历和教育滞后性的影响，面临较大的失业风险。

为了缓解产业转型升级给流动人口带来的失业风险，政府应优化地区间资源配置，促进地区间资源的合理流动。将经济发达的大型及以上城市淘汰的劳动密集型产业逐步转移至中小城镇，优化地区间产业布局，为中小城镇创造更多就业岗位，吸引流动人口迁入中小城镇，通过增加就业岗位吸引人口集聚，开发中小城镇经济发展潜力，进一步引导周边地区剩余劳动力就近转移到中小城镇就业。中小城镇自身也需提高产业承接能力，积极改善市场环境，扶植民营企业，发展实体经济，大力支持农产品加工业、旅游业等领域个体私营经济的发展，立足当地特色，充分开发利用资源，延长中小城镇产业链，完善投资融资机制，推动中小城镇经济发展，增加就业岗位，促进农村剩余劳动力就近就地转移，进一步降低流动人口失业风险。此外，产业结构调整速度不易过快，应结合当地劳动力市场环境，在认真分析劳动力供求情况下制订合理的产业结构调整方案，控制产业升级速度，给流动人口适应的时间和空间。

2. 统筹安排城乡基础设施建设，促进城乡公共服务均等化

在优化产业结构的同时，需要提高中小城镇的基础设施建设和社会保障水平，缩小与大中城市的公共服务差距。政府需要提高对基础设施建设的重视程度，认识到公共服务水平对提高当地就业质量的重要程度，加大政府对公共服务相关工作的支持力度，通过优化政策配置，提高中小城镇的生活福利和就业福利水平，进而吸引流动人口向中小城镇迁移。对处于不同发展阶段的城市来说，城市基本公共服务对于提高就业质量具有不同的作用，中小城镇应因地制宜，在政府财政支出有限的前提下，加大对基础性公共服务建设的投资，优先在流动人口集聚区域建立医疗、教育和休闲娱乐等场所，同时积极向大中城市借鉴先进的发展经验，扩大公共服务供给，提高公共服务质量，进一步提高当地就业质量。

当前，我国财政转移方式以纵向转移支付模式为主，应实现公共服务均等化，明确中央及各地方政府之间的权利划分，尝试调整财政转移方式，在纵向转移支付模式的基础上，增加横向转移支付模式，鼓励大型及以上城市在财政和资源上支持中小城镇发展，发挥城市公共服务的溢出效应，缩小城乡公共服务水平差距，进一步科学引导人口合理流动。

3. 做好流动人口就业服务工作

各地政府部门需要做好流动人口管理工作的服务和对接，设立专门的对外协调部门，整合各部门资源，建立集管理、服务、教育培训于一体的流动人口管理工作体制。各地区之间相互协调、互相协作，基于互联网技术建设网络工作平台加强城镇劳动力市场建设，建立流动人口信息共享机制，不断深化协作内容，在教育培训、政策接续等方面做好工作对接，解决劳动力在流动过程中的后顾之忧。

首先，建立流动人口就业服务中心。疫情冲击之下，失业流动人口在劳动力市场中处于弱势地位，促进流动人口实现再就业成为首要任务，因此，有必要建立流动人口就业服务中心，改善就业服务体验，发挥就业服务中心积极促进就业作用。一是丰富就业服务内容，促使就业服务均等化。对于有求职意愿的流动人口，应在就业服务中心办理求职登记，享受公益性职业介绍机构提供的免费职业指导、职业介绍、政策咨询、就业援助、劳动保障事务代理等公共就业服务，打破“城镇劳动者”与“进城务工人员”的身份界限，平等享有就业服务。二是鼓励社会各类职业中介机构与流动人口就业服务中心合作。社会各类职业中介机构应在流动人口服务中心录入企业相关招聘信息，一方面，各类职业中介机构可在流动人口就业服务中心平台掌握劳动者相关信息，便于筛选劳动者，节省招聘成本；另一方面，流动人口能够在就业中心获得丰富的就业信息，了解企业招聘要求，提升自身职业技能水平，避免就业信息获得不足、缺乏知识和技能而产生的结构性失业，从而实现职业中介机构与流动人口的双赢。

其次，健全就业质量监测指标，提高流动人口就业质量。为了更好地保障和提升流动人口的就业质量，让流动人口实现体面劳动、全面发展，政府一方面应该完善就业质量监测指标，建立覆盖流动人口的就业质量监测体系，从工资收入、工作时间、社会保障、劳动关系等维度有效监测流动人口的就业质量，全面了解流动人口，尤其是农民工群体的就业情况。另一方面要进一步建立健全维护流动人口权益保障机制，依法查处用人单位侵害流动人口权益的违法行为。大力加强劳动保障监察机构、劳动人事争议仲裁院和基层劳动争议调解组织建设，加强对流动人口的法律援助和法律服务工作，提高维护流动人口权益的能力。

此外，可以依托流动人口就业质量监测体系，精准识别流动人口的就业状态，及时为失业流动人口提供就业指导服务，准确了解流动人口的工作需求，协调多方主体为流动人口择业保驾护航，及时发布招聘信息，破除流动人口择业过程中的信息壁垒。针对就业质量不高的流动人口群体，就业服务中心可以提供就业培训服务，提高流动人口的劳动技能，增强其在劳动力市场中的竞争力，实现高质量就业。

（二）积极倡导流动人口就近就地转移就业

在我国促进就业和治理失业的过程中如何促使农村剩余劳动力有序转移是一个根本性的问题。在我国城乡之间、农业与非农产业之间长时期内存在显著利益差别的前提下，农村剩余劳动力资源大量闲置，而且在追逐利益的过程中农村剩余劳动力源源不断地涌向城镇，对城镇就业造成了巨大的压力。农村剩余劳动力逐渐转化为城镇就业压力，农村劳动力和城镇劳动力展开了越来越激烈的就业竞争。因此，一定意义上农村剩余劳动力是造成我国失业问题的根源因素，不解决农村剩余劳动力的出路问题，我国的失业问题就不能得到彻底解决。反过来说，促进我国农村剩余劳动力的有序转移是从根本上解决我国失业问题的战略性措施。

1.促进乡村振兴，鼓励乡镇产业发展

我国流动人口规模庞大，而大型及以上城市环境承载力有限，不能容纳全部流动人口进入大城市就业，因此需要合理引导人口向中小城镇流动，在鼓励人口自由流动、实现资源优化配置的同时，大力发展乡镇企业，增加中小城镇的就业机会。乡镇企业是中小城镇经济发展的重要驱动力，是承接流动人口就业的主要载体，但是目前我国面临着乡镇企业对转移劳动力吸收能力逐年下降的事实①，为了进一步发挥乡镇企业对于农村转移劳动力的吸收与承接作用，需要加强政策支持、明确产权制度，充分促进乡镇企业的发展。

首先，推动乡镇企业规模扩大进而实现规模经济效应，降低企业平均成本，提升乡镇企业可持续发展能力。目前我国乡镇企业的规模普遍不大，对于劳动力的吸收能力有限，究其原因是乡镇资本、技术、人才匮乏，因此推动乡镇企业实现规模经济效应是有效的解决方式。政府应该承担相应的前期工作，即为乡镇企业提供资本与技术支持，帮助乡镇企业实现随着产量扩大平均成本下降的规模经济目标，除此之外，还需要不断推动产业集聚，扩大乡镇企业规模，进一步强化其对劳动力的虹吸作用。

其次，建立产权流转制度，降低交易成本。在我国城乡二元经济的背景下，乡镇企业的土地资源不仅是企业的生产资料，更是当地农民的生活保障，因此当地居民大多不愿出让自己拥有的土地，影响了乡镇企业的发展。为了促进土地流转，可以设立保障基金，将土地使用作为资金来源，为当地居民按照一定比例支付养老、医疗、教育等方面的费用，在不侵害居民利益的前提下促进土地流转，发展乡镇企业。按照“谁投资、谁所有，谁改造、谁收益”的原则，明确划分乡镇企业产权归属，

① 刘莉君：《乡镇企业吸纳农村劳动力就业力度下降的原因分析——基于面板数据的实证研究》，《安徽农业大学学报》（社会科学版）2014年第6期，第13~18页。

提高其融资能力，由政府牵头建立产权交易平台，将各个层级的产权信息录入平台数据库进行统一管理，汇总发布产权交易信息，畅通产权交易信息流通渠道，降低交易成本。

2. 因地制宜，发展特色产业

农村要立足当地特色，充分开发利用资源，认真分析当地经济社会环境，明确产业定位，充分利用当地的发展优势，找准自身市场定位，开发农业、林业、矿产、旅游等特色产业。加强城乡之间的经验交流，深化产业合作、实现优势互补、建设产业群，促进城乡产业一体化发展，缩小城乡差距。加强产业创新升级，促进当地产业可持续发展，重点发展当地特色产业的同时，带动周边地区配套产业发展。做到既支持当地特色产业发展，减少资源流动成本，又形成一个功能完善的产业群，提高经济竞争力。科学合理的城镇功能布局也有利于当地特色产业的发展，根据产业结构布局科学规划交通路线、居住区、教育区、休闲区等城镇功能区，综合考虑区位因素，建立城镇圈层结构，形成“宜居宜业”的城镇环境，以提高城镇运转效率，支持特色产业发展。

我国区域之间经济社会发展具有较大差距，自然环境也大不相同，各地区需要结合当地实际发展情况，开发特色产业。东部地区经济发展水平最高，在人力资源储备、市场化程度等方面具备明显优势，聚集了我国大部分优质资源，因此东部地区需要发挥自身的资源禀赋优势，着重发展高新技术产业，打造产品研发中心，向相对落后地区输送先进的科学技术和管理经验。对于中西部地区应着重提高当地产业集聚能力，积极承接东部地区产业转移，政府还需打破地区之间的贸易壁垒，促进资源要素在地区之间合理流动，经济落后地区需抓住发展机遇，提高经济发展水平与传统劳动密集型产业的发展层次，融入新技术，为传统产业注入发展活力，创造就业机会，提供更多就业岗位，吸引流动人口集聚。

3. 提高农业发展质量，实现农业产业化

中小城镇应摒弃传统的农业发展方式，加快推进农业现代化、产业化发展步伐。注重农产品深加工技术的开发和使用，延长产业链，实现剩余劳动力的有效转移。此外，引导农业生产聚集发展，注重生产工艺研发，引进互联网技术，发展智慧农业，提高农业生产的观赏性，设立高新农业生产技术观光区，将农业与旅游业相结合，既增加农业收入，又带动当地旅游业的发展。

还需加强农业品牌建设，政府给予政策倾斜和财政支持，培育特色优质品牌，扶持特色品牌企业的发展，做到“一村一品”，利用品牌效应增加销量，扩大农产品销售渠道，进一步带动周边地区农产品仓储、运输、物流等行业的发展。此外，可以借助新媒体传播途径，加大农产品宣传力度，扩大农产品品牌的影响力，树立品牌正面形象，增加农产品销量。做好售后服务，维持品牌良好的形象，以顾客的需求为先，注重中高端产品的研发和生产，满足不同层次顾客的需求，扩大农产品市场。

（三）促进返乡流动人口自主创业

2020 年 1 月，人力资源和社会保障部、财政部、农业农村部联合印发《关于进一步做好返乡入乡创业工作的意见》，提出“要进一步推动返乡入乡创业，以创新带动创业，以创业带动就业，促进农村一二产业融合发展，实现更充分、更高质量的就业，优化创业服务”，要求“提升服务能力，加大政策支持力度，健全社会保险与社会救助机制”。我们要贯彻落实促进流动人口返乡创业的政策，在解决这部分流动人口就业问题的同时，创造更多的就业岗位，达到“以一带多”的效果。

1. 完善政策服务，营造创业环境

政府颁布鼓励流动人口返乡创业的相关政策，提高创业公共服务水平，营造鼓励创业的政策环境。向流动人口提供免费的法律援助，普及返乡创业相关法律知识，提高返乡创业流动人口法律意识和权益保障意识，避免返乡创业流动人口权益受到侵害，打消其创业积极性。向返乡创业流动人口提供各种性质的政策优惠，如降低融资难度、降低厂房投资成本、加大财政补贴力度，简化创业相关政策办理手续，提高处理相关事务的效率，引导流动人口积极参与创业。重视创业政策的宣传工作，借助互联网技术和新媒体技术扩大政策宣传面，加大宣传力度；定期举办创业服务政策讲座，向流动人口宣传优惠政策，成立创业交流小组，为流动人口提供促进互相交流，提供产业合作、扩大经营规模的机会。由专业人员指导流动人口创业工作，降低创业的盲目性，增强自信心。

2. 拓宽融资渠道，提供资金支持

流动人口返乡创业往往缺少启动资金，而当前金融市场以抵押贷款形式为主，返乡创业流动人口经济实力不强，不能提供抵押物或者提供的抵押物不能满足金融机构的贷款要求，很难获得创业初期的资金支持。为了鼓励流动人口回乡创业，激发创业热情，需要政府出面，为返乡创业流动人口提供资金支持，通过财政补贴、税收减免等方式解决创业初期的资金难题。还可以借助其他社会资本的力量，通过政府协调银行和企业之间的关系，对接企业与金融机构之间的信息，扩大小额贷款的覆盖面，支持具有发展前景和发展潜力的创业公司，及时为其提供资金保障，满足返乡创业人员的融资需求。鼓励民间资本投资流动人口返乡创业项目，规范民间投资的市场行为，释放投资潜力。

3. 深化土地使用制度改革

解决创业资金问题后，还需要解决创业空间和场所的问题。将分散的土地集中起来，统一规划，合理设计布局，最大限度提高土地利用效率，减少资源的浪费。建立工业园区，集中土地、房屋、水电、交通等基础设施和其他优势资源，为返乡创业流动人口营造一个良好的创业环境。当返乡创业流动人口取得一定成果需要扩大经营规模时，可针对其厂房和土地租金及其他相关费用按照一定比例减免，由政府财政资金补齐市场差价，降低规模扩张给流动人口带来的经济压力，激发创业积极性。

此外，政府还可以为流动人口提供创业辅导、培训服务，宣传流动人口返乡创业优惠政策，提供技术指导。鼓励金融机构、培训机构、社会组织等为返乡创业流动人口提供优惠服务，营造多方参与、鼓励创业的良好社会氛围。

六　促进产业升级，优化职业发展环境

农村劳动力是我国流动人口的重要组成部分，也是流动人口中的高风险失业人群，2018 年我国流动人口总量达 2.41 亿，其中农村流动人口占比高达 53%，是流动人口中的主力军。近年来，随着我国对于乡村振兴政策以及区域经济均衡发展的推进，农村流动人口返乡现象愈发明显。随着我国产业结构不断升级，农业产业化趋势不断强化，农业农村开始焕发新的生机与活力，乡村产业“新雁阵”逐步形成。因此我们必须关注产业升级，借助此次东风，不断促进流动人口就业前景的优化。

（一）促进农产品深加工，延长产业链

农业是国民经济的基础，农业、农村、农民问题是关乎国计民生的根本性问题，关系一个国家的长期发展和社会的和谐稳定。我国是一个农业大国，自改革开放以来，农业呈快速发展的势头，农产品产量和销量在国际上的地位居高不下，这为农产品加工业的发展奠定了坚实的基础。发展农产品加工业对延伸农业产业链、增加农产品附加值作用明显，同时能够促进非农就业，全方位推动农业增效和农民增收。扶持农产品加工发展就是扶持农业发展，其能够促进农业发展、农民增收以及农村繁荣。因此，大力发展农产品加工业，对于社会主义新农村建设、现代农业建设以及实施乡村振兴战略意义重大。由于农产品加工业自身处于产业链低端，目前在国际上面临严峻的挑战，在新时期农产品加工业发展过程中，传统的财税支持政策已不能较好地适应新形势下的新要求。如何完善现行支持农产品加工业发展的财税政策，如何实现财政对农产品加工业支出效率最大化已成为目前亟待解决的问题。

1. 促进农产品深加工

“发展农产品深加工是破解农产品滞销、促进农业提质增效、推动农民就业增收的重要途径，是推进农业供给侧结构性改革、实现农村产业兴旺的

重要支撑。”目前我国农产品深加工发展势头良好，深加工技术水平不断提升，“但是，农产品深加工水平与丰富的农产品资源不相匹配，发展不平衡、不充分的问题仍然较为突出”。为充分发挥农产品深加工的引领带动作用，破解农产品滞销难题，延链融产，为农产品深加工提供产业动能，支持企业由资源消耗向高效利用转型，向产业链中高端延伸，向研发设计和品牌营销两极延伸，逐步改变低效益、高风险的产业属性。

促进农产品深加工必须强化农产品深加工的科技支撑。为加强农产品深加工科技支撑，我国应该形成产学研有机结合的科研体系，聚焦关键领域和核心环节，主攻农产品深加工共性关键技术。大力支持企业加快技术改造、装备升级与模式创新，推动加工型农产品专用品种及其配套技术的开发。加速农产品深加工技术的推广应用，积极推动加工企业与省内外高校、科技研发等组织机构带动科技成果快速转化，引领农产品深加工高质量发展。为了给农产品深加工提供内生活力，应注重对农产品深加工龙头企业的培育，通过收购、兼并、参股、租赁、产业链延伸、品牌联盟等多种形式提高企业市场竞争力和抵御市场风险的能力。健全利益联结机制，继续推动培育一批龙头企业带动、合作社和家庭农场跟进、广大小农户参与的农业产业化融合主体，通过订单生产、股份合作、产销联动、利润返还等多种利益联结机制，使我国更多农户分享产业链增值收益。“促进农业种植业态与加工层次的深度融合发展，有效提高我国农业加工标准化水平和安全优质农产品供给能力，将资源、政策优势快速转化为加工、销售动能，逐步形成以销定产、多级加工、综合利用的一体化经营模式。”

2. 发展农业产业园区

为进一步提高吸纳农村劳动力就业能力，借助产业转型东风，预防流动人口失业，要加速发展农业产业园区，尽快构建农产品深加工产业集聚区，因地制宜发展“飞地经济”，推进农产品加工企业和项目在集聚区落户。继续用好支持政策，强化土地、资金、人才等要素保障，推进政策集成、要素集聚、服务集合、企业集中，实现串珠成线、连块成带、集群成链，形成农产品深加工产业发展的新支点。“推进农产品多元化开发、多层次利用、多环节增值，围绕大健康、精致零食等新消费需求，引导极致单品与多元开发联动发展，提高供给与消费需求的适配性。”为推动我国农产品深加工与休闲旅游等产业融合，与互联网经济、中央厨房等新消费、新业态结合，搭建产业融合载体，鼓励和引导社会资本参与特色小镇、田园综合体、现代农业园区建设，不断提升农产品加工业引领融合发展能力。

首先，推进培育特色农产品产业集群。在创建各类农业产业园区的过程中，通过招商引资，吸引农产品加工企业入驻，培育特色农产品产业集群，这是当前破解小农经济在技术、产量、品质等方面困境的有效方式。农业特色产业园区作为政策载体，其创建与发展，一方面可以有效提升政策实施成效，另一方面可以快速评估各项政策实施绩效。同时，通过各项政策的实施，农业特色产业园区可以发挥黏合剂的作用，促使各类现代产业要素集聚园区，一方面有利于推动专业化生产，另一方面有利于健全产业链，进一步提升特色农产品的竞争力。要构建开放的农业经济体系，积极引入各类现代产业要素构建开放的农业经济体系，逐步打破小农户主导的农业生产低水平均衡陷阱。这需要在确保不发生资本侵害农户利益的前提下，开展制度创新，提升农业对资本的吸引力，加大引资力度。

其次，鼓励技术入股，打通科技应用通道。以市场化的方式鼓励专业人士向农业提供各类服务，积极引入现代产业要素，不断提升农产品品质与市场竞争力。打造智慧农业，加快农村新型基础设施建设，利用大数据、人工智能等新一代信息技术搭建农业产供销一体化平台，充分挖掘农业生产潜力，在供给侧不断优化农业生产结构。同时，不断获取消费终端数据，在需求侧更加了解消费者，加快农产品生产、销售的周转与循环，提升资源配置效率，提高农业投资效率。加快先进制造业与生产性服务业的融合，更精准地服务农业发展，从而加快传统农业的转型升级。

（二）提升第二产业、第三产业转型升级过程中的就业吸纳能力

根据中国产业结构升级的概况可知，我国产业结构升级虽然取得了一定的成效，基本实现了从“二三一”向“三二一”的转变，但是与世界发达

国家相比，我国第三产业比重约为 50%，远低于发达国家的 70%。说明我国产业结构升级空间还很大，对就业的拉动作用还没有充分发挥出来。从产业内部结构来看，第三产业对经济和就业的作用主要依靠劳动力和资本投入，产业内部结构水平仍较低。因此，要不断提升第三产业产值在 GDP 中的比重，同时促进第三产业内部结构的升级。

1. 推动第三产业发展

大力发展现代服务业和新兴产业对促进经济发展和大学生就业都有显著的作用，但是目前我国第三产业内部结构存在失衡现象，劳动密集型和资本密集型产业是主导产业，技术密集型产业发展较慢。加快对劳动密集型产业的升级改造，加强对资本密集型产业的发展优化，加大对技术密集型产业的发展投入，是促进第三产业内部结构优化的途径。

首先，利用高新技术对传统服务业进行改造升级，大力发展现代服务业，积极培育高附加值的行业，稳步推进高端服务业，加快科技、软件、金融等行业的发展，用高端服务业的发展带动产业结构优化升级。其次，推动制造业向价值链高端攀升。制造业是国家经济发展的重要基石，是就业的基础。目前，第二产业在我国经济中仍占据很大的份额，对东中部地区的流动人口就业有显著的促进作用。因此要促进制造业转型升级，加快发展先进制造业，利用技术创新推动制造业转型升级，实现由中国制造向中国创造转变，由制造大国向制造强国转变。再次，加快制造业与服务业协调发展。服务型制造业是制造业发展的趋势，没有制造业，服务业难以发展，没有服务业，制造业也不能长远发展。要加快制造业与服务业协同发展，鼓励企业加大研发投入，与科研单位及高校建立合作关系，推动产学研结合。鼓励制造业与服务型企业合作，大力发展生产型服务业，促进生产型制造向服务型制造转变，建立以现代服务业和战略性新兴产业为支撑的经济发展格局。最后，我国坚持走自主研发与国际合作的道路，为促进产业转型升级，要不断提升自身的研发及自主创新能力，坚持走开放创新的路子，加强国际合作，实现协作式发展。建设国际科技合作平台，提升运用国内国际资源的能力，实现产业转型升级的跨越式发展。

2. 促进就业结构与产业结构协调发展

就业结构与产业结构的协调发展，不仅是国民经济健康发展的重要保证，也是实现劳动力充分就业与产业结构优化升级的根本途径。一方面，产业结构优化升级能够不断吸收劳动力，逐步推进就业结构优化升级；另一方面，就业结构优化升级也能为产业结构优化奠定基础，产业结构与就业结构是分不开的。因此，为了促进我国流动人口就业进而减少失业，我们不仅应关注流动人口就业结构，也要关注产业结构。目前，我国就业结构和产业结构存在一定程度的偏离，解决流动人口就业的结构性矛盾需要实现经济增长与促进就业相协调，提高就业结构与产业结构的匹配程度。

首先，大力发展教育。目前，我国就业人员素质的提高跟不上产业结构改进的脚步，导致结构性失业矛盾突出，尤其是对于流动人口而言，其掌握的技能较为单一，无法满足产业结构调整的需要，因而往往被淘汰造成失业，因此要加强对流动人口的教育，顺应产业结构升级的要求。

其次，出台流动人口利好政策。随着第三产业的发展，流动人口逐渐向第三产业转移，目前我国沿海地区第三产业较为发达，因此其对于流动人口的吸引力较高，但是流入地相关政策改进速度远远跟不上产业升级速度，导致流动人口受政策阻碍与社会脱节，延缓其就业结构调整与产业结构相适应的脚步。

除此之外，一些户籍限制、区域保护等政策不仅造成流动人口失业现象，也导致第三产业发展创造的就业机会空悬，这种结构性失业影响了产业结构的进一步升级。因此需要不断出台有利于流动人口的政策，在促进就业的同时推动其就业结构与产业结构相适应。

参考文献

（一）国外译著和论著

[1]〔美〕威廉·阿瑟·刘易斯：《二元经济论》，施炜等译，北京经济学院出版社，1989。

[2]〔美〕霍利斯·钱纳里等：《发展的型式 1950—1970》，李新华等译，经济科学出版社，1988。

[3]〔美〕迈克尔·波特：《竞争优势》，陈小悦译，华夏出版社，2005。

[4]〔美〕詹姆斯·S. 科尔曼：《社会理论的基础》，邓方译，社会科学文献出版社，2008。

[5]〔法〕皮埃尔·布迪厄：《实践感》，蒋梓骅译，译林出版社，2003。

[6]〔美〕曼纽尔·卡斯特：《网络社会的崛起》，夏铸九等译，社会科学文献出版社，2006。

[7]〔加〕道格·桑德斯：《落脚城市：最后的人类大迁移与我们的未来》，陈信宏译，上海译文出版社，2012。

[8]〔美〕马克·格兰诺维特等：《经济生活中的社会学》，瞿铁鹏等译，上海人民出版社，2014。

[9]〔美〕西蒙·库兹涅茨：《各国的经济增长》，常勋译，商务印书馆，2021。

[10]〔美〕霍利斯·钱纳里等：《工业化和经济增长的比较研究》，吴奇等

译，译致出版社、上海三联书店、上海人民出版社，2015。

[11]〔英〕威廉·配第：《政治算术》，马妍译，中国社会科学出版社，2010。

[12]〔英〕大卫·李嘉图：《政治经济学及赋税原理》，郭大力、王严南译，商务印书馆，1962。

[13]〔德〕卡尔·马克思：《政治经济学批判》（《马克思恩格斯全集》第13卷），徐坚译，人民出版社，1972。

[14] Burt, *Structual Holes: The Social Structua Competition*, New York Ctiy: Harvard University Press, 1992.

[15] Bourdieu P., *The Forms of Capital*, *Handbook of Theory and Research in the Sociology of Education*, New York: Greenwood Press, 1988.

[16] Nan Lin K. C. R. S., *Building a Network Theory of Social Capital*, *in Social Capital: Theory and Research*, New York: Aldine De Gruyter, 2001.

[17] Keynes J. M., *The Collected Writings of John Maynard Keynes*, Cambridge: Cambridge University Press, 2013.

[18] Lindbeck A. A. D. J., *The Insider-Outsider Theory of Employment and Unemployment*, Cambridge: MIT Press, 1988.

[19] Colin Clark, *The Conditions of Economic Progress*, London: Macmillan & Co. Ltd, 1940.

[20] Granovette, *Getting A Job: A Study of of Contracts and Careers*, 2 ed. Chicago: University of Chicago Press, 1995.

[21] Hess L. E. P. A., "Youth, Unemployment and Marginality: the Problem and the Solution", In Petersen, A. C., Mortimer, J. T. (Eds.), *Youth Unemployment and Society*, Cambridge University Press, 1994.

[22] Philip M., "The Migration Issue", In King Rus-sell ed., *The New Geography of European Migrations*, London: Belhaven Press, 1993.

[23] J. R. Hicks, *Theory of Wages*, MacMillan, 1963.

[24] Pissarides, C. A., *Equilibrium Unemployment Theory*, Oxford: Blackwell, 1990.

（二）国内论著

[25] 袁志刚：《失业经济学》，格致出版社、上海三联书店、上海人民出版社，2014。

[26] 谌新民、李萍：《人口变化、产业升级与农民工就业问题研究》，人民出版社，2017。

[27] 陈仲常：《失业风险自动监测和预警系统研究：基于电子政务平台设计》，中国社会科学出版社，2010。

[28] 谌新民：《农村剩余劳动力外出就业风险：预警与公共政策选择》，人民出版社，2012。

[29] 佟新：《人口社会学》，北京大学出版社，2010。

[30] 苏东水主编《产业经济学》，高等教育出版社，2006。

[31] 周振华：《现代经济增长中的结构效应》，上海人民出版社，1995。

（三）国外期刊

[32] Putnam R. D., "The Prosperous Community: Social Capital and Public Life," *American Prospect*, 1993 (4).

[33] James S. Coleman, "Social Capital in the Creation of Human Capital," *American Journal of Sociology*, 1988.

[34] Granovetter, "The Strength of Weak Ties," *Ameriean Joumal of Sociology*, 1973 (78).

[35] L. Nan, "Social Network and Status Attainment," *Annual Review of Sociology*, 1999 (25).

[36] Edwin A. J. Van Hooft, John D. K. C., "Job Search and Employment Success: A Quantitative Review and Future Research Agenda," *The Journal of Applied Psychology*, 2020.

[37] Stiglitz C. S. A. J., "Equilibrium Unemployment as a Worker Discipline Device," *American Economic Review*, 1988 (74).

[38] Marsden, Hurlbert, "Social Resources and Mobility Outcomes: A Replication and Extension," *Social Forces*, 1988, 66 (4).

[39] Campbell, Karen, Rosenfdle R., "Job Search and Job Mobility: Sex and Race Difference," *Research in the Sociology of Work*, 1985 (3).

[40] Mouw T., "Social Capital and Finding a Job: Do Contacts Matter?" *American Sociological Review*, 2003 (68).

[41] Portes A., "Social Capital: Its Origins and Application in Modern Sociology," *Annual Review of Sociology*, 1988 (24).

[42] J. M. Sanders N. V., "Immigrant Self-Employment: The Family as A Social Capital and the Value of Human Capital," *American Sociological Review*, 1996, 61 (2).

[43] Holzer H. J., "Informal Job Search and Black Youth Unemployment," *American Economic Review*, 1987 (77).

[44] Korpi T., "Good Friends in Bad Times? Social Networks and Job Search among the Unemployed in Sweden," *Acta Sociol*, 2001 (44).

[45] Helena Skyt Nielsen M. R. N. S., "Life Husted, Qualifications, Discrimination, or Assimilation? An Extended Framework for Analysing Immigrant Wage Gaps," *Empirical Economics*, 2004, 29 (4).

[46] Rzer J. J. H. B., "Does Unemployment Lead to Isolation? The Consequences of Unemployment for Social Networks," *Social Networks*, 2020 (63).

[47] D. J. Bog, "The Study of Population: An Inventory Appraisal," *Internal Migration*, 1959 (3).

[48] M. A. Sheikh, "Stabilization and Nonfederal Behaviors in an Open Federal State: An Econometric Study of the Fixed Exchange Rate, Canadian Case," *Empirical Economics*, 1977 (2).

[49] Z. Jozsef, "Structured Populations: The Stabilizing Effect of the Inflow of Newborns from an External Source and the Net Growth Rate," *Applied Mathematics and Computation*, 2008 (199).

[50] P. Doeringer and P. Michael, "Internal Labor Market and Manpower Analysis," *Lexington Mass*, 1971 (2).

[51] H. Jones, "The Impact of Overseas Labour Migration on Rural Thailand: Regional, Community and Individual Dimensions," *Journal of Rural Studies*, 1999 (15).

[52] Jianfa Shen, "A Study of the Temporary Population in Chinese Cities," *Habitat International*, 2002 (26).

[53] A. Belke, "The Cost of Financial Market Variability in the Southern Cone," *Revue Conomique*, 2003 (54).

[54] Gereffi G., "International Trade and Industrial Upgrading in the Apparel Commodity Chain," *Journal of International Economics*, 1999, 48 (1).

[55] Barkume, Anthony J., "Differentiating Employment Prospects by Industry and Returns to Job Search in Metropolitan Areas," *Journal of Urban Economics*, *Elsevier*, 1982, 12 (1).

[56] Aghion P., Howitt P., "Growth and Unemployment," *The Review of Economic Studies*, 1994, 61 (3).

[57] Mortensen, D. T., Pissarides, C. A., "Technological Progress, Job Creation, and Job Destruction," *Review of Economic Dynamics*, 1998, 1 (4).

[58] Kuznets, S., "Modern Economic Growth: Findings and Reflections," *American Economic Review*, 1973.

（四）国内期刊

[59] 蔡昉：《农民工周期性失业需要给予高度关注》，《农村工作通讯》2012年第24期。

[60] 陈怡蓁、陆杰华：《影响我国省际流动人口失业主要因素的实证分析——基于2015年全国流动人口动态监测数据的验证》，《南方人口》2018年第6期。

[61] 杨凡、林鹏东：《流动人口非正规就业对其居留意愿的影响》，《人口学刊》2018年第6期。
[62] 罗勇：《关于我国农村劳动力流动就业管理与服务的政策建议》，《中国就业》2002年第7期。
[63] 陈浩、杨晓军：《流动人口就业培训问题研究——基于武汉市的实证调查》，《南京人口管理干部学院学报》2008年第2期。
[64] 翟振武、段成荣、毕秋灵：《北京市流动人口的最新状况与分析》，《人口研究》2007年第2期。
[65] 戴凤燕：《城市流动就业人员的培训参与和培训收益率——基于北京调查数据》，《中国社会科学院研究生院学报》2012年第3期。
[66] 宋骁：《人力资本、经济结构与流动人口从业状态》，《人口与经济》2012年第5期。
[67] 李玉霞：《流动人口就业培训管理中存在的问题》，《人力资源》2019年第8期。
[68] 钱良群：《流动群体社区培训体系的构建》，《金田》2013年第6期。
[69] 杨凡：《流动人口正规就业与非正规就业的工资差异研究——基于倾向值方法的分析》，《人口研究》2015年第6期。
[70] 杨胜利、姚健：《中国流动人口失业风险变动及影响因素研究》，《中国人口科学》2020年第3期。
[71] 段成荣：《关于当前人口流动和人口流动研究的几个问题》，《人口研究》1999年第2期。
[72] 丁金城：《大中城市流动人口的现状、问题和对策》，《铁道部郑州公安管理干部学院学报》2000年第3期。
[73] 张展新：《从城乡分割到区域分割——城市外来人口研究新视角》，《人口研究》2007年第6期。
[74] 杨菊华：《新型城镇化背景下户籍制度的“双二属性”与流动人口的社会融合》，《中国人民大学学报》2017年第4期。
[75] 张展新：《城市本地和农村外来劳动力的失业风险——来自上海等五

城市的发现》，《中国人口科学》2006 年第 1 期。

[76] 周吉梅、舒元：《失业风险与城镇居民消费行为》，《中山大学学报》（社会科学版）2004 年第 3 期。

[77] 温兴祥：《失业、失业风险与农民工家庭消费》，《南开经济研究》2015 年第 6 期。

[78] 杨胜利、姚健：《流动人口群体特征变动与失业风险差异》，《南方人口》2021 年第 1 期。

[79] 刘风：《流动人口的社会资本研究综述》，《社会科学动态》2018 年第 11 期。

[80] 边燕杰：《城市居民社会资本的来源及作用：网络观点与调查发现》，《中国社会科学》2004 年第 3 期。

[81] 边燕杰、张文宏：《经济体制、社会网络与职业流动》，《中国社会科学》2001 年第 2 期。

[82] 赵延东、罗家德：《如何测量社会资本：一个经验研究综述》，《国外社会科学》2005 年第 2 期。

[83] 徐东辉、潘石：《“高学历失业”生成机制分析》，《长春大学学报》（社会科学版）2012 年第 3 期。

[84] 厉以宁：《失业问题研究中的理论突破与不足》，《中国党政干部论坛》1998 年第 7 期。

[85] 魏倩、庄媛媛、郑妍妍：《“关系”能帮你找到好工作吗?》，《南京财经大学学报》2017 年第 4 期。

[86] 徐玮、杨云彦：《流动人口失业特征、分布及影响因素分析》，《人口与发展》2016 年第 4 期。

[87] 刘传江、董延芳：《农民工的隐性失业——基于农民工受教育年限和职业学历要求错配的研究》，《人口研究》2007 年第 6 期。

[88] 杨凡、杜姗姗、陶涛：《中国流动人口失业状况及其影响因素——基于 2015 年全国 1%人口抽样调查数据的分析》，《人口研究》2018 年第 4 期。

[89] 赵树凯、赵晨：《农民工失业新特点》，《学习与实践》2010 年第

8 期。
[90] 李实、邓曲恒：《中国城镇失业率的重新估计》，《经济学动态》2004 年第 4 期。
[91] 杨胜利、柴方园：《流动人口失业发生风险与对策》，《人口与社会》2020 年第 5 期。
[92] 李实、邓曲恒：《中国城镇失业和非正规再就业的经验研究》，《中国人口科学》2004 年第 4 期。
[93] 蔡禾、曹薇娜：《中国的失业问题及其特征——基于 CLDS 追踪调查数据的描述》，《广东社会科学》2019 年第 2 期。
[94] 申鹏、陈藻：《产业转型视角的农村劳动力区域流动研究》，《农村经济》2015 年第 5 期。
[95] 李天成、孟繁邨：《产业升级背景下农民工就业结构变化及影响因素研究》，《经济经纬》2020 年第 4 期。
[96] 申鹏、凌玲：《产业转型对农村劳动力区域流动的影响研究》，《经济问题探索》2014 年第 6 期。
[97] 王震：《新冠肺炎疫情冲击下的就业保护与社会保障》，《经济纵横》2020 年第 3 期。
[98] 高文书：《新冠肺炎疫情对中国就业的影响及其应对》，《中国社会科学院研究生院学报》2020 年第 3 期。
[99] 邓晰隆：《新冠肺炎疫情下“农民工务工结构重塑”的对策研究》，《宁夏社会科学》2020 年第 3 期。
[100] 曹永福、宋月萍：《城乡、区域二重分割下我国流动人口性别工资差异研究》，《经济与管理评论》2014 年第 5 期。
[101] 原新、韩靓：《多重分割视角下外来人口就业与收入歧视分析》，《人口研究》2009 年第 1 期。
[102] 黄婧、纪志耿、张红扬：《双重二元分割视角下中国失业问题探析》，《中央财经大学学报》2011 年第 4 期。
[103] 晋利珍、刘玥：《新一轮“用工荒”现象的经济学分析——基于劳动

力市场双重二元分割的视角》，《云南社会科学》2011 年第 3 期。

[104] 罗俊峰、童玉芬：《流动人口就业者工资性别差异及影响因素研究——基于 2012 年流动人口动态监测数据的经验分析》，《经济经纬》2015 年第 1 期。

[105] 陈国斌、刘丹：《江苏省流动人口失业问题研究》，《人口与计划生育》2011 年第 5 期。

[106] 刘丹、雷洪：《乡-城流动人口就业部门分割及职业地位》，《青年研究》2016 年第 6 期。

[107] 石智雷：《有多少农民工实现了职业上升？——人力资本、行业分割与农民工职业垂直流动》，《人口与经济》2017 年第 6 期。

[108] 孙婧芳：《城市劳动力市场中户籍歧视的变化：农民工的就业与工资》，《经济研究》2017 年第 8 期。

[109] 刘娟：《中国省际间人力资本流动原因的隐变量分析》，《人口与经济》2007 年第 2 期。

[110] 张丽琼、朱宇、林李月：《家庭化流动对流动人口就业率和就业稳定性的影响及其性别差异——基于 2013 年全国流动人口动态监测数据的分析》，《南方人口》2017 年第 2 期。

[111] 杨菊华、王毅杰、王刘飞等：《流动人口社会融合："双重户籍墙"情景下何以可为?》，《人口与发展》2014 年第 3 期。

[112] 曹子玮：《农民工的再建构社会网与网内资源流向》，《社会学研究》2003 年第 3 期。

[113] 杨舸：《留城务工或永久返乡：人力资本、社会资本对老年农民工抉择的影响》，《江西社会科学》2020 年第 2 期。

[114] 李萌：《劳动力市场分割下乡城流动人口的就业分布与收入的实证分析——以武汉市为例》，《人口研究》2004 年第 6 期。

[115] 赵延东、王奋宇：《当前我国城市职业流动的障碍分析》，《人口与经济》2004 年第 5 期。

[116] 杨向阳、潘妍、童馨乐：《"双边"社会关系网络与农户异地创业》，

《农业技术经济》2018年第9期。

[117] 李树茁、杨绪松、任义科等：《农民工的社会网络与职业阶层和收入：来自深圳调查的发现》，《当代经济科学》2007年第1期。

[118] 李培林：《流动民工的社会网络和社会地位》，《社会学研究》1996年第4期。

[119] 童雪敏、晋洪涛、史清华：《农民工城市融入：人力资本和社会资本视角的实证研究》，《经济经纬》2012年第5期。

[120] 胡荣、范丽娜：《城乡居民和流动人口的社会资本与生活满意度》，《黑龙江社会科学》2016年第6期。

[121] 吴玉锋、雷晓康、聂建亮：《从"结构"到"认知"：社会资本与流动人口社会融合——基于2014年中国劳动力动态调查数据》，《人口与发展》2019年第5期。

[122] 邢敏慧、张航：《人力资本、社会资本对农村劳动力就业的影响——基于CFPS2018数据的实证分析》，《调研世界》2020年第2期。

[123] 辛斐斐：《人力资本、社会资本与大学生就业研究：回顾与展望》，《重庆高教研究》2019年第1期。

[124] 邓睿、冉光和：《健康自评和社会网络资本对农民工就业质量的影响》，《城市问题》2018年第2期。

[125] 邓睿：《社会资本动员中的关系资源如何影响农民工就业质量?》，《经济学动态》2020年第1期。

[126] 李宝值、朱奇彪、米松华等：《农民工社会资本对其职业技能投资决策的影响研究》，《农业经济问题》2016年第12期。

[127] 朱明宝、杨云彦：《近年来农民工的就业结构及其变化趋势》，《人口研究》2017年第5期。

[128] 卓玛草、孔祥利：《农民工收入与社会关系网络——基于关系强度与资源的因果效应分析》，《经济经纬》2016年第6期。

[129] 陈技伟、江金启、张广胜等：《社会网络、求职方式与新生代农民工的工资决定》，《南方人口》2015年第4期。

[130] 章元、E. M. Mouhoud、范英：《异质的社会网络与民工工资：来自中国的证据》，《南方经济》2012年第2期。

[130] 韩叙、夏显力：《社会资本、非正规就业与乡城流动人口家庭迁移》，《华中农业大学学报》（社会科学版）2019年第3期。

[131] 叶静怡、周晔馨：《社会资本转换与农民工收入——来自北京农民工调查的证据》，《管理世界》2010年第10期。

[132] 章元、王昊：《城市劳动力市场上的户籍歧视与地域歧视：基于人口普查数据的研究》，《管理世界》2011年第7期。

[133] 章莉、公丽君：《分割还是歧视？中国劳动力市场户籍差异的本质界定》，《南京财经大学学报》2018年第1期。

[134] 许琪、陈烨：《双重分割视角下城市流动人口的主客观社会地位获得研究》，《江苏社会科学》2020年第1期。

[135] 乔明睿、钱雪亚、姚先国：《劳动力市场分割、户口与城乡就业差异》，《中国人口科学》2009年第1期。

[136] 吴愈晓：《劳动力市场分割、职业流动与城市劳动者经济地位获得的二元路径模式》，《中国社会科学》2011年第1期。

[137] 韩雷、陈华帅、刘长庚：《“铁饭碗”可以代代相传吗？——中国体制内单位就业代际传递的实证研究》，《经济学动态》2016年第8期。

[138] 李中建、袁璐璐：《体制内就业的职业代际流动：家庭背景与学历》，《南方经济》2019年第9期。

[139] 刘祖云、刘敏：《关于人力资本、社会资本与流动农民社会经济地位关系的研究述评》，《社会科学研究》2005年第6期。

[140] 张丽琼、朱宇、林李月：《家庭化流动对流动人口就业率和就业稳定性的影响及其性别差异——基于2013年全国流动人口动态监测数据的分析》，《南方人口》2017年第2期。

[141] 李沙沙、陈一心、詹明心等：《家庭动力学理论、评定与应用》，《中国心理卫生杂志》2012年第4期。

[142] 卓玛草、孔祥利：《农民工代际职业流动：代际差异与代际传递的双

重嵌套》，《财经科学》2016 年第 6 期。

［143］魏下海、陈思宇、黎嘉辉：《方言技能与流动人口的创业选择》，《中国人口科学》2016 年第 6 期。

［144］程名望、王娜、史清华：《语言对外来农民工收入的影响——基于对上海外来农民工情况的调查》，《经济与管理研究》2016 年第 8 期。

［145］王海霞、王钦池：《方言能力如何影响流动人口收入？——基于中国劳动力动态调查数据》，《人口与发展》2020 年第 2 期。

［146］李培林、田丰：《中国新生代农民工：社会态度和行为选择》，《社会》2011 年第 3 期。

［147］杨雪、樊洺均：《新生代高学历流动人口的流向选择及影响机制》，《人口学刊》2019 年第 6 期。

［148］马忠东、王建平：《劳动力流动对城镇失业的影响研究》，《中国人口科学》2011 年第 3 期。

［149］段成荣、吕利丹、邹湘江：《当前我国流动人口面临的主要问题和对策——基于 2010 年第六次全国人口普查数据的分析》，《人口研究》2013 年第 2 期。

［150］李辉、段程允、白宇舒：《我国流动人口留城意愿及影响因素研究》，《人口学刊》2019 年第 1 期。

［151］张玲、张洁：《新生代农民工就业稳定性影响因素分析》，《科学经济社会》2013 年第 4 期。

［152］孙龙、风笑天：《青年白领的职业稳定性及其影响因素——对武汉 H 证券公司 620 名青年的调查研究》，《青年研究》2000 年第 7 期。

［153］陈技伟、张广胜、郭江影：《农民工的就业稳定性及其工资差距——基于无条件分位数分解》，《南方人口》2017 年第 3 期。

［154］黄乾：《城市农民工的就业稳定性及其工资效应》，《人口研究》2009 年第 3 期。

［155］谌新民、袁建海：《新生代农民工就业稳定性的工资效应研究——以东莞市为例》，《华南师范大学学报》（社会科学版）2012 年第 5 期。

[156] 纪韶:《中国农民工就业状态的调研》,《经济理论与经济管理》2011年第2期。

[157] 吕晓兰、姚先国:《农民工职业流动类型与收入效应的性别差异分析》,《经济学家》2013年第6期。

[158] 夏丽霞、高君:《新生代农民工进城就业问题与市民化的制度创新》,《农业现代化研究》2011年第1期。

[159] 吴愈晓:《劳动力市场分割、职业流动与城市劳动者经济地位获得的二元路径模式》,《中国社会科学》2011年第1期。

[160] 邱长生、张成君、刘定祥:《中国农村劳动力转移与土地规模经营——"推-拉"与反"推-拉"模型分析》,《安徽农业科学》2008年第21期。

[161] 石智雷、朱明宝:《农民工的就业稳定性与社会融合分析》,《中南财经政法大学学报》2014年第3期。

[162] 许经勇、曾芬钰:《竞争性的劳动力市场与劳动力市场分割》,《当代财经》2000年第8期。

[163] 侯艺:《保就业背景下青年就业现状研究》,《中国青年研究》2020年第9期。

[164] 王霆、刘玉:《农民工就业政策量化评价》,《华南农业大学学报》(社会科学版)2021年第1期。

[165] 张宏如、王北、李群:《社会资本对就业转型的影响——基于新生代农民工的实证研究》,《福建论坛》(人文社会科学版)2018年第9期。

[166] 刘传江、程建林:《双重"户籍墙"对农民工市民化的影响》,《经济学家》2009年第10期。

[167] 樊晓燕:《农民工失业保险需求影响因素研究——基于深圳市农民工调查的分析》,《西北人口》2010年第3期。

[168] 张心慧:《现代市场经济体制下劳动力人口相对过剩问题探讨》,《商业时代》2011年第28期。

[169] 陈仲常:《失业风险监测预警指标体系研究》,《统计研究》1999年

第 2 期。

[170] 沈凯禹、俞倩兰:《失业预警系统的理论考察》,《财贸研究》2000 年第 4 期。

[171] 武善哲、高春凤:《社会排斥理论视角下流动人口就业问题研究》,《产业与科技论坛》2019 年第 4 期。

[172] 陈华同、彭仁贤:《流动人口就业问题研究进展》,《中国经贸导刊(中)》2021 年第 10 期。

[173] 阳玉香、莫旋、刘杰、谢汶莉:《流动人口获得了公平的劳动收入吗?——基于双边随机前沿模型的实证分析》,《华东经济管理》2017 年第 6 期。

[174] 孙婧芳:《城市劳动力市场中户籍歧视的变化:农民工的就业与工资》,《经济研究》2017 年第 8 期。

[175] 宋全成、甘月童:《劳动年龄流动人口就业状况及其影响因素研究》,《社会科学辑刊》2021 年第 4 期。

[176] 苏晓芳、杜妍冬:《人力资本、社会资本与流动人口就业收入——基于流动人口正规就业与非正规就业的比较分析》,《科学决策》2016 年第 9 期。

[177] 刘红霞:《失业风险预警模型构建研究》,《现代财经(天津财经大学学报)》2008 年第 11 期。

[178] 陈仲常、吴永球:《失业风险预警系统研究》,《当代财经》2008 年第 5 期。

[179] 鲍春雷:《失业预警系统的构建与模拟应用》,《中国劳动》2019 年第 2 期。

[180] 陈怡安:《中国失业风险动态预测——基于联立方程模型的实证》,《云南财经大学学报》(社会科学版)2012 年第 2 期。

[181] 王樱:《失业风险预警机制浅析》,《现代商业》2015 年第 4 期。

[182] 尹宁:《统计方法在失业风险预警系统中的应用》,《中国外资》2013 年第 23 期。

[183] 田卫民：《中国基尼系数计算及其变动趋势分析》，《人文杂志》2012年第2期。

[184] 吴崇伯：《论东盟国家的产业升级》，《亚太经济》1988年第1期。

[185] 姜泽华：《我国产业结构升级模式变迁的效应与前瞻分析》，《理论探讨》2010年第1期。

[186] 潘冬青、尹忠明：《对开放条件下产业升级内涵的再认识》，《管理世界》2013年第5期。

[187] 姚战琪、夏杰长：《资本深化、技术进步对中国就业效应的经验分析》，《世界经济》2005年第1期。

[188] 冯煜：《浅析中国转型时期失业的主要影响因素》，《生产力研究》2001年第2期。

[189] 黄乾：《中国的产业结构变动、多样化与失业》，《中国人口科学》2009年第1期。

[190] 李培林：《中国就业面临的挑战和选择》，《中国人口科学》2000年第5期。

[191] 杨宜勇：《全面促进充分就业体面就业和谐就业——对〈促进就业规划（2011—2015年）〉的结构性理解》，《人才资源开发》2013年第1期。

[192] 姚先国：《“知识性失业”的根源与对策》，《湖南社会科学》2009年第3期。

[193] 冯子标、王建功：《半转型的农民工对中国工业化的影响》，《经济学家》2019年第10期。

[194] 刘志铭、郭惠武：《技术进步、经济增长与失业：新古典熊彼特主义经济理论的新进展》，《财经科学》2007年第9期。

[195] 汤琼峰：《熊彼特式创新增长模型中的产业转型与失业——从制造业到服务业》，《东北财经大学学报》2011年第1期。

[196] 谌新民：《创业如何带动就业？——基于1997~2013年中国省区数据的创业与就业关系及时滞性》，《华南师范大学学报》（社会科学版）

2017 年第 3 期。

[197] 李阁峰、佟仁城、许健:《高新技术产业对劳动就业影响的案例分析》,《管理评论》2005 年第 7 期。

[198] 沈琴琴、张艳华:《北京市产业结构调整下的流动人口就业结构研究》,《中共济南市委党校学报》2010 年第 4 期。

[199] 沈琴琴、张艳华:《北京农村常住人口变动与产业结构相互作用研究》,《人口与经济》2010 年第 2 期。

[200] 辜胜阻、成德宁:《湖北省农村剩余劳动力的出路在哪里?》,《理论月刊》1996 年第 8 期。

[201] 王金营:《浅析人力资本、职业选择与失业风险》,《人口学刊》2001 年第 4 期。

[202] 白南生、李靖:《城市化与中国农村劳动力流动问题研究》,《中国人口科学》2008 年第 4 期。

[203] 谷彬:《劳动力市场分割、搜寻匹配与结构性失业的综述》,《统计研究》2014 年第 3 期。

[204] 张航空、杜静宜:《家庭流动对流动人口家庭成员就业状况的影响》,《人口与经济》2012 年第 5 期。

[205] 刘璐璐:《郑州市少数民族流动人口就业问题浅析》,《改革与开放》2011 年第 20 期。

[206] 邓文勇、霍玉文:《农民工结构性失业与教育救济——实然困惑与应然选择》,《河北师范大学学报》(教育科学版)2018 年第 2 期。

[207] 刘丹、雷洪:《乡城流动人口就业部门分割及职业地位》,《青年研究》2016 年第 6 期。

[208] 綦松玲、鲍红红、刘欣、赵龙宇:《吉林省流动人口就业和居住情况研究》,《人口学刊》2014 年第 5 期。

[209] 王胜今、许世存:《吉林省流动人口的就业特征及其影响因素分析》,《吉林大学社会科学学报》2013 年第 3 期。

[210] 赵民、林钧昌、尹新瑞:《东部沿海地区新疆籍少数民族流动人口就

业现状调查——以山东省威海市为例》，《中南民族大学学报》（人文社会科学版）2014 年第 4 期。

[211] 宋健：《流迁老年人口研究：国外文献评述》，《人口学刊》2005 年第 1 期。

[212] 刘毅：《城镇就业机会：城乡、地域多重户籍属性的分隔》，《学术研究》2012 年第 3 期。

[213] 王春光：《我国城市就业制度对进城农村流动人口生存和发展的影响》，《浙江大学学报》（人文社会科学版）2006 年第 5 期。

[214] 吕凤亚：《新生代农民工就业能力影响因素及对策分析》，《经济研究导刊》2013 年第 18 期。

[215] 张明：《我国农民工劳动市场歧视问题的经济学分析》，《山东省农业管理干部学院学报》2010 年第 5 期。

[216] 王桂新、武俊奎：《城市农民工与本地居民社会距离影响因素分析——以上海为例》，《社会学研究》2011 年第 2 期。

[217] 王箐：《流动人口就业格局的历史演变》，《人民论坛》2014 年第 17 期。

[218] 罗俊峰、童玉芬：《流动人口工作时间及影响因素研究——基于 2013 年流动人口动态监测数据的经验分析》，《贵州财经大学学报》2016 年第 3 期。

[219] 岳经纶、屈恒：《非政府组织与农民工权益的维护——以番禺打工族文书处理服务部为个案》，《中山大学学报》（社会科学版）2007 年第 3 期。

[220] 彭国胜：《人力资本与青年农民工的就业质量——基于长沙市的实证调查》，《湖北社会科学》2009 年第 10 期。

[221] 王美艳：《城市外来工的就业与报酬分析》，《中国社会科学报》2006 年第 32 期。

[222] 曾湘泉、陈力闻、杨玉梅：《城镇化、产业结构与农村劳动力转移吸纳效率》，《中国人民大学学报》2013 年第 4 期。

[223] 章元、高汉：《城市二元劳动力市场对农民工的户籍与地域歧视——以上海市为例》，《中国人口科学》2011 年第 5 期。

[224] 刘亮、章元、李韵：《农民工地域歧视与就业机会研究》，《统计研究》2012 年第 7 期。

[225] 王芳琴、于维生：《基于短边原则的劳动力市场非均衡分析》，《求索》2012 年第 11 期。

[226] 吴晓琪：《探索积极就业政策在治理失业中的作用——关于福建省的实证研究》，《人口与经济》2010 年第 5 期。

[227] 姚战琪、夏杰长：《资本深化、技术进步对中国就业效应的经验分析》，《世界经济》2005 年第 1 期。

[228] 李心芹、李仕明、兰永：《产业链结构类型研究》，《电子科技大学学报》（社会科学版）2004 年第 4 期。

[229] 刘贵富、赵英才：《产业链：内涵、特性及其表现形式》，《财经理论与实践》2006 年第 3 期。

[230] 王晓君：《西部民族地区工业化实证分析》，《甘肃农业》2006 年第 8 期。

[231] 李长安、高春雷：《城市人才竞争与用人环境改善研究》，《中国劳动关系学院学报》2018 年第 4 期。

[232] 李培林：《和谐社会的八大结构和七点政策建议》，《经济管理》2005 年第 9 期。

[233] 张刚、袁帅、张玉巧：《技术进步、产业升级与结构性失业》，《现代管理科学》2018 年第 5 期。

[234] 曾显荣：《人工智能时代女性就业面临的机遇与挑战》，《经济师》2019 年第 7 期。

[235] 汪伟、刘玉飞、彭冬冬：《人口老龄化的产业结构升级效应研究》，《中国工业经济》2015 年第 11 期。

[236] 杨晓娟：《新经济时代区域产业结构转型升级水平测度方法及实证研究》，《改革与开放》2017 年第 7 期。

[237] 杨智峰、陈霜华、汪伟：《中国产业结构变化的动因分析——基于投入产出模型的实证研究》，《财经研究》2014 年第 9 期。

[238] 叶文显、刘林初：《西安产业转型水平测度及其结构效应分析》，《数学的实践与认识》2017 年第 8 期。

[239] 冯亮、陆小莉：《产业转型升级效果的多维测度：以京津冀城市群为例》，《统计与决策》2021 年第 19 期。

[240] 颜长春、张佳佳：《产业转型升级视角下跨区域城市群协调发展水平测度》，《统计与决策》2021 年第 19 期。

[241] 杨云飞、张译方、陈宾：《河北省战略新兴产业升级发展路径研究——基于科技创新视角》，《中国商论》2019 年第 5 期。

[242] 樊茗玥、赵喜仓：《战略型新兴产业评价模型构建及实例分析》，《技术经济与管理研究》2011 年第 10 期。

[243] 方芳：《我国战略性新兴产业效率的测算》，《统计与决策》2014 年第 24 期。

[244] 何刚、周燕妃、朱艳娜：《京津冀产业转型升级测度及其经济效应研究》，《统计与决策》2020 年第 1 期。

[245] 程梦瑶、段成荣：《迁徙中国形态得到进一步确认》，《人口研究》2021 年第 3 期。

[246] 杨帆、庄天慧：《我国农民工贫困问题研究综述》，《西南民族大学学报》（人文社会科学版）2017 年第 11 期。

[247] 梁向东、魏逸玭：《产业结构升级对中国人口流动的影响——基于 255 个城市的面板数据分析》，《财经理论与实践》2017 年第 5 期。

[248] 杨帆、庄天慧：《父辈禀赋对新生代农民工相对贫困的影响及其异质性》，《农村经济》2018 年第 12 期。

[249] 谢勇：《少数民族流动人口的就业状况及其影响因素》，《云南民族大学学报》（哲学社会科学版）2019 年第 4 期。

[250] 李天成、孟繁邨：《产业升级背景下农民工就业结构变化及影响因素研究》，《经济经纬》2020 年第 4 期。

[251] 李群、杨东涛、陈郁炜：《产业转型升级背景下的新生代农民工失业和离职——基于就业能力的分析框架》，《华东经济管理》2014年第12期。

[252] 申鹏、凌玲：《产业转型对农村劳动力区域流动的影响研究》，《经济问题探索》2014年第6期。

[253] 吴艳文、李蓓蓓：《高质量发展背景下农民工回流问题探析》，《理论导刊》2019年第3期。

[254] 封宇琴、李静：《四川流动人口失业状况及其影响因素分析》，《中共乐山市委党校学报》2021年第1期。

[255] 吴双、陈文波、郑蕉：《基于分层线性模型的开发区工业用地集约利用影响因素研究》，《中国土地科学》2020年第1期。

[256] 张梦琳：《农户宅基地退出方式差异及其影响因素研究——基于分层模型的分析》，《湖南农业大学学报》（社会科学版）2020年第5期。

（五）学位论文

[257] 刘冰津：《社会资本与农民工城市融入——基于云南省边疆少数民族农民工的实证研究》，云南大学硕士学位论文，2016。

[258] 吕伟：《中国“高学历”失业问题及就业制度研究》，吉林大学硕士学位论文，2013。

[259] 杨祯容：《从业流动人口失业风险研究》，华东师范大学硕士学位论文，2018。

[260] 熊思敏：《中国高增长低就业的全国与分区对比研究》，华中科技大学博士学位论文，2008。

[261] 尹庆钧：《东莞市流动人口管理问题研究——以就业、居住、子女教育等民生问题为分析视角》，广西师范大学硕士学位论文，2018。

[262] 张海娜：《人力资本、网络和制度：农业转移人口市民化的比较研究——以长三角地区为例》，华东师范大学博士学位论文，2018。

[263] 杜怡璇：《山东省产业转型升级的水平测度及影响因素研究》，山东财经大学硕士学位论文，2018。

图书在版编目(CIP)数据

城市逐梦：失业风险与应对策略 / 杨胜利著. --
北京：社会科学文献出版社，2023.6
ISBN 978-7-5228-0940-3

Ⅰ.①城… Ⅱ.①杨… Ⅲ.①失业-问题-研究-中
国 Ⅳ.①D669.2

中国版本图书馆 CIP 数据核字（2022）第 196579 号

城市逐梦

——失业风险与应对策略

著　　者 / 杨胜利

出 版 人 / 王利民
组稿编辑 / 吴　敏
责任编辑 / 张　媛
责任印制 / 王京美

出　　版 / 社会科学文献出版社·皮书出版分社（010）59367127
地址：北京市北三环中路甲 29 号院华龙大厦　邮编：100029
网址：www.ssap.com.cn
发　　行 / 社会科学文献出版社（010）59367028
印　　装 / 三河市龙林印务有限公司

规　　格 / 开　本：787mm×1092mm　1/16
印　张：28.75　字　数：438 千字
版　　次 / 2023 年 6 月第 1 版　2023 年 6 月第 1 次印刷
书　　号 / ISBN 978-7-5228-0940-3
定　　价 / 128.00 元

读者服务电话：4008918866